Joachim Heinrich Campe
Robinson der Jüngere

Zur angenehmen und nützlichen Unterhaltung für Kinder

Gesamtausgabe 1. Theil und 2. Theil

„Dem Urvater der Verleger-Dynastie Campe lagen in erster Linie Kinder am Herzen. Ihnen zuliebe leistete er Unglaubliches. Er gründete nicht nur ein eigenes, fortschrittliches Internat bei Hamburg. Als er gewahr wurde, dass es keine wirklich auf Kinder zugeschnittene Literatur gab, gründete kurzerhand mit dem vorliegenden Werk das Genre der Jugendliteratur." *Redaktion Gröls-Verlag* (Edition I Werke der Weltliteratur)

Redaktionelle Hinweise und Impressum

Das vorliegende Werk wurde zugunsten der Authentizität sehr zurückhaltend bearbeitet. So wurden etwa ursprüngliche Rechtschreibfehler regelmäßig *nicht* behoben, denn kleine Unvollkommenheiten machen das Buch – wie im Übrigen den Menschen – erst authentisch. Mitunter wurden jedoch zum Beispiel Absätze behutsam neu getrennt, um den Lesefluss zu erleichtern.

Wir sind bemüht, ein ansprechendes Produkt zu gestalten, welches angemessenen Ansprüchen an das Preis/Leistungsverhältnis und vernünftigen Qualitätserwartungen gerecht wird. Um die Texte zu rekonstruieren, werden antiquarische Bücher von leistungsfähigen Lesegeräten gescannt und dann durch eine Software lesbar gemacht. Der so entstandene Text wird von Menschen gegen eine Aufwandsentschädigung gegengelesen und korrigiert – Hierbei können gelegentlich Fehler auftreten. Wenn Sie ebenfalls antiquarische Texte einreichen möchten, wenden Sie sich für weitere Informationen gerne an

www.groels.de

Informieren Sie sich dort auch gerne über die anderen Werke aus unserer

Edition | Bedeutende Werke der Weltliteratur

Sie werden es mit 98,010 %iger Wahrscheinlichkeit nicht bereuen.

Die Deutsche Nationalbibliothek verzeichnet dieses Werk in der Deutschen Nationalbibliografie.

Verleger: Marcel Hermann-Josef Gröls, Poelchaukamp 20, 22301 Hamburg. Externer Dienstleister für Distribution und Herstellung: BoD, In de Tarpen 42, 22848 Norderstedt

Inhaltsverzeichnis

Vorbericht. 5
Robinson der Jüngere. 12
Erster Abend. 13
Zweiter Abend. 25
Dritter Abend. 35
Vierter Abend. 48
Fünfter Abend. 57
Sechster Abend. 68
Siebender Abend. 79
Achter Abend. 91
Neunter Abend. 100
Zehnter Abend. 110
Eilfter Abend. 120
Zwölfter Abend. 130
Dreizehnter Abend. 138
Vierzehnter Abend. 145
Funfzehnter Abend. 152
Sechzehnter Abend. 160
Siebzehnter Abend. 165
Achtzehnter Abend. 173
Neunzehnter Abend. 180
Zwanzigster Abend. 188
Ein und zwanzigster Abend. 194
Zwei und zwanzigster Abend. 201
Drei und zwanzigster Abend. 209
Vier und zwanzigster Abend. 216
Fünf und zwanzigster Abend. 224
Sechs und zwanzigster Abend. 231
Sieben und zwanzigster Abend. 238
Acht und zwanzigster Abend. 245
Neun und zwanzigster Abend. 253
Dreißigster Abend. 260

Vorbericht.

Wenn ich die mannigfaltigen Zwekke, die ich bei der Ausarbeitung dieses Werkchens vor Augen hatte, nicht alle verfehlt habe, so liefere ich hier ein Buch, welches in mehr, als einer, Hinsicht Nuzen verspricht. Ich wil diese Zwekke kürzlich darlegen, um einen jeden in den Stand zu sezen, sie mit der Ausführung zusammen zu halten. Das wird dan auch den Vortheil haben, daß angehende Erzieher daraus den Gebrauch ersehen können, den ich von diesem Buche gemacht wünsche.

Erstlich wolte ich meine jungen Leser auf eine so angenehme Weise unterhalten, als es mir möglich wäre; weil ich wußte, daß die Herzen der Kinder sich jedem nüzlichen Unterrichte nicht lieber öfnen, als wenn sie vergnügt sind. Auch darf ich hoffen, diese meine erste Absicht in einem ziemlichen Grade erreicht zu haben.

Dan nahm ich mir *zweitens* vor, an den Faden der Erzählung, die in diesem Buche zum Grunde liegt, so viel elementarische Kentnisse zu schürzen, als es, ohne meinem ersten Zwekke Eintrag zu thun, nur immer geschehen könte. Ich verstehe aber unter den elementarischen Kentnissen nicht etwa blos *litterarische*, sondern auch vornehmlich solche, welche den eigentlichen litterarischen oder wissenschaftlichen Elementen vorgehen müssen; nemlich alle die Vorbegriffe von Dingen aus dem häuslichen Leben, aus der Natur und aus dem weitläuftigen Kreise der gemeinen menschlichen Wirksamkeit, ohne welche jeder andere Unterricht einem Gebäude gleicht, das keine Grundlage hat.

Nebenbei wolte ich freilig auch *drittens* manche nicht unerhebliche litterarische Vorerkentniß, besonders aus der Naturgeschichte, mitnehmen, weil es sich auf einem Wege thun ließ. Denn warum hätt' ich nicht, stat der erdichteten Dinge, womit die Geschichte des alten Robinsons aufgestuzt ist, lieber wahre Gegenstände, wahre Produkte und Erscheinungen der Natur – und zwar in Beziehung auf diejenigen Weltgegend, wovon die Rede ist, – in meine Erzählung aufnehmen sollen, da ich beide zu einem Preise haben, und mit beiden einerlei Absicht erreichen konte? Schon eine Ursache, warum ich von der Geschichte des alten Robinsons bei der Meinigen wenig Gebrauch machen konte. Es werden sich mehrere finden.

Meine *vierte* und wichtigste Absicht war, die Umstände und Begebenheiten so zu stellen, daß recht viele Gelegenheiten zu moralischen, dem Verstande und dem

Herzen der Kinder angemessenen Anmerkungen und recht viele natürliche Anlässe zu frommen, gottesfürchtigen Empfindungen dadurch hervorwüchsen. Auch um dieser Ursache willen mußte ich mir einen eigenen Stof nach meinem jedesmahligen Bedürfnisse schaffen und von der alten Geschichte abgehen. Derjenige also, der dies Buch blos zur Leseübung für seine Kinder brauchen wolte, (welches gewöhnlicher Weise nicht das angenehmste Geschäft für sie ist) werde meinen angelegentlichsten Wunsch, – den Samen der Tugend, der Frömmigkeit und der Zufriedenheit mit den Wegen der göttlichen Vorsehung, in junge Herzen auszustreuen, gar sehr vereiteln. *Es sol erwachsenen Kinderfreunden zum Vorlesen dienen und nur solchen Kindern selbst in die Hände gegeben werden, die im Lesen schon eine zureichende Fertigkeit erlangt haben.*

Meine *fünfte* Absicht hatte Beziehung auf eine dermalige epidemische Selenseuche, welche unter allen Kräften unserer gesamten körperlichen und geistigen Natur, zu recht sichtbarer Verminderung der Summe unserer Lebensfreuden, seit einigen Jahren eine so fürchterliche Verwüstung angerichtet hat. Ich meine das leidige *Empfindsamkeitsfieber*. Zwar hat – dem Himmel sei Dank! – die Wuth dieser moralischen Seuche in so fern wieder nachgelassen, daß sie nicht mehr eine Pestilenz ist, *die am hellen Mittage verderbet*, weil wohl keiner mehr das Schild der Empfindsamkeit öffentlich auszuhängen wagt: aber nichts destoweniger ist sie noch bis auf diesen Tag eine Seuche geblieben, *die im Finstern schleicht*, und gleich andern Krankheiten, deren man sich schämt, an der Gesundheit der menschlichen Sele im Verborgenen nagt. Nichts hat mich mehr dabei gejammert, als zu sehen, daß man das säße einschmeichelnde Gift dieser Krankheit auch unserer jungen Nachkommenschaft anzuhauchen und also auch das kommende Geschlecht eben so an Leib und Sele kränkelnd, eben so nervenlos, eben so unzufrieden mit sich selbst, mit der Welt, und mit dem Himmel zu machen suche, als es das gegenwärtige ist. Indem ich nun darüber nachdachte, welches wohl das wirksamste Gegengift wider diese Anstekkung sein mögte, stelte sich meiner Sele das Ideal eines Buchs dar, welches grade der Gegenfüßler der empfindsamen und empfindelnden Bücher unserer Zeit wäre; ein Buch, welches die Kinderselen aus der fantastischen Schäferwelt, welche nirgends ist, und in welche Andere sie hinzukörnen suchen, in diejenige wirkliche Welt, in der wir uns dermalen selbst befinden, und aus dieser in den ursprünglichen Zustand der Menschheit zurükführte, aus dem wir herausgegangen sind; ein Buch, welches jede in uns schlummernde phisische und moralische Menschenkraft wekte, anfeuerte, stärkte; ein Buch, welches zwar eben so unterhaltend und anziehend, als irgend ein Anderes wäre, aber nicht so, wie Andere, blos zu unthätigen Beschauungen, zu müssigen Rührungen, sondern unmittelbar zur Selbstthätigkeit führte; ein Buch, welches den jungen Nachahmungstrieb der Kindersele (den ersten unter allen Trieben, die bei uns zu erwachen pflegen) unmittelbar auf solche Gegenstände richtete, welche recht eigentlich zu unserer Bestimmung gehören, ich meine – auf Erfindungen und Beschäftigungen zur Befriedigung unserer natürlichen Bedürfnisse; ein Buch, worin diese natürlichen Bedürfnisse des Menschen mit den erkünstelten und eingebildeten, so wie die wahren Beziehungen der Dinge in der Welt auf unsere Glükseeligkeit, mit den fantastischen, anschaulich kontrastirten; ein Buch also endlich, welches Junge und Alte das Glük des geselligen Lebens, bei allen seinen Mängeln und unvermeidlichen Einschränkungen, recht mit Händen greifen liesse, und dadurch Alle zur Zufriedenheit mit ihrem Zustande, zur Ausübung jeder geselligen Tugend und zur innigsten Dankbarkeit gegen die göttliche Vorsehung ermunterte.

Indem ich mir das herliche Ideal eines solchen Buches dachte und schüchtern nach dem Manne, der's uns geben könte, umherblikte; fiel mir ein, daß schon *Rousseau* (Friede sei mit seinem abgeschiedenen großen Geiste!) einmahl ein ähnliches Buch gewünscht und – wie fing mein Puls an zu pochen! – schon zum Theil gefunden habe. Geschwind ergrif ich den zweiten Theil des *Aemils*, um die angenehme Nachricht davon noch einmahl zu lesen; und hier ist die Stelle, worin ich sie fand:

"Solte es wohl kein Mittel geben, so viele in so vielen Büchern zerstreute Lehren näher zusammen zu bringen? sie unter einen gemeinschaftlichen Gegenstand zu vereinigen, der leicht zu übersehen, nüzlich zu befolgen wäre, und auch selbst diesem Alter zum Antriebe dienen könte? Wenn man eine Verfassung finden kan, worinnen sich alle natürliche Bedürfnisse des Menschen auf eine dem Geiste des Kindes sinliche Art zeigen, und wo sich die Mittel, für diese Bedürfnisse zu sorgen, nach und nach mit eben der Lebhaftigkeit entwikkeln: so muß man durch die lebhafte und natürliche Abschilderung dieses Zustandes seiner Einbildungskraft die erste Uebung geben.

Hiziger Philosoph, ich sehe schon Ihre Einbildungskraft sich entzünden. Sezen Sie sich in keine Unkosten; diese Verfassung ist gefunden, sie ist beschrieben und, ohne Ihnen Unrecht zu thun, viel besser, als Sie solche beschreiben würden, wenigstens mit mehr Wahrheit und Einfalt. Weil wir durchaus Bücher haben müssen, so ist eins vorhanden, welches nach meinem Sinne die glüklichste Abhandlung von einer natürlichen Erziehung an die Hand giebt. Dies Buch wird das Erste sein, welches mein Aemil lesen wird; es wird lange Zeit allein seine ganze Bibliothek ausmachen und es wird stets einen ansehnlichen Plaz darin behalten. Es wird der Text sein, welchem alle unsere Unterredungen von den natürlichen Wissenschaften nur zur Auslegung und Erläuterung dienen werden. Es wird bei unserm Fortgange zu dem Stande unserer Urtheilskraft zum Beweise dienen, und so lange unser Geschmak nicht wird verderbt sein, wird uns das Lesen desselben allezeit gefallen. Welches ist denn dieses wundersame Buch? Ist es *Aristoteles*, ist es *Plinius*, ist es *Büffon*? – Nein; es ist *Robinson Krusoe*.

Robinson Krusoe ist auf seiner Insel allein, von allem Beistande seines Gleichen und von den Werkzeugen aller Künste entblößt; er sorget indessen doch für seinen Unterhalt, für seine Erhaltung und verschaft sich sogar eine Art von Wohlsein. Dies ist ein wichtiger Gegenstand für jedes Alter und man hat tausenderlei Mittel ihn den Kindern angenehm zu machen. Man sehe, wie wir die wüste Insel wirklich machen, die mir anfangs nur zur Vergleichung diente. Dieser Zustand ist, ich gestehe es, nicht des geselligen Menschen seiner. Wahrscheinlicher Weise wird er auch nicht Aemils seiner sein. Allein nach eben diesem Stande sol er alle die andern schäzen. Das sicherste Mittel, sich aber die Vorurtheile zu erheben, und seine Urtheile nach den wahren Verhältnissen der Dinge einzurichten, ist, daß man sich an die Stelle eines einzelnen Menschen seze und von allem so urtheile, wie dieser Mensch in Absicht auf seinen eigenen Nuzen davon urtheilen muß.

Dieser Roman, welcher von allen seinem Gewäsche entladen, mit Robinsons Schifbruche bei seiner Insel anfängt und sich mit der Ankunft des Schiffes endiget, welches ihn von da abholet, wird während der Zeit, wovon hier die Rede ist, *Aemils* Zeitvertreib und Unterricht zugleich sein. Ich wil, daß ihm der Kopf davon schwindle, daß er sich unaufhörlich mit seinem Schlosse, mit seinen Ziegen, mit seinen Pflanzungen beschäftige; daß er umständlich, nicht aus Büchern, sondern an den Sachen selbst lerne, was er in dergleichen Falle wissen muß. Er denke, er sei selbst *Robinson*; er sehe sich in Felle gekleidet, wie er eine große Müze, einen großen Säbel trägt und den ganzen seltsamen Aufzug des Bildes machet, bis auf den Sonnenschirm beinahe, den er nicht nöthig haben wird. Ich will daß er sich wegen der Maaßregeln beunruhige, die er nehmen sol, wenn ihm dies oder das abgehen würde; daß er die Aufführung seines Helden untersuche; daß er nachforsche, ob derselbe nichts unterlassen habe; ob nichts besser zu machen gewesen wäre; daß er seine Fehler aufmerksam anmerke und daß er sich derselben zu Nuze mache, damit er in dergleichen Falle nicht selbst darein gerathe. Denn man zweifle nicht, daß er nicht den Anschlag fasse, einen dergleichen Siz anzulegen. Dies ist das wahre Luftschloß dieses glüklichen Alters, worin man keine andere Glükseeligkeit kennet, als das Nothwendige und die Freiheit.

Was für ein Hülfsmittel ist doch diese Thorheit für einen geschikten Man, der sie nur hervorzubringen gewußt, damit er sie zum Vortheile anwende! Das Kind, welches gedrungen ist, sich ein Vorrathshaus für seine Insel anzulegen, wird weit hiziger sein zu lernen, als der Lehrmeister zu lehren. Es wird alles wissen wollen, was nüzlich ist, und wird nur das wissen wollen. Man wird nicht mehr nöthig haben, es zu führen; man wird es nur zurük zu halten brauchen. – Die Ausübung der natürlichen Künste, wozu ein einziger Mensch genug sein kan, führt zur Nachforschung derjenigen Künste des Fleisses und der Geschiklichkeit, welche nöthig haben, daß viele Hände zusammen kommen."

So weit *Rousseau!*

Und so wäre es dan wirklich schon längst da gewesen, das wunderseltsame Buch, welches uns noch zu fehlen schien? – Ja! und nein! je nachdem man entweder die *bloße Hauptidee* von einem solchen Buche, oder die *ganze Ausführung* derselben meint. In jener Hinsicht (aus welcher *Rousseau* davon redet) ist es da, ist es längst da gewesen und *Robinson Krusoe* ist sein Nahme; in dieser fehlt' es bisher noch gänzlich. Denn ich brauche doch wohl nicht erst anzumerken, daß so viel weitschweifiges, überflüssiges Gewäsche, womit dieser veraltete Roman überladen ist, die bis zum Ekel gezerte, schwerfällige Schreibart desselben und die veraltete, oft fehlerhafte Sprache unserer alten deutschen Uebersezung eben so wenig, als so manche, in Rüksicht auf Kinder, fehlerhafte moralische Seite desselben, keine wünschenswerthe Eigenschaften eines guten Kinderbuchs sind.

Hierzu kömt in der Geschichte des *alten Robinsons* noch etwas, welches einen der größten Vortheile zernichtet, den diese Geschichte stiften könte; ich meine den Umstand, daß *Robinson* mit allen europäischen Werkzeugen versehen wird, deren er nöthig hatte, um sich viele von denjenigen Bequemlichkeiten zu verschaffen, welche das geselschaftliche Leben gesitteter Menschen gewährt. Dadurch geht der große Vortheil verlohren, dem jungen Leser *die Bedürfnisse des einzelnen Menschen*, der ausser der Geselschaft lebt, und das vielseitige Glük des gesellschaftlichen Lebens, recht anschaulich zu machen. Abermahls ein wichtiger Grund, warum ich von der Geschichte dieses alten Robinsons abgehen zu müssen glaubte.

Ich zerlegte daher die ganze Geschichte des Aufenthalts meines *jüngern Robinsons* auf seiner Insel in drei Perioden. In der ersten solt' er ganz allein und ohne alle europäische Werkzeuge sich blos mit seinem Verstande und mit seinen Händen helfen, um auf der einen Seite zu zeigen, wie hülflos der einsame Mensch sei, und auf der andern, wie viel Nachdenken und anhaltende Strebsamkeit zur Verbesserung unsers Zustandes auszurichten vermögen. In der andern geselte ich ihm einen Gehülfen zu, um zu zeigen, wie sehr schon die bloße Geselligkeit den Zustand des Menschen verbessern könne. In der dritten Periode endlich ließ ich ein europäisches Schif an seiner Küste scheitern, und ihn dadurch mit Werkzeugen und den meisten Nothwendigkeiten des Lebens versorgen, damit der große Werth so vieler Dinge, die wir gering zu schäzen pflegen, weil wir ihrer nie entbehrt haben, recht einleuchtend werde.

Nach dieser Anzeige meines ganzen Plans werden meine Leser sich wundern, in diesem Bande nur die angezeigte erste Periode beschrieben zu finden. Hierüber und über den doppelten Titel, womit ich diesen Band versehen habe, muß ich mich jezt, und zwar besonders gegen die Herrn Subskribenten, erklären.

Von Allem, was ich bisher für die Presse schrieb, giengen wenigstens drei halbbeschriebene Bogen auf einen gedrukten. Dieser Erfahrung zu folge, hatte ich darauf gerechnet, daß ich zum *jüngern Robinson* nicht weniger Handschrift brauchte, als ich zu jedem andern Buche von zwanzig Bogen in klein Oktav bisher gebraucht hatte. Darnach schnit ich also bei der Ausarbeitung meinen Stof zu.

Jezt solte das Papier zum Druk eingekauft werden, und nun erfuhr ich die erste Buchhändler Verlegenheit. Man sagte mir, daß ich nur unter zweierlei Schreibpapierarten zu wählen hätte, wovon die Eine *ganz grosses*, die Andere *kleines* Format habe. Da das erstere für ein Kinderbuch von der Art, wie dieses, ein sehr unschikliches Format sein werde, so mußte ich mich zu dem Leztern entschliessen. Und nun ließ ich den Sezer Ueberschlag machen, wie viel der geschriebenen Bogen zu einem so gedrukten erfodert werden durften.

Da erfuhr ich dan zu meiner grossen Befremdung, daß derjenige Vorrath von Manuskript, den ich zu ohngefähr zwanzig Bogen bestimt hatte, wohl an *vierzig* ausmachen werde. Ich ließ den Ueberschlag zwei, dreimahl wiederholen, aber immer ergab sich dasselbe Resultat.

Nun befand ich mich in einer ausnehmenden Verlegenheit. Die Schrift durfte nicht kleiner, der Zwischenraum zwischen Zeilen und Lettern nicht enger sein, weil es ein Buch *für Kinder* werden solte. Wurden hingegen beide so gewählt, und solte dennoch das Ganze abgedrukt werden: so mußt' ich mich entschliessen, stat achtzehn bis zwanzig Bogen, die ich versprochen hatte, vierzig zu liefern. Wolt' ich dies: so mußt ich entweder von den Pränumeranten und Subskribenten einen ansehnlichen Nachschuß fodern, oder mich entschliessen, einen ansehnlichen

Schaden zu leiden. Aber jenes untersagten mir meine Begriffe von Recht und Unrecht, dieses meine ökonomischen Umstände. Ich suchte also einen Mittelweg, dessen Einschlagung sich mit beiden vertragen könte, und fand ihn in folgender Einrichtung.

Ich beschloß nemlich, nur so viel Bogen drukken zu lassen, als ich versprochen hatte, und diesen die Form eines ganzen vollendeten Buchs zu geben; damit derjenige, der kein Verlangen träge, noch mehr davon zu besizen, nicht gezwungen werde, einen zweiten Theil zu kaufen. Für solche Subskribenten und Käufer ist der erste Titel beigelegt, auf welchem der Zusaz: *erster Theil*, weggelassen worden ist. Für Andere hingegen, welche Lust haben, sich auch die zweite Hälfte dieses Kinderbuchs anzuschaffen, ist der andere Titel bestimt, welcher diesen Zusaz hat.

Durch diesen Ausweg glaubte ich meinen Subskribenten und mir selbst Gerechtigkeit wiederfahren zu lassen. Solte aber dem ohngeachtet Einer oder der Andere von jenen mit dieser Einrichtung nicht völlig zufrieden sein: so erkläre ich ihn hiermit von der Verbindlichkeit seiner Unterschrift völlig frei und bitte ihn, sein Exemplar irgend einem armen Kinde seines Orts zu schenken, und, stat der Bezahlung, mir blos zu melden, daß dieses geschehen sei.

Der zweite Theil also, der die Fortsezung und das Ende der Geschichte in sich faßt, wird, wenn sein Abdruck verlangt wird, ohngefähr eben so viel Bogen stark werden, als der gegenwärtige erste Theil enthält. Wenn ich frühzeitig genug benachrichtiget werde, daß eine zureichende Anzahl Subskribenten diesen zweiten Theil begehrt, so kan er, nebst der französischen Uebersezung, schon zur nächsten Ostermesse erscheinen. Ich ersuche daher die Resp. Besizer dieses ersten Theils mir ihren Willen baldigst anzuzeigen.

Ehe ich aber von meinen Lesern Abschied nehme, sei es mir vergönt, junge Erzieher auf eine Nebenabsicht aufmerksam zu machen, die mir bei der Ausarbeitung dieses Buchs gleichfalls, als ungemein wichtig, vor Augen schwebte. Ich hofte nemlich, durch eine treue Darstellung wirklicher Familienscenen ein für angehende Pädagogen nicht überflüssiges Beispiel des väterlichen und kindlichen Verhältnisses zu geben, welches zwischen dem Erzieher und seinen Zöglingen nothwendig obwalten muß. Wo dieses glükliche Verhältniß in seiner ganzen Natürlichkeit einmahl eingeführt worden ist: da sinken viele der sitlichen Erziehung entgegenstehende Klippen von selbst nieder: wo dieses aber nicht ist, – nun da nimt man seine Zuflucht zu dem Kompaß pädagogischer Künsteleien, dessen Abweichungen so mannigfaltig, und durch hinlängliche Beobachtungen bei weitem noch nicht bestimt sind. –

Uebrigens enthält diese Absicht den Grund, warum ich lieber wirkliche, als errichtete Personen, habe redend einführen, und meistentheils wirklich vorgefallene Gespräche lieber habe nachschreiben, als ungehaltene und künstlichere Dialogen habe machen wollen.

Ueber die Ursachen, die mich bewegen, in Büchern, die für *Kinder* bestimt sind, die gewöhnliche so genante Rechtschreibung mit ihren meisten Anomalien beizubehalten, habe ich mich in der Vorrede zum zweiten Bändchen meiner kleinen *Kinderbibliothek* erklärt.

Man hat von diesem Buche zugleich eine *französische Uebersezung*, zum Nuzen der Lehrlinge dieser Sprache veranstaltet, die sich hoffentlich von selbst empfehlen wird. Solte sich ein, der lateinischen Sprache hinlänglich, mächtiger, Man finden, der Lust und Muße hätte, eine gute lateinische Uebersezung davon zu machen: so würde dadurch eine sehr erhebliche Lükke in unserer dermaligen, noch so überaus mangelhaften Schulbibliothek ausgefüllt werden. Denn wo ist das Buch, welches man Langens erbärmlichen Kolloquien unterschieben, und den ersten Lehrlingen der lateinischen Sprache, ohne alle Bedenklichkeit in die Hände geben könte? Das Buch, meine ich, welches lauter, für solche Kinder verständliche, für solche gehörige, für solche auch zugleich angenehme Sachen in einem leichten lateinischen Gewande enthielte? Ich hab' es sorgfältig gesucht; aber fand es nirgends.

Hamburg im Junius 1779.

Robinson der Jüngere

Es war einmahl eine zahlreiche Familie, die aus kleinen und großen Leuten bestand. Diese waren theils durch die Bande der Natur, theils durch wechselseitige Liebe vereiniget. Der Hausvater und die Hausmutter liebten Alle, als ihre eigene Kinder, ohngeachtet nur *Lotte*, die Kleinste von Allen, ihre leibliche Tochter war; und zwei Freunde des Hauses, R** und B**, thaten ein Gleiches. Ihr Aufenthalt war auf dem Lande, nahe vor den Thoren von Hamburg.

Das Wort dieser Familie war: *bete und arbeite!* und Klein und Groß kanten kein ander Glük des Lebens, als welches die Erfüllung dieser Vorschrift gewährt. Aber während der Arbeit und nach vollendetem Tagewerke, wünschte jeder von ihnen auch etwas zu hören, welches ihn verständiger, weiser und besser machen könte. Da erzählte ihnen dan der Vater, bald von diesem, bald von jenem, und die kleinen Leute alle hörten ihm gern und aufmerksam zu.

Eine von solchen Abenderzählungen ist die folgende Geschichte des *jüngern Robinsons*. Da man glaubte, daß wohl noch mehr gute Kinder wären, die diese merkwürdige Geschichte zu hören oder zu lesen wünschten: so schrieb sie der Vater auf und der Buchdrukker mußte zwei tausend Abdrükke davon machen.

Das Buch, liebes Kind, das du iezt in Händen hast, ist einer davon. Du kanst also, wenn du wilst, gleich auf der folgenden Seite anfangen.

Aber bald hätte ich vergessen, dir zu sagen, was vorher ging, ehe diese Erzählung ihren Anfang nahm! – "Wilst du uns nicht wieder was erzählen, Vater?" fragte *Gotlieb* an einem schönen Sommerabend. "Gern!" war die Antwort; "aber es wäre Schade, einem so herlichen Abend nur durch die Fenster zu zusehen. Komt, wir wollen uns im Grünen lagern!"

O das ist schön, das ist schön! riefen Alle; und so ging's in vollen Sprüngen zum Hause hinaus.

Erster Abend.

Gotlieb. Hier, Vater?

Vater. Ja, hier unter diesem Apfelbaume.

Nikolas. O prächtig!

Alle. Prächtig! Prächtig! (hüpfen und klatschen mit den Händen.)

Vater. Aber, was denkt ihr denn zu machen unter der Zeit, daß ich euch erzäle? So ganz müssig werdet ihr doch wohl nicht gern da sizzen wollen?

Johannes. Ja, wenn wir nur was zu machen hätten!

Mutter. Hier sind Erbsen auszukrüllen! Hier türksche Bonen abzustreifen; wer hat Lust?

Alle. Ich! ich! ich! ich!

Gotlieb. Ich, und meine *Lotte* und du, *Frizchen*, wollen Erbsen auskrüllen: nicht?

Lotte. Nein, mit Erlaubniß, ich muß erst den Kettenstich machen, den Mutter mir gezeigt hat.

Gotlieb. Na, wir beide denn! Kom, Friz, sezze dich.

Freund R. Ich arbeite mit euch. (Sezt sich neben sie ins Gras.)

Freund B. Und ich mit euch andern; ihr wolt mich doch?

Diederich. O gern, gern! Hier ist noch Plaz genung. Das ist exzellent! Nun wollen wir sehen, wer am meisten abstreifen kan!

Vater. Sezt euch so herum, daß ihr die Sonne könt untergehen sehen; es wird heute ein schön Spektakel am Himmel geben. (Alle lagern sich und beginnen ihr Werk.)

Vater. Nun, Kinder, ich wil euch heute eine recht wunderbare Geschichte erzälen. Die Hare werden euch dabei zu Berge stehen, und dan wird euch das Herz wieder im Leibe lachen.

Gotlieb. O, aber mach's ja nicht zu traurig!

Lotte. Nein, nicht zu traurig; hörst du, Väterchen? Sonst müssen wir gewiß weinen, und können nicht davor.

Johannes. Nun, so laßt doch! Vater wird's schon wissen.

Vater. Seid unbesorgt, Kinder; ich wil's schon so machen, daß es nicht gar zu traurig werde.

Es war einmahl ein Man in der Stadt Hamburg, der hieß *Robinson*. Dieser hatte drei Söhne. Der Aelteste davon hatte Lust zum Soldatenstande, ließ sich anwerben und wurde erschossen in einer Schlacht mit den Franzosen.

Der zweite, der ein Gelehrter werden wolte, hatte einmahl einen Trunk gethan, da er eben erhizt war; kriegte die Schwindsucht und starb.

Nun war also nur noch der Kleinste übrig, den man *Krusoe* nante, ich weiß nicht, warum? Auf den sezten nun der Herr Robinson und die Frau Robinson ihre ganze Hofnung, weil er jezt ihr Einziger war. Sie hatten ihn so lieb, als ihren Augapfel; aber sie liebten ihn mit Unverstand.

Gotlieb. Was heist das, Vater?

Vater. Wirst es gleich hören. Wir lieben euch auch, wie ihr wißt; aber eben deswegen halten wir euch zur Arbeit an, und lehren euch viel angenehme und nüzliche Dinge, weil wir wissen, daß euch das gut und glüklich machen wird. Aber *Krusoe's* Eltern machten es nicht so. Sie liessen ihrem lieben Söhnchen in allem seinen eigenen Willen, und weil nun das liebe Söhnchen lieber spielen, als arbeiten und etwas lernen mogte: so liessen sie es meist den ganzen Tag spielen, und so lernte es denn wenig oder gar nichts. Das nennen wir andern Leute eine unvernünftige Liebe.

Gotlieb. Ha! ha! nu versteh ich's.

Vater. Der junge *Robinson* wuchs also heran, ohne daß man wuste, was aus ihm werden würde. Sein Vater wünschte, daß er die Handlung lernen mögte; aber dazu hatte er keine Lust. Er sagte, er wolte lieber in die weite Welt reisen, um alle Tage recht viel neues zu sehen und zu hören.

Das war nun aber recht unverständig gesprochen von dem jungen Menschen. Ja, wenn er schon was rechts hätte gelernt gehabt! Aber was wolte ein so unwissender Bursche, als dieser *Krusoe* war, in der weiten Welt machen? Wenn man in Ländern sein Glük machen wil: so muß man sich erst viel Geschiklichkeit erworben haben. Und daran hatte er bisher noch nicht gedacht.

Er war nun schon siebenzehn Jahr alt, und hatte seine meiste Zeit mit Herumlaufen zugebracht. Täglich quälte er seinen Vater, daß er ihn doch mögte reisen lassen; sein Vater antwortete: er wäre wohl nicht recht gescheit, und wolte nichts davon hören. Söhnchen, Söhnchen! rief ihm dan die Mutter zu, *bleibe im Lande und nähre dich redlich!*

Eines Tages –

Lotte. Haha! nun wirds kommen!

Nikolas. O stille doch!

Vater. Eines Tages, da er, seiner Gewohnheit nach, bei dem Hafen herum lief, sahe er einen Kammeraden, der eines Schiffers Sohn war und der eben mit seinem Vater nach *London* abfahren wolte.

Frizchen. In der Kutsche?

Diederich. Nein, Frizchen, nach London muß man zu Schiffe fahren über ein großes Wasser, das die *Nordsee* heißt. – Nun?

Vater. Der Kammerad fragte ihn: ob er nicht mit reisen wolte? Gern, antwortete *Krusoe*, aber meine Eltern werden es nicht haben wollen! I, sagte der Andre wieder, mache einmahl den Spaß und reise so mit! In drei Wochen sind wir wieder hier, und deinen Eltern kanst du ja sagen lassen, wo du geblieben seist.

"Aber ich habe kein Geld bei mir!" sagte *Krusoe*. – "Schad't nichts, antwortete der Andere; ich wil dich schon frei halten unterwegens."

Der junge *Robinson* bedachte sich noch ein Paar Augenblikke; dan schlug er dem Andern auf einmahl in die Hand und rief aus: "Top! ich fahre mit, Bruder! Nur gleich zu Schiffe!" – Darauf bestellte er jemand, der nach einigen Stunden zu seinem Vater gehen und ihm sagen solte: er wäre nur ein bischen nach England gefahren und werde bald wieder kommen. Dan giengen die beiden Freunde an Bord.

Johannes. Fi! den *Robinson* mag ich nicht leiden.

Nikolas. Ich auch nicht.

Freund B. Warum denn nicht?

Johannes. Ja, weil er das thun kan, daß er so von seinen Eltern weg geht, ohne daß sie's ihm erlaubt haben!

Freund B. Hast Recht, Johannes, es war wirklich ein dummer Streich von ihm; wir müssen Mitleid mit seiner Dumheit haben. Gut, daß es solcher einfältigen jungen Leute, die nicht wissen, was sie ihren Eltern schuldig sind, nicht viel giebt!

Nikolas. Giebt es mehr solche?

Freund B. Mir ist keiner dergleichen vorgekommen; aber das weiß ich ganz gewiß, daß es solchen jungen Leuten nicht gut gehen kan in der Welt.

Johannes. No, wir wollen hören, wie's dem Robinson gegangen ist.

Vater. Die Matrosen – das sind die Schifferknechte – zogen die Anker auf, und spanten die Segel; der Wind fieng an das Schif zu treiben und der Schiffer sagte der Stadt mit sechs Kanonenschüssen Adieu! Der junge *Robinson* war mit seinem Freunde auf dem Verdekke und war ganz närrisch, vor Freude, daß er nun endlich einmahl reisen solte.

Es war ein angenehmer Tag und der Wind blies so günstig, daß sie in kurzer Zeit die Stadt Hamburg aus den Augen verloren. Am folgenden Tage kamen sie schon bey *Ritzebüttel* an, wo die *Elbe* sich ins Meer ergiesset. Und nun ging's in die offenbare See.

Was der *Robinson* für Augen machte, da er vor sich nichts als Luft und Wasser sahe! Das Land, wo er hergekommen war, verschwand schon nach und nach aus seinen Augen. Jezt konte er nur noch den großen Leuchtethurm sehen, den die Hamburger auf der Insul *Heiligeland* unterhalten. Nun verschwand auch dieser, und nun sahe er über sich nichts, als Himmel, und um sich nichts, als Wasser.

Gotlieb. Das mag aussehen!

Freund R. Kanst es vielleicht bald einmahl zu sehen kriegen!

Gotlieb. O wollen wir hingehen?

Freund R. Wenn ihr recht aufmerksam seid, indem wir euch die Erdbeschreibung lehren, daß ihr lernt, wo man hingehen muß, um von einem Orte zum andern zu kommen –

Vater. Ja, und wenn ihr durch Arbeitsamkeit und Mäßigkeit im Essen und Trinken euch täglich abhärtet, daß ihr so eine Reise aushalten könt: so machen wir schon einmahl einen kleinen Spazziergang nach *Travemünde*, wo die *Ostsee* angeht –

Alle. Oh! oh!

Vater. – sezzen uns da auf ein Schif, und lassen uns ein Paar Meilen weit ins Meer hinein fahren.

Alle sprangen auf, hingen sich dem Vater an Hals, Arme und Knie und drükten ihre Freude durch Liebkosungen, durch Händeklatschen und durch Hüpfen und Springen aus.

Mutter. Nehmt ihr mich auch mit?

Lotte. Ja, wenn du so weit gehen kanst! – Das ist aber weit hin – nicht wahr Vater? – wohl noch weiter, als nach *Wandsbek*, wo Herr *Claudius* wohnt und noch einer, der ein großes Haus und einen großen Garten hat – ach! der ist so groß, so groß! Viel größer, als unser Garten; ich bin schon da gewesen, nicht wahr Vater! Da wir auf dem Felde die bunten Steine suchten und –

Vater. Und das Pflügen ansahen –

Lotte. Ja, und in die Schmiede giengen, die da am Wege lag –

Vater. Und auf die Windmühle hinauf stiegen –

Lotte. Ach! ja, wo mir der Wind den Hut abwehete –

Vater. Den der Müllerjunge dir wiederholte.

Lotte. Das war doch ein guter Junge, nicht wahr, Vater!

Vater. Ein recht guter, der uns gleich etwas zu gefallen that, ohngeachtet er uns vorher niemahls gesehen hatte!

Lotte. Du gabst ihm auch was –

Vater. Freilich gab ich ihm was! Guten Menschen, die uns gern etwas zu gefallen thun, sucht jederman wieder Freude zu machen. – Aber wir vergessen unsern *Robinson*; wir müssen machen, daß wir ihn wieder einholen, sonst verlieren wir ihn aus dem Gesichte. Denn seine Farth geht verzweifelt schnel!

Zwei Tage hinter einander hatten sie immer schönes Wetter und immer guten Wind. Am dritten überzog sich der Himmel mit Wolken. Es wurde dunkel und immer dunkler, und der Wind fieng an aus vollen Bakken zu blasen.

Bald blizte es, als wenn der ganze Himmel in Feuer stände; bald war es wieder so finster, wie um Mitternacht und der Donner hörte gar nicht auf zu krachen. Der Regen rauschte, wie ein Strom, herab und ein mächtiger Sturmwind wühlte so gewaltig in dem Meere, daß die Wellen, wie Häuser hoch, aufschwollen.

Da hättet ihr sehen sollen, wie das Schif eins ums andere auf und niederschwankte! Bald trug eine hohe Welle es bis zu den Wolken hinauf, bald stürzte es wieder in den tiefen Abgrund hinab; bald lag es auf der einen, bald auf der andern Seite.

Das war ein Lermen zwischen dem Tauwerke! Das war ein Gepolter im Schiffe! Die Leute musten sich anhalten, wenn sie nicht alle Augenblicke umfallen wolten. *Robinson*, der des Dings noch nicht gewohnt war, wurde schwindlicht, kriegte Uebelkeiten, und wurde so krank, daß er glaubte er müste den Geist aufgeben. Das nennen sie die *Seekrankheit*.

Johannes. Das hat er nun davon!

Vater. "Ach! meine Eltern! meine armen Eltern!" rief er nun einmahl über das andere aus. "Sie werden mich nie wieder sehen! O ich unverständiger Mensch, daß ich sie so betrüben konte!"

Krak! Krak! ging's plözlich auf dem Verdekke. "Himmel, sei uns gnädig!" schrie das Schifsvolk und ward blaß, wie der Tod und rang verzweiflungsvol die Hände. "Was ist?" rief *Robinson*, der vor Schrekken beinahe des Todes war.

"Ach, hieß es, wir sind verloren! Ein Wetterschlag hat den *Fokmast* (das heißt, den ersten von den drei aufrechtstehenden Mastbäumen des Schifs) zersplittert und der *große mitlere Mast* steht nun so lose, daß er auch *gekapt* und über Bord geworfen werden muß!"

"Wir sind verloren! schrie eine andere Stimme aus dem *Schifsraume* herauf. Das Schif hat einen Lek bekommen; das Wasser steht schon vier Fuß hoch im Schif!"

Robinson, der in der *Kajüte* auf den Boden saß, sank bey diesen Worten rüklings nieder, und fiel in eine tiefe Ohnmacht. Alle andere liefen nach den Pumpen, um das Schif, wo möglich, *flot*, das heißt, über dem Wasser, zu erhalten. Endlich kam ein Matrose; schüttelte ihn und rief ihm zu: ob er denn allein müssig da liegen wolte, indeß alle andere Leute im Schiffe sich zu Tode arbeiten müsten?

Er rafte sich also auf, so schwach er auch war, und stelte sich mit an eine der Pumpen. Indeß ließ der Schiffer einige Kanonen abbrennen, um andern Schiffen, die sich etwa in der Nähe befinden mögten, ein Zeichen zu geben, daß er sich in Noth befinde. *Robinson*, der nicht wuste, was der Knal zu bedeuten habe, glaubte das Schif wäre geborsten, und sank von neuem in Ohnmacht. Ein Matrose, der an seine Stelle trat, stieß ihn aus dem Wege und ließ ihn für todt liegen.

Man pumpte mit Macht; allein das Wasser im Schifsraum stieg immer höher und man erwartete schon den Augenblik, da das Schif untersinken werde. Um es zu erleichtern wurde alles, was nur einigermaßen entbehrt werden konte, Kanonen, Ballen, Fässer u. s. w. über Bord ins Meer geworfen. Aber das wolte alles nicht helfen.

Indeß hatte ein anderes Schif die *Nothschüsse* gehört, und schikte ein *Boot* ab, um die Leute, wo möglich, zu retten. Aber dieses Boot konte nicht heran kommen, weil die Wellen gar zu hoch giengen. Endlich kam es dem *Hintertheile des Schiffes* so nahe, daß man den Leuten, die darein waren, ein Tau zu werfen konte. Durch Hülfe desselben zogen sie das Boot heran; und nun sprang alles, was Füße hatte, hinein, um sich zu retten. *Robinson*, der nicht auf den Füßen stehen konte, wurde von einigen mitleidigen Matrosen gleichfalls hinein geworfen.

Kaum waren sie eine kleine Strekke von dem Schiffe weggerudert: so sahen sie es vor ihren Augen sinken. Glüklicher Weise fieng um diese Zeit der Sturm an, sich ein wenig zu legen: sonst würde das Boot, worin nun so viele Menschen sassen, gewiß von den Wellen sein verschlungen worden. Unter vielen Gefahren kam es endlich bey dem Schiffe, wozu es gehörte an, und alle wurden in dasselbe aufgenommen.

Gotlieb. Ach! das ist gut, daß die armen Menschen doch nicht ertrunken sind!

Nikolas. Ich bin recht angst gewesen.

Lotte. Das wird den Monsieur *Robinson* lehren, daß er künftig nicht wieder so dum Zeug anfängt!

Mutter. Das denk' ich auch; nun wird er wohl kluger geworden sein?

Diederich. Wo blieb er denn nun?

Vater. Das Schif, welches ihn und die Andern aufgenommen hatte, segelte nach London. Vier Tage darauf war es schon bei der *Mündung der Themse* und nicht lange darnach lag es bei der Stadt *London* vor Anker.

Frizchen. Was ist das, die Mündung der Themse?

Freund R. Die Themse ist ein Strom, wie unsere Elbe, der nicht weit von London ins Meer fließt. Der Ort, wo ein Strom ins Meer fält, wird die Mündung desselben genant.

Vater. Alle giengen nunmehr ans Land, und jeder freute sich, daß er so davon gekommen war.

Robinson hatte nun genug zu thun, die große Stadt *London* zu besehen, und vergaß darüber das Vergangene und das Zukünftige. Endlich erinnerte ihn sein Magen, daß er auch was zu Essen haben müste, wenn er in der großen Stadt London leben wolte. Er gieng also hin zu dem Schiffer, mit welchem er gekommen war, und bat ihn, daß er ihn mögte mit sich speisen lassen.

Dieser war bereit, ihn gastfreundlich aufzunehmen. Während dem Essen fragte er unsern *Robinson*, warum er denn eigentlich hieher gekommen sei? und was er nun hier vorzunehmen gedächte?

Da erzählte ihm *Robinson* offenherzig, daß er bloß zur Lust und zwar ohne Wissen seiner Eltern diese Reise gethan habe, und daß er nun nicht wisse, was er anfangen solle.

"Ohne Wissen ihrer Eltern?" rief der Schiffer ganz erschrokken aus, indem ihm das Messer aus der Hand fiel. "Guter Gott! warum muste ich das doch nicht eher erfahren!" "Glauben Sie mir, unbesonnener junger Mensch, fuhr er fort, hätte ich das zu *Hamburg* gewust, ich würde sie nicht mitgenommen haben, und wenn sie mir eine Tonne Goldes zur Belonung angeboten hätten!"

Robinson saß beschämt und schlug die Augen nieder.

Der ehrliche Schiffer fuhr fort, ihm sein großes Unrecht vorzustellen, und sagte: er sei versichert, daß es ihm unmöglich wohl gehen könne, bis er sich gebessert und von seinen Eltern Vergebung erlangt hätte. *Robinson* weinte seine bittern Tränen.

Aber, was sol ich denn nun machen? fragte er endlich, mit vielem Schluchzen.

"Was sie machen sollen? antwortete der Schiffer; – zurük zu ihren Eltern sollen sie; ihre Knie umfassen und mit kindlicher Reue sie um Verzeihung ihrer Unbesonnenheit bitten."

Lotte. Das war doch ein recht guter Man, der Schiffer; nicht wahr, Vater?

Vater. Er that, was jeder thun muß, wenn er seinen Nebenmenschen fehlen sieht; er erinnerte den jungen Menschen an seine Pflicht.

"Wollen Sie mich wieder mit zurük nach Hamburg nehmen?" fragte *Robinson*.

"Ich? antwortete der Schiffer; haben sie denn vergessen, daß mein Schif untergegangen ist? Ich werde nicht eher wieder zurük gehen, bis ich Gelegenheit gehabt habe, ein anderes Schif zu kaufen, und das mögte länger währen, als sie hier bleiben dürfen. Auf das erste das beste Schif, das von hier nach Hamburg segelt, sollen sie sich sezzen, und das lieber heute, als morgen!"

"Aber ich habe kein Geld!" sagte *Robinson*.

"Hier, antwortete der Schiffer, sind einige *Guineen* –

Gotlieb. Was sind das, Guineen.

Vater. Englisches Geld, mein Lieber; Goldstükken, so wie unsere Louisd'or. Sie gelten ohngefähr sechs Thaler; zu Hause wil ich dir eine zeigen.

Johannes. O nu, nur weiter!

Vater. "Hier, antwortete also der brave Schiffer, sind einige Guineen, die ich ihnen leihen wil, ohngeachtet ich selbst mein bischen Geld jezt sehr nöthig habe. Gehen sie damit nach dem Hafen und mithen sie sich auf ein Schif ein. Wenn ihre Reue aufrichtig ist, so wird Gott ihnen eine Rükreise verleihen, die glüklicher sein wird, als unsere Herreise war." Und damit schüttelte er ihm treuherzig die Hand und wünschte ihm Glük auf den Weg.

Robinson ging.

Nikolas. O nu geht er schon wieder nach Hause? Ich dachte, es würde erst recht angehen!

Mutter. Bist du es nicht zufrieden, lieber Nikolas, daß er zu seinen Eltern zurükkehrt, die vermuthlich so bekümmert um ihn sind?

Freund R. Und freuest du dich nicht, daß er sein Unrecht bereut und sich nun bessere wil?

Nikolas. Ja, das wohl; aber ich dachte, es solte erst recht was lustiges kommen.

Vater. Er ist ja noch nicht zu Hause; laßt uns hören, wie's weiter mit ihm geht!

Auf dem Wege nach dem Hafen gieng ihm dies und jenes durch den Kopf. "Was werden meine Eltern sagen?" dacht' er, wenn ich nun wieder zu Haus komme. Gewiß werden sie mich strafen, daß ich das gethan habe! Und meine Kammeraden und die andern Leute, wie werden die mich auslachen, daß ich so geschwind zurük komme und fast nichts gesehen habe, als ein Paar Straßen von London!"

Er blieb vol Gedanken stehen.

Bald fiel's ihm ein, er wolte noch nicht abreisen; bald dachte er wieder daran, was der Schiffer ihm gesagt hatte, daß es ihm nicht wohl gehen könne, wenn er nicht zu seinen Eltern zurückkehrte. Er wuste lange nicht, was er thun solte? Endlich aber gieng er doch hin nach dem Hafen.

Aber zu seinem Vergnügen muste er hören, daß jezt kein Schif da sei, welches die Farth nach Hamburg machen wolte. Der Man, der ihm diese Nachricht gab, war ein *Guineafahrer*.

Frizchen. Was ist ein *Guineafahrer*?

Vater. Das laß dir von *Diederich* erzälen, der's wohl schon wissen wird.

Diederich. Weißt du noch wohl, daß es ein Land giebt, das *Afrika* heißt? Nu die eine Küste davon –

Frizchen. Küste? –

Diederich. Ja, oder das Land, was dichte am Meer liegt, sieh ich habe meinen kleinen Atlas eben bei mir! – dieser Strich Landes hier, der da so krum hinunter geht, der wird die Küste von Guinea genant.

Vater. Und die Schiffer, die da hinfahren, um da was zu handeln, heißt man Guineafahrer. Der Man also, mit dem unser *Robinson* redete, war ein solcher Guineafahrer, oder Kapitain eines Schifs, welches nach Guinea segeln wolte.

Dieser Schifskapitain fand Vergnügen, sich weiter mit ihm zu unterreden, und nöthigte ihn also, mit an Bord zu gehen, um in seiner Kajüte eine Tasse Thee mit ihm zu trinken; und *Robinson* willigte darein.

Johannes. Konte der Kapitain denn deutsch sprechen?

Vater. Ich habe vergessen zu sagen, daß *Robinson* schon im Hamburg Gelegenheit gehabt hatte, Englisch zu lernen, welches ihm jezt, da er in dem Lande der Engländer war, sehr wohl zu statten kam.

Da der Schifskapitain von ihm hörte, daß er so große Lust zu reisen habe, und daß es ihm so leid thue, schon jezt wieder nach Hamburg zurük kehren zu müssen: so that er ihm den Vorschlag, mit ihm nach Guinea zu reisen. *Robinson* erschrak anfangs vor diesem Gedanken. Aber da ihn der Kapitain versicherte, daß die Reise sehr angenehm sein wurde; daß er ihn, um einen Geselschafter zu haben, umsonst mitnehmen, und frei halten wolte, und daß er vielleicht etwas Ansehnliches auf dieser Reise erwerben könte: so stieg ihm plözlich das Blut zu Kopfe, und die Begierde zu reisen wurde so lebendig in ihm, daß er auf einmahl vergaß Alles, was ihm der ehrliche Hamburger Schiffer gerathen hatte, und was er kurz vorher thun wolte.

"Aber, sagte er, da er sich ein wenig bedacht hatte, ich habe nur drei Guineen. Was kan ich für so wenig Geld einkaufen, um einen Handel zu treiben an dem Orte, wo sie hinfahren wollen?"

"Ich wil ihnen, antwortete der Schifskapitain, noch sechs Guineen dazu leihen. Dafür können sie schon so viel Waren einkaufen, als hinreichend sein werden, um in Guinea ein reicher Man zu werden, wenn uns das Glük ein bischen günstig sein wird."

"Und was solte ich denn dafür einkaufen?" fragte *Robinson*.

Der Kapitain antwortete: "lauter Kleinigkeiten, – allerlei Spielzeug, Glaskorallen, Messer, Scheeren, Beile, Bänder, Flinten u. s. w. – woran die Schwarzen in Afrika so viel Vergnügen finden, daß sie ihnen hundertmahl mehr an Gold, Elfenbein und andern Sachen dafür geben werden, als sie werth sind."

Robinson konte nun sich länger nicht mehr halten. Er vergaß Eltern, Freunde und Vaterland und rief freudig aus: "ich fahre mit, Herr Kapitain!" "Top!" antwortete dieser; und so schlugen sie sich einander in die Hände, und die Reise war beschlossen.

Johannes. Na, nu wil ich auch gar kein Mitleid mehr haben mit dem dummen *Robinson*, und wenn's ihm auch noch so unglüklich geht!

Vater. Kein Mitleid, Johannes?

Johannes. Nein, Vater; warum ist er so dum, und vergißt schon wieder, was er seinen Eltern schuldig ist. Dafür muß ja wohl der liebe Gott es ihm wieder schlim gehen lassen –

Vater. Und scheint dir ein so unglüklicher Mensch, der seiner Eltern vergessen kan, und den der gute liebe Gott erst durch Strafen bessern muß, kein Mitleid zu verdienen? Freilich ist er selbst Schuld an allem, was ihm nun begegnen wird: aber ist er nicht um desto unglüklicher? O mein Sohn, Gott bewahre dich und uns alle, vor dem schreklichsten unter allen Leiden, welches darin besteht, daß man fühlt, *man habe sich selbst elend gemacht*! Aber wo wir von einem solchen Unglüklichen hören, da wollen wir bedenken, daß er unser Bruder, unser armer verirter Bruder sei, und eine Träne des Mitleids und der brüderlichen Fürbitte für ihn gen Himmel weinen.

Alle schwiegen einige Augenblikke; dan fuhr der Vater folgendermaßen fort:

Robinson eilte nun mit seinen neun Guineen in die Stadt, kaufte dafür ein, was der Schifskapitain ihm gerathen hatte und ließ es an Bord bringen.

Nach einigen Tagen, da ein guter Wind sich erhob, ließ der Kapitain die Anker *lichten* und so *giengen sie unter Segel*.

Diederich. Wo musten sie denn eigentlich hinsegeln, um nach Guinea zu kommen?

Vater. Du hast deine kleinen Charten bei dir; kom, ich wil dir's zeigen! Siehst du, von London fahren sie hier die *Themse* hinunter bis in die *Nordsee*; dan steuern sie gegen Abend durch die Meerenge bei *Calais* in den *Kanal*. Aus diesem kommen sie in das große *atlantische Weltmeer*, worauf sie dan immer weiter fortsegeln, hier bei den *Canarischen Inseln* und da bei den *Inseln des grünen Vorgebirges* vorbei, bis sie endlich hier unten an dieser Küste landen, welche *Guinea* ist.

Diederich. Wo werden sie denn eigentlich landen?

Vater. Vielleicht da, bei *Capo Corso*, welches den Engländern gehört.

Mutter. Aber es wird wohl Zeit sein, daß wir auch unter Segel gehn und dem Tische zusteuern. Die Sonne ist schon lange untergegangen.

Gotlieb. Ich bin noch gar nicht hungrig.

Lotte. Ich mögte auch lieber noch zuhören.

Vater. Morgen, morgen, Kinder, wollen wir hören, wie's dem *Robinson* weiter gegangen ist. Jezt zu Tische!

Alle. Zu Tische! zu Tische! zu Tische!

Zweiter Abend.

Am andern Abend, da die ganze Geselschaft sich an eben demselben Orte wiederum gelagert hatte, fuhr der Vater in seiner Erzälung folgendermaßen fort.

Die neue Farth unsers *Robinsons* gierig anfangs wieder sehr glüklich von statten. Schon waren sie, ohne die mindeste Widerwärtigkeit, durch die *Meerenge bei Calais* und durch den *Kanal* gesegelt, und nun befanden sie sich mitten auf dem *atlantischen Weltmeere.* Hier hatten sie viele Tage hinter einander so widrigen Wind, daß sie immer weiter gegen *Amerika* zugetrieben wurden.

Seht, Kinder, ich habe eine große Charte mitgebracht, auf der ihr besser, als auf einer kleinen sehen könt, wohin das Schif eigentlich segeln solte und wohin es von dem Winde wirklich getrieben ward. Hier, immer so hinunter, wolten sie eigentlich fahren, aber weil der Wind ihnen halb entgegen, und halb von der Seite kam: so wurden sie wider ihren Willen dorthin verschlagen, wo ihr *Amerika* liegen seht. Ich wil die Charte hier hinstellen, daß wir im Nothfal sie im Gesichte haben.

Eines Abends zeigte der Steuermann an, daß er in einer weiten Entfernung Feuer erblikke, und daß er eben daher auch einige Kanonenschüsse gehört hätte. Alle liefen auf das Verdek, sahen das entfernte Feuer, und hörten gleichfalls noch verschiedene Kanonenschüsse. Der Schifskapitain sahe genau auf seiner Seecharte nach, und fand, daß wohl auf hundert Meilen weit kein Land sei; und alle waren daher der Meinung, daß dieses Feuer nichts anders sein könne, als ein in Brand gerathenes Schif.

Man beschloß den Augenblik, den unglüklichen Leuten zu Hülfe zu eilen, und steuerte dahin. Bald darauf konten sie deutlich sehen, daß ihre Muthmaßung gegründet gewesen sei: denn sie erblikten nun wirklich ein großes Schif, welches ganz in Flammen stand.

Der Schifskapitain ließ sogleich fünf Kanonen abbrennen, um den armen Nothleidenden ein Zeichen zu geben, daß ein Schif in der Nähe sei, welches ihnen zu Hülfe eile. Kaum war dieses geschehen: so sahe man mit Schrekken das brennende Schif plözlich unter einem großen Knal in die Luft fliegen, und bald darauf war alles versunken und das Feuer erloschen. Die Flamme hatte nemlich die Pulverkammer des Schifs ergriffen.

Was aus den unglüklichen Leuten des Schifs geworden sei, konte man noch nicht wissen. Es war möglich, daß sie vor dem Auffliegen des Schifs sich in die Böte gerettet hätten; deswegen fuhr der Kapitain die ganze Nacht hindurch fort, aus den Kanonen schiessen zu lassen, um die Gefahrleidenden zu benachrichtigen, in welcher Gegend das Schif sei, welches ihnen zu Hülfe zu kommen wünsche. Auch ließ er alle Laternen aushängen, damit das Schif von ihnen möchte gesehen werden.

Mit Anbruch des Tages entdekte man durch die Ferngläser wirklich zwei Böte, welche vol von Menschen waren und welche zwischen den hohen Wellen auf und nieder schwankten. Man bemerkte daß sie aus allen Kräften dem Schiffe zuruderten, indem der Wind ihnen entgegen war. Gleich ließ der Kapitain die *Flagge* wehen, zum Zeichen, daß man sie bemerkt habe, und daß man sie aufzunehmen bereit sei. Das Schif segelte zugleich stark auf sie zu, und in einer halben Stunde hatte man sie glüklich erreicht.

Es waren sechzig Menschen, Männer, Weiber und Kinder, die alle an Bord genommen wurden. Da hätte man sehen sollen, was das für ein rührender Auftrit war, da diese armen Leute sich nunmehr glüklich gerettet sahn! Einige weinten laut vor Freuden; andere schrien, als wenn sie jezt erst in Gefahr gerathen wären; einige sprangen wie sinlos auf dem Schiffe herum, andere waren blas, wie der Tod, und rungen die Hände; andere lachten, wie Wahnsinnige, und tanzten und jauchzten laut; andere hingegen standen stum und leblos da und konten kein Wort sprechen.

Bald fielen einige von ihnen auf ihre Knie, hoben ihre Hände gen Himmel und dankten laut dem Gotte, dessen Vorsehung sie so wunderbar errettet hatte. Bald sprangen sie wieder auf, hüpften wie Kinder, zerrissen sich die Kleider, weinten; fielen in Ohnmacht, und konten kaum wieder ins Leben zurükgerufen werden. Auch dem härtesten Matrosen, der das mit ansahe, lief eine Träne über die Bakken.

Unter diesen Unglüklichen befand sich auch ein junger Geistlicher, der sich unter alle am mänlichsten und würdigsten betrug. Bei seinem ersten Tritt auf das Schif legte er sich aufs Gesicht nieder, und schien ganz leblos zu sein. Der Schifskapitain trat zu ihm, um ihn zu ermuntern, weil er glaubte, daß er in Ohnmacht gefallen sei. Aber er redete ganz ruhig, dankte ihm für sein Mitleid und sagte: "erlauben sie, daß ich erst meinen Schöpfer für unsere Errettung danke; dan wil ich auch ihnen sagen, wie sehr ich ihre Wohlthat mit innigstem Dank erkenne." Der Schifskapitain trat ehrerbietig zurük.

Einige Minuten blieb er auf seinem Gesichte liegen; dan richtete er sich freudig auf, und gieng zum Kapitain, um auch ihm seinen Dank zu sagen. Hierauf wandte er sich zu seinen Gefährten, und ermahnte sie, ihr Gemüth zu beruhigen, um ihre Gedanken desto besser zu dem Algütigen erheben zu können, dem sie die ungehofte Erhaltung ihres Lebens zu verdanken hätten. Sein Zureden that auch bei vielen gute Wirkung.

Und nun erzählte er, wer sie wären, und wie es ihnen gegangen sei.

Das verbrante Schif war ein großes französisches *Kauffartheischif* gewesen, welches nach *Quebek* – seht hier, nach diesem Orte in Amerika – segeln wolte. Das Feuer war in des Steuermans Hütte ausgebrochen und hatte so geschwind um sich gegriffen, daß an kein Löschen zu denken war. Sie hatten nur noch eben so viel Zeit gehabt, einige Kanonen zu lösen, und sich dan in die Böte zu retten.

Was aus ihnen werden würde, hatte keiner von ihnen gewust. Das wahrscheinlichste war gewesen, daß sie alle mit ihren kleinen Schiffen bei dem geringsten Sturme von den Wellen würden verschlungen werden; oder daß sie in Kurzen vor Hunger und Durst würden umkommen müssen, weil sie von dem brennenden Schiffe nur auf einige Tage Brod und Wasser mitnehmen konten.

Frizchen. I, was brauchten sie denn Wasser mitzunehmen? Sie waren ja mitten drauf?

Vater. Du hast vergessen, liebes Frizchen, daß das Wasser im Meere so salzig und bitter ist, daß kein Mensch es trinken kan!

Frizchen. Ha! ha!

Vater. In diesem schreklichen Zustande, hatten sie die Kanonenschüsse von dem englischen Schiffe gehört, und bald darauf auch die aufgestekten Laternen erblikt. Zwischen Furcht und Hofnung hatten sie die lange traurige Nacht hingebracht, indem die Wellen sie immer weiter wieder zurük trieben, als sie mit Anwendung aller ihrer Kräfte vorwärts nach dem Schiffe zugerudert hatten. Endlich hatte das längst gewünschte Tageslicht ihrem Jammer ein Ende gemacht.

Robinson hatte die ganze Zeit über mit fürchterlichen Gedanken gekämpft. "Himmel, dachte er, haben diese Leute so großes Unglük leiden können, unter denen doch gewiß wohl recht gute Selen sind: was werd' ich zu erwarten haben, der ich so undankbar gegen meine Eltern handeln konte!" Dieser Gedanke lag ihm, wie ein Berg, auf dem Herzen. Blaß und stum, wie ein Mensch, der kein gutes Gewissen hat, saß er in einem Winkel, rang die Hände, und getraute sich kaum zu beten, weil er dachte, Gott könne unmöglich ihn noch lieb haben.

Man ließ die Geretteten, die nun sehr ermattet waren, sich durch Speise und Trank erquikken. Dan kam der Vornehmste unter ihnen mit einem großen Beutel vol Geld zum Schifskapitain und sagte: "Dies wäre das Einzige, was sie von dem Schiffe hätten mitnehmen können. Er überreiche es ihm, als einen kleinen Beweis der Dankbarkeit, die sie für die Erhaltung ihres Lebens ihm schuldig wären."

"Gott bewahre mich, antwortete der Schifskapitain, daß ich ihr Geschenk annehmen solte! Ich habe weiter nichts gethan, als was die Menschlichkeit mir zu thun gebot und ich bin versichert, daß sie eben das an uns würden gethan haben, wenn sie in unserer Stelle, und wir in der Ihrigen gewesen wären."

Vergebens nöthigte ihn der dankbare Mann, daß ers doch annehmen mögte: er blieb bei seiner Weigerung und bat ihn, davon zu schweigen. – Darauf entstand die Frage: wohin die Geretteten denn nun gebracht werden solten? Sie nach Guinea mitzunehmen, gieng, um einer zweifachen Ursache willen, nicht wohl an. Denn erstlich warum solten die armen Leute eine so weite Reise nach einem Lande machen, wo sie nichts zu thun hatten? Und dan, so waren auf dem Schiffe nicht so viel Lebensmittel vorhanden, daß so viel Menschen bis dahin genug daran gehabt hätten.

Endlich beschloß der brave Schifskapitain, sich die Mühe nicht verdriessen zu lassen, dieser armen Leute wegen, ein Paar hundert Meilen umzuschiffen, um sie erst nach *Terreneuve* zu bringen, wo sie Gelegenheit haben würden mit französischen *Stokfischfängern* wieder nach Frankreich zurük zu kehren.

Lotte. Was sind das für Leute die Stokfischfänger?

Johannes. Weist du nicht mehr, was uns Vater erzählt hat von den Stokfischen, wie sie da oben aus dem Eismeere herunter kommen bis nach den *Sandbänken* bey *Terreneuve*, wo sie in so großer Menge gefangen werden?

Lotte. Ach ja! Nun weiß ich schon.

Johannes. Sieh, das ist *Terreneuve*, was hier oben dichte bei Amerika liegt, und die Punkte da bedeuten die Sandbänke! – Na, die Leute die die Stokfische fangen, die heissen die Stokfischfänger.

Vater. Man fuhr also dahin; und weil es gerade in der Zeit war, da die meisten Stokfische gefangen werden, so fand man auch französische Schiffe da, welche diese unglüklichen Leute aufnehmen konten. Ihre Dankbarkeit gegen den guten Schifskapitain läßt sich mit Worten nicht beschreiben.

Sobald dieser sie an Ort und Stelle gebracht hatte, kehrte er mit gutem Winde wieder zurük, um seine eigentliche Reise nach Guinea fortzusezzen. Das Schif flog durch die Wellen, wie ein Vogel durch die Luft, und in kurzer Zeit hatten sie wieder einige hundert Meilen zurük gelegt. Das war etwas für unsern *Robinson*, dem's nie zu geschwind gehen konte, weil er ein unruhiger Geist war!

Einige Tage darauf, da sie immer südwärts gesteuert hatten, wurden sie plözlich eines großen Schiffes gewahr, welches nach ihnen zu hielt. Bald darauf hörten sie, daß es einige Nothschüsse that, und bemerkten nun, daß es den *Fokmast* und den *Boegspriet* verloren habe.

Nikolas. Den Boegspriet?

Vater. Ja; du weist doch noch, was das ist?

Nikolas. Ach ja, der kleine Mastbaum, der nicht so, wie die andern, grade in die Höhe gerichtet, sondern nur so schief hingestellt ist auf dem Vordertheil des Schiffes, als wenn's der Schnabel des Schiffes wäre!

Vater. Ganz recht. Sie steuerten also auf dieses beschädigte Schif zu, und da sie nahe genung gekommen waren, um mit den Leuten, die darauf waren, reden zu können; schrien ihnen diese mit aufgehobnen Händen und mit kläglichen Gebehrden zu:

"Rettet, guten Leute, o rettet ein Schif vol Menschen, die alle des Todes sein müssen, wenn ihr euch ihrer nicht erbarmet!"

Man fragte sie hierauf, worin ihr Unglük denn eigentlich bestehe? und da erzählte einer von ihnen folgender Gestalt:

"Wir sind Engländer, die nach der französischen Insel *Martinike* – (Seht hier, Kinder; dies ist sie, hier mitten in Amerika!) – schiften, um eine Ladung Kaffebohnen zu holen. Da wir alda vor Anker lagen und bald wieder abreisen wolten, giengen unser Schiffer und der Obersteuerman eines Tages ans Land, um noch etwas einzukaufen. Unterdeß erhob sich ein so gewaltiger und zugleich wirbelnder Sturmwind, daß unser Ankertau zerriß und wir aus dem Hafen in das weite Meer hinausgetrieben wurden. Der *Orkan* –

Gotlieb. Was ist das?

Vater. Ein solcher heftiger und wirbelnder Sturmwind, der daraus entsteht, wenn mehrere starke Winde von verschiedenen Seiten gegen einander blasen. – "Der Orkan also wüthete drei Tage und drei Nächte; wir verlobten unsere Masten und wurden einige hundert Meilen fortgetrieben. Zum Unglük versteht sich keiner von uns auf die Schiffarth; schon neun Wochen werden wir so herum geworfen, all' unsere Lebensmittel sind verzehrt, und die meisten von uns sind schon halb todt gehungert."

Der gute Schifskapitain ließ sogleich das Boot aussezen, nahm einen Vorrath von Lebensmitteln zu sich und fuhr, nebst *Robinson*, selbst nach diesem Schiffe hin.

Sie fanden die Leute des Schifs in dem kläglichsten Zustande. Alle sahen so verhungert aus, und viele unter ihnen konten kaum mehr auf den Füßen stehen. Aber da sie in die Kajüte giengen – Gott! was für ein schreklicher Anblik zeigte sich ihnen da erst! Eine Mutter mit ihrem Sohn und einem jungen Dienstmädchen lagen, allem Ansehen nach, schon ganz todt gehungert da. Die Mutter saß star und steif zwischen zwei festgebundnen Stühlen auf dem Boden, den Kopf gegen die Schifswand gelehnt; die Magd lag der Länge nach neben ihr und hatte den einen Arm fest um den Tischfuß geklammert; der junge Mensch aber lag auf dem Bette und hatte noch ein Stük von einem ledernen Handschuh im Munde, den er schon halb zernagt hatte.

Lotte. O Väterchen, machst es ja doch so traurig!

Vater. Hast Recht; ich vergaß, daß ihr so was nicht hören woltet. Ich wil diese Geschichte also immer überhüpfen –

Alle. O nein! o nein, lieber Vater! Laß sie uns nun ganz aushören!

Vater. Wenn ihr wolt! – Ich muß euch also erst sagen, wer diese armen Leute waren, die da so kläglich lagen.

Es waren Reisende, die mit diesem Schiffe aus Amerika nach England gehen wolten. Alle sagten, daß sie recht wakkere brave Leute gewesen wären. Die Mutter hatte ihren Sohn so unaussprechlich geliebt, daß sie keinen Bissen mehr geniessen wolte, damit ihr geliebter Sohn nur noch ein wenig zu essen haben mögte: und der gute Sohn hatte es eben so gemacht, um alles für seine Mutter zu sparen. Auch das getreue Mädchen war mehr für ihre Herschaft, als für sich selbst besorgt gewesen.

Man hielt sie alle drei für todt: aber es zeigte sich bald, daß noch einiges Leben in ihnen sei. Denn da man ihnen einige Tropfen Fleischbrühe in den Mund gegossen hatte, fiengen sie nach und nach an, die Augen wieder aufzuschlagen. Die Mutter aber war schon zu schwach, um etwas hinunter zu schlukken, und gab durch Zeichen zu verstehen, daß man nur ihrem Sohne helfen mögte. Bald darauf verschied sie auch wirklich.

Die andern beiden wurden durch Arzeneimittel wieder zu sich selbst gebracht, und da sie noch junge Kräfte hatten; so gelang es der Sorgfalt des Kapitains, ihr Leben zu erhalten. Aber da der junge Mensch nach seiner Mutter blikte und bemerkte, daß sie todt da liege, fiel er vor Schrekken wieder in Ohnmacht, aus der man ihn kaum ermuntern konte. Er wurde indeß wieder zu sich selbst gebracht, und so wohl er, als auch das Mädchen, blieben am Leben.

Der Schifskapitain versorgte darauf das ganze Schif mit so vielen Lebensmitteln, als er nur immer entbehren konte, ließ durch seine Zimmerleute die zerbrochenen Masten, so gut es gehen wolte, wieder herstellen, und gab den Leuten guten Rath, wie sie steuern müsten, um nach dem nächsten Lande zu kommen, welches die *Kanarischen Inseln* wären.

Dahin fuhr er nun selbst auch ab, um sich erst wieder mit Lebensmitteln zu versorgen.

Eine von diesen Inseln heißt, wie ihr wißt, *Madera*.

Diederich. Ach ja; die den Portugiesen gehört!

Johannes. Wo der schöne *Maderawein* wächst –

Gotlieb. Und Zukkerrohr!

Lotte. Und wo die vielen Kanarienvögel sind, nicht Vater?

Vater. Ganz recht. Bei dieser Insel landete der Schifskapitain und *Robinson* ging mit ihm ans Land.

Er konte sich nicht sat sehen an dem herlichen Anblik, den diese fruchtbare Insel gewährt. So weit sein Auge reichte, sahe er Gebirge, die mit lauter Weinreben bekleidet waren. Wie wässerte ihm der Mund nach den schönen süßen Trauben, die er da hengen sah! Und wie labte er sich, da der Schifskapitain ihm die Erlaubniß erkaufte, so viel zu essen, als er Lust hätte!

Von den Leuten, die in dem Weinberge waren, erfuhren sie, daß der Wein hier nicht so, wie in andern Ländern, durch Hülfe einer Kelter ausgepreßt werde.

Gotlieb. Und wie denn?

Vater. Sie schütten die Trauben in ein großes hölzernes Gefäß und dan treten sie den Saft mit den Füßen, oder stampfen ihn mit den Ellenbogen aus.

Lotte. Fi! ich mag keinen Maderawein trinken.

Johannes. Ich mögte ihn so nicht trinken, wenn sie ihn auch ordentlich auskelterten.

Frizchen. Warum?

Johannes. Ach! du bist noch nicht hier gewesen, da uns Vater erklärte, daß der Wein den jungen Leuten nicht gut ist. Solst nur hören, was er alles schaden kan.

Frizchen. Ist das wohl wahr, Vater?

Vater. Freilich, liebes Frizchen, ist es wahr. Kinder, die oft Wein, oder andere starke Getränke trinken, werden schwächlich und dum.

Frizchen. Fi, so wil ich niemahls Wein trinken!

Vater. Wirst wohl daran thun, mein Kind!

Da der Schifskapitain sich hier eine Zeitlang verweilen muste, um sein Schif ausbessern zu lassen, welches etwas schadhaft geworden war: so fieng unser *Robinson* nach einigen Tagen an, Langeweile zu haben. Sein unruhiger Geist sehnte sich wieder nach Veränderung, und er wünschte sich Flügel, um so geschwind, als möglich, die ganze Welt durchfliegen zu können.

Unterdeß kam ein portugiesisches Schif von *Lissabon* an, welches nach *Brasilien* in *Amerika* segeln wolte.

Diederich (auf die Charte zeigend) Nicht wahr, nach diesem Lande hier, das den Portugiesen gehört, und wo so viele Goldkörner und Edelgesteine gefunden werden?

Vater. Nach dem nemlichen. – *Robinson* machte Bekantschaft mit dem Kapitain des Schifs, und da er von den Goldkörnern und Edelsteinen gehört hatte: so wäre er um sein Leben gern mit nach Brasilien gefahren, um sich da die Taschen vol zu lesen.

Nikolas. Der hatte wohl nicht gehört, daß da keiner Gold und Steine lesen darf, weil sie dem König von Portugal allein gehören?

Vater. Das machte, daß er in seiner Jugend sich gar nicht hatte unterrichten lassen. – Da er nun den Portugisischen Schifskapitain bereit fand, ihn unentgeldlich mitzunehmen, und da er hörte, daß das englische Schif wenigstens noch vierzehn Tage hier stil liegen müsse: so konte er der Begierde, weiter zu reisen, nicht länger widerstehen. Er sagte also seinem guten Freunde, dem englischen Schifskapitain, rund heraus, daß er ihn verlassen würde, um mit nach Brasilien zu fahren. Dieser, der kurz vorher von ihm selbst gehört hatte, daß er ohne Wissen und Willen seiner Eltern in der Welt herum schwärme, freute sich, seiner los zu werden, schenkte ihm das Geld, welches er in England ihm geliehen hatte, und gab ihm noch recht viel gute Lehren mit auf den Weg.

Robinson stieg also an Boord des Portugisischen Schiffes, und darauf gings fort nach Brasilien. Sie steuerten nicht weit von der Insel *Teneriffa* vorbei, auf der sie den hohen *Spizberg* liegen sahen.

Lotte. Ich meine, der hiesse der *Piko von Teneriffa*?

Johannes. I, das ist ja einerlei! Piko heißt ja ein Spizberg. – O nun weiter!

Vater. Es war ein köstlicher Anblik des Abends, da die Sonne schon lange untergegangen und es auf dem Meere schon finster geworden war, zu sehen, wie der Gipfel dieses Berges der einer der höchsten in der ganzen Welt ist, noch von Sonnenstralen glühte, als wenn er gebrant hätte.

Einige Tage nachher sahen sie eine andere, gleichfalls sehr angenehme Erscheinung auf dem Meere. Eine große Menge fliegender Fische erhob sich über die Oberfläche des Wassers und die waren so glänzend, als polirtes Silber, so daß sie einen ordentlichen Schein, wie Lichtstralen, verbreiteten.

Frizchen. Giebt es denn auch Fische, die fliegen können?

Vater. O ja, Frizchen; mich dünkt, wir haben ja schon einmahl selbst einen gesehen.

Gotlieb. Ach ja, da wir neulich in der Stadt waren! Der hatte ja aber keine Federn und keine Flügel?

Vater. Aber doch lange Flosfedern! Diese braucht er, stat der Flügel, und schwingt sich damit über das Wasser empor.

Die Reise gieng viele Tage hintereinander recht glüklich von statten. Plözlich aber brach ein heftiger Sturm aus, der aus Südosten wehete. Die Meereswogen schäumten und thürmten sich, wie Häuser hoch, indeß das Schif von ihnen auf und nieder geschleudert wurde. Sechs Tage hinter einander dauerte dieser entsezliche Sturm, und das Schif wurde dadurch so weit verschlagen, daß der Steuerman und der Schifskapitain gar nicht mehr wusten, wo sie waren. Sie glaubten indeß, daß sie in der Gegend wären, wo die *Karibischen Inseln* – (hier in dieser Gegend!) – liegen.

Am siebenten Tage, eben da die Morgendämmerung anbrach, rief ein Matrose, zur großen Freude der ganzen Schifsgesellschaft, plözlich: *Land!*

Mutter. Land! Land! – Das Abendbrod wartet schon; Morgen wollen wir weiter hören.

Gotlieb. O liebe Mutter, laß uns doch nur erst hören, wie sie ausgestiegen sind, und wie's ihnen da gieng! Ich wolte gern mit einem Stük Brod vorlieb nehmen, wenn wir nur hier draussen blieben und Vater fortfahre zu erzälen.

Vater. Ich dächte auch, liebe *Marie*, wir äßen unser Abendbrod hier im Grünen!

Mutter. Wie du wilst. Last's euch also immer auserzälen, Kinder; ich wil unterdeß Anstalt machen.

Alle. O das ist scharmant! das ist herlich!

Vater. Alle liefen nun aufs Verdek um zu sehen, was für ein Land es sei, wohin sie kommen würden. Aber in eben dem Augenblikke wurde ihre Freude in das größte Schrekken verwandelt.

Puf! ging's, und alle die auf dem Verdekke waren, kriegten einen so starken Schup, daß sie zu Boden fielen.

Johannes. Was war's denn?

Vater. Das Schif war auf eine *Sandbank* gerant, und saß in dem Augenblikke so fest, als wenn es angenagelt gewesen wäre. Gleich darauf sprizten die schäumenden Wellen so viel Wasser auf das Verdek, daß Alle nach den Hütten und Kajüten flüchten musten, um nicht fortgespühlt zu werden.

Nun erhob sich ein Winseln und Wehklagen unter dem Schifsvolke, daß es einen Stein hätte erbarmen mögen! Einige beteten, andere schrien; einige rungen verzweiflungsvol die Hände, andere standen star und steif, wie todte Leichnahme. Unter den Leztern befand sich *Robinson*, der mehr todt, als lebendig war.

Plözlich hieß es: das Schif wäre geborsten! Diese schrekliche Nachricht gab allen wieder neues Leben. Man lief hurtig aufs Verdek; ließ in gröster Geschwindigkeit das Boot hinab, und alle sprangen hinein.

Es waren aber der Menschen so viele, daß das Boot kaum eine Hand hoch *Bord* behielt, da sie hinein gesprungen waren. Das Land war noch so weit entfernt, und der Sturm so heftig, daß Jederman es für unmöglich hielt, die Küste zu erreichen. Indeß thaten sie doch ihr möglichstes durch Rudern, und der Wind trieb sie glüklicher Weise Landwärts.

Plözlich sahen sie eine berghohe Welle dem Bote nachrauschen. Alle erstarten vor dem schreklichen Anblikke, und liessen die Ruder fallen. Jezt, jezt nahete der schrekliche Augenblik heran! Die ungeheure Welle erreichte das Boot; das Boot schlug um, und – alle versanken im wüthenden Meere! –

Hier hielt der Vater ein; die ganze Geselschaft blieb schweigend sizen, und vielen entfuhr ein mitleidiger Seufzer. Endlich erschien die Mutter mit einem ländlichen Abendbrod, und machte den wehmütigen Empfindungen ein Ende.

Dritter Abend.

Gotlieb. Ist denn *Robinson* nun wirklich todt, lieber Vater?

Vater. Wir haben ihn gestern in der augenscheinlichsten Lebensgefahr verlassen. Er versank, da das Boot umschlug, mit allen seinen Gefährten im Meer. – Aber eben dieselbe gewaltige Welle, die ihn verschlungen hatte, riß ihn mit sich fort, und schleuderte ihn gegen den Strand. Er ward so heftig gegen ein Felsenstük geworfen, daß der Schmerz ihn aus dem Todesschlummer, worin er schon versunken war, wieder erwekte. Er schlug die Augen auf und da er sich unvermuthet auf dem Trokkenen sah, so wandte er seine lezten Kräfte an, um den Strand vollends hinauf zu klimmen.

Es gelang ihm; und nun sank er kraftlos hin, und blieb eine ziemliche Zeitlang ohne Bewustsein liegen.

Da endlich seine Augen sich wieder öfneten, richtete er sich auf und schaute umher. Gott, welch ein Anblik! Von dem Schiffe, von dem Bote, von seinen Gefährten war nichts, nichts mehr zu sehen, als einige losgerissene Bretter, die von dem Meereswogen nach dem Strande hingetrieben wurden. Nur er, nur er allein war dem Tode entgangen.

Vor Freud' und Schrekken zitternd warf er sich auf die Knie, hob seine Hände gen Himmel, und dankte mit lauter Stimme, und unter einem Strom von Tränen, dem Herrn des Himmels und der Erde, der ihn so wunderbar errettet hatte. –

Johannes. Aber warum mogte Gott auch wohl den *Robinson* allein erretten, da er die andern Leute alle ertrinken ließ?

Vater. Lieber Johannes, bist du wohl im Stande, jedesmahl die Ursachen einzusehen, warum wir Erwachsene, die wir euch herzlich lieben, dies oder jenes mit euch vornehmen?

Johannes. Nein!

Vater. Zum Exempel neulich, da es ein so schöner Tag war und wir alle gern eine Lustreise nach den *Vierlanden* gemacht hätten, was that ich da?

Johannes. Ja, da muste der arme Nikolas zu Hause bleiben, und wir andern musten nach Wansbek, und nicht nach den Vierlanden gehen.

Vater. Und warum war ich denn so hart gegen den armen Nikolas, daß ich ihn nicht mit lassen wolte?

Nikolas. Ach! ich weiß noch wohl! Da kam bald unser *Bromlei* und hohlte mich ab zu meinen Eltern, die ich lange nicht gesehen hatte.

Vater. Und machte dir das nicht mehr Freude, als eine Lustreise nach den Vierlanden?

Nikolas. O viel, viel mehr!

Vater. Ich wuste vorher, daß Bromlei kommen würde, und deswegen gebot ich dir, zu Hause zu bleiben. – Und du, Johannes, wen trafst du in Wansbek an?

Johannes. Meinen lieben Vater und meine liebe Mutter, die auch da waren.

Vater. Auch davon hatte ich Nachricht, und deswegen wolte ich daß ihr dasmahl nach Wansbek und nicht nach den Vierlanden reisen soltet. Meine Einrichtung wolte euch Allen damahls gar nicht zu Kopfe; denn ihr wustet meine Ursachen nicht. Aber warum sagte ich euch die nicht?

Johannes. Um uns eine unerwartete Freude zu machen, wenn wir unsere Eltern zu sehen kriegten, ohne daß wir es vorher gewust hatten.

Vater. Ganz recht; – nun, Kinder, meint ihr nicht, daß der große liebe Gott seine Kinder, die Menschen alle, eben so lieb hat, als wir euch haben?

Gotlieb. O noch wohl lieber!

Vater. Und wißt ihr nicht schon längst, daß Gott alle Dinge viel besser versteht, als wir armen blödsichtigen Menschen, die wir so selten wissen, was uns eigentlich gut ist?

Johannes. Ja, das glaub ich! Gott ist ja auch allwissend und weiß alles, was künftig ist; das wissen wir nicht!

Vater. Da also Gott alle seine Menschen so väterlich liebt, und da er zugleich so weise ist, daß er allein weiß, was uns immer gut ist: solte er dan wohl nicht auch immer alles aufs Beste mit uns machen?

Gotlieb. O ja, ganz gewiß!

Vater. Aber können wir wohl immer die Ursachen einsehen, warum Gott dies oder jenes *so* und nicht *so* mit uns macht?

Johannes. Da müsten wir ja auch eben so allwissend und so alweise, als er, sein!

Vater. Nun, lieber Johannes, hast du jezt Lust, deine vorige Frage noch einmahl zu thun?

Johannes. Welche?

Vater. Die: warum Gott den *Robinson* allein errettet, und die Andern alle habe ertrinken lassen?

Johannes. Nein!

Vater. Warum nicht?

Johannes. Weil ich jezt einsehe, daß es eine unverständige Frage war?

Vater. Warum eine unverständige?

Johannes. Ja, weil Gott am besten weiß, warum er etwas thut, und weil wir das nicht wissen können!

Vater. Der liebe Gott hatte also ohnstreitig seine weisen und gütigen Ursachen, warum er die ganze Schifsgesellschaft umkommen, und nur den *Robinson* allein am Leben lies; aber wir können diese Ursachen nicht begreifen. Vermuthen können wir wohl so etwas, aber wir müssen uns nie einbilden, daß wir es getroffen haben.

Gott konte z. E. vorher sehen, daß den Leuten, die er ertrinken ließ, ein längeres Leben mehr schädlich, als nüzlich sein wurde; daß sie in große Noth gerathen, oder gar, daß sie lasterhaft werden würden: deswegen nahm er sie von der Erde weg und führte ihre unsterblichen Selen an einen Ort, wo sie es viel besser hatten, als hier. Den *Robinson* aber ließ er vermuthlich deswegen noch am Leben, damit er durch Trübsale erst gebessert werde. Denn da er ein gütiger Vater ist: so sucht er die Menschen auch durch Leiden zu bessern, wenn sie durch Güte und Nachsicht sich nicht wollen bessern lassen.

Merkt euch dies, meine guten Kinder, und denkt daran zurük, wenn in eurem künftigen Leben euch einmahl auch etwas begegnen solte, wovon ihr nicht werdet begreifen können, warum euer guter himlischer Vater es so über euch verhengt habe! Dan denket immer bei euch selbst: "Gott weiß doch besser, als ich, was mir gut ist; ich wil also gern leiden, was er mir zu schikt! Gewiß schikt er mir's deswegen zu, daß ich noch besser werden soll als ich bin; das wil ich denn thun, so wird Gott es mir gewiß auch wieder wohl gehen lassen!"

Diederich. Dachte *Robinson* jezt auch so?

Vater. Ja; jezt, da er aus so großer Lebensgefahr errettet war, und da er von allen Menschen sich nun verlassen sah: jezt fühlte er in dem Innersten seines Herzens, wie unrecht er gehandelt habe; jezt bat er auf seinen Knien Gott um Vergebung seiner Sünden; jezt sezte er sich fest vor, sich von ganzem Herzen zu bessern und nie wieder etwas zu thun, wovon er wüste, daß es nicht recht wäre.

Nikolas. Aber was fieng er denn nun an?

Vater. Da die Freude über seine glükliche Errettung vorüber war, fieng er an, über seinen Zustand nachzudenken. Er sahe sich umher: aber da war nichts, als Gebüsch und Bäume! Nirgends erblikte er etwas, woraus er hätte vermuthen können, daß dieses Land von Menschen bewohnt sei. Das war nun schon ein schreklicher Gedanke für ihn, daß er so ganz allein in einem fremden Lande leben solte. Aber wie standen ihm nicht erst die Hare zu Berge, da er nun weiter dachte: wie? wenn es hier wilde Thiere oder wilde Menschen gäbe, vor denen du keinen Augenblik sicher wärest?

Frizchen. Giebt's denn auch wilde Menschen, Vater?

Johannes. I ja, Friz! Hast du das noch nicht gehört? Es giebt weit – o wer weiß wie weit von hier! solche Menschen, die so wild, wie das Vieh sind!

Gotlieb. Die fast ganz nakt gehen; stelle dir mahl vor, Frizchen!

Diederich. Ja, und die nichts verstehen; die keine Häuser bauen, keinen Garten pflanzen, kein Feld beakkern können!

Lotte. Und die ungekochtes Fleisch essen und rohe Fische; ich habe es wohl gehört! Nicht wahr, Vater, hast du's uns nicht erzählt?

Johannes. Ja und was meinst du wohl, die armen Menschen wissen gar nicht, wer sie erschaffen hat, weil sie niemahls einen Lehrer gehabt haben, der's ihnen sagte!

Diederich. Deswegen sind sie auch so barbarisch! Denke mahl, einige von ihnen essen so gar Menschenfleisch!

Frizchen. Fi! die garstigen Menschen!

Vater. Die unglüklichen Menschen! wolltest du sagen. Unglüks genug für die armen Schelme, daß sie so dum und so viehisch aufgewachsen sind!

Frizchen. Kommen die auch wohl hier her?

Vater. Nein; die Länder, wo es noch jezt einige von diesen armen Menschen giebt, sind so weit von hier, daß niemahls welche zu uns kommen. Auch werden ihrer immer weniger, weil die andern gesitteten Menschen, die dahin kommen, sich Mühe geben, sie auch klug und artig zu machen.

Diederich. Lebten denn auf dem Lande, wo iezt *Robinson* war, solche wilde Menschen?

Vater. Das wuste er noch nicht. Aber da er einmahl gehört hatte, daß es auf den Inseln in dieser Weltgegend dergleichen gäbe: so dachte er, es könte wohl sein, daß da, wo er sich jezt befand, auch welche wären; und darüber war er in so großer Angst, daß ihm alle Glieder am Leibe zitterten.

Gotlieb. Das glaube ich! Es wäre auch gewiß kein Spaß, wenn welche da wären!

Vater. Vor Furcht und Angst getraute er sich anfangs nicht aus der Stelle zu gehen. Das geringste Geräusch erschrekte ihn und machte, daß er zusammen fuhr.

Endlich fing er an einen so heftigen Durst zu fühlen, daß ers nicht mehr aushalten konte. Er sah sich also gezwungen, herum zu gehen, um eine Quelle oder einen Bach zu suchen. Glüklicher Weise fand er eine schöne klare Quelle, aus der er nach Herzenslust sich laben konte. O was ein Trunk frisches Wasser für eine Wohlthat ist für den, der von Durst gequält wird!

Robinson dankte Gott dafür, und hofte, daß er ihm auch Speise verleihen wurde. Der die Vögel unter dem Himmel füttert, dacht' er, der wird mich ja auch nicht verhungern lassen!

Zwar Hunger spürte er eben nicht, weil die Angst und der Schrekken ihm allen Appetit benommen hatten. Aber destomehr sehnte er sich nach Ruhe. Er war so ermattet von Allem, was er gelitten hatte, daß er kaum mehr auf den Füßen stehen konte.

Allein wo solte er nun die Nacht über bleiben? Auf der Erde, und unter freien Himmel? Aber da könten wilde Menschen oder Thiere kommen und ihn auffressen! Ein Haus, oder eine Hütte, oder eine Höle – waren nirgends zu sehen. Er stand lange Zeit ganz trostlos und wuste nicht, was er thun solte.

Endlich dachte er, er wolte es, wie die Vögel machen, und sich auf einen Baum sezen. Er fand auch bald einen, der so dikke Aeste hatte, daß er bequem darauf sizen, und mit den Rükken sich anlegen konte. Auf diesen kletterte er hinauf, verrichtete ein andächtiges Gebet zu Gott, sezte sich dan zurecht, und schlief augenbliklich ein.

Im Schlafe träumte er von Allem, was ihm den Tag vorher begegnet war. Dan kamen ihm seine Eltern vor. Es war ihm, als sähe er sie, von Gram und Kummer abgehärmt, wie sie um ihn trauerten, seufzten, weinten, die Hände rängen und sich nicht wolten trösten lassen. Der kalte Schweiß drang ihm aus allen Gliedern. Er schrie laut: "ich bin da, ich bin da, liebste Eltern!" und indem er so rief, wolte er seinen Eltern in die Arme fallen, machte eine Bewegung im Schlaf, und stürzte jämmerlich vom Baume herab!

Lotte. O der arme *Robinson*!

Gotlieb. Nun ist er wohl todt?

Vater. Glüklicher Weise hatte er nicht hoch gesessen, und der Boden war so sehr mit Gras bewachsen, daß er nicht gar zu unsanft nieder fiel. Er fühlte nur einige Schmerzen an der Seite, auf die er gefallen war; aber da er im Traum vielmehr gelitten hatte, so achtete er dieser Schmerzen nicht. Er kletterte vielmehr wieder auf den Baum, und blieb da so lange sizen, bis die Sonne aufging.

Nun stelte er Ueberlegungen an, wo er was zu essen hernehmen wurde. Alles, was wir in Europa haben, fehlte ihm. Er hatte kein Brod, kein Fleisch, keine Gartengewächse, keine Milch; und wenn er auch etwas zu kochen oder zu braten gehabt hätte, so fehlte es ihm doch an Feuer, am Bratspieß und an Töpfen. Alle Bäume, die er bisher gesehen hatte, waren von der Art, die man *Kampeschenbäume* nent: die keine Früchte, sondern nur Blätter trugen.

Johannes. Was sind das für Bäume?

Vater. Es sind Bäume, deren Holz man zu allerlei Färbereien braucht. Sie wachsen in einigen Gegenden von *Amerika*, und werden häufig nach *Europa* verfahren. Wenn das Holz davon in Wasser gekocht wird, so wird das Wasser schwarzröthlich, und das brauchen denn die Färber um andere Farben damit zu schattiren.

Aber wieder zu unserm *Robinson*!

Ohne zu wissen, was er machen solte, stieg er von dem Baume herab. Da er den ganzen vorigen Tag nichts genossen hatte: so fing der Hunger an, ihm entsezlich weh zu thun. Er lief einige tausend Schritte umher: aber Alles, was er fand, waren unfruchtbare Bäume und Gras.

Seine Angst war jezt aufs höchste gestiegen. "Ich werde vor Hunger sterben müssen!" rief er aus und weinte laut gen Himmel. Indes gab die Noth ihm Muth und Kräfte, längst dem Strande hinzulaufen, um zu sehen, ob er nicht irgendwo etwas Eßbares finden werde.

Aber umsonst! Nichts, als Kampeschen und indianische Weidenbäume, nichts, als Gras und Sand! Mat und ohnmächtig warf er sich mit dem Gesicht auf die Erde, weinte laut, und wünschte, daß er doch lieber mögte ertrunken sein, als nun so jämmerlich vor Hunger sterben zu müssen!

Er hatte schon beschlossen, in dieser trostlosen Lage den langsamen und schreklichen Tod des Hungers zu erwarten, als er sich zufälliger Weise umkehrte, und einen Seefalken erblikte, der mit einem gefangenen Fische durch die Luft flog. Plözlich fielen ihm die Worte ein, die er irgendwo einmahl gelesen hatte.

Der Gott, der Raben nährt, wird Menschen nicht verstoßen;
Wer groß im Kleinen ist, wird größer sein im Großen.

Er tadelte sich nun selbst, daß er so wenig Vertrauen zu der götlichen Vorsehung gehabt habe; sprang augenbliklich vom Boden auf, und beschloß so weit herum zu gehen, als seine Kräfte nur immer reichen würden. Er fuhr also fort, längst der Küste hinzugehen und nach allen Seiten umher zu blikken, ob er nicht irgendwo eine Speise entdekken mögte.

Endlich sahe er einige Austerschalen im Sande liegen. Gierig lief er nach dem Orte hin, und suchte sorgfältig nach, ob er nicht vielleicht einige volle Austern finden mögte. Er fand sie und seine Freude darüber war unaussprechlich.

Johannes. Liegen denn die Austern so auf dem Lande?

Vater. Eigentlich nicht. Sie leben vielmehr im Meere, wo sie sich an die Felsenwände eine über die andere ankleben, so daß ein ordentlicher kleiner Berg davon entsteht. Einen solchen Haufen nent man denn eine *Austerbank*. Manche Auster aber wird von den Wellen losgespült, und von der Fluth auf den Strand geschwemt. Wenn dan die Zeit der *Fluth* aus ist, und die *Ebbe* eintrit, so bleiben sie auf dem Troknen liegen.

Frizchen. Was ist denn das, die Ebbe und die Fluth?

Lotte. O weißt du das nicht einmahl! Das ist, wenn das Wasser so anschwillt, und wieder abläuft.

Frizchen. Was für Wasser?

Lotte. I, das Wasser im Meer!

Freund R. Frizchen, laß dir das von deinem Bruder Johannes erklären, der wird's dir wohl deutlich machen kennen.

Johannes. Ich? – Na, ich wil sehn! Hast du nicht bemerkt, daß das Wasser in der Elbe zuweilen weiter aufs Land kömt, und denn nach einiger Zeit wieder zurükgeht, und daß man denn dahin gehen kan, wo vorher Wasser war?

Frizchen. O ja, das hab' ich wohl gesehn!

Johannes. Na, wenn das Wasser so anläuft, daß es über die Ufer kömt, so nent man das Fluth; wen's aber wieder zurük trit und das Ufer trokken wird, so nent man's Ebbe.

Vater. Nun muß ich dir sagen, lieber Friz, daß das Wasser im Weltmeer alle vier und zwanzig Stunden auf diese Weise zweimahl aufsteigt, und zweimahl wieder niedersinkt. Sechs Stunden und etwas drüber schwilt es jedesmahl an, und sechs Stunden und etwas drüber sinkt es wieder. Jenes nent man die *Zeit der Fluth*, dieses die *Zeit der Ebbe*. Verstehst du's nun?

Frizchen. O ja! Aber warum schwilt denn das Meer immer auf?

Gotlieb. O ich weiß wohl; das kömt vom Mond, der zieht das Wasser an sich, daß es in die Höhe steigen muß!

Nikolas. O das haben wir ja schon so oft gehört! Laßt doch Vater weiter erzälen!

Vater. Ein andermahl, Frizchen, wil ich mehr davon mit dir reden.

Robinson war ausser sich vor Freuden, daß er etwas gefunden hatte, womit er seinen nagenden Hunger ein wenig stillen konte. Die Austern, die er fand, reichten zwar nicht zu, ihn ganz zu sätigen, aber er war zufrieden, daß er nur etwas hatte.

Jezt war seine größte Sorge, wo er nun künftig wohnen solte, um vor wilden Menschen und vor wilden Thieren gesichert zu sein? Sein erstes Nachtlager hatte so viel Unbequemlichkeiten für ihn gehabt, daß er nicht ohne Schaudern daran denken konte, daß er seine künftigen Nächte alle auf eben diese Weise würde hinbringen müssen.

Gotlieb. O ich weiß wohl, was ich gemacht hätte!

Vater. Und was dan? Laß doch hören!

Gotlieb. Ja, ich hätte mir erst ein Haus gebaut mit *so* dikken Wänden! und mit dikken eisernen Thüren. Und denn hätte ich einen Graben da herum gemacht mit einer Zugbrükke und die Zugbrükke hätte ich alle Abend aufgezogen, und denn sollten's die Wilden wohl bleiben lassen, daß sie mir was zu leide thäten, wenn ich schliefe.

Vater. Das läßt sich hören! Schade, daß du nicht dabei warest; du hättest dem armen *Robinson* schon rathen können! – Aber – mir fält doch was ein – hast du wohl schon recht genau zugesehen, wie die Zimmerleute und die Maurer es anfangen, wenn sie ein Haus bauen?

Gotlieb. O ja! schon so oft! Der Maurer macht erst *Kalk* zurechte und rührt Sand darunter. Denn legt er immer einen Stein auf den Andern und schmiert mit seiner *Mauerkelle* den Kit dazwischen, daß sie recht fest zusammen halten müssen. Denn kommen die Zimmerleute her, und behauen die Balken mit ihren *Beilen* und machen, daß sie so recht in einander passen. Darnach winden sie die Balken mit einer *Winde* oben auf die Mauer hinauf und *nageln* immer einen an den andern. Dann sägen sie auch Bretter und Latten, die sie auf die Sparren nageln, um die *Dachziegel* darauf zu legen. Und denn –

Vater. Ich sehe schon, du hast dir's recht gut gemerkt, wie sie's machen, ein Haus zu bauen. Aber der Maurer braucht doch Kalk und eine Mauerkelle und Baksteine oder Feldsteine, die erst behauen werden müssen: und die Zimmerleute müssen Beile, Sägen, Bohrer, Nagel, Winkelmaß und Hammer haben. Wo hättest du denn die hernehmen wollen, wenn du in Robinsons Stelle gewesen wärest?

Gotlieb. Ja, das weiß ich nicht!

Vater. So gieng es dem *Robinson* auch und deswegen muste er sich die Lust, ein ordentliches Haus zu bauen, wohl vergehen lassen. Er hatte kein einziges Werkzeug, als seine beiden Hände, und damit allein kan man keine solche Häuser bauen, als wir haben.

Nikolas. I so hätte er sich ja nur eine Hütte machen können von Zweigen, die er von den Bäumen abbrechen konte!

Vater. Und hätte eine Hütte von Laubwerk ihn wohl schüzen können gegen Schlangen, Wölfe, Panter, Tieger, Löwen und andere solche wilde Thiere?

Johannes. Hu! – armer *Robinson*, wie wird dir's gehen!

Nikolas. Kont' er denn nicht schießen?

Vater. Ja, wenn er nur eine Flinte und Pulver und Blei gehabt hätte! Aber der arme Schelm hatte ja nichts, wie wir wissen; nichts, gar nichts auf der Welt, als nur seine beiden Hände!

Da er diesen seinen hilflosen Zustand überdachte, sank er auf einmal wieder in seine vorige Bekümmerniß zurük. Was hilft es mir, dachte er, daß ich dem Tode des Hungers vor jezt entgangen bin, da ich vielleicht diese Nacht von wilden Thieren werde zerrissen werden!

Es kam ihm ordentlich vor, als wenn schon ein grimmiger Tieger vor ihm stünde, seinen Rachen weit aufsperte, und ihm seine großen scharfen Zähne zeigte. Jezt bildete er sich ein, er pakke ihn schon bei der Gurgel, that einen lauten Schrei: "o meine armen Eltern!" – und sank kraftlos zu Boden.

Nachdem er eine Zeitlang gelegen und mit Angst und Verzweifelung gerungen hatte, fiel ihm ein Lied ein, welches er seine fromme Mutter manchmahl hatte singen hören, wenn ihr etwas Trauriges begegnet war. Das Lied fängt sich so an:

Wer nur den lieben Gott läßt walten,
Und hoffet auf ihn allezeit,
Den wird er wunderlich erhalten
In allem Kreuz und Herzeleid;
Wer nur den Allerhöchsten traut,
Der hat auf keinen Sand gebaut.

Das war eine rechte Herzstärkung für ihn! Er sagte dieses schöne Lied ein Paar mahl recht innig in Gedanken her; dan fing er an, es laut zu singen; rafte sich dabei von dem Boden auf und ging, um zu sehen, ob er nicht irgendwo eine Höle finden könte, die ihm zur sichern Wohnung diente.

Wo er eigentlich wäre, – auf dem festen Lande von Amerika, oder nur auf einer Insel? – das wuste er noch nicht. Er sahe aber von fern einen Berg liegen, und dahin ging er.

Auf diesem Wege machte er die traurige Bemerkung, daß die ganze Gegend nichts als unfruchtbare Bäume und Gras trage. Wie ihm dabei zu Muthe war, könt ihr euch vorstellen.

Er kletterte auf den Berg, der ziemlich hoch war, mit Mühe hinauf; und nun konte er viele Meilen weit umher sehen. Da sahe er denn mit Schrekken, daß er wirklich auf einer Insel wäre, und daß, so weit sein Auge reichte, nirgends Land erscheine, ein Paar kleine Inseln ausgenommen, die etliche Meilen weit von da aus dem Meere hervor ragten.

"Ich armer, armer Mensch! rief er aus und hob seine Hände, die er ängstlich gefaltet hatte, gen Himmel. So ist es also wahr, daß ich von allen Menschen abgesondert, von allen verlassen bin, und keine Hofnung habe, aus dieser traurigen Einöde jemahls, jemahls wieder errettet zu werden? O meine arme bekümmerte Eltern! So werde ich euch also niemahls wieder sehen! Niemahls euch um Vergebung meines Fehlers bitten können! Niemahls wieder die liebliche Stimme eines Freundes, eines Menschen, hören! – Aber ich habe mein Schiksal verdient, fuhr er fort. Gott, du bist gerecht in deinen Schikkungen! Ich darf mich nicht beklagen. Hab' ich es doch nicht besser haben wollen!"

Gedankenlos und wie ein Träumender blieb er auf derselben Stelle stehen und hatte seine starren Blikke auf die Erde geheftet. "Von Gott und Menschen verlassen!" das war Alles, was er denken konte. – Zum Glük fiel ihm endlich wieder eine Strofe aus seinem schönen Liede bei:

Denk' nicht in deiner Drangsalshize,
Daß du von Gott verlassen seist,
Und daß ihm der im Schooße size,
Der sich mit stetem Glükke speist!
Die Zukunft ändert oft sehr viel,
Und sezt der Trübsaal Maaß und Ziel.

Er warf sich mit Inbrunst auf seine Knie vor Gott, gelobte Geduld und Unterwerfung in seinen Leiden, und bat um Stärke zur Ertragung derselben.

Lotte. Das war doch recht gut, daß der *Robinson* solche schöne Lieder wuste, die ihn so trösteten in seinem Unglük!

Vater. Freilich war das sehr gut! Was würde aus ihm geworden sein, wenn er nun nicht gewust hätte, daß Gott der algütige, der allmächtige und der algegenwärtige Vater aller Menschen ist? Er hätte umkommen müssen vor Angst und Verzweiflung, wenn man ihn das nicht gelehrt gehabt hätte. Aber der Gedanke an diesen himlischen Vater gab ihn immer wieder neuen Trost und Muth, so oft er in seinem Jammer vergehen wolte.

Lotte. Wilst du mich auch noch mehr von Gott lehren, wie du die Andern gelehrt hast?

Vater. Gern, mein gutes Kind! So wie du von Tage zu Tage verständiger werden wirst, werde ich dir auch immer mehr von unsern lieben Gott erzählen. Du weist, ich rede von nichts lieber, als von ihm, der so gut und so groß und so liebevol ist.

Lotte. O das ist schön! Es ist mir auch nichts lieber, als wenn du von Gott mit uns redest. Ich freue mich schon recht darauf.

Vater. Hast auch Ursache, liebe Lotte! Denn, wenn du Gott erst recht wirst kennen lernen: so wirst du dich noch vielmehr bemühen, so ganz gut zu werden, und dan wirst du noch vielmehr Freude haben, als jezt. –

Robinson fühlte sich nun wieder um vieles gestärkt und fing jezt an, an dem Berge herum zu klettern. Lange war seine Bemühung, einen sichern Ort zu seiner Wohnung ausfindig zu machen, vergebens. Endlich kam er zu einem kleinen Berge, der von der Vorderseite so steil, als eine Wand war. Indem er diese Seite desselben genauer untersuchte, fand er eine Stelle, die etwas ausgehöhlt war, und einen ziemlich schmalen Eingang hatte.

Hätte er ein Hakeisen, einen Steinmeissel und andere Werkzeuge gehabt: so wäre nichts leichter gewesen, als diese Hölung, die zum Theil felsicht war, weiter auszuarbeiten und sie zu einer Wohnung geschikt zu machen. Aber von allen diesen Dingen hatte er nichts. Es war also die Frage, wie er den Mangel derselben ersezen solte?

Nachdem er sich lange den Kopf darüber zerbrochen hatte, dachte er so: "die Bäume die ich hier sehe, scheinen wie die Weidenbäume in meinem Vaterlande zu sein, die sich leicht verpflanzen lassen. Ich wil eine Menge solcher jungen Bäume mit meinen Händen ausgraben, und hier vor diesem Loche einen kleinen Plaz so dicht damit bepflanzen, daß es wie eine Wand werden sol. Wenn die denn wieder ausschlagen und wachsen, so werde ich in diesem Raume so sicher schlafen können, als wenn ich in einem Hause wäre. Denn von hinten beschüzt mich die steile Felsenwand und von vorn her und von den Seiten werden es die dicht gepflanzten Bäume thun. –

Er freute sich über den glüklichen Einfal und lief augenbliklich hin, ihn auszuführen. Zu seinem noch grösseren Vergnügen sahe er nahe bei diesem Orte eine schöne klare Quelle aus dem Berge hervorsprudeln. Er lief zu ihr hin, um sich erst durch einen frischen Trunk zu erquikken, weil er bei dem Herumlaufen in der brennenden Sonnenhize sehr durstig geworden war.

Gotlieb. War's denn so heiß auf der Insel?

Vater. Das kanst du denken! Sieh hier (auf die Charte zeigend) liegen die *Karibischen Inseln*, wovon diejenige, auf welcher *Robinson* jezt lebte, vermuthlich eine war. Nun siehst du, diese Inseln sind nicht gar weit mehr von da weg, wo man sagt, daß man *unter der Linie* sei, und wo die Sonne den Leuten zuweilen grade über den Köpfen steht. Es muß da also wohl schon sehr heiß sein.

Er grub nun einige junge Bäume auf eine sehr mühsame Weise mit seinen Händen aus, und trug sie an den Ort, den er zu seiner Wohnung bestimt hatte. Hier muste er nun wieder ein Loch krazen um die Bäume dahin zu pflanzen, und weil dies Alles sehr langsam von statten ging: so rükte der Abend heran, indeß er kaum erst mit fünf oder sechs Bäumen zu Stande gekomen war.

Der Hunger trieb ihn an, erst wieder nach der Küste zu gehen, um sich abermahls einige Austern zu suchen. Allein unglüklicher Weise war grade die Zeit der Fluth. Er fand also nichts, und muste sich bequemen für dasmahl hungrig zu Bette zu gehen.

Und wo? – Er hatte beschlossen, so lange auf dem Baume zu übernachten, bis er mit einer sichern Wohnung werde zu Stande gekomen sein. Dahin ging er also.

Um aber diese Nacht nicht wieder eben das Schiksal zu haben, was er in der vorigen Nacht gehabt hatte, band er sich mit seinen Strumpfbändern um die Brust herum an dem Aste fest, der ihm zur Rüklehne diente. Dan empfahl er sich seinem Schöpfer und schlief ruhig ein.

Johannes. Das machte er klug!

Vater. Die Noth lehrt uns vieles, was wir sonst nicht wissen werden. Eben deswegen hat ja auch der gute Gott die Erde und uns selbst so eingerichtet, daß wir mancherlei Bedürfnisse haben, die wir erst durch Nachdenken und allerlei Erfindungen befriedigen müssen. Diesen Bedürfnissen also haben wir es zu verdanken, daß wir klug und verständig werden. Denn wenn uns die gebratenen Tauben in den Mund flögen; wenn Häuser, Betten, Kleider, Speise und Trank und alles Andere, was wir zur Erhaltung und zur Bequemlichkeit des Lebens nöthig haben, so ganz von selbst und schon ganz fertig aus der Erde hervorwüchsen; so würden wir sicherlich weiter nichts thun, als essen, trinken und schlafen; und dan würden wir bis an unsere Tod so dum bleiben, als das liebe Vieh.

Nikolas. Das hat also der liebe Gott recht gut gemacht, daß er nicht Alles so aus der Erde hervorwachsen läßt.

Vater. So wie er alles Andere in der Welt auch gut und weise eingerichtet hat! – Aber seht doch dort den lieben schönen Abendstern! Wie er so freundlich auf uns herab funkelt! Auch den hat unser Vater im Himmel geschaffen, dem wir nun noch unsern Dank für den abermahls verlebten angenehmen Tag zu bringen haben. – Komt, Kinder! laßt uns Hand in Hand gelegt zu jener Laube gehn!

Vierter Abend.

Vater. Nun, Kinder, wo blieben wir denn gestern mit unserm *Robinson*?

Johannes. Er war wieder auf den Baum geklettert, um da zu schlafen, und –

Vater. Ganz recht, ich bin schon da! – Nun für dasmahl gings besser; er fiel nicht wieder herab, sondern schlief geruhig bis an den Morgen.

Mit Anbruch des Tages lief er erst nach dem Strande, um einige Austern zu suchen, und dan wieder an seine Arbeit zu gehen. Er nahm diesmahl einen andern Weg dahin und hatte unterwegens die Freude, einen Baum anzutreffen, an dem grosse Früchte hingen. Er wuste zwar nicht, was es für welche sein mögten; aber er hofte doch, daß sie eßbar wären, und schlug also eine davon herab.

Es war eine dreieckkichte Nuß, wie ein kleiner Kinderkopf groß. Die äusserste Schale war faserich und wie aus Hanf gemacht. Die andere Schale hingegen war fast so hart als eine Schildkrötenschale, und *Robinson* sahe bald, daß er sie statt eines Napfes würde brauchen können. Diese Schale ist so geräumig, daß der kleine amerikanische Affe, *Sagoin* genant, zusamt seinem langen Schwanze darin wohnen kan. Der Kern war ungemein saftig, und schmekte, wie süße Mandeln, und in der Mitte desselben, welche hohl war, fand er eine sehr wohl schmekkende süsse Milch. Das war einmahl eine Mahlzeit für unsern ausgehungerten *Robinson!*

Sein leerer Magen war mit einer Nuß noch nicht befriedigst; er schlug also noch eine zweite ab, die er mit eben so grossem Appetite verzehrte. Vor Freude über diesen Fund trat ihm eine Träne in die Augen, die er dankbar gen Himmel weinte.

Der Baum war ziemlich groß und hing vol von Früchten. Aber leider! war er nur der einzige in dieser Gegend!

Gotlieb. Was mogte denn das für ein Baum sein? Hier sind ja keine solche.

Vater. Es war ein *Kokusbaum,* deren es vornemlich da in *Ostindien* und hier auf den Inseln des grossen *Südmeers* giebt. Wie dieser auf *Robinsons* Insel mogte gekommen sein, daß kan ich euch nicht sagen. Auf den amerikanischen Inseln pflegt es sonst dergleichen nicht zu geben.

Ohngeachtet *Robinson* nun gesätiget war: so lief er doch nach dem Strande, um zu sehen, wie es heute um die Austern stände. Hier fand er zwar wieder einige; aber doch bei weitem nicht genug, um eine vollkommene Mahlzeit davon halten zu können. Er hatte also grosse Ursache Gott zu danken, daß er ihm heute ein anderes Nahrungsmittel hatte finden lassen. Und das that er denn auch wirklich mit sehr gerührtem Herzen.

Die gefundenen Austern nahm er sich mit zum Mittagsessen, und nun kehrte er mit freudigen Muthe zu seiner gestrigen Arbeit zurük.

Er hatte am Strande eine große Muschelschale gefunden, die er stat eines Spatens brauchte. Dadurch ward ihm seine Arbeit schon um vieles leichter. Nicht lange nachher entdekte er eine Pflanze, deren Stengel so faserricht war, als bei uns der Flachs und der Hanf sind. Zu einer andern Zeit wurde er auf so etwas gar nicht geachtet haben; jezt aber war ihm nichts gleichgültig. Er untersuchte Alles und dachte über Alles nach, ob er nicht irgend einigen Nuzen daraus ziehen könte?

In der Hofnung, daß diese Pflanze sich eben so wie Flachs oder Hanf werde bearbeiten lassen, riß er eine Menge davon aus, band sie in kleine Bändel, und legte sie ins Wasser. Da er nach einigen Tagen merkte, daß die grobe äusere Schale vom Wasser weich genug gebeizt sei, nahm er die Bündel wieder heraus und spreitete die erweichten Stengel an der Sonne aus. Kaum waren sic hinlänglich getroknet, so machte er einen Versuch, ob sie sich nun auch eben so, wie der

Flachs, durch Hülfe eines grossen Stoks würden *boken* und *brechen* lassen. Und siehe! es gelang ihm.

Von dem Flachse, welches er daraus gewan, machte er sogleich einen Versuch, kleine Strikke zu drehen. Diese wurden nun freilich nicht so fest, als diejenigen sind, die bei uns der Seiler drehet: weil er kein *Drehrad* und keinen Gehülfen hatte. Indeß waren sie doch stark genug, um seine große Muschel damit an einem Stokke fest zu binden, wodurch er denn ein Werkzeug kriegte, welches einem Spaten ziemlich ähnlich sah.

Nun sezte er seine Arbeit fleißig fort, und pflanzte Baum bei Baum, bis er endlich den kleinen Raum vor seiner künftigen Wohnung völlig eingezäunt hatte. Da ihm aber eine einzige Reihe schlanker Bäume noch keine sichere Schuzmauer zu sein schien: so ließ er sich die Mühe nicht verdriessen, noch eine zweite Reihe um die erste herum zu pflanzen. Dan durchflocht' er beide Reihen mit grünen Zweigen und endlich gerieth er gar auf den Einfal, den Zwischenraum zwischen den beiden Reihen mit Erde auszufüllen. Dadurch entstand nun eine so feste Wand, daß schon eine recht grosse Gewalt würde erfodert worden sein, um sie zu durchbrechen.

Alle Abend und alle Morgen begoß er seine kleine Pflanzung mit Wasser aus der nahen Quelle. Zum Wassergefäß diente ihm die Kokusschale. Bald hatte er auch die Freude zu sehen, daß die jungen Bäume ausschlugen und grünten, daß es eine rechte Lust war, sie anzusehen.

Da er mit seiner Einzäunung fast völlig fertig war, wandte er einen ganzen Tag dazu an, viele und starke Strikke zu drehen. Von diesen machte er, so gut er konte, eine Strikleiter.

Diderich. Wozu denn die?

Vater. Wirst es gleich hören. – Er war Willens ganz und gar keine Tür zu seiner Wohnung zu machen, sondern auch die lezte noch übrige Oefnung zu zupflanzen.

Diderich. Wie wolte er denn aber hinein und heraus kommen?

Vater. Dazu solte ihn eben die Strikleiter dienen. Der Fels nemlich über seiner Wohnung war ungefähr zwei Stokwerke hoch. Oben stand ein Baum. Um diesen legte er seine Strikleiter und ließ sie bis zu sich herunter hängen. Er versuchte darauf, ob er daran hinauf klettern könte, und es gelang ihm nach Wunsche.

Da dis Alles fertig war, so überlegte er nun, wie er es wohl anzufangen habe, um die kleine Hölung des Berges noch weiter auszuarbeiten, damit sie groß genug wurde, ihm zur Wohnung zu dienen. Mit seinen blossen Händen, sahe er wohl, würde es nicht gehen! Was war also zu thun? Er muste suchen, sich irgend ein Werkzeug ausfindig zu machen, das ihm dazu behilflich wäre.

In dieser Absicht ging er hin nach einem Orte, wo er viele grüne Steine, die man *Talksteine* nent, und die sehr hart sind, hatte liegen gesehen. Da er unter denselben sorgfältig suchte, fand er zuerst einen, bei dessen Anblik ihm vor Freuden das Herz im Leibe klopfte.

Es war nemlich dieser Stein ordentlich wie ein Beil gestaltet; er ging vorn scharf zu und hatte so gar ein Loch, um einen Stiel hinein zu stekken. *Robinson* sahe gleich, daß er sich ein ordentliches Beil daraus würde machen können, wenn er nur das Loch ein wenig erweiterte. Hiermit kam er durch Hülfe eines andern Steins nach langer Arbeit endlich glüklich zu Stande. Dan stekte er einen dikken Stok zum Stiel hinein und band ihn mit selbst gedrehten Bindfaden so fest, als wenn er wäre eingenagelt gewesen.

Er versuchte darauf sogleich ob er nicht einen jungen Stam damit abhauen könte; und seine Freude über den glüklichen Erfolg dieses Versuchs war unaussprechlich. Man hätte ihm tausend Thaler für dieses Beil bieten können und er würde es nicht dafür gegeben haben; so viel Nuzen versprach er sich davon!

Indem er weiter suchte unter den Steinen fand er noch zwei, die ihm gleichfalls sehr brauchbar zu sein schienen. Der Eine war ohngefähr wie so ein *Klöpfel* geformt, als die Steinhauer und die Tischler brauchen. Der Andere hatte die Gestalt eines kurzen dikken Prügels und ging unten spizig zu, wie ein Keil. Auch diese beiden nahm *Robinson* mit und lief nun freudig nach seiner Wohnung hin, um sich sogleich in Arbeit zu sezen.

Das Werk ging treflich von statten. Indem er den spizigen keilförmigen Stein an das Erdreich und an die Felsenstükke sezte, und mit dem Klöpfel darauf schlug, löste er ein Stük nach dem andern ab und erweiterte auf diese Weise die Höle. In einigen Tagen war er so weit damit gekommen, daß er den Plaz für groß genug hielt, um ihn zur Wohnung und zur Schlafstelle zu dienen.

Er hatte schon vorher eine Menge Gras mit den Händen ausgerauft, und es an die Sonne gelegt, um Heu daraus zu machen. Dieses war nun hinlänglich gedört. Er trug es also in seine Höle, um sich ein bequemes Lager davon zu machen.

Und nun hinderte ihn nichts mehr, einmahl wieder auf eine menschliche Weise, nemlich liegend, zu schlafen, nachdem er über acht Nächte, wie die Vögel, auf einem Baume hatte sizen müssen. O was das für eine Wollust für ihn war, seine ermatteten Glieder so der Länge nach auf einen weichen Heulager auszustrekken! Er dankte Gott dafür und dachte bei sich selbst: o wenn doch meine Landsleute in Europa wüsten, wie es thut, wenn man viele Nächte hinter einander auf einem harten Aste sizend zubringen muß: gewiß, sie würden sich glüklich schäzen, daß sie alle Abend sich auf ein weiches und sicheres Lager strekken können, und würden nicht vergessen, auch für diese Wohlthat Gott täglich Dank zu bringen!

Der folgende Tag war ein Sontag. *Robinson* widmete ihn der Ruhe, dem Gebet und dem Nachdenken über sich selbst. Stundenlang lag er auf seinen Knien, die betränten Augen gen Himmel gerichtet, und flehete zu Gott um Vergebung seiner Sünden und um Seegen und Trost für seine armen Eltern. Dan dankte er Gott mit Freudentränen für die wunderbare Hülfe, die er ihm in seinem verlassenen Zustande hatte wiederfahren lassen und gelobte tägliche Besserung seiner Selbst, und beständigen kindlichen Gehorsam an. –

Lotte. Nun ist er doch ein viel besserer *Robinson*, als er vorher war!

Vater. Das wuste der liebe Gott wohl vorher, daß er sich bessern würde, wenn's ihm unglüklich ginge; und deswegen schikte er ihm eben dieses Leiden zu! So macht's der gütige himlische Vater immer mit uns. Nicht aus Zorn, sondern aus Liebe, läßt er's uns zuweilen übel gehen, weil er weiß, daß wir sonst nicht gut werden würden.

Um die Folge der Tage nicht zu vergessen, und um immer zu wissen, welcher Tag ein Sontag sei, war *Robinson*darauf bedacht, sich einen *Kalender* zu machen.

Johannes. Einen Kalender?

Vater. Freilich keinen so genauen und auf Papier gedrukten, als man in Europa machen kan, aber doch einen, nach dem er die Tage zählen könte.

Johannes. Und wie machte er denn das?

Vater. Da er kein Papier und keine Schreibmaterialien hatte: so suchte er sich vier neben einander stehende Bäume aus, die eine glatte Rinde hatten. In den grösten von ihnen grub er alle Abend mit einem scharfen Steine einen kleinen Strich ein, welcher jedesmahl einen zurük gelegten Tag bedeutete. So oft er nun *sieben* Striche gemacht hatte, war eine Woche geendiget; und dan schnit er in den nächsten

Baum einen Strich ein, welcher eine *Woche* bedeutete. So oft er in diesem zweiten Baume vier Striche gemacht hatte, bezeichnete er in dem dritten Baume durch einen ähnlichen Strich, daß ein ganzer *Monat* verflossen wäre. Und wenn endlich dieser Monatszeichen *zwölf* geworden waren: so merkte er in dem vierten Baume an, daß nun ein ganzes Jahr geendiget sei.

Diderich. Aber die Monate sind ja nicht alle gleich lang! Die Einen haben ja dreissig, die andern ein und dreissig Tage: wie wuste er denn immer wie viel Tage jeder habe?

Vater. Das wuste er an den Fingern abzuzählen.

Johannes. An den Fingern?

Vater. Ja; und wenn ihr wolt, so wil ich euch das auch lehren.

Alle. O ja! o ja, lieber Vater!

Vater. Nun, so gebt Achtung! – Seht, er machte so die linke Hand zu; dan stipte er mit einem Finger der andern Hand erst auf einen dieser hervorragenden Knöchel, dan in die dabei befindliche Grube, und nante dabei die Monate in der Ordnung, wie sie auf einander folgen. Jeder Monat der auf einen Knöchel fält, hat ein und dreissig Tage, die andern aber, die in die Grübchen fallen, haben nur dreissig, den einzigen Februar ausgenommen, der nicht einmahl dreissig, sondern nur acht und zwanzig, und alle vier Jahre neun und zwanzig Tage hat.

Er fing aber mit dem Knöchel des Zeigefingers an und nante indem er darauf stipte den ersten Monat im Jahr, nemlich den *Jenner*. Der hat also, wie viel Tage?

Johannes. Ein und dreissig.

Vater. Nun wil ich fortfahren, die Monate auf diese Weise an den Knöcheln abzuzählen, und du, Johannes, magst jedesmahl die Zahl der Tage nennen. – Also zweitens: *Februar*!

Johannes. Solte 30 Tage haben, hat aber nur 28 und zuweilen 29.

Vater. *März.*

Johannes. Ein und dreissig.

Vater. *April.*

Johannes. Dreissig.

Vater. *Mai*!

Johannes. Ein und dreissig.

Vater. *Junius*!

Johannes. Dreissig.

Vater. *Julius.*

Johannes. Ein und dreissig.

Vater. *August*! (Auf den Knöchel des Daums zeigend.)

Johannes. Ein und dreissig.

Vater. *September.*

Johannes. Dreissig.

Vater. *Oktober.*

Johannes. Ein und dreissig.

Vater. *November*!

Johannes. Dreissig.

Vater. *December.*

Johannes. Ein und dreissig Tage!

Vater. Diderich, hast du immer im Kalender nachgesehen, ob unsere Angabe richtig war?

Diderich. Ja, es traf Alles auf ein Haar ein!

Vater. Dergleichen Dinge muß man sich merken, weil man nicht immer einen Kalender zur Hand hat, und einem doch manchmahl daran gelegen ist, zu wissen, wie viel Tage jeder Monat habe.

Johannes. O ich werd' es nicht vergessen!

Diderich. Ich auch nicht; ich hab' es mir wohl gemerkt!

Vater. Auf diese Weise also sorgte unser *Robinson* dafür, daß er die Zeitrechnung nicht verlöre, und immer wüste, welcher Tag ein Sontag wäre, um ihn, wie die Christen, feiern zu können.

Unterdeß hatte er den grösten Theil der Kokusnüsse von dem einzigen Baume, den er bisher entdekt hatte, schon verzehrt, und die Austern wurden so sparsam ausgeworfen, daß er von ihnen allein nicht leben konte. Er fing also wieder an für seinen künftigen Unterhalt besorgt zu sein.

Aus Furcht vor wilden Thieren und Menschen hatte er sich bisher noch nicht sehr weit von seiner Wohnung zu entfernen gewagt. Jezt zwang ihm die Noth, ein Herz zu fassen, und sich etwas weiter auf der Insel umzusehen, um neue Nahrungsmittel zu entdekken. In dieser Absicht beschloß er, am folgenden Tage in Gottes Namen eine kleine Landreise vorzunehmen.

Um sich aber vor der brennenden Sonnenhize zu verwahren, wandte er den Abend dazu an, sich einen *Sonnenschirm* zu verfertigen.

Nikolas. Wo nahm er denn Leinewand und Fischbein dazu her?

Vater. Er hatte weder Leinewand, noch Fischbein, weder Messer noch Scheere, weder Nadel noch Zwirn, und doch – was meint ihr wohl wie ers anfing, um sich einen Sonnenschinn zu machen?

Nikolas. Ja, das weiß ich nicht!

Vater. Er flochte sich aus Weidenruthen ein kleines Dach, stekte in die Mitte desselben einen Stok, den er mit Bindfaden fest band und dan holte er sich von seinem Kokusbaum breite Blätter, die er mit *Steknadeln* auf dem geflochtenen Dache befestigte.

Johannes. Mit Steknadeln? I, wo kriegt' er denn die her?

Vater. Das rathet einmahl!

Lotte. O ich weiß schon! Die hatte er gefunden unter dem Auskehrigt, und in den Dielenrizen; ich finde da oft auch welche!

Johannes. Ja, du hast es schön getroffen! Als wenn man Steknadeln finden könte, wo keiner welche verloren hat! Und wo waren denn Dielen und Auskehrigt in Robinson seinem Loche?

Vater. Nun wer räht's? – Wie würdet ihr es machen, wenn ihr etwas fest stekken woltet, und keine ordentliche Steknadeln hättet?

Johannes. Ich wurde Stacheln vom Dornbusch dazu brauchen.

Gotlieb. Und ich vom Stachelbeerbusch!

Vater. Das läßt sich hören! – Indeß muß ich euch sagen, daß *Robinson* weder jene, noch diese brauchte, weil er weder Dornbüsche noch Stachelbeerbüsche auf seiner Insel gefunden hatte.

Johannes. Nun, was braucht' er denn?

Vater. Fischgräten. Das Meer warf von Zeit zu Zeit todte Fische aufs Land, und wenn die denn verfault oder von Raubvögeln verzehrt waren: so blieben die Gräten davon liegen. Von diesen hatte *Robinson* die stärksten und spizigsten aufgelesen, um sie stat der Steknadeln zu gebrauchen.

Durch Hülfe derselben brachte er einen so festen Schirm zu Stande, daß kein einziger Sonnenstrahl durchfallen konte. So oft ihm eine solche neue Arbeit glükte, hatte er eine unaussprechliche Freude darüber; und dan pflegte er zu sich selbst zu sagen: was bin ich doch in meiner Jugend für ein grosser Nar gewesen, daß ich meine meiste Zeit mit Müssiggang zubrachte! O wenn ich jezt in Europa wäre, und alle die vielen Werkzeuge hätte, die man da so leicht haben kan: was wolte ich nicht alles machen! Was solte mir das für Freude sein, die meisten Dinge, die ich nöthig hätte, *selbst* zu verfertigen!

Da es noch nicht sehr spät am Tage war: so fiel ihm ein, ob er nicht auch einen Beutel machen könte, worin er etwas zu leben mitnähme, und worin er dasjenige zurüktrüge, was er etwa so glüklich wäre an neuen Lebensmitteln ausfindig zu machen. Er san eine Zeitlang darüber nach und endlich glükte es ihm, auch dazu Mittel zu finden.

Er hatte nemlich einen ziemlichen Vorrath Bindfaden verfertiget; von diesem beschloß er ein Nez zu strikken, und aus dem Neze eine Art von Jägertasche zu machen.

Das fing er nun so an. An zwei Bäume, die etwas über eine Elle weit aus einander standen, knöpfte er einen Faden unter den andern, und zwar so dicht, als möglich. Dies solte das sein, was bei dem Weber der *Aufzug* ist. Dan knöpfte er von oben herunter wiederum einen Faden neben dem andere gleichfalls so dicht, als möglich; und zwar machte er mit diesen herunter gehenden Faden um jeden Querfaden einen Knoten, recht so, wie es bei dem Filetmachen geschieht. Diese herunter gehenden Faden waren also der *Einschlag*. Und so brachte er bald ein Nez zu Stande, das einem feinen Fischerneze glich. Er lösete darauf die Enden von den Bäumen ab, schürzte sie auf der einen Seite und unten zusammen, und ließ nur die obere Seite offen. Und so hatte er also eine ordentliche Jagdtasche gemacht, die er durch Hülfe eines dikken Bindfadens, den er an den obersten Enden befestigte, um den Hals hengen konte.

Vor Freude über den gleichen Erfolg seiner Bemühungen konte er fast die ganze Nacht hindurch nicht schlafen.

Gotlieb. O ich mögte mir auch gern eine solche Jägertasche machen.

Nikolas. Ich auch; aber wenn wir nur Bindfaden hätten!

Mutter. Wenn ihr eben so viel Freude, als *Robinson*, an eurer Arbeit haben woltet: so müstet ihr auch erst euch den Bindfaden selbst machen, und auch selbst erst den Flachs oder den Hanf zubereiten. Aber da diese noch nicht reif sind auf dem Felde, so wil ich euch wohl Bindfaden dazu geben.

Gotlieb. O wilst du das, liebe Mutter?

Mutter. Gern, wenn ihr es wünscht. Kom, wir wollen welchen holen.

Gotlieb. O das ist prächtig!

Lotte. Das ist recht gut, Kinder, daß ihr das nachmacht. Wenn ihr denn auch einmahl auf eine Insel komt, wo keine Menschen sind: so wißt ihr schon, wie ihr es machen müßt. Nicht wahr, Vater?

Vater. Ganz recht; macht nur! – Unsern *Robinson* werden wir denn wohl bis Morgen müssen schlafen lassen! – Ich wil unter der Zeit sehen, ob ich ihm nicht die Kunst, einen Sonnenschirm zu machen, ablernen kann.

Fünfter Abend.

Am folgenden Abend, da die Geselschaft an dem gewöhnlichen Orte sich wieder versamlet hatte, kam *Nikolas* mit einer von ihm selbst verfertigten Jagdtasche einher stolziert, wodurch er Aller Augen auf sich zog. Stat des Sonnenschirms hatte er sich von der Köchin einen Sieb geliehen, den er über seinem Kopfe auf einem Stokke trug. Sein ganzer Aufzug war sehr ernsthaft und majestätisch.

Mutter. Bravo, Nikolas! Das hast du gut gemacht! Es fehlte nicht viel, daß ich dich für den wahren *Robinson* genommen hätte.

Johannes. Ich habe nur noch nicht fertig werden können mit meiner Tasche; sonst wäre ich auch so gekommen!

Gotlieb. So geht's mir auch!

Vater. Schon gut, daß Einer damit fertig geworden ist: nun sehn wir doch, daß es geht! Aber dein Schirm, Nikolas, taugt nichts!

Nikolas. Ja, ich habe ihn auch nur aus Noth gemacht, weil ich keinen andern so geschwind fertig kriegen konte!

Vater. (Der einen von ihm selbst gemachten Schirm hinter der Hekke vorlangt) Was sagst du hierzu, Freund Robinson?

Nikolas. Ah! der ist schön!

Vater. Ich hebe ihn so lange auf, bis wir unsere Geschichte ausgehört haben. Wer denn von den Dingen, die *Robinson* machte, am meisten wird nachmachen können, der sol unser Robinson sein und dem wil ich den Sonnenschirm schenken.

Gotlieb. Sol der sich denn auch ordentlich eine Hütte bauen?

Vater. Warum nicht?

Alle. O das ist exzellent! Das ist prächtig!

Vater. *Robinson* konte kaum den Tag erwarten; er stand noch eher auf, als die Sonne, und machte sich zu seiner Reise fertig. Er hing die Tasche um; gürtete einen Strik um seinen Leib, stekte sein Beil, stat eines Degens, daran, nahm den Sonnenschirm auf die Schulter und wanderte darauf getrost fort.

Zuerst besuchte er seinen Kokusbaum, um eine oder ein Paar Nüsse in seinen Beutel zu stekken; dan lief er auch erst an den Strand, um einige Austern dazu zu suchen; und da er sich mit beiden nothdürftig versorgt und einen guten Trunk frisches Wasser aus seiner Quelle zum Frühstük genossen hatte: so marschierte er ab.

Es war ein reizender Morgen. Die Sonne stieg jezt eben in ihrer ganzen Klarheit, wie aus dem Meere, hervor, und vergoldete die Gipfel der Bäume. Tausend kleine und grosse Vögel von wunderbaren Farben sangen ihr erstes Morgenlied und freuten sich des neuen Tages. Die Luft war so rein und so erquikkend, als wenn sie jezt eben erst von Gott wäre geschaffen worden, und aus den Kräutern und Blumen duftete der süsseste Wohlgeruch empor.

Robinsons Herz schwol auf von Freude und Dankbarkeit gegen Gott. Auch hier, sagte er zu sich selbst, auch hier zeigt er sich, als den Algütigen! – Dan vermischte er seine Stimme mit dem Gesange der Vögel und sang laut das schöne Morgenlied:

Dein erstes Werk sei Preis und Dank,
Du neugestärkte Sele!
Der Herr hört deinen Lobgesang,
O preis' ihn, meine Sele!

Mich selbst zu schüzen viel zu schwach,
Lag ich und schlief in Frieden.
Wer war indessen für mich wach?
Wer schenkte Schlaf mir Müden?

Du bist es, Herr und Gott der Welt,
Dein, dein ist unser Leben;
Du bist es, der es uns erhält,
Und mir's jezt neu gegeben.

Gelobet seist du, Gott der Macht,
Gelobt sei deine Treue,
Daß ich, nach einer sanften Nacht,
Mich dieses Tags erfreue.

Laß deinen Seegen auf mir ruhn,
Mich deine Wege wallen;
Und lehre du mich selber thun
Nach deinem Wohlgefallen.

Nim meines Lebens ferner wahr
Auf dich hoft meine Sele;
Sei du mein Retter in Gefahr,
Mein Vater, wenn ich fehle.

Gib mir ein Herz vol Frömmigkeit,
Vol warmer Menschenliebe;
Ein Herz daß sich mit Freudigkeit
In jedem Guten übe.

Daß ich, als dein gehorsam Kind,
Nach wahrer Tugend strebe;
Und nicht, durch Leidenschaften blind,
Den Lastern mich ergebe.

Daß ich, dem Nächsten beizustehn,
Beschwerlichkeit nie scheue;

Mich gern an andrer Wohlergehn
Und ihrer Tugend freue.

Daß ich das Glük der Lebenszeit
Dir dankbar, froh geniesse,
Und meinen Lauf mit Freudigkeit
Wenn du gebeutst, beschliesse.

Gotlieb. O lieber Vater, wilst du mir wohl dies Lied abschreiben, daß ichs alle Morgen für mich lesen kan, wenn ich aufstehe?

Vater. Sehr gern!

Fr. R. Und ich wil euch die Melodie dazu lehren: so können wir es vor dem Morgengebete singen.

Nikolas. O das ist gut! Es ist ein gar zu schönes Lied!

Vater. Da *Robinson* sich noch immer vor wilden Menschen und vor wilden Thieren fürchtete: so vermied er bei seiner Wanderung, so sehr er nur immer konte, die dichten Wälder und Gebüsche, und wandte sich vielmehr nach solchen Gegenden, die ihm eine freie Aussicht nach allen Seiten hin gewährten. Aber diese waren grade die unfruchtbarsten Theile seiner Insel. Er war daher schon ziemlich weit gegangen, ohne etwas zu finden, welches ihm hätte nüzlich werden können.

Endlich fiel ihm ein Gewächs in die Augen, welches er näher untersuchen zu müssen glaubte. Es waren kleine Krautbüsche, die neben einander standen und wie einen kleinen Wald ausmachten. An einigen sahe er röthliche, an andern weisse Blumen und an noch andern fanden sich, stat der Blumen, kleine grünliche Aepfelchen, von der Grösse einer Kirsche.

Er biß hurtig einen derselben an, aber fand, daß sie nicht genießbar wären. Aus Unwillen darüber riß er den Busch, von dem er sie gepflükt hatte, aus und wolte ihn wegwerfen, als er zu seiner Verwunderung an der Wurzel der Stengel allerlei kleine und große Knollen hängen sah. Er vermuthete augenblicklich, daß diese Knollen die eigentliche Frucht der Pflanze wären, und fing an, sie zu untersuchen.

Aber mit dem Einbeissen wolte es ihm abermahls nicht gelingen. Das Gewächs war hart und unschmakhaft. *Robinson* war schon im Begrif, sie wegzuwerfen: aber zum Glük fiel ihm ein, daß eine Sache doch wohl zu etwas gut sein könne, ohngeachtet man ihren Nuzen nicht sogleich bemerkt. Er stekte also einige dieser Knollen in seine Jagdtasche und ging weiter.

Johannes. Ich weiß schon, was das für Knollen waren!

Vater. Nun, was für welche meinst du denn wohl?

Johannes. I, es waren Kartoffeln! Die wachsen ja grade so, wie sie hier beschrieben werden!

Diderich. Und die sind ja auch in Amerika eigentlich zu Haus!

Gotlieb. Ach ja, da hat sie ja der *Franz Drake* hergebracht! – Aber das war doch dum, daß *Robinson* die nicht einmahl kante!

Vater. Woher kenst du sie denn?

Gotlieb. I, weil ich sie so oft gesehen und gegessen habe; sie sind ja meine Leibspeise!

Vater. Aber *Robinson* hatte sie nie gesehen und nie gegessen.

Gotlieb. Nicht?

Vater. Nein; weil sie damahls in Deutschland noch gar nicht bekant waren. Erst ohngefähr seit 40 Jahren sind sie bei uns eingeführt und es ist wohl schon 200 Jahr her, daß unser *Robinson* lebte.

Gotlieb. Ja denn –

Vater. Siehst du, lieber Gotlieb, daß man unrecht thut, wenn man so voreilig ist, andere Leute zu tadeln? Man muß sich immer erst selbst ganz in ihre Stelle sezen und sich dan erst fragen: ob man's besser gemacht haben würde, als sie? Hättest du auch niemahls Kartoffeln gesehen und hättest du niemahls gehört, wie man sie zubereiten müsse: so würdest du anfangs eben so, *wie Robinson*, nicht wissen, was damit zu machen sei? Laß dir diesen Umstand zur Warnung dienen, dich nie wieder für klüger, als andere Menschen, zu halten.

Gotlieb. Küsse mich, Väterchen! Wil's nicht mehr thun. –

Vater. Von da ging *Robinson* nun weiter; jedoch sehr langsam und mit grosser Vorsichtigkeit. Jedes Geräusch, welches der Wind zwischen Bäumen und Büschen verursachte, erschrekte ihn und machte, daß er nach seinem Beil grif, um sich zu vertheidigen, wenn's nöthig wäre. Aber immer sahe er zu seiner Freude, daß er sich ohne Ursache gefürchtet habe.

Endlich kam er an einen Bach, wo er sein Mittagsbrod zu verzehren beschloß. Hier sezte er sich unter einen dikken schattigten Baum, und fing schon an nach Herzenslust zu schmausen – als er plözlich wieder durch ein fernes Geräusch entsezlich erschrekt ward.

Er sahe ängstlich umher und bemerkte endlich eine ganze Heerde –

Nikolas. Ah! gewiß Wilde!

Gotlieb. Oder Löwen und Tieger!

Vater. Keine von beiden! sondern eine ganze Heerde wilder Thiere, die einige Aehnlichkeit mit unsern Schafen hatten, nur, daß sie auf dem Rükken einen kleinen Hökker trugen, und dadurch einem Kamele ähnlich wurden. Sie waren übrigens nicht viel grösser, als ein Schaf.

Wenn ihr wissen wolt, was das für Thiere waren und wie sie genant werden, so wil ichs euch wohl sagen.

Johannes. O ja!

Vater. Man nent sie *Lama's*, auch wohl *Guanako's*. Ihr eigentliches Vaterland ist dieser Theil von Amerika (auf die Karte zeigend) der den Spaniern gehört, und den man Peru nent. Hier hatten die Amerikaner, ehe die Europäer ihr Land entdekten, dieses Thier zahm gemacht und brauchten es, wie einen kleinen Esel zum Lasttragen. Von der Wolle desselben wusten sie sich Zeug zu Kleidern zu machen.

Johannes. Die Leute von Peru musten also wohl nicht mehr so wild sein, als die andern Amerikaner?

Vater. Bei weiten nicht! Sie wohnten, so wie auch die *Mexikaner*, (hier in dem nördlichen Amerika!) in ordentlichen Häusern, hatten prächtige Tempel gebaut und wurden ordentlich von Königen beherscht.

Gotlieb. Ist das nicht das Land, wo die Spanier das viele Gold und Silber herkriegen, was sie alle Jahr auf der *Silberflotte* aus Amerika holen, wie du uns erzählt hast?

Vater. Das nemliche! – Da *Robinson* diese Thiere, die wir nun auch Lama's nennen wollen, herannahen sahe: regte sich bei ihm ein starker Appetit nach einem Stük Braten, wovon er nun schon in so langer Zeit nicht gekostet hatte. Er wünschte also eins derselben zu erlegen, stelte sich daher mit seinem steinernen

Beil dicht an den Baum, und hofte daß eins derselben vielleicht so nahe bei ihm vorbei kommen werde, daß er es mit dem Beile treffen könte.

Es geschahe. Die sorgenlosen Thiere, die hier vermuthlich niemahls waren gestöhrt worden, gingen ohne alle Furcht bei dem Baume, hinter welchen Robinson sich verstekt hatte, vorbei nach dem Wasser und da eins derselben und zwar ein Junges, ihm so nahe kam, daß er es erreichen konte, schlug er ihm mit seinem Beile so nachdrüklich in den Nakken, daß es augenbliklich todt zur Erde stürzte.

Lotte. O fi! Wie konte er nun auch das thun? Das arme Schäfchen!

Mutter. Und warum solte er's denn nicht thun?

Lotte. Ja, das arme Thierchen hatte ihm ja nichts zu Leide gethan; so hätte er's ja auch können leben lassen!

Mutter. Aber er brauchte ja das Fleisch dieses Thiers, um davon zu essen: und weißt du nicht, daß Gott uns erlaubt hat, die Thiere zu brauchen, wozu wir sie nöthig haben?

Vater. Ohne Noth ein Thier zu tödten, oder zu quälen, oder auch nur zu beunruhigen, wäre grausam; und das wird auch kein guter Mensch zu thun im Stande sein. Aber sie zu brauchen, wozu sie gut sind, sie zu schlachten, um ihr Fleisch zu essen, ist uns unverwehrt. Wißt ihr nicht mehr, wie ich euch einmahl erklärt habe, daß es so gar für die Thiere selbst gut ist, daß wir es so mit ihnen machen?

Johannes. Ach ja, wenn wir die Thiere nicht brauchten, so würden wir auch nicht für sie sorgen, und dan wurden sie es lange nicht so gut haben, als jezt, und denn würden des Winters viele von ihnen vor Hunger sterben müssen!

Diderich. Ja, und sie werden vielmehr leiden müssen, wenn sie nicht geschlachtet werden, sondern an Krankheiten und vor Alter stürben; weil sie sich einander nicht so helfen können, als die Menschen sich einander helfen!

Vater. Und dan, so müssen wir auch nicht glauben, daß der Tod, den wir den Thieren anthun, ihnen so viel Schmerz verursache, als es uns wohl vorkömt. Sie wissen nicht vorher, daß sie geschlachtet werden sollen, sind daher ruhig und zufrieden bis auf den lezten Augenblik, und die Empfindung des Schmerzes, während daß sie getödtet werden, ist bald vorüber.

In dem Augenblikke, da *Robinson* das junge Lama erschlagen hatte, fiel ihm erst die Frage ein: wie er nun mit der Zubereitung des Fleisches würde zu Stande kommen können?

Lotte. I kont' ers denn nicht kochen oder braten?

Vater. Das hätte er gern gethan; aber es fehlte ihm unglüklicher Weise an Allem, was er dazu nöthig hatte. Er hatte keinen Topf und keinen Bratspieß, und, was das Schlimste war, – er hatte nicht einmahl Feuer.

Lotte. Kein Feuer? – Das hätte er sich ja anmachen können!

Vater. Freilich, wenn er Stahl und Zunder, einen Feuerstein und Schwefelhölzer gehabt hätte! Aber von allen diesen hatte er nun grade nichts!

Johannes. Ich weiß wohl, wie ichs gemacht hätte!

Vater. Und wie denn?

Johannes. Ich hätte zwei Stükchen troknes Holz so lange an einander gerieben, bis sie in Brand gerathen wären; so wie wir einmahl in der Reisebeschreibung lasen, daß die Wilden es machten.

Vater. Grade darauf verfiel unser *Robinson* auch! Er nahm also das getödtete Lama auf seine Schultern und machte sich damit auf den Weg, um wieder nach seiner Wohnung zurük zu kehren.

Auf seinem Rükwege machte er noch eine Entdekkung, die ihm grosse Freude verursachte. Er traf nemlich sechs bis acht *Zitronenbäume* an, unter denen schon verschiedene abgefallene reife Früchte lagen. Er las sie sorgfältig auf, merkte sich den Plaz, auf dem diese Bäume standen, und eilte nun sehr vergnügt zurük nach seiner Wohnung.

Hier war seine erste Arbeit, dem jungen Lama das Fel abzuziehen. Durch Hülfe eines scharfen Steins, den er stat eines Messers brauchte, kam er damit zu Stande. Das Fel spante er, so gut er konte, an der Sonne aus, um es zu troknen, weil er voraus sahe, daß er davon einen guten Gebrauch würde machen können.

Johannes. Was konte er denn davon machen?

Vater. O vielerlei! Erstlich fingen seine Schuh und seine Strümpfe schon an zu reissen. Da dachte er nun, wenn er keine Schuhe mehr hätte, so könte er sich von dem Felle Fußsolen machen, und sie unter die Füße binden, daß er doch nicht ganz baarfuß zu gehen brauchte. Dan war ihm auch nicht wenig bange vor dem Winter und er freute sich daher sehr, daß er nun ein Mittel wüste sich mit Pelzwerk zu versorgen, um nicht erfrieren zu dürfen.

Zwar dieser Sorge hätte er füglich können überhoben sein, weil es in dieser Gegend niemahls Winter wurde.

Gotlieb. Niemahls Winter?

Vater. Nein! In allen den heissen Himmelsgegenden hier zwischen den beiden *Wendezirkeln*, die ich euch neulich erklärt habe, pflegt es niemahls Winter zu werden. Dafür aber haben diese Länder ein Paar Monate lang ein unaufhörliches Regenwetter. – Doch davon wuste unser *Robinson* noch nichts, weil er in seiner Jugend sich nicht ordentlich hatte unterrichten lassen.

Johannes. Aber, Vater, ich meine doch, daß wir einmahl gelesen haben, daß der hohe Spizberg auf *Teneriffa* und die hohen *Cordilleras* in *Peru* immer mit Schnee bedekt sind? Da muß es ja also wohl immer Winter sein; und die liegen doch auch zwischen den Wendezirkeln?

Vater. Hast Recht, lieber Johannes; die sehr hohen bergigten Gegenden machen eine Ausnahme. Denn auf den Gipfeln solcher hohen Berge pflegt ein immerwährender Schnee zu liegen. Erinnerst du dich noch, was ich euch von einigen Gegenden in Ostindien erzählte, da wir neulich auf der Landkarte dahin gereiset waren?

Johannes. Ach ja, daß da in einigen Gegenden der Sommer und der Winter nur ein Paar Meilen weit aus einander sind! Auf der Insel *Zeylon*, die den Holländern gehört und noch wo – wo war's doch gleich?

Vater. Auf der vordersten Halbinsel. Wenn's nemlich disseits des Gebirges *Gate*, auf der *Malabarischen Küste* Winter ist, so ist es jenseits des Gebirges auf der Küste *Koromandel* Sommer, und so umgekehrt. Eben so sol es ja auch auf der Insel *Zeram* sein, die zu den *Molukkischen* Inseln gehört, wo man nur drei Meilen zu gehen braucht, um aus dem Winter in den Sommer, oder aus dem Sommer in den Winter zu kommen.

Aber wir haben uns auf einmahl wieder weit von unserm *Robinson* verstiegen! Seht, wie unser Geist durch einen einzigen Sprung sich plözlich an Oerter begeben kan, die viel tausend Meilen von uns entfernt sind! Aus Amerika flogen wir nach Asien und nun – gebt Acht! – husch! da sind wir wieder in Amerika auf Freund Robinsons Insel. Ist das nicht wunderbar? –

Nachdem er also das Fel abgestreift, das Eingeweide ausgenommen, und ein Hinterviertel zum Braten abgeschnitten hatte; war er nun zunächst darauf bedacht, einen Bratspieß zu machen. Hierzu hieb er einen jungen schlanken Baum ab, löste die Rinde davon ab, und spizte ihn an dem einen Ende zu. Dan suchte er ein Paar gabelförmige Aeste aus, welche dem Bratspieß zu Stüzen dienen solten. Nachdem er diese gleichfalls unten zugespizt hatte, schlug er sie gegen einander über in die Erde, stekte dem Braten an den Spieß, legte ihn dan in die Gabeln und freute sich nicht wenig, da er sahe, wie gut er sich umdrehen ließ.

Nun fehlte nur noch das Nöthigste von Allen, das Feuer. Um dieses durch Reiben hervorzubringen, hieb er von einem troknen Stamme zwei Hölzer ab, und sezte sich sogleich in Arbeit. Er rieb, daß ihm der Schweiß in grossen Tropfen vom Gesichte treufelte; allein, es wolte ihm nicht gelingen, seine Absicht zu erreichen. Denn wenn das Holz schon so heiß geworden war, daß es rauchte; so befand er sich so ermattet, daß er nothwendig erst einige Augenblikke einhalten muste, um wieder neue Kräfte zu samlen. Darüber kühlte denn das Holz sich immer wieder etwas ab, und seine vorige Arbeit war vergeblich gewesen.

Hier fühlte er einmahl wieder recht lebhaft die Hülflosigkeit des einsamen Lebens und die grossen Vortheile, die uns die Geselschaft anderer Menschen gewährt. Hätte er nur einen einzigen Gehülfen gehabt, der dan, wenn er selbst ermattet war, fortgefahren hätte zu reiben: so würde er gewiß mit der Entzündung des Holzes zu Stande gekommen sein. So aber war es ihm unmöglich.

Johannes. Aber ich meine doch, die Wilden machten sich Feuer durch das Reiben?

Vater. Das thun sie auch. Aber das macht, daß diese Wilden gemeiniglich stärker sind, als wir Europäer, die wir gar zu weichlich erzogen werden. Und dan, so verstehen sie auch besser, wie man das Ding angreifen müsse. Sie nehmen nemlich zwei Hölzer von verschiedener Art, ein weiches und ein hartes, und reiben das Leztere mit grosser Geschwindigkeit auf dem Erstern. Dan entzündet sich dieses. Oder sie machen auch wohl in das eine Holz ein Loch, stekken das Andere da hinein, und drehen dieses dan zwischen ihren Händen so geschwind und so unaufhörlich herum, daß es anfängt zu brennen.

Davon wuste nun *Robinson* nichts; und also wolt's auch damit nicht gelingen.

Traurig warf er endlich die beiden Hölzer weg; sezte sich auf sein Lager; stüzte schwermüthig den Kopf auf die Hand; blikte oft mit einem tiefen Seufzer nach dem schönen Braten, der nun ungegessen bleiben solte; und indem er an den bevorstehenden Winter dachte, und was er alsdan machen würde, wenn er kein Feuer hätte, überfiel ihn eine solche Angst daß er aufspringen und etwas herumgehen muste, um freier Athem zu holen.

Da sein Blut dabei in grosse Wallung gekommen war, so ging er nach der Quelle um sich einen frischen Trunk Wasser in einer Kokusschale zu holen. Mit diesem

Wasser vermischte er den Saft einiger Zitronen, und erhielt dadurch ein kühlendes Getränk, welches ihm unter diesen Umständen sehr zu statten kam.

Immer aber wässerte ihm noch der Mund nach dem Braten, von dem er gar zu gern ein Stükchen gegessen hätte. Endlich erinnerte er sich einmahl gehört zu haben, daß die *Tatern*, die doch auch Menschen sind, das Fleisch, welches sie essen wollen, unter den Sattel legen und es mürbe reiten. Das, dachte er, muß auf eine andere Weise ja auch wohl möglich sein; und er beschloß einen Versuch zu machen.

Gedacht, gethan! Er holte sich zwei ziemlich breite und glatte Steine von der Art, wovon sein Beil war. Zwischen diese legte er eine Porzion Fleisch, worin kein Knochen war und fing nun an mit seinem Klöpfel ohne Unterlaß auf den obersten Stein zu schlagen. Er hatte dieses kaum zehn Minuten fortgesetzt: so fing der Stein an, heiß zu werden. Desto muntrer schlug er darauf los, und ehe eine halbe Stunde verstrich, war das Fleisch, sowohl von der Hize des Steins, als auch von dem unaufhörlichen Schlagen so mürbe geworden, daß es vollkommen genießbar war.

Freilich schmekte es nicht völlig so gut, als wenn es ordentlich wäre gebraten worden: aber für *Robinson*, der so lange kein Fleisch gegessen hatte, war es ein ausserordentlicher Lekkerbissen. – O ihr Lekkermäuler unter meinen Landsleuten, rief er aus, denen oft die besten Speisen Ekel verursachen, weil sie grade nicht nach eurem verwöhnten Geschmakke sind, wäret ihr doch nur acht Tage an meiner Stelle gewesen, wie würdet ihr künftig gern mit jeder Gottesgabe zufrieden sein! Wie würdet ihr euch hüten, durch Verschmähung irgend einer gesunden Speise euch gegen die alles ernährende Hand der Vorsehung undankbar zu bezeigen!

Um den Wohlgeschmak dieses Gerichts noch mehr zu erhöhen, drükte er Zitronensaft darauf; und nun that er eine Mahlzeit, wie er lange nicht gethan hatte! Auch vergaß er nicht, dem Geber aller guten Gaben für diese neue Wohlthat recht inniglich zu danken.

Nach aufgehobener Tafel ging er mit sich selbst zu Rathe, welche Arbeit nun wohl die nöthigste sei? Die Furcht vor dem Winter, die heute so lebhaft in ihm geworden war, machte, daß er sich vorsezte, einige Tage blos dazu anzuwenden recht viele *Lama's* zu fangen oder todt zu schlagen, um sich mit Fellen zu versorgen. Da sie so sehr zahm zu sein schienen, so hofte er, daß er seinen Wunsch ohne viele Mühe werde erreichen können.

Mit dieser Hofnung legte er sich zu Bette, und ein sanfter erquikkender Schlaf belohnte ihm reichlich jede überstandene Mühe des vollbrachten Tages.

Sechster Abend.
(Der Vater fährt in seiner Erzälung fort.)

Unser *Robinson* schlief dasmahl bis weit in den Tag hinein. Er erschrak, da er erwachte, daß es schon so spät wäre, und rafte sich hurtig auf, seinen Weg nach den Lama's anzutreten. Aber der Himmel hinderte ihn daran.

Denn da er den Kopf zu seiner Höle hinausstekte, muste er ihn geschwind wieder zurükziehen.

Lotte. Warum denn?

Vater. Es stürzte ein so gewaltiger Plazregen herab, daß an kein Ausgehen zu denken war. Er beschloß also zu warten, bis der Schauer vorüber wäre.

Aber der Schauer ging nicht vorüber; der Regenguß wurde vielmehr immer heftiger. Unter durch blizte es so stark, daß seine sonst dunkle Höle ganz in Feuer zu stehen schien; und dan folgte ein Donner, dergleichen er sonst niemahls gehört hatte. Die Erde zitterte von dem ganz entsezlichen Krachen, und von den Bergen kehrte ein so vielfacher Wiederhal zurük, daß das fürchterliche Getöse gar kein Ende nahm.

Weil *Robinson* keine gute Erziehung gehabt hatte: so war ihm auch eine thörigte Furchtsamkeit vor dem Gewitter eigen.

Gotlieb. Vor dem Donner und Bliz?

Vater. Ja; er fürchtete sich so sehr davor, daß er vor Angst nicht zu bleiben wuste.

Gotlieb. I, das ist ja was Prächtiges, warum fürchtete er sich denn davor?

Vater. Warum, das weis ich selbst nicht recht zu sagen; vermuthlich, weil der Bliz zuweilen zündet, auch wohl dan und wan einmahl einen Menschen tödtet.

Johannes. Ja, aber das geschieht doch so selten! Ich kan doch nun schon lange denken, und habe noch niemahls gesehen, daß der Bliz einen todt geschlagen hätte.

Gotlieb. Und wenn er's auch thäte, so kömt man ja so geschwind von der Welt und wenn man todt ist, so kömt man ja zum lieben Gott: was thut's denn?

Diderich. Ach, und es ist doch so schön, wenn ein Gewitter ist! Da kühlt sich die heisse Luft so darnach ab, und es sieht so schön aus, wenn der Bliz aus den schwarzen Wolken heraus fährt!

Lotte. Ich mag das auch gern haben. Wilst du uns wieder hinaus führen, Väterchen, wenn ein Gewitter kömt, daß wir es recht ansehen?

Vater. O ja! – *Robinson* war, wie ihr wißt, in seiner Jugend schlecht unterrichtet worden; daher wuste er auch nicht, was die Gewitter für eine große Wohlthat Gottes sind; wie die Luft darnach so rein wird! Wie sie machen, daß auf dem Felde und in den Gärten Alles noch einmahl so gut wächst! Wie Menschen und Thiere, Bäume und Pflanzen dadurch so angenehm erquikt werden! –

Jezt saß er in einem Winkel seiner Höle mit gefaltenen Händen, und fühlte Todesangst. Indeß rauschte der Plazregen, indeß leuchteten die Blize, indeß brülte der Donner unaufhörlich fort. Schon rükte die Mittagsstunde heran, und noch hatte das Toben des Gewitters nicht im geringsten nachgelassen.

Hunger fühlte er nicht; denn den vertrieb ihm die Angst, worin er war. Aber desto mehr wurde seine Sele durch schrekliche Gedanken gepeiniget. "Die Zeit ist gekommen, dachte er, da Gott mich für meine Vergehungen wil büßen lassen! Er hat seine Vaterhand von mir abgezogen; ich werde umkommen, werde nie meine armen Eltern wieder sehen!"

Freund R. Nun dasmahl bin ich mit Freund *Robinson* doch auch gar nicht zufrieden!

Nikolas. Warum nicht?

Freund R. Warum? Hatte nicht der liebe Gott schon so viel an ihm gethan, daß er wohl aus seiner eigenen Erfahrung hätte wissen können, daß er Niemanden verläßt, der ihm von Herzen vertraut und aufrichtig sich zu bessern sucht? Hatte er ihn nicht aus der augenscheinlichsten Lebensgefahr gerettet? Hatte er ihm nicht schon so weit geholfen, daß er nicht mehr besorgen durfte vor Hunger sterben zu müssen? – Und doch so kleinmütig! Fi! das war nicht hübsch von ihm!

Mutter. Ich bin Ihrer Meinung, lieber *R.*; aber lassen Sie uns Mitleid mit dem armen Menschen haben! Er war ja erst seit kurzen zum Nachdenken gekommen, und konte daher unmöglich schon so vollkommen sein, als Einer, der schon von früher Jugend an sich zu bessern bemüht gewesen.

Vater. Hast Recht, meine Liebe; deine Hand! und hier einen Kuß für dein Mitleid mit meinem armen *Robinson*, den ich nun schon seit einiger Zeit recht lieb gewonnen habe, weil ich sehe, daß er auf guten Wegen ist.

Indeß er nun so in Angst und Sorgen da saß, schien das Gewitter endlich nachzulassen. So wie der Donner schwächer ward und der Regen nach und nach abnahm, wachte auch die Hofnung wieder in seiner Sele auf. Jezt glaubte er könne er sich schon auf den Weg machen; eben wolte er nach seiner Jagdtasche und nach seinem Beile greifen, als er plözlich – was meint ihr? – betäubt und sinlos zu Boden stürzte.

Johannes. Nun! was geschah ihm denn?

Vater. Rrrrrrrr – puf! ging es über seinem Kopfe; die Erde bebte und *Robinson* stürzte hin, wie ein Todter! Das Gewitter schlug nemlich in den Baum, welcher über seiner Höle stand, und zerschmetterte ihn mit einem so entsezlichen Krachen, daß dem armen *Robinson* Sehen und Hören verging und daß er sich einbildete, er wäre selbst erschlagen worden.

Lange blieb er liegen, ohne sich seiner selbst bewust zu sein. Endlich, da er merkte, daß er noch lebte, richtete er sich wieder auf; und das erste, was er vor der Thür seiner Höle erblikte, war ein Theil des Baums, den der Wetterschlag zerschmettert und herab geworfen hatte. Ein neues Unglük für ihn! Woran solte er nun seine Strikleiter befestigen, wenn der ganze Baum, wie er glaubte, zerschlagen war?

Da der Regen indessen gänzlich nachgelassen hatte, und auch kein Donner weiter gehört wurde: so wagte er's endlich, hinaus zu gehen. Und was erblikte er nun?

Etwas, welches ihn auf einmahl wieder mit Dank und Liebe gegen Gott und mit tiefer Schaam über seine vorige Kleinmüthigkeit erfülte! Nemlich der Stam des Baums, den der Wetterschlag getroffen hatte, stand in lichten Flammen. So war also seinem grösten Bedürfnisse auf einmahl abgeholfen, und so hatte die götliche Vorsehung grade zu der Zeit am sichtbarsten für ihn gesorgt, da er in seiner Aengstlichkeit sich einbildete, daß sie ihn verlassen habe!

Mit unaussprechlichen Empfindungen der Freude und der Dankbarkeit hob er seine Hände auf gen Himmel und dankte laut und unter vielen Freudenthränen dem guten, dem alles regierenden Vater der Menschen, der auch bei den schreklichsten Begebenheiten, die er zuläßt, immer die allerweisesten und liebreichsten Absichten hat. "O! rief er aus, was ist doch der Mensch, der arme kurzsichtige Wurm, daß er murren durfte über das, was Gott thut, und was er nicht versteht!"

Nun hatte er Feuer, ohne daß es ihm weiter die geringste Mühe gekostet hätte; nun war es ihm leicht dieses Feuer zu unterhalten; und nun brauchte er wegen seiner künftigen Erhaltung auf dieser einsamen Insel weniger bekümmert zu sein. – Die Jagd wurde für heute eingestellt, weil *Robinson* sogleich von dem Feuer Nuzen ziehen, und seinen Braten, der noch von gestern her am Spiesse stekte, zubereiten wolte.

Da der unterste Theil des brennenden Stammes, an welchem seine Strikleiter hing, noch unverlezt war: so konte er sicher hinauf steigen. Er thats, nahm darauf einen Feuerbrand, stieg mit demselben hinab in den eingezäunten Vorplaz seiner Wohnung, machte daselbst ein helles lustiges Feuer vor seinem Braten an, und kletterte alsdan wieder zu dem brennenden Stamme hinauf, um das Feuer auszulöschen. Hiermit kam er auch bald zu Stande.

Und nun verwaltete er das Amt eines Küchenjungens, unterhielt das Feuer und wendete seinen Braten fleissig. Der Anblik des Feuers war ihm ungemein erfreulich und rührend. Er sahe es als ein theures Geschenk Gottes an, das er ihm aus den Wolken herabgesandt habe; und indem er die grossen Vortheile überdachte, die es ihm gewähren würde, so waren seine Augen oft dankbar gen Himmel gerichtet. So oft er nachher Feuer sahe, oder an Feuer dachte, war sein zweiter Gedanke immer: *auch das hat mir Gott gegeben!*

Freund B. Kein Wunder, daß einige arme unwissende Menschen, die niemahls unterrichtet wurden, auf den Gedanken geriethen, daß das Feuer, wodurch Alles, was auf Erden lebt, erhalten wird, Gott selbst sei!

Johannes. Haben das einige Leute geglaubt?

Freund B. Ja! – Gotlob! daß wir besser unterrichtet sind, und wissen, daß das Feuer nicht selbst Gott, sondern, so wie das Wasser, die Erde und die Luft, Wohlthaten Gottes sind, die er um unserntwillen erschaffen hat!

Vater. Bei seiner gestrigen Abendmahlzeit hatte *Robinson* in dem Geschmakke des mürbe geschlagenen Fleisches das Salz vermißt. Er hofte mit der Zeit auf seiner Insel etwas zu finden; für jezt aber lief er nur hin nach dem Strande, um sich eine Kokusschale vol Meerwasser zu holen. Mit diesem begoß er einige mahl seinen Braten; und salzte ihn dadurch nothdürftig.

Jezt schien er hinlänglich durchgebraten zu sein. Die Freude, mit welcher *Robinson* das erste Stük davon abschnit und den ersten Bissen davon in den Mund stekte, mag derjenige beschreiben, der einmahl, so wie er, in vier Wochen keine Mundvol ordentlich zubereiteter Speise genossen, und alle Hofnung, dergleichen jemahls wieder zu geniessen, schon gänzlich aufgegeben hatte.

Nun war die grosse Frage: wie er verhüten solte, daß das Feuer ihm niemahls wieder ausginge?

Gotlieb. O das konte er ja leicht machen! Er brauchte ja nur immer wieder neues Holz zuzulegen.

Vater. Schon gut; aber wenn er nun schlief und es kam des Nachts einmahl ein plözlicher Regenguß: wie da?

Lotte. Weißt du was, Vater? Ich hätte das Feuer in meiner Höle angemacht, wo der Regen nicht hinkommen konte.

Vater. Nicht übel! Aber seine Höle war zum Unglük so klein, daß sie ihm nur eben zur Lagerstelle diente; und dan, so hatte sie auch keinen Schorstein. Er wurde also vor Rauch darin nicht haben aushalten können.

Lotte. Ja, so weiß ich ihm nicht zu helfen.

Johannes. Das ist doch verzweifelt, daß sich immer wieder etwas finden muß, das ihm Noth macht! Oft solte einer glauben, nun wäre er doch recht glüklich! aber großen Dank! gleich kömt ihm wieder etwas Neues in die Queer!

Vater. So unendlich schwer ist es für jeden einzelnen Menschen, für alle seine Bedürfnisse selbst zu sorgen; und so groß sind die Vortheile, die uns das gesellige Leben gewährt! O Kinder, wir wären nur arme elende Wigte von Menschen, wenn jeder von uns allein leben solte, und keiner sich der Hülfe seiner Nebenmenschen getrösten dürfte! Tausend Hände reichen nicht zu, um alles das zu bereiten, was ein Einziger unter uns an jedem Tage braucht!

Johannes. O, Vater –

Vater. Meinst du nicht, lieber Johannes? Wohlan! laß doch sehen, was du heute alles genossen und was du alles gebraucht hast! Erstlich hast du bis zu Sonnenaufgang geschlafen und zwar in einem ordentlichen Bette, nicht?

Johannes. Auf Madrazen.

Vater. Recht! – Die Madrazen sind mit Pferdeharen ausgestopft. Diese haben zwei Menschenhände abgeschnitten, zwei gewogen und verkauft, zwei eingepakt und versandt, zwei empfangen und ausgepakt, zwei wieder an den Satler oder Tapezirer verkauft. Des Satlers Hände haben die Hare, die verwikkelt waren, aus einander geflükt, und die Madraze damit angefült. Der Ueberzug der Madraze ist von gestreifter Leinewand, und wo ist diese hergekommen?

Johannes. Die hat der Leineweber gemacht.

Vater. Und was braucht' er dazu?

Johannes. I, einen Weberstuhl und Garn, und eine Winde, und einen Scheerramen und Kleister und –

Vater. Schon genug! Wie viel Hände musten nicht erst beschäftigst sein, ehe der Weberstuhl fertig ward! Wir wollen nur wenig sezen – zwanzig! Der Kleister wird von Mehl gemacht: wie viel muß nicht erst geschehen, ehe man Mehl haben kan! Wie viel hundert Hände müssen sich angreifen, um alles das zu machen, was zu einer Müle gehört, worauf das Mehl gemalen wird! – Der Leineweber braucht aber auch vornemlich Garn, und wo nimt er das her?

Johannes. Das wird gesponnen von den Spinnerinnen.

Vater. Und woraus?

Johannes. Aus Flachs.

Vater. Und weißt du noch, durch wie viel Hände der Flachs erst gehen muß, ehe er zu Faden gesponnen werden kan?

Johannes. Ach ja, das haben wir ja neulich erst berechnet! Erst muß der Landman den Leinsamen sichten, damit kein Unkraut dazwischen komme; dan muß der Akker gedünget, und ein Paar mahl gepflügt werden. Dan wird gesäet, dan geegget. Wenn denn der junge Flachs hervorwächst, so kommen ein Haufen Frauen und Mädchen und gäten das Unkraut aus. Ist er denn groß genug geworden: so reissen sie die Stengel aus, und ziehen sie durch die *Raufe*, daß die Samenknöpfchen davon abfallen müssen. –

Nikolas. Ach ja, und denn binden sie die Stengel in kleine Bündel und legen sie ins Wasser!

Diderich. Und wenn sie da lange genug gelegen haben, so nehmen sie sie wieder heraus –

Gotlieb. Und sezen sie an die Sonne, daß sie trokken werden –

Frizchen. Und denn brechen sie den Flachs auf der *Breche* –

Lotte. Nein, mit Erlaubniß, lieber Herr, erst müssen sie ihn *boken*! Nicht wahr, Vater?

Frizchen. Ach ja; und denn brechen sie ihn und denn –

Johannes. Denn wird er gehechelt auf der *Hechel*, die so viel spizige Stacheln hat, daß der *Werg* heraus komme.

Diderich. Und denn thun sie noch was damit – ich weiß – o gleich, gleich! – sie schwingen es mit der *Schwinge*!

Vater. Nun nehmt einmahl alles das zusammen, was erst geschehen muß, ehe wir Leinewand haben; bedenkt zugleich, wie vielerlei Arbeit alle die Werkzeuge erfodern, die der Akkersman, die Flachsbereiterin, und die Spinnerin nöthig haben: und ihr werdet mir gestehen, daß es nicht zu viel gesagt sei, wenn ich versichern wolte, daß bloß zur Verfertigung der Madraze, worauf ihr so sanft schlaft, mehr, als tausend Hände, beschäftiget gewesen sind!

Gotlieb. Das ist doch erstaunlich! tausend Hände!

Vater. Nun bedenkt, wie viel andere Dinge ihr täglich nöthig habt; und sagt mir denn einmahl, ob's wohl zu verwundern sei, daß *Robinson* alle Augenblik in Noth gerathen mußte, da keine einzige andere Hand, ausser den Seinigen, für ihn arbeitete, und da er kein einziges von allen den Werkzeugen hatte, womit man bei uns so leicht etwas zu Stande bringen kan?

Jezt war er also darüber bekümmert, wie er es doch wohl anzufangen habe, um sein liebes Feuer vor dem Erlöschen zu bewahren. Bald rieb er sich die Stirn, als wenn er einen guten Einfal aus seinem Kopfe mit Gewalt heraus reiben wolte; bald ging er mit untergeschlagenen Händen und mit hastigen Schritten in seinem Vorplaze auf und nieder, und wußte lange nicht, was er machen solte. Endlich fielen seine Augen von ohngefähr auf die Felsenwand des Hügels, und in dem Augenblikke wußte er, was er zu thun habe!

Diderich. Wie so?

Vater. Aus der Felsenwand ragte, ohngefähr eine Elle hoch über der Erde, ein sehr grosser und sehr dikker Stein hervor.

Frizchen. Wie groß war er wohl?

Vater. Eine genaue Zeichnung davon habe ich nicht erhalten können: aber ich vermuthe, daß er ohngefähr so lang war, als ich bin. In der Breite und in der Dikke mogte er eine gute Elle halten.

Ohngeachtet es stark geregnet hatte, so war doch die Stelle unter diesem grossen Steine so trokken geblieben, als wenn ein ordentliches Dach darüber gewesen wäre. *Robinson* sahe daraus den Augenblik, daß sie einen völlig sichern Feuerheerd abgeben könne. Aber er sahe noch mehr. Er bemerkte nemlich, daß es ihm leicht sein werde, diesen Plaz zu einer ordentlichen Köche mit Feuerheerd und Schorstein einzurichten; und er nahm sich vor, sogleich Hand ans Werk zu legen.

Mit seinem Spaten grub er die Erde unter dem grossen Steine ohngefähr eine gute Elle tief aus. Dan machte er den Anschlag, die beiden Seiten dieser Stelle, bis an den dikken Stein hinauf mit einer ordentlichen Mauer einzufassen.

Gotlieb. Ja, wie kont' er denn eine Mauer machen?

Vater. Da er jezt auf alles, was ihm vorkam, mit der größten Aufmerksamkeit achtete und sich immer selbst fragte: *wozu mögte das wohl nüzlich sein?* – so hatte er auch eine gewisse Thonerde nicht unbemerkt gelassen, die er an einer Stelle seiner Insel gesehen hatte. Er hatte vielmehr gleich gedacht: ei, daraus könte man ja wohl Baksteine machen, um eine Mauer aufzuführen?

Jezt erinnerte er sich wieder daran; und da er mit dem Ausgraben der Küche beinahe fertig war: so nahm er seinen Spaten und sein steinernes Messer und begab sich damit hin nach dem Orte, wo die Thonerde war, um sich sogleich in Arbeit zu sezen.

Weil es stark geregnet hatte: so war die Erde so weich, daß er sie ohne Mühe ausstechen, zu vierekkigten Baksteinen formen und mit seinem Messer glat schneiden konte. Er hatte in kurzer Zeit eine ziemliche Menge davon bereitet, die er einen bei dem andern an einen Ort stelte, wo sie den ganzen Tag über von der Sonne konten beschienen werden. Mit dieser Arbeit beschloß er Morgen fortzufahren, und verfügte sich nun wieder nach Hause, um den Rest seines Bratens zu verzehren, weil die muntere Arbeit starken Appetit bei ihm erregt hatte. Um an einem so freudenvollen Tage einmahl recht königlich zu speisen, erlaubte er sich auch, eine von den wenigen noch übrigen Kokusnüssen mitzunehmen.

Die Mahlzeit war herlich. – Ach! seufzte *Robinson* mit freudigem, aber doch auch zugleich mit wehmüthigem Herzen – ach! wie glüklich wäre ich jezt, wenn ich nur einen einzigen Freund, nur irgend einen Menschen, und wäre er auch der armseeligste Betler, zu meinem Geselschafter hätte, dem ich sagen könte, daß ich ihn lieb hätte, und der mir wieder sagte, daß er mich auch lieb hätte! Wäre ich nur so glüklich, irgend ein zahmes Thier – einen Hund oder eine Kaze

– zu besizen, dem ich Gutes erzeigen könte, um mir seine Liebe zu erwerben! Aber so ganz allein, von allen lebendigen Wesen so ganz abgesondert zu sein! – Hier rolte eine wehmüthige Träne über seine Wangen.

Jezt erinnerte er sich der Zeit, da er mit seinen Brüdern und andern Gespielen oft in Unfriede und Zänkereien gelebt hatte; und er erinnerte sich derselben mit der bittersten Reue. Ach! dachte er, wie wenig wuste ich doch damahls zu schäzen, wie viel ein Freund wohl werth sei und wie unentbehrlich uns die Liebe andrer Menschen sei, wenn wir glüklich leben wollen! O wenn ich doch jezt in meine Jugend zurükgesezt würde, wie freundlich, wie gefällig, wie nachgebend wolt' ich mich gegen meine Brüder und gegen andere Kinder betragen! Wie gern wolt' ich kleine Beleidigungen dulden, und wie wolte ich durch Güte und Freundlichkeit alle Menschen zwingen, mir gut zu sein! Gott! Gott! Warum wuste ich das Glük der Freundschaft doch nicht eher zu schäzen, bis es für mich verloren – ach! auf immer verloren wäre!

Indem er hierauf zufälliger Weise die Augen nach dem Eingange in seine Hütte richtete, bemerkte er eine Spinne, die in einer Ekke ihr Nez ausgespant hatte. Der Gedanke, mit irgend einem lebendigen Wesen unter einem Dache zu schlafen, hatte so viel freudiges für ihn, daß es ihm jezt ganz und gar nicht darauf ankam, was es für ein Thier sei. Er beschloß, dieser Spinne alle Tage Fliegen zu fangen, um ihr zu erkennen zu geben, daß sie an einem sichern und freundschaftlichen Orte wohne, und, wo möglich, sie zahm zu machen.

Da es noch hel am Tage und die durchs Gewitter abgekühlte Luft so sehr erquikkend war: so wolte *Robinson* noch nicht zu Bette gehen; und um die Zeit mit etwas Nüzlichem hinzubringen, nahm er seine Spate wieder zur Hand, und fing an noch etwas Erde aus seiner Küche auszugraben. Plözlich stieß er auf etwas Hartes in der Erde, so daß sein Spaten beinahe zerbrochen wäre.

Er glaubte es sei ein Stein: aber wie erstaunte er nicht, da er den Klumpen heraus hob und nun entdekte, daß er – aus *gediegenem Golde* sei!

Johannes. Daß dich! der hat doch auch einmahl rechtes Glük, der *Robinson*!

Vater. Ein recht grosses! Der Klumpen Gold war so dik, daß wohl für hundert tausend Thaler Münze daraus hätte geprägt werden können. Nun war er auf einmahl ein steinreicher Man; und was konte er sich nun nicht alles anschaffen? Er konte sich einen Pallast bauen lassen, konte Kutschen, Pferde, Bedienten, Läufer, Affen und Meerkazen halten; konte –

Gotlieb. Ja, wo wolt' er das aber herkriegen auf seiner Insel? Da war ja keiner, der was zu verkaufen hatte!

Vater. Ja so, daran hatt' ich nicht gedacht! – Unserm *Robinson* fiel dieses den Augenblik ein. Stat sich über den gefundenen Schaz zu freuen, stieß er ihn verächtlich mit dem Fusse fort und sprach: "da liege du elender Klumpen, wornach die Menschen so begierig zu sein pflegen! Was nüzest du mir! O hätte ich stat deiner ein gutes Stük Eisen gefunden, woraus ich mir vielleicht eine Axt oder ein Messer hätte schmieden kennen! Wie gern gäbe ich dich für eine Handvol eiserner Nägel oder für irgend ein nüzliches Werkzeug hin!" Und so ließ er den ganzen kostbaren Schaz mit Verachtung liegen, und würdigte ihn nachher kaum eines Bliks im Vorbeigehen.

Lotte. Weist du was, Vater? Der machte es recht so wie der Hahn!

Vater. Wie welcher Hahn?

Lotte. I weißt du nicht mehr die Fabel, die du uns einmahl erzählt hast: Es war einmahl ein Hahn – ?

Vater. Nun?

Lotte. Der krazte im Miste und fand – i wie heißt es doch?

Vater. Eine Perle?

Lotte. Ach ja eine Perle war's! Da sagt' er: was nüzest du mir, du glänzendes Ding? Wenn ich, stat deiner, ein Gerstenkorn gefunden hätte, wär's mir viel lieber. Und da ließ er die Perle liegen und bekümmerte sich nicht mehr darum.

Vater. Ganz recht; grade so machte es *Robinson* auch mit dem Goldklumpen.

Jezt rükte die Nacht heran. Die Sonne war schon längst ins Meer hinabgesunken –

Gotlieb. Ins Meer?

Vater. So kömt es denen vor, die auf einer Insel wohnen, wo sie rund umher nichts, als Wasser, sehen. Da scheint es ihnen recht so, als wenn die Sonne des Abends im Meer versünke, wenn sie untergeht; und deswegen pflegt man wohl zuweilen so zu sprechen, als wenn's wirklich so wäre.

An dem andern Ende des Himmels stieg der liebliche Mond herauf und warf so freundliche Stralen in Robinsons Höle, daß er vor Vergnügen darüber erst gar nicht einschlafen konte.

Lotte. O sieh, sieh, lieber Vater, dort kömt unser Mond auch eben hervor!

Johannes. Ach, ja! – O wie das prächtig aussieht!

Frizchen. Warum nimt denn Vater die Müze ab?

Johannes. (Leise) Stil, Frizchen! ich glaube er betet.

Frizchen. (Leise zu Johannes) I, warum denn?

Johannes. (Leise) Er wird wohl Gott danken, daß er den schönen Mond erschaffen hat.

(Nach einer kleinen Pause.)

Vater. Nun Kinder, *Robinson* schläft, indeß sein Feuer an einigen grossen Holzstükken langsam fortbrennt; was denkt ihr denn unterdeß zu machen?

Nikolas. O wollen wir nicht erst wieder in unsere Laube gehen, ehe wir uns zu Bette legen?

Gotlieb. O ja, in die Laube!

Vater. Nun so komt, meine Lieben, um unsern Schöpfer bei dem Lichte seines herlichen Mondes ein Loblied für die Freuden des verflossenen Tages zu singen!

Und Alle gingen freudig nach der Laube.

Siebender Abend.

Johannes und *Nikolas* und *Gotlieb* zogen am folgenden Abend den Vater am Arm' und Schooß zur Hausthür hinaus. Auf ihr Geschrei um Hülfe kamen die übrigen auch herbei gerant und so ward er, ohne weitere Umstände, von Allen fortgeschlept.

Vater. Nun, wohin wolt ihr mich denn ziehen, ihr gewaltigen Leute?

Johannes. I, auf den Grasplaz, unter den Apfelbaum!

Vater. Was sol ich denn da?

Nikolas. O von unserem *Robinson*! Bitte, bitte!

Gotlieb. O ja! Von unserm *Robinson*! Solst auch mein liebstes zukkersüßes Väterchen sein!

Vater. Ja, das ist schon gut; aber ich besorge, daß euch mein *Robinson* kein Vergnügen mehr macht!

Johannes. Kein Vergnügen? Wer hat das gesagt?

Vater. Keiner! Aber, wenn ich nicht irre, so sahe ich gestern Abend Einige unter euch gähnen; und das pflegt sonst ein Zeichen zu sein, daß man lange Weile habe.

Gotlieb. O nein, gewiß nicht! Das kam nur davon her, daß wir so viel gegraben hatten in unserm Garten. Das glaube ich, wenn man den ganzen Nachmittag gegraben hat: so kan man wohl ein bischen schläfrig sein!

Nikolas. Heute haben wir nur Unkraut ausgegätet und die Salatpflanzen begossen; nun sind wir noch recht munter.

Lotte. O ja, nun sind wir noch recht munter; sieh nur, wie ich noch springen kan!

Vater. Wenn ihr denn so wolt, so wil ichs wohl thun; aber ihr müßt mir auch sagen, wenn ihr's müde werdet.

Johannes. O ja! – Na?

Vater. Weil die Hize auf *Robinsons* Insel bei Tage so unerträglich war: so mußte er vornemlich den frühen Morgen und den Abend nuzen, wenn er irgend eine Arbeit zu Stande bringen wolte. Er stand also noch vor Aufgang der Sonne auf, legte neues Holz an sein Feuer, und nahm eine halbe Kokusnuß zu sich, die ihm von gestern übrig geblieben war. Jezt wolte er einen andern Braten von seinem Lama an den Spies stekken; aber er fand, daß das Fleisch schon stinkend geworden sei, der schwülen Hize wegen. Den Fleischappetit mußte er sich also für heute vergehen lassen.

Da er sich nun auf den Weg nach der Thonerde machen wolte und seine Jagdtasche umhing, fand er noch die Kartoffeln drin, die er ehegestern aufs Gerathewohl mit zu Hause genommen hatte. Es fiel ihm ein, sie bei seinem Feuer in glühende Asche zu legen, um zu sehen, was doch wohl daraus werden mögte, wenn sie gebraten wurden? Dan ging er ab.

Er arbeitete so fleissig, daß er noch vor Mittage so viel Baksteine aus Thon geformt hatte, als er vermuthete, daß er zu der Mauer um seine Küche nöthig haben werde. Alsdan ging er nach dem Strande um einige Austern aufzusuchen.

Aber stat der Austern, deren er nur wenige fand, entdekte er hier, zu seiner grossen Freude, ein anderes Nahrungsmittel, welches noch besser, als diese, war.

Johannes. Was war denn das?

Vater. Es war ein Thier, welches er zwar selbst noch niemahls gegessen, aber wovon er doch gehört hatte, daß das Fleisch desselben wohlschmekkend und gesund sei.

Johannes. Nun, was war es denn?

Vater. Eine Schildkröte, und zwar eine so große, als man hier nicht leicht zu sehen kriegt. Sie mogte leicht hundert Pfund wiegen.

Gotlieb. Ah das muß ja eine erschrekliche Schildkröte gewesen sein! Giebt es denn wohl solche?

Johannes. O es giebt noch viel grössere! Weißt du nicht mehr aus unserer Reisebeschreibung, die uns Vater vorgelesen hat? Die die Leute, die um die Welt reiseten, auf dem Südmeere fingen? Die waren ja dreihundert Pfund schwer gewesen.

Gotlieb. Dreihundert Pfund! das ist doch erstaunlich.

Vater. *Robinson* lud seinen Fund auf seine Schultern und schlepte ihn langsam nach Hause. Hier hieb er mit seinem Beile so lange auf den untern Theil der Schale, bis sie endlich zerplazte. Dan bemächtigte er sich der Schildkröte, schlachtete sie, und schnit eine gute Porzion zum Braten davon ab. Diese stekte er an den Spieß, und wartete, weil er von der Arbeit hungrig geworden war, mit Schmerzen, daß sie gar sein mögte.

Unterdeß, daß er den Braten wendete, gieng ihm der Gedanke im Kopfe herum, was er nun mit dem übrigen Fleische der Schildkröte anfangen solte, um es vor der Fäulung zu verwahren? Um es *einzubökeln*, fehlte es ihm an einem Zuber und an Salze.

Lotte. Was ist das, *einbökeln*?

Vater. Das heißt, Fleisch, welches man gern aufbewahren mögte, in ein Gefäß legen und mit vielem Salze bestreuen; hast du nicht gesehen, wie Mutter diesen Winter das Schweinefleisch einbökelte?

Lotte. Ach ja! Aber ich meine, das hiesse einpökeln?

Vater. Man spricht wohl so; aber eigentlich mußte man einbökeln sagen: weißt du noch, Johannes, warum?

Johannes. O ja! Man sagt – ich weiß aber nicht, obs wahr ist – das Wort käme von dem *Wilhelm Bökel* oder *Beukelsen* her, der zuerst die Kunst erfand, die Häringe einzusalzen, daß man sie das ganze Jahr hindurch essen kan.

Mutter. Schönen Dank, Johannes, daß du mich das gelehrt hast! Nun weis ich doch auch, wie man sprechen muß.

Vater. Traurig sahe *Robinson* voraus, daß seine ganze schöne Schildkröte, wovon er vierzehn Tage und länger leben könte, Morgen schon ungenießbar werden wurde, und doch sahe er kein Mittel ein, wie er es einsalzen könte. Plözlich aber fiel ihm etwas ein! Die obere Schale der Schildkröte war wie eine ordentliche Mulde. Diese, dachte er, wil ich stat des Zubers brauchen. Aber woher nun Salz? –

Sieh! was ich für ein Dumkopf bin! sagte er, und schlug sich vor die Stirn. Kan ich das Fleisch nicht mit Meerwasser übergiessen und wird das nicht beinahe so gut sein, als wenn's in einer Salzlake läge? O treflich! treflich! rief er aus, und drehete vor Freuden den Bratspieß noch einmahl so geschwind, als vorher, herum.

Jezt war der Braten fertig. Ach! seufzte *Robinson*, indem er ein recht appetitliches Stükchen davon mit Wohlgefallen gekostet hatte, wer nun ein Stükchen Brod dazu hätte! Was bin ich doch in meiner Jugend für ein dummer Mensch gewesen, daß ich nicht zu schäzen wußte, was für eine grosse Wohlthat Gottes ein Stük trokken Brod sei! Da mußte man mir immer erst Butter dazu geben, auch wohl noch Käse oben drein! O ich Unverständiger! Hätte ich doch jezt nur das schwarze Kleienbrod, das unserm Gartenhunde gebakken wurde! wie wolte ich mich glüklich schäzen!

Indem er so dachte, fielen ihm die Knollen ein, die er diesen Morgen in die glühende Asche gelegt hatte. Ich wil doch sehen, sagt' er, was daraus geworden ist; und holte eine derselben hervor.

Welche abermalige Freude! Der harte Knollen war nun so weich geworden, und da er ihn aufbrach, stieg ein so angenehmer Geruch davon in seine Nase, daß er sich keinen Augenblick bedachte, ihn anzubeissen. Und siehe! der Geschmak dieses Gewächses war so lieblich, so lieblich, als – nun wer hilft mir, eine Vergleichung machen?

Freund B. So lieblich, als der Geschmak einer Kartoffel!

Vater. Schön! Das heist Alles mit einmahl sagen! Also der Geschmak dieser gebratenen Kartoffel war so lieblich, als der Geschmak einer Kartoffel; und *Robinson* merkte sogleich zu seiner grossen Freude, daß ihm dieses Gewächs die Stelle des Brods vertreten könne.

Er that also wieder eine Mahlzeit, die sich gewaschen hatte. Dan legte er sich, der brennenden Sonnenhize wegen, ein wenig nieder auf seine Lagerstäte, um unter der Zeit, daß er nicht arbeiten konte, allerlei Ueberlegungen anzustellen.

"Was sol ich nun wohl zunächst vornehmen?" dachte er. "Die Baksteine müssen erst von der Sonne gehärtet werden, ehe ich mein Mauerwerk anfangen kan. Es wird also wohl am Besten sein, daß ich unterdeß auf die Jagd gehe, um ein Paar Lama's zu erlegen. – Aber, was soll ich mit all' dem Fleische machen? – Wie? Wenn ich meine Küche so einrichtete, daß ich etwas darin räuchern könte? – Vortreflich!" rief er aus, sprang hurtig von seinem Lager auf und stelte sich vor den Ort seiner künftigen Küche hin, um zu überlegen, wie er diese Absicht wohl am besten erreichen könte?

Er sahe bald, daß es recht gut gehen wurde. Er brauchte ja nur in den beiden Seiten Mauern, die er aufführen wolte, ein Paar Löcher zu machen und einen grossen Stab dadurch zu stekken. Dan konte er seine Schinken daran hengen und die Rauchkammer war gemacht!

Der Kopf schwindelte ihm fast vor Freude über den neuen glüklichen Einfal. Was hätte er nicht darum gegeben, daß seine Baksteine schon hart genug gewesen wären, um das grosse Werk sogleich anfangen zu können! Aber was war zu thun? Er mußte sich entschliessen, zu warten, bis die Sonne die Baksteine fertig gemacht hätte.

Aber was solte er nun diesen Nachmittag anfangen? – Indem er darüber nachdachte, kriegte er einen neuen Einfal, der alle andere, die er bisher gehabt hatte, an Vortreflichkeit bei weiten übertraf. Er erstaunte über seine Dumheit, daß ihm das nicht eher eingefallen wäre!

Johannes. Was war denn das?

Vater. Nichts Geringeres, als dieses: er wolte sich, zu seiner Geselschaft und zu seinem Unterhalt einige Hausthiere zuziehen!

Gotlieb. Ah, gewiß von den Lama's?

Vater. Richtig! Andere Thiere hatt' er ja auch bisher noch nicht gesehen. Da diese Lama's so sehr zahm zu sein schienen: so hofte er, daß es ihm schon gelingen werde, ein Paar derselben lebendig zu fangen.

Gotlieb. O das ist scharmant! Ich wollte, daß ich bei ihm wäre, um mir auch eins zu fangen!

Vater. Aber, wie wolltest du es anfangen, lieber Gotlieb? So zahm werden sie wohl nicht sein, daß sie sich mit Händen greifen liessen.

Gotlieb. Wie wolte *Robinson* es denn anfangen?

Vater. Das war nun eben die Frage, und darüber ließ er sich in lange und ernstliche Ueberlegungen ein. – Aber der Mensch braucht eine Verrichtung, die nicht an sich selbst unmöglich ist, nur recht ernstlich und anhaltend zu *wollen*, so ist seinem Verstande und seinem Fleisse nichts zu schwer. So groß und mannigfaltig sind die Kräfte, womit der gütige Schöpfer uns ausgerüstet hat!

Merkt euch dieses, meine Lieben, und verzweifelt nie an einem erwünschten Erfolge irgend einer schweren Arbeit, wenn ihr nur entschlossen genug seid, nicht eher nachzulassen, bis ihr sie werdet vollendet haben! Anhaltender Fleiß, fortgeseztes Nachdenken, und ausdauernder Muth haben schon viele Dinge zu Stande gebracht, die man vorher für unmöglich hielt. Laßt euch also niemahls durch die Schwierigkeiten, die ihr bei einem Geschäfte antrefft, davon abschrekken; sondern denket immer, daß es am Ende um so viel mehr Freude macht, ein Werk zu Stande gebracht zu haben, je grösser die Anstrengung war, die man dazu anwenden mußte!

Auch unserm *Robinson* glükte es bald, ein Mittel auszusinnen, wie er die Lama's lebendig fangen könte.

Johannes. Na?

Vater. Er nahm sich vor, einen Strik so einzurichten, daß er eine Schlinge davon machen könte. Dan wolte er sich wieder hinter einen Baum verstekken, und dem ersten dem besten Lama, das ihm nahe genug käme, die Schlinge über den Kopf werfen.

In dieser Absicht drehete er sich einen ziemlich starken Strik; und in einigen Stunden war Strik und Schlinge fertig. Er machte einige Versuche, ob sie sich gut würde zu ziehen lassen: und es ging nach Wunsche.

Weil der Ort, wo die Lama's nach dem Wasser zu kommen pflegten, etwas fern war; und weil er nicht wußte, ob sie des Abends auch dahin kommen würden, da sie neulich gegen Mittag da gewesen waren: so sezte er seinen Fang bis Morgen aus, und machte unter der Zeit die nöthigen Anstalten zu seiner Reise.

Er lief nemlich nach dem Orte hin, wo die Kartoffeln wuchsen und holte sich seine ganze Jägertasche vol davon. Einen Theil derselben legte er wieder in glühende Asche, um sie zu braten, und die übrigen schüttete er in einen Winkel seiner Höle, um sie für die nächsten Tage aufzubewahren. Dan schnitte er auch ein ansehnliches Stük seiner Schildkröte für diesen Abend und für Morgen ab und übergoß den Rest derselben mit Seewasser, welches er dazu mitgebracht hatte.

Er grub hierauf ein kleines Loch in die Erde, welches ihm vor der Hand zum Keller dienen solte. Darein sezte er die Schildkrötenschale mit dem eingesalzenen Fleische, legte das Bratenstük bis auf den Abend dazu, und bedekte die Oefnung des Lochs mit Zweigen.

Den noch übrigen Theil des Nachmittags widmete er der Aufheiterung seines Gemüths durch einen angenehmen Spaziergang längst dem Strande des Meers, von wannen ein sanfter Ostwind wehete, wodurch die schwüle Luft um etwas abgekühlt ward. Seine Augen weideten sich an dem Anblikke des unermeßlichen Weltmeers, welches nur von kleinen in einander laufenden Wellen gekräuselt wurde. Er sahe sehnsuchtsvol nach der Himmelsgegend hin, in welcher sein geliebtes Vaterland lag, und eine bange Träne schlich über seine Wangen, da der Gedanke an seine theuern Eltern lebhaft in ihm ward.

"Was mögen sie jezt machen, die armen bekümmerten Eltern?" rief er aus und rang unter vielen Tränen seine Hände. "Wenn sie den bittern Schmerz, den ich Elender ihnen verursachte, überlebt haben: ach! wie traurig mag ihnen jeder Tag verstreichen! Wie mögen sie seufzen und klagen, daß sie nun gar kein Kind mehr haben; daß ihr lezter, von ihnen so geliebter Sohn, zum Verräther an ihnen werden und sie auf immer verlassen konte! O theurer bester Vater! O meine geliebte theure Mutter, verzeiht, o verzeiht eurem armen elenden Sohne, daß er euch so betrübet hat! Und du, mein himlischer – jezt mein einziger Vater, meine einzige Geselschaft, mein einziger Helfer und Beschüzer – (hier warf er sich anbetend auf seine Knie) – o mein Schöpfer, schütte deinen besten Seegen, schütte alle die Freuden, die du für mich bestimt hattest und deren ich mich selbst unwerth gemacht habe; – o schütte sie Alle herab auf meine geliebten, so gröblich von mir beleidigten Eltern, um sie für den ausgestandenen Kummer schadlos zu halten. Gern, ach! gern wil ich selbst leiden Alles, was deine Weisheit und Liebe zu meiner Besserung noch ferner über mich ergehen zu lassen für gut befinden wird: wenn nur meine armen, meine unschuldigen Eltern glüklich sind!"

Er blieb noch eine Zeitlang auf seinen Knien liegen und sahe in stummer Wehmuth und mit Tränenvollen Augen gen Himmel. Endlich stand er auf und grub mit seinem steinernen Messer in den nächsten Baum die geliebten Namen seiner Eltern ein. Ueber dieselben schnitt' er die Worte ein: *Gott seegne euch!* und unter dieselben sezte er: *Vergebung für euren ungerathenen Sohn!* Dan küßte er die eingeschnittenen Namen mit heissen Lippen und wusch sie mit seinen Tränen aus. In der Folge schnitt' er eben diese theuern Namen mit eben den Worten in eine Menge anderer Bäume in andern Gegenden der Insel ein, und gemeiniglich pflegte er nachher bei einem dieser Bäume sein Gebet zu verrichten, worin er nie vergaß, seiner Eltern zu gedenken.

Gotlieb. O nun ist er doch ein recht guter Mensch!

Vater. Er ist jezt auf dem besten Wege ein recht guter Mensch zu werden; und das hat er der weisen götlichen Vorsehung zu verdanken, die ihn hierher geführt hat.

Gotlieb. Nun könt' ihn Gott auch wohl wieder erretten, und ihn zu seinen Eltern zurük führen!

Vater. Gott, der Alles, was zukünftig ist, vorher sieht, weiß am Besten, was ihm gut ist, und darnach wird er auch sein Schiksal einrichten. Zwar ist *Robinson*, allem menschlichen Ansehen nach, jezt auf dem besten Wege der täglichen Besserung; aber wer weiß, was aus ihm werden dürfte, wenn er schon jezt von seiner Insel befreit und zu seinen Eltern wieder zurükgeführt würde! Wie leicht ist es, daß ein Mensch wieder in seine vorigen Untugenden zurük verfällt! O Kinder, es ist ein wahres Wort: *wer steht, der sehe wohl zu, daß er nicht falle!*

Indem nun *Robinson* so am Strande herum ging, fiel ihm ein, daß es wohl nicht übel gethan wäre, wenn er sich einmahl badete. Er zog sich also die Kleider aus; aber wie erschrak er nicht, da er sahe in welchem Zustande sein Hemde sei, das einzige welches er hatte! Da er es in einer so heissen Himmelsgegend schon so lange ununterbrochen am Leibe trug, so konte man fast nicht mehr sehen, daß die Leinewand ehemals weiß gewesen war. Ehe er sich also selbst badete, war er bemüht, das Hemde, so gut er konte zu waschen; dan hing er es an einem Baume auf und sprang ins Wasser.

Er hatte in seiner Jugend schwimmen gelernt. Es machte ihm daher Vergnügen, von dem Orte, wo er ins Wasser gestiegen war, nach einer *Erdzunge* hinzuschwimmen, die ziemlich weit ins Meer hinein lief und auf der er bisher noch nicht gewesen war.

Frizchen. Eine Erdzunge? Was ist das?

Vater. So nent man einen schmalen Strich Landes, der von einer Insel oder vom festen Lande sich ins Meer hinein erstrekt. Sieh, wenn jenes Ufer unsers kleinen See's, das da so etwas ins Wasser hervor geht, noch weiter hinein ginge: so wäre das eine Erdzunge. Verstehst du's nun?

Frizchen. O ja!

Vater. Auch dieser Einfal unsers *Robinsons* war sehr glüklich gewesen. Er fand nemlich, daß diese Erdzunge zur Fluthzeit unter Wasser gesezt werde, und daß denn nachher, wenn die Ebbe wieder eintrete, eine große Menge Schildkröten, Austern und Muscheln darauf zurük blieben. Dasmahl kont' er zwar keine davon mitnehmen; auch brauchte er jezt keine, weil seine Küche noch hinlänglich bestellt war: aber er freuete sich doch herzlich, diese neue Entdekkung gemacht zu haben.

In der Gegend des Meers, wo er herum schwam, wimmelte es dergestalt von Fischen, daß er sie beinahe mit Händen greifen konte. Hätt' er ein Nez gehabt: so würd' er viele Tausende derselben haben fangen können. Das hatte er nun zwar noch nicht; aber da er bisher in allen seinen Arbeiten so glüklich gewesen war: so hofte er, daß es ihm auch einst gelingen würde, ein Fischernez zu verfertigen.

Froh über diese angenehme Entdekkungen stieg er wieder ans Land, nachdem er wohl eine Stunde im Wasser gewesen war. Die warme Luft hatte sein Hemde schon ganz getroknet, und er hatte nun also auch das Vergnügen, einmahl wieder reine Wäsche anzulegen.

Aber der Gedanke: wie lange diese Freude dauern wurde? Wie bald sein einziges Hemde, das er nun beständig tragen müßte, werde unbrauchbar geworden sein? Und was er dan anfangen solte? – Dieser Gedanke verbitterte seine Freude gar sehr. Er faßte sich indeß bald wieder und nachdem er sich angekleidet hatte, ging er singend nach Hause: Wer nur *den lieben Gott läßt walten*, u. s. w.

Johannes. Das ist doch gut, daß er nun nicht mehr so kleinmüthig ist und hübsch Gott vertraut!

Lotte. O ich wolte, daß der *Robinson* zu uns käme; ich habe ihn recht lieb!

Gotlieb. Ja, wenn Vater mir nur Papier geben wolte; so wolt' ich ihm gern einen Brief schreiben.

Nikolas. O ja, ich auch!

Johannes. Ich wolt' ihm auch wohl schreiben!

Lotte. Ja, das wolt' ich auch wohl: aber wenn ich nur schreiben könte!

Mutter. Kanst mir vorsagen, was du ihm gern schreiben mögtest, so wil ich's für dich aufschreiben.

Lotte. O das ist gut!

Mutter. Nun so komt! Ich wil euch Andern Papier geben.

Nach einer halben Stunde kam Einer nach dem Andern herbei gesprungen, und zeigte was er geschrieben hatte.

Lotte. Hier, Väterchen! Sieh, da ist mein Brief! Nun liß ihn einmahl!

Vater liest:

Mein lieber Robinson,

Mache doch, daß du recht arbeitsam und gut werdest. Das wird den Leuten Freude machen und deinen Eltern auch. Ich grüße dich sehr vielmahl. Du siehst nun, wie die Noth nüzlich ist! Gotlieb und Johannes grüßen dich vielmahl; Diderich und Nikolas auch. Korn einmahl zu uns, so wil ich dich auch noch besser unterrichten.

Lotte.

Gotlieb. Nun meinen, lieber Vater! Hier ist er!

Vater liest:

Mein lieber Freund,

Wir wünschen dir alles Glük, was wir nur können! Und wenn ich erst Taschengeld haben werde, so wil ich dir auch was kaufen. Und fahre fort, was du angefangen hast, gut zu sein. Schikke dir hier ein bischen Brod; und werde nur nicht krank. Wie befindest du dich? Lebe wohl, lieber Robinson! Ohne daß ich dich kenne, so liebe ich dich doch sehr und bin

Hamburg d. 7ten Febr.
1779.

Dein
getreuer Freund
Gotlieb.

Nikolas. Hier ist meiner! Ich habe ihm aber nur kurz geschrieben.

Vater liest:

Lieber Robinson,

Ich bin traurig, daß du so unglüklich bist! Wenn du bei deinen Eltern geblieben wärest: so hätte sich das Unglük nicht zugetragen. Lebe wohl! Korn bald wieder zu deinen lieben Eltern. Lebe noch einmahl wohl! Ich bin

Hamburg d. 7ten Febr.
1779.

Dein
getreuer Freund
Nikolas.

Johannes. Nun meinen!

Vater liest:

Hochedelgebohrner Robinson,

Ich bedaure dich sehr, daß du so ganz von allen lebendigen Geschöpfen abgesondert bist. Ich glaube wohl, daß du es anjezt selbst bereuen werdest. Lebe wohl! Ich wünsche von ganzem Herzen, daß du einmahl wieder zu deinen lieben Eltern kommen mögest. Vertrau künftig ja immer Gott; der wird schon für dich sorgen. Nochmahls: lebe wohl! Ich bin

Hamburg d. 7ten Febr.
1779.

Dein
getreuer Freund
Johannes.

Diderich. O meiner taugt nichts!

Vater. Laß doch hören!

Diderich. Ich habe nur geschwind so was hingeschrieben, damit ich bald wieder hier wäre.

Vater liest:

Lieber Herr Robinson,

Wie geht dir's auf deiner Insel? Ich habe gehört, daß du manche Trübsal gehabt hast. Du weist wohl noch nicht, ob die Insel, worauf du bist, bewohnt sei? Das mögt' ich gern wissen. Ich habe auch gehört, daß du einen großen Klumpen Goldes gefunden hast; aber da auf deiner Insel hilft dir das ja nichts.

(Vater. Hättest können hinzusezen: hier in Europa macht das viele Gold die Menschen auch nicht besser und nicht glüklicher.)

Es wäre besser gewesen, wenn du dafür Eisen gefunden hättest, woraus du dir ein Messer, ein Beil und andere Instrumente hättest machen können. Lebe wohl! Ich bin

Hamburg d. 7ten Febr.
1779.

Dein
Freund
Diderich.

Gotlieb. Ja, aber wie wollen wir nun die Briefe hinkriegen?

Lotte. I, wir können sie ja einem Schiffer mitgeben, der nach Amerika schift, und da können wir ihm ja auch was mitschikken! Ich wil ihm Rosinen und Mandeln schikken; o gib mir doch welche, liebe Mutter!

Johannes (dem Vater ins Ohr). Die glauben ordentlich, daß *Robinson* noch lebt!

Vater. Lieben Kinder, ich danke euch in Robinsons Namen, daß ihr so viel Freundschaft für ihn habt. Aber diese Briefe ihn hinschikken, – das kan ich nicht.

Gotlieb. I warum nicht?

Vater. Darum nicht, weil Robinsons Sele schon lange im Himmel, und sein Leib schon lange verweset ist.

Gotlieb. Ach, ist er schon todt? Er hat sich ja eben erst noch gebadet!

Vater. Du vergißt, lieber Gotlieb, daß das, was ich euch vom *Robinson* erzähle, sich schon vor zweihundert Jahren zugetragen hat. Er selbst ist also schon lange todt. Aber in der Geschichte, die ich jezt von ihm schreibe, wil ich eure Briefe mit abdrukken lassen. Wer weiß, vielleicht erfährt er im Himmel, daß ihr ihn so lieb habt, und das wird ihm denn gewiß auch dort Freude machen.

Lotte. O du erzählst uns doch aber noch was von ihm?

Vater. O ja; ich kan euch noch recht viel von ihm erzählen, was euch eben so angenehm sein wird, als das, was ihr schon gehört habt. Aber für heute, dächte ich, hätten wir wohl genug. – *Robinson* ging nach dem Baden singend zu Hause, verzehrte sein Abendbrod, verrichtete sein Gebet und legte sich ruhig schlafen.

Und so wollen wir es denn auch machen!

Achter Abend.

Frizchen. Mutter! Mutter!

Mutter. Was wilst du, Frizchen?

Frizchen. Mögtest Johannes ein ander Hemde schikken!

Mutter. Warum ein ander Hemde?

Frizchen. Ja, er kan sonst nicht aus dem Bade kommen.

Mutter. Warum nicht? Kan er denn sein heutiges Hemde nicht wieder anziehen?

Frizchen. Nein, das hat er gewaschen; und nun ist es noch ganz naß. Er wolt' es wie *Robinson* machen!

Mutter. Auch gut! – Nun, ich wil dir eins geben. – Da lauf und macht daß ihr bald hier seid; Vater wil uns wieder was erzählen!

Mutter (zu Johannes, der mit den übrigen komt.) Nun, Freund Robinson, wie bekömt dir das Bad?

Johannes. Recht gut! Aber das Hemde wolte nicht wieder trokken werden.

Vater. Du hast nicht bedacht, daß es hier zu Lande nicht so warm ist, als es auf *Robinson's* Insel war. – Aber wo blieben wir denn gestern?

Diderich. Da *Robinson* zu Bette ging und den andern Morgen –

Vater. Ah! nun weiß ich schon! – Am andern Morgen also stand *Robinson* frühzeitig auf und röstete sich zur Jagd. Seine Jägertasche stopfte er mit gebratenen Kartoffeln und mit einem derben Stükke Schildkrötenbraten aus, welches er in Kokusblätter gewikkelt hatte. Dan stekte er sein Beil an die Seite, wand das Strik, welches er gestern zum Lamafang gedreht hatte, um den Leib, nahm seinen Sonnenschirm in die Hand und machte sich auf den Weg.

Es war noch sehr früh am Tage. Er beschloß daher, diesmahl einen Umweg zu nehmen, um zugleich noch einige andere Gegenden seiner Insel kennen zu lernen. Unter der Menge von Vögeln, wovon die Bäume wimmelten, sahe er auch viele Papegaien von wunderschönen Farben. Wie gern hätte er einen davon gehabt, um ihn zahm und zu seinem Geselschafter zu machen! Aber die Alten waren zu klug, um sich greifen zu lassen, und ein Nest mit Jungen sah er nirgends. Er mußte also die Befriedigung dieses Wunsches für dasmahl aufschieben.

Dafür aber entdekte er auf diesem Wege etwas, welches ihm nöthiger, als ein Papegai war. Indem er nemlich einen Hügel nahe am Meere bestieg und von da herab zwischen Felsenklüften hinblikte, sahe er daselbst etwas liegen, welches seine Neubegierde reizte. Er kletterte also hinab und fand zu seinem grossen Vergnügen, daß es – was meint ihr?

Diderich. – Perlen waren!

Johannes. Ja darüber wurde er sich gefreut haben! – Es war wohl Eisen?

Nikolas. I, weißt du nicht mehr, daß in den heissen Ländern kein Eisen gefunden wird? – Es mogte wohl wieder ein Klumpen Gold sein!

Lotte. Ich dachte gar! Würde er sich denn darüber wohl gefreut haben? Das Gold kont' er ja nicht brauchen!

Vater. Ich sehe wohl, ihr werdet es doch nicht rathen; ich wil's also nur selbst sagen. Was er fand, war – *Salz*.

Zwar hatte er den Mangel desselben bisher durch Seewasser einigermassen ersezt: aber es war doch das nicht. Das Seewasser hat auch zugleich einen bittern Geschmak, der sehr unangenehm ist, und daß sein Bökelfleisch sich darin halten würde, war ein Irthum; weil dieses Seewasser, eben so wie Brunnen- oder Flußwässer, faul wird, so bald es stil steht. Es that ihm also recht wohl, daß er hier wirkliches Salz fand. Auch fülte er seine beiden Roktaschen damit an, um sogleich etwas davon mitzunehmen.

Gotlieb. Wie war denn das Salz dahin gekommen?

Vater. Du erinnerst dich wohl nicht mehr an das, was ich von dem Ursprunge des Salzes euch einmahl erzählt habe?

Johannes. O ja, ich weiß noch! Sie graben welches aus der Erde; und dan so kochen sie auch was aus salzigem Wasser, welches aus der Erde hervorquilt, und dan so ist auch was in dem Meerwasser!

Vater. Ganz recht. Nun aus dem Meerwasser kochen, so wohl die Menschen, als auch die Sonne, Salz.

Gotlieb. Die Sonne?

Vater. Ja; indem nemlich nach einer hohen Fluth, oder nach einer Ueberschwemmung Seewasser auf dem Lande zurük bleibt, so troknet die Sonne nach und nach dies Wasser aus und was denn an dem Orte übrig bleibt, das ist Salz.

Lotte. I, das ist ja närrisch!

Vater. So gütig hat der liebe Gott für uns gesorgt, daß dasjenige, was uns am unentbehrlichsten ist, die wenigste Zubereitung durch Kunst erfodert, und am häufigsten da ist.

Robinson ging nun vergnügt nach dem Orte hin, wo er ein Lama zu erhaschen hofte. Da er ankam, war keins derselben da; aber es war auch noch nicht ganz Mittag. Er lagerte sich also unter einem Baume, um sich unterdeß von seinem Braten und von seinen Kartoffeln gütlich zu thun! O wie viel kräftiger schmekte ihm jezt beides, da er es mit etwas Salz geniessen konte!

Eben da er mit seiner Mahlzeit fertig war, zeigten sich in der Ferne die herbei hüpfenden Lama's. *Robinson* stelte sich geschwind in Positur, und wartete mit aufgehobener Schlinge, bis eins derselben sich ihm nähern würde. Jezt waren schon verschiedene von ihnen vorüber gegangen, ohne daß er sie erreichen konte: aber plözlich kam ihm eins so nahe, daß er nur seine Hände durfte fallen lassen, um es in der Schlinge zu haben. Er that's und in dem Augenblikke war das Lama sein!

Es wolte blöken; aber aus Besorgniß, daß die Andern dadurch scheu werden mögten, zog er die Schlinge so fest zu, daß dem Thiere das Schreien wohl vergehen muste. Dan zog er es, so geschwind er nur konte, ins Gebüsch, um den Uebrigen aus den Augen zu kommen.

Das gefangene Lama war eine Mutter zweier Lämmer. Zu *Robinsons* grosser Freude folgten diese ihr auf dem Fusse nach, und schienen sich gar nicht vor ihm zu fürchten. Er streichelte die kleinen lieben Dinger, und sie – recht als wenn sie ihn bitten wolten, daß er doch ihre Mutter mögte gehen lassen – lekten ihm die Hand.

Gotlieb. O da hätte er sie doch auch müssen gehen lassen!

Vater. Da wär' er wohl ein grosser Nar gewesen, wenn er das gethan hätte!

Gotlieb. Ja, aber das arme Thier hatte ihm ja nichts gethan!

Vater. Er aber brauchte seiner; und du weißt ja, lieber Gotlieb, daß es uns erlaubt ist, die Thiere zu *brauchen*, wozu sie gut sind, wenn wir sie nur nicht *misbrauchen*! –

Nun, *Robinson* war hoch erfreut, daß er seinen Wunsch so glüklich erreicht hatte. Er zog das gefangene Thier, so sehr es sich sträubte, aus allen seinen Kräften mit sich fort, und die beiden Lämmerchen folgten ihm. Der kürzeste Weg war ihm jezt der liebste; und auf diesem langte er endlich glüklich bei seiner Wohnung an.

Aber nun war die Frage, wie er das *Lama* auf seinen Hofraum bringen solte, den er, wie wir wissen, auf allen Seiten fest zugemacht hatte. Es oben von dem Felsen am Strik hinab zu lassen, war wohl nicht thunlich, weil er besorgen muste, daß es unterwegens ersticken werde. Er beschloß also, vor der Hand einen kleinen Stal neben seinem Hofplaze zu machen, und das Lama mit seinen Jungen so lange darin zu verwahren, bis er irgend eine bessere Anstalt würde getroffen haben.

Bis dieser Stal fertig wäre, band er es an einen Baum und fing so gleich die Arbeit an. Er hieb nemlich mit seinem steinernen Beil eine Anzahl junger Bäume ab, und pflanzte sie so dicht neben einander in die Erde, daß sie eine ziemlich feste Wand machten. Das Lama hatte sich unterdeß vor Müdigkeit nieder gelegt, und die Lämmer, die nichts davon wußten, daß sie Gefangene wären, lagen sorglos an ihren Zizen und liessen sichs wohl schmekken.

Was das für ein erfreulicher Anblik für unsern Robinson war! Zehnmahl stand er stil, um den lieben Thierchen zuzusehen, und sich glüklich zu schäzen, daß er doch nun wenigstens einige lebendige Geschöpfe zu seiner Geselschaft habe! Von diesem Augenblikke an, schien sein Leben ihm nicht mehr ganz einsam zu sein, und die Freude darüber gab ihm so viel Kraft und Munterkeit, daß er in kurzer Zeit mit der Anlegung des Stals zu Stande kam. Dan führte er das Lama mit seinen Jungen hinein und verzäunte die lezte Oefnung mit dichten Zweigen.

Wie vergnügt er nun war – O das läßt sich mit Worten nicht beschreiben! Ausser der Geselschaft dieser Thiere, die ihm allein schon unschäzbar war, versprach er sich noch viel andere, recht große Vortheile davon; und das mit Recht! Von ihrer Wolle konte er sich vielleicht mit der Zeit irgend eine Kleidung machen lernen, ihre Milch konte er essen, konte auch Butter und Käse davon machen. Wie er dies alles eigentlich anfangen würde, das wußte er zwar noch nicht; aber er hatte nun schon hinlänglich erfahren, daß man an seiner Geschiklichkeit nicht verzweiflen müsse, wenn man nur Lust und Fleiß genug zur Arbeit brächte.

Eins fehlte noch, um sein Glük vollkommen zu machen. Er wünschte mit seinen lieben Thieren von einerlei Wänden eingeschlossen zu sein, um sie immer vor Augen zu haben, so oft er zu Haus wäre, und um sich die Freude zu machen, sie an seine Geselschaft gewöhnt zu sehen.

Lange zerbrach er sich den Kopf darüber, wie er das wohl anzufangen habe? Endlich beschloß er, es so zu machen. Er wolte nemlich sich die Mühe nicht verdriessen lassen, die Baumwand seines Hofraums an einer Seite einzureissen und eine Neue von etwas grösserem Umfange anzulegen, damit sein Hof zugleich ein wenig erweitert würde. Um aber unter der Zeit, daß er die neue Baumwand anlegte, doch auch zugleich sicher wohnen zu können, nahm er sich klüglich vor, die alte Wand nicht eher einzureissen bis er mit der neuen würde fertig geworden sein.

Durch unverdrossenen Fleiß ward das Werk in einigen Tagen vollendet; und so hatte *Robinson* die herzliche Freude, sich in Geselschaft dreier Hausgenossen zu finden. Indeß vergaß er darüber nicht, wie viel Vergnügen ihm die Entdekkung seiner ersten Geselschafterin, der Spinne, verursachet hätte, und fuhr fort, sie täglich mit Fliegen und Mükken zu versorgen. Das Thier merkte auch bald seine freundschaftlichen Gesinnungen gegen sich und wurde so vertraut, daß es, so oft er das Nez berührte, hervorkam, um ihm die Fliege aus der Hand zu nehmen.

Auch das Lama und die Jungen gewöhnten sich bald an seine Geselschaft. So oft er zu Hause kam, sprangen sie ihm entgegen, berochen ihn, ob er ihnen nichts mitgebracht habe, und lekten ihm dankbar die Hand so oft sie frisches Gras oder junge Baumreiser von ihm erhalten hatten.

Er gewöhnte darauf die Jungen von der Muttermilch ab, und fing an, die Alte des Morgens und des Abends ordentlich zu melken. Zu Gefäßen dieneten ihm seine Kokusschalen, und der Genuß der Milch, die er zum Theil süß verzehrte, zum Theil sauer werden ließ, vermehrte das Vergnügen seines einsamen Lebens um vieles.

Da der Kokusbaum ihm so sehr viel Vortheile verschafte: so hätte er ihn gar zu gern vervielfältigst gesehen. Aber wie solt' er das anfangen? Er hatte wohl gehört, daß man Bäume zu pfropfen oder einzuimpfen pflege; aber wie das eigentlich gemacht werden müsse, darum hatte er sich niemahls bekümmert. O, seufzte er oft, wie wenig habe ich in meiner Jugend meinen Vortheil gekant, daß ich nicht auf Alles, was ich sahe oder hörte, recht genau Achtung gab, um den Leuten alle ihre Künste abzulernen! Hätte ich das Glük noch einmahl jung zu werden: o wie wolt' ich aufmerksam sein auf Alles, was Menschen Hände und menschliche Geschiklichkeit nur immer machen können! Es solte kein Handwerker, kein Künstler sein, dem ich nicht etwas von seinen Kunststükken ablernen wolte.

Aber was halfen ihm diese Klagen jezt, da es zu spät war, ihnen abzuhelfen? Besser wars, er richtete alle seine Gedanken darauf, wie er den Mangel an gelernten Künsten durch seine Erfindsamkeit ersezen mögte. Und das that er denn auch wirklich.

Ohne zu wissen, ob er es recht mache, schnitte er ein Paar junge Bäume ab, machte in der Mitte des Stams einen kleinen Einschnit, stekte ein junges Reis vom Kokusbaum da hinein, umwand darauf die Stelle des Einschnits mit Baumbast; und erwartete mit Ungeduld, was wohl der Erfolg sein werde? Und siehe! auch dieses mußte ihm gelingen. Nach einiger Zeit fingen die eingepfropften Reiser an zu grünen, und das Mittel war also gefunden, sich nach und nach einen ganzen Wald voll Kokusbäumen zu zuziehen!

Neue Ursache zur Freude! Neuer Antrieb zur innigsten Dankbarkeit gegen den Schöpfer, der so unzählbare Kräfte und Eigenschaften in die Natur der Dinge gelegt hat, daß es seinen lebendigen Geschöpfen nirgends an Mitteln fehlt, sich zu erhalten, und ihren Zustand angenehm zu machen!

Das alte und die jungen Lama's waren in kurzer Zeit so zahm geworden, als bei uns die Hunde sind. Er fing daher nach und nach an, sich ihrer zu seiner Bequemlichkeit, als Lastthiere zu bedienen, so oft er etwas einholen wolte, welches zu tragen ihm selbst zu schwer geworden wäre.

Johannes. Ja, wie kont' er sie aber mitnehmen, da er sie aus seinem Hofplaze nicht heraus kriegen konte?

Vater. Ich habe vergessen zu sagen, daß er in der neuen Seitenwand und zwar an einer Stelle, die an ein dikkes Gebüsch grenzte, eine Oefnung gelassen hatte, die grade so groß war, daß ein Lama durchkriechen konte. Dieses Loch war von aussen gar nicht sichtbar, und von innen flochte er es jeden Abend mit dichten Zweigen zu.

Das war nun recht niedlich anzusehen, wenn er so zu Hause kam und das bepakte Lama vor sich her gehen ließ! Es wußte den Rükweg so gut zu finden, als er selbst und sobald es an die kleine Thüre kam, stand es stil, um sich seine Bürde erst abnehmen zu lassen. Dan kroch es gebükt hinein, und *Robinson* folgte ihm auf eben diesem Wege. Dan hatten die jungen Lama's ihr Fest! Sie drükten ihre Freude durch Springen und Blöken aus, ranten bald zur Mutter, um sie zu bewilkommen, bald zu ihrem Herrn, um auch ihm zu liebkosen. *Robinson* ergözte sich dan an ihrer Freude, wie ein Vater an der Freude seiner Kinder, wenn er nach einer Abwesenheit von einiger Zeit sie wieder in seine Arme schließt.

Freund B. Es ist doch sehr merkwürdig, daß die Thiere so erkentlich sind gegen den Menschen, der ihnen gutes thut!

Vater. Davon hat man viele, ungemein merkwürdige Beispiele, die einen fast auf die Vermuthung bringen könten, daß einige Thiere ordentlich Menschenverstand haben, wenn man nicht aus andern Gründen wüßte, daß es ihnen daran fehlt.

Diderich. Ach ja, der Löwe, wovon in unserm *Sittenbüchlein* steht, und der Man – i wie hieß er doch?

Johannes. *Androklus!*

Diderich. Ach ja! – der dem Löwen eine Dornspize aus der Klaue gezogen hatte!

Gotlieb. Das war doch ein recht guter Löwe! Er hatte den Androklus so lieb dafür, daß er das an ihm gethan hatte, und that ihm nachher nichts zu Leide, da er ihn zerreissen solte. – Ja, wenn sie alle so wären, so mögt' ich auch wohl einen Löwen haben.

Johannes. Mir gefällt doch der Hund, den einmahl der Schweizer hatte, noch viel besser!

Lotte. Was für ein Hund?

Johannes. I weißt du nicht mehr? Der den beiden Menschen das Leben rettete?

Lotte. O erzähle doch, lieber Johannes!

Johannes. Es war einmahl ein Man in der *Schweiz*, wo die hohen *Alpenberge* sind –

Lotte. Ach ja, wo die Murmelthiere wohnen?

Johannes. Ja da! – Na, der Man stieg auf einen abscheulich hohen Berg hinauf, o der war so hoch, so hoch – als wenn du den Michaelisthurm zehnmahl auf einander sezest!

Gotlieb. Du läßt was aus, lieber Bruder! Er nahm auch einen Wegweiser mit!

Johannes. Freilich that er das! – Na, und der Wegweiser nahm seinen Hund mit. Als sie nun oben auf den Berg gekommen waren –

Gotlieb. Ja, und der Berg war ganz mit Schnee bedekt –

Johannes. O so laß doch! – Ja, der Berg war ganz mit Schnee bedekt; und als sie nun bald oben waren, da glitschte der Herr aus, und da ihm der Wegweiser helfen wolte, glitschte er auch aus, und so glitschten sie beide hinunter, und waren nur noch ein Paar Schritte von dem Rande ab, von welchem sie fast eine halbe Meile tief hätten hinunter fallen müssen. Da pakte der gute Hund seinen Herrn bei dem Schooß und hielt ihn fest, daß er nicht weiter glitschen konte, und dieser hielt den Andern fest, bis sie sich beide wieder aufgerichtet hatten.

Gotlieb. Ja, nun mußt du aber auch erzählen, was der fremde Herr da sagte! Ich weiß es noch.

Johannes. O ich auch! Er bat den Wegweiser, daß er ihn zuweilen besuchen mögte, da wo er zu Haus war, und denn solte er doch ja immer auch den Hund mitbringen; dem wolt' er denn auch immer eine Wurst braten lassen.

Lotte. That denn das der Man auch?

Johannes. O ja! So oft der Wegweiser ihn besuchte, traktierte er ihn immer aufs Beste und dem Hunde ließ er allemahl eine Bratwurst vorsezen.

Lotte. Das war recht!

Vater. Nun, Kinder, wir sind von unserm *Robinson* abgekommen; wollen wir es heute dabei bewenden lassen?

Gotlieb. O nein, lieber Vater! Noch ein klein Bischen von *Robinson*!

Vater. Jezt waren seine Baksteine hart genug, um gebraucht zu werden. Er suchte also eine leimigte Erde auf, womit er, in Ermangelung des Kalchs, seine Mauer aufzuführen dachte; und fand sie. Dan machte er sich eine Mauerkelle von einem platten Steine und um Alles, was zu der Maurerei gehört, recht vollständig zu haben, machte er sich sogar eine Art von *Sezwage* und *Richtscheid*, freilig so gut, als es sich wolte thun lassen. Ihr wißt doch noch, was das für Dinger sind?

Nikolas. O ja, die haben wir ja oft genug gesehen!

Vater. Nachdem er also mit allen Anstalten, die zum Mauern erfodert werden, fertig war, ließ er von seinem Lama die benöthigte Zahl Baksteine herbei tragen.

Johannes. Wie konte er denn die Baksteine dem Lama auflegen?

Vater. Wie er das anfing, werdet ihr schwerlich errathen; ich wil's also nur gleich selbst sagen.

Er hatte schon lange gemerkt, wie nüzlich es ihm sein würde, wenn er etwas von der nüzlichen Kunst, Körbe zu flechten, verstünde. Aber in seiner Jugend hatt' er es so wenig der Mühe werth geachtet, einem Korbmacher aufmerksam zuzusehen, daß er von dieser, an sich nicht schweren Kunst, nicht mehr, als von allen übrigen nüzlichen Künsten, verstand, das heißt, so viel, als gar nichts.

Da es ihm aber gleich anfangs gelungen war, einen Sonnenschirm zu flechten: so wandte er nachher oft eine müssige Stunde dazu an, sich ferner darin zu üben. Und da entdekte er denn immer einen Handgrif nach dem andern, bis er endlich so geschikt wurde, einen ziemlich festen Korb zu machen. Solcher Körbe nun hatte er zwei für sein Lama verfertiget. Diese band er mit einem Strikke zusammen, und legte sie dem Lama auf den Rükken und zwar so, daß von jeder Seite desselben einer hinab hing.

Gotlieb. O Vater, ich mögte auch wohl Körbe machen lernen!

Vater. Ich selbst auch, lieber Gotlieb; und ich werde daher nächstens einen Korbmacher bitten, daß er uns einigen Unterricht gäbe.

Gotlieb. O das ist schön! Da wil ich meiner Lotte auch ein hübsches nettes Körbchen machen.

Lotte. O ich werde es auch mit lernen! Nicht wahr, Vater?

Vater. O ja! Es kan dir auch nicht schaden. Es fehlt uns doch zuweilen an einer Arbeit, wenn ich euch was erzähle; da wird uns denn das Korbflechten vortreflich zu statten kommen.

Robinson fing also seine Maurerarbeit an, und sie ging ihm ziemlich gut von statten. Schon hatt' er die eine Seitenmauer seiner Küche aufgeführt und zu der andern schon den Grund gelegt: als sich plözlich etwas ereignete, welches er nicht vorher gesehen hatte, und welches einen gewaltigen Strich durch seine Rechnung machte.

Johannes. Was war denn das?

Lotte. O ich weiß schon! Die wilden Menschen sind gekommen und haben ihn aufgegessen!

Gotlieb. Bewahre! Ist das wohl wahr, Vater?

Vater. Nein, das nicht; aber es war etwas, welches ihm beinahe eben so grossen Schrekken verursachte, als wenn die Wilden ihn hätten lebendig braten wollen.

Johannes. O nu! Was war's denn?

Vater. Es war Nacht, und *Robinson* lag ruhig auf seinem Lager, die treuen Lama's zu seinen Füssen. Der Mond stand in seiner ganzen Herlichkeit am Himmel; die Luft war rein und stil, und ein tiefes Schweigen herschte durch die ganze Natur. *Robinson*, von der Arbeit des Tages ermüdet, lag schon im süssen Schlummer und träumte, wie er sehr oft zu thun pflegte, von seinen lieben Eltern. als plözlich – aber nein! mit einer so schreklichen Begebenheit wollen wir diesen Abend nicht beschliessen! Es könte uns die Nacht davon träumen, und dan wurden wir einen unruhigen Schlaf haben.

Alle. Oh!

Vater. Laßt uns vielmehr unsere Gedanken auf etwas Angenehmes richten, um auch diesen Tag mit Freuden und Dank gegen unsern guten Vater im Himmel beschliessen zu können. – Komt, liebe Kinder, erst wollen wir zu unsern Blumenbeeten und dan zu unserer Laube gehn.

Neunter Abend.

Nachdem der Vater bis zu Ende des vorigen Kapittels erzählt hatte, fielen so viel andere Geschäfte vor, daß verschiedene Abende verstrichen, bevor er wieder Zeit gewan, seine Geschichte fortzusezen.

Die kleinen Leute des Hauses waren indeß nicht wenig bekümmert, wie es dem armen *Robinson* doch wohl mögte ergangen sein; und sie hätten gern ihren besten Kreusel oder wohl noch etwas Lieberes darum gegeben, wenn ihnen einer hätte sagen können, was in der Nacht, wovon zulezt die Rede war, sich denn eigentlich zugetragen habe? Aber das konte ihnen niemand, als der Vater selbst, sagen; und der fand für gut, es ihnen nicht eher zu sagen, als bis er wieder Zeit gewönne, in seiner Erzählung ordentlich fortzufahren.

Das war nun ein ewiges Rathen und Kopfbrechen unter ihnen die ganze Zeit hindurch, daß der Vater sein beschwerliches Stilschweigen fortsezte. Der Eine rieth dies, der Andere jenes; aber nichts von alle dem, was sie riethen, wolte so ganz zu den Umständen passen, die sie von der unbekanten Begebenheit schon gehört hatten.

"Aber warum sollen wir's denn noch nicht wissen?" fragten einige unter ihnen mit recht kläglichen Gebehrden?

"Ich habe meine Ursachen", antwortete der Vater.

Die Kinder, welche gewöhnt waren, sich mit dieser Antwort zu begnügen, drangen nicht weiter in ihn, und erwarteten mit bescheidener Sehnsucht die Stunde, da diese Ursachen seines Stilschweigens aufhören würden. Indeß, weil die erwachsenen Leute den Kindern leicht ins Herz sehen und alle ihre Gedanken errathen können, so war es auch dem Vater nicht schwer, einigen unter ihnen den Gedanken an der Stirn zu lesen: "aber was könten doch das wohl für Ursachen sein, die ihn abhalten, uns den Gefallen zu thun." Er hielt es also für nöthig, sie bei dieser Gelegenheit noch einmahl zu überzeugen, daß es ihm nicht an gutem Willen fehle, ihnen so viel Freude zu machen, als er nur könne, und daß er also wichtige Ursachen haben müsse, warum er ihnen nicht jezt das Vergnügen gewährte, ihnen weiter zu erzählen.

"Bereitet euch, sagte er zu ihnen, Morgen mit dem Frühesten die längst gewünschte Reise nach *Travemünde* zur *Ostsee*anzutreten!"

Nach Travemünde? – Zur Ostsee? – Morgen früh? – Ich auch, lieber Vater? – Ich auch? – so fragten alle mit einem Munde, und da ein allgemeines Ja! alle diese Fragen auf einmahl beantwortete: so entstand ein Freudengeschrei, dergleichen wohl kürzlich nicht gehört worden, und wohl so bald nicht wieder gehört werden dürfte.

"Nach Travemünde! Nach Travemünde! Wo ist mein Stok? Hanne, wo sind meine Halbstiefel? Geschwind, die Bürste! Den Kam! Reine Wäsche! Nach Travemünde! O Geschwind! Geschwind! –" so ging's durchs ganze Haus, daß alle Wände davon erschollen.

Alles ward nun zur morgenden Wanderschaft vorbereitet; und die kleinen Wanderer thaten in dem Feuer ihrer Freude tausend Fragen, ohne eine einzige Antwort abzuwarten. Mit Mühe waren sie dahin zu bringen, sich denselben Abend zu Bette zu legen, weil sie die Zeit nicht erwarten konten, daß der Tag wieder anbrechen und die Reise angetreten würde.

Jezt brach die erste Morgendämmerung an; und das ganze Haus ward laut. Vor allen Schlafzimmern ward getrommelt; und da half nichts, es muste Alles heraus!

Und da nun Alles, Groß und Klein, auf den Beinen war, und die Ersten von den Lezten durch Liebkosungen und Freudensbezeigungen fast aufgerieben wurden: rieb der Vater die Augen und sagte in einem Tone, der mit der allgemeinen Stimme der Freude einen erbärmlichen Misklang machte: "Kinder, wenn ihr mir einen Gefallen thun woltet, so sprächet ihr mich heute frei von meinem Versprechen!"

"Von welchem? Von welchem?" – und jeder Mund, der diese Frage that, blieb vor ängstlicher Erwartung und vor halben Schrekken offen stehen.

Vater. Von dem Versprechen, heute mit euch nach Travemünde zu gehn. –

Nun war der Schrekken ganz; keiner konte eine Silbe hervorbringen.

Vater. Ich habe diese Nacht bedacht, daß wir einen dummen Streich machen würden, wenn wir diese Reise schon heute antreten.

"I, warum denn?" – mit halberstikter Stimme, und mit einer zurük gehaltenen Träne.

Vater. Das wil ich euch sagen, und ihr möget dan selbst entscheiden. – Erstlich haben wir seit einiger Zeit immer Ostwind gehabt, und der treibt alles Wasser aus der *Trave* so geschwind ins Meer, daß aus dem Hafen bei Travemünde kein einziges Schif auslaufen und auch keins in denselben einlaufen kan, weil das Wasser in der Mündung des Flusses viel zu seicht ist. Und Eins oder das Andere wolten wir doch wohl Alle gern sehen, wenn wir einmahl da sind!

"O der Wind kan sich ja heute wohl noch umsezen!"

Vater. Dan ist mir noch etwas eingefallen. Wenn wir noch vier Wochen warteten: so wäre grade die Zeit, da die *Häringe* in ihrem grossen Zuge, aus dem Eismeere herunter, auch in das *Baltische Meer* oder in die *Ostsee* kommen. Dan schwimt ein ganzes Heer derselben auch bis zur Mündung der *Trave*, wo die Fischer ihrer eine grosse Menge mit leichter Mühe aus dem Wasser herausziehen. Das wolten wir doch auch wohl gerne sehen? Nicht wahr?

"Ja – aber –"

Vater. Nun hört aber noch meinen wichtigsten Grund! Was werden unsere neuen Freunde *Mathias* und *Ferdinand,* die erst in vier Wochen zu uns kommen, von uns denken, wenn wir diese Lustreise angestellt hätten, ohne erst ihre Ankunft zu erwarten, um sie mitzunehmen? Würden sie nicht über uns seufzen, so oft wir künftig von dem Vergnügen dieser Reise redeten, und wurde uns Allen denn wohl die Erinnerung daran noch Freude machen können? Nein, gewiß nicht! Wir werden uns immer geheime Vorwürfe machen, daß wir nicht das an ihnen gethan hätten, was wir wünschten, daß sie an uns thun mögten, wenn wir jezt in ihrer Stelle und sie in der Unsrigen wären. – Also was sagt ihr?

Ein tiefes Stilschweigen.

Vater. Ihr wißt, ich habe nie mein Wort gebrochen; besteht ihr also darauf, so marschiren wir ab. Sprecht ihr mich aber selbst frei davon, so thut ihr mir, und unsern künftigen Freunden, und euch selbst einen Dienst. Also, sprecht! Was sol geschehen?

"Wir wollen warten", war die Antwort, und so wurde also die schöne Lustreise bis auf weiter ausgesezt.

Man konte deutlich sehen, daß einigen unter ihnen diese *Selbstüberwindung* viel gekostet hatte. Diese waren auch den ganzen Tag über lange nicht so fröhlichen Muths, als sie sonst wohl zu sein pflegten. Das gab denn dem Vater Gelegenheit, sie am Ende des Tages folgendermaßen anzureden:

"Kinder, was euch heute begegnet ist, das wird in eurem künftigen Leben euch noch sehr oft begegnen. Ihr werdet, bald dieses, bald jenes irdische Glük erwarten; eure Hofnung wird sehr gegründet scheinen und euer Verlangen darnach wird ungemein feurig sein. Aber in dem Augenblikke, da ihr das vermeinte Glük zu ergreifen meint, wird die alweise götliche Vorsehung plözlich einen unerwarteten Strich durch eure Rechnung machen, und ihr werdet euch in eurer Hofnung jämmerlich betrogen finden.

Die Ursachen, warum euer himlischer Vater so mit euch verfahren wird, werdet ihr so deutlich und so gewiß selten einsehen, als ihr diesem Morgen diejenigen Ursachen einsahet, warum wir heute nicht nach Travemünde gehen wolten. Denn da Gott unendlich weiser ist, als ich bin: so sieht er auch immer in die entfernteste Zukunft und läßt uns zu unserm Besten oft etwas begegnen, wovon wir die glüklichen Folgen erst lange nachher, ja wohl erst in dem ewigen Leben erfahren werden. Ich hingegen sahe nur auf vier Wochen voraus.

Wäre nun in eurer Jugend euch Alles immer nach Wunsche gegangen, und hättet ihr dasjenige, was ihr hoftet, jedesmahl zur bestimten Zeit richtig erhalten: o Kinder, wie würde das in eurem künftigen Leben euch schlecht bekommen! Wie würde dadurch euer Herz verwöhnt werden, und wie unglüklich würde dies so verwöhnte Herz euch in der Folge machen; wenn die Zeit erst wird gekommen sein, da euch nicht Alles mehr, so ganz nach Wunsche gehen wird, als jezt! Und diese Zeit wird kommen, meine Lieben; sie wird eben so gewiß für euch kommen, als sie für alle andere Menschen zu kommen pflegt. Denn noch ist kein Mensch auf Erden erfunden worden, der da hätte sagen können, daß es ihm in allen Dingen völlig nach seinem Sinne gegangen wäre.

Was ist demnach hierbei zu thun, ihr lieben Kinder? – Nichts anders, als dieses, daß ihr euch schon jezt in eurer Jugend übet, oft ein Vergnügen zu entbehren, dessen ihr für euer Leben gern genossen hättet. Diese oft wiederhohlte Selbstüberwindung wird euch stark machen, stark am Geist und Herzen, um künftig mit gelassener Standhaftigkeit Alles, Alles ertragen zu können, was der weise und gute Gott zu eurem Besten über euch verhengen wird.

Seht, Kinder, hier habt ihr den Schlüssel zu manchem, euch räthselhaft scheinenden Betragen, welches wir Erwachsenen zuweilen gegen euch zu beobachten pflegen! Ihr werdet euch erinnern, daß wir euch oft ein Vergnügen versagten, dessen ihr gern genossen hättet. Zuweilen sagten wir euch wohl die Ursachen unserer abschlägigen Antwort, (wenn ihr nemlich sie begreifen kontet) zuweilen aber auch nicht, (wenn ihr nemlich sie noch nicht begreifen kontet.) – Und warum thaten wir dieses? – Oft blos darum, um euch in der allen Menschen so nöthigen Geduld und Mässigung zu üben; um euch auf euer künftiges Leben vorzubereiten!

Nun wißt ihr auch, warum ich alle diese Tage hindurch mich beständig geweigert habe, euch die Geschichte unsers *Robinsons* weiter zu erzählen. So viel Zeit hätte ich doch wohl erübrigen können, als erfodert wird, um euch wenigstens den Umstand aufzuklären, mit dem ich neulich geschlossen und worüber ich euch in einer unangenehmen Ungewißheit gelassen habe. Aber nein! ich sagte euch kein einziges Wort mehr davon, ohngeachtet ihr mich batet, und ich so ungern euch etwas abschlage. Also warum that ich das, Lotte?"

Lotte. Daß du uns lehren wolltest, Geduld zu haben.

Vater. Richtig! und gewiß, wenn ihr mir dereinst für irgend etwas danken werdet, so wird es dafür sein, daß ich euch gewöhnt habe, ohne grosse Betrübniß etwas zu entbehren, nach dessen Besize ihr doch ein grosses Verlangen in euch verspüret. –

So gingen also wieder einige Tage hin, ohne daß vom *Robinson* etwas erzählt ward. Endlich aber erschien die sehnlich gewünschte Stunde, da der Vater durch nichts weiter abgehalten wurde, dem allgemeinen Verlangen ein Genüge zu leisten. Er fuhr also in der unterbrochenen Erzählung folgendermaßen fort:

Es, war, wie ich schon neulich sagte, Nacht, und unser *Robinson* lag ruhig auf seinem Lager, die treuen Lama's zu seinen Füssen. Eine tiefe Stille herschte durch die ganze Natur, und *Robinson* träumte, wie gewöhnlich, von seinen Eltern, als plözlich die Erde auf eine ungewöhnliche Weise erzitterte, und unter der Erde ein so entsezliches Brüllen und Krachen gehört wurde, als wenn viele Donnerwetter auf einmahl losbrechen. *Robinson* erwachte mit Schrekken, und fuhr auf, ohne zu wissen, wie ihm geschahe und was er thun wolte. In dem Augenblikke erfolgte ein schreklicher Erdstoß nach dem andern; das fürchterliche unterirdische Getöse dauerte fort; es erhob sich zu gleicher Zeit ein heulender Orkan, der Bäume und Felsen niederriß und das laute brausende Meer bis auf den tiefsten Abgrund durchwühlte. Die ganze Natur schien in Aufruhr zu sein, und sich ihrem Ende zu nahen.

In wahrer Todesangst sprang *Robinson* aus der Höhle auf seinen Hofplaz und die erschrekten Lama's thaten ein gleiches. Kaum waren sie heraus, als die über der Höhle ruhende Felsenstükke auf die Lagerstäte herabstürzten. *Robinson*, von

Angst beflügelt, floh durch die Oefnung seines Hofraums, und die *Lamas* liefen ihm ängstlich nach.

Sein erster Gedanke war, einen in der Nähe liegenden Berg auf derjenigen Seite zu besteigen, wo er oben eine nakte Ebene hatte, um nicht von einstürzenden Bäumen erschlagen zu werden. Er wolte dahin laufen; aber plözlich sahe er mit Erstaunen und Schrekken, daß an eben der Stelle des Berges sich ein weiter Schlund eröfnete, aus welchem Rauch und Flammen, Asche, Steine und eine glühende Materie, die man *Lava* nent, herausfuhren. Kaum war es ihm möglich, sich durch die Flucht zu retten, weil die glühende Lava, wie ein Strom herabschoß, und grosse ausgeworfene Felsenstükke, wie ein Regen, weit und breit umhergeschleudert wurden.

Er rante nach der Küste zu. Aber hier erwartete ihn ein neuer schreklicher Auftrit. Ein gewaltiger Wirbelwind der von allen Seiten her bließ, hatte eine Menge Wolken dicht zusammen getrieben, und aus diesen stürzte nun auf einmahl eine solche Fluth herab, daß das ganze Land in einem Augenblikke zur See ward. Einen solchen ungewöhnlichen Wasserguß pflegt man eine *Wasserhose* zu nennen.

Mit genauer Noth rettete Robinson sich auf einen Baum; seine armen Lama's hingegen wurden von der Gewalt des Wassers fortgerissen. Ach! wie zerriß ihr klägliches Jammergeschrei sein Herz, und wie gern hätt' er sie mit Gefahr seines eigenen Lebens zu retten gesucht, wenn die schnelle Fluth sie nicht schon zu weit mit sich hätte fortgeraft gehabt!

Das *Erdbeben* dauerte noch einige Minuten fort; dan wurde auf einmahl Alles stille. Die Winde legten sich; der Feuerschlund hörte nach und nach auf zu speien; das unterirdische Getöse schwieg; der Himmel ward wieder heiter, und alles Wasser verlief sich in weniger, als einer Viertelstunde.

Gotlieb. (Mit einem tiefen Seufzer) Ach Gottlob! daß das vorbei ist! Der arme *Robinson*! und die armen Lama's!

Lotte. Mir ist recht angst gewesen!

Frizchen. Wovon kömt denn das Erdbeben?

Johannes. Das hat uns Vater schon längst erklärt, da du noch nicht hier warst.

Vater. Sage es ihm doch, Johannes!

Johannes. In der Erde sind viele grosse und weite Löcher, wie Keller; die sind nun vol Luft und Dünste. Denn sind auch allerlei brenbare Dinge in der Erde, als

Schwefel, Pech, Harz und so was. Diese fangen zuweilen an sich zu erhizen und zu brennen, wenn eine Feuchtigkeit dazu kömt.

Gotlieb. Eine Feuchtigkeit? Kan denn das, was naß ist, wohl etwas heiß machen?

Johannes. Ja wohl! Hast du nicht gesehen, wenn die Mauerleute kaltes Wasser auf Kalchsteine giessen, wie es denn gleich anfängt zu kochen, als wenn es über dem Feuer stünde; und ist doch kein Feuer da. – Na, so entzünden sich also auch die Dinge in der Erde, wenn das Wasser hinein dringt; und wenn die denn brennen: so dehnt sich die Luft, die in den grossen Höhlen ist, so gewaltig aus, daß sie keinen Plaz mehr darin hat. Denn wil sie mit Gewalt herausfahren und erschüttert also die Erde, bis sie sich endlich irgendwo ein Loch macht. Aus diesem Loche fährt sie denn, wie ein Sturmwind, hinaus und reißt eine Menge von den brennenden und schon geschmolzenen Materien mit sich fort.

Vater. Und diese Materie, die aus geschmolzenen Steinen, Metallen, Harzen u. s. w. besteht, ist es, die man die *Lavanent*. Ich habe einmahl irgendwo gelesen, daß man selbst einen kleinen Feuerspeienden Berg nachmachen kan; wenn ihr Lust habt, so wollen wir einmahl den Versuch machen.

Alle. O ja! O ja! lieber Vater!

Johannes. Und wie wird denn das gemacht?

Vater. Man braucht nur Schwefel und Eisenfeilstaub an einem feuchten Orte in die Erde zu graben: so erhizt und entzündet sich diese Masse von selbst, und denn hat man im Kleinen, was ein feuerspeiender Berg im Großen ist. Nächstens wollen wir den Versuch davon machen.

Indem *Robinson* von dem Baume, auf den er sich geflüchtet hatte, herabstieg, war seine Sele über alle das Unglük, was ihn jezt von neuem betroffen hatte, so betrübt, daß es ihm gar nicht einfiel, für seine abermalige Errettung dem zu danken, der die sichtbarste Todesgefahr von ihm abgewandt hatte. In der That war sein Zustand jezt wieder so kläglich, als jemahls. Seine Höhle, der einzige sichere Aufenthalt, den er bisher gefunden hatte, war vermuthlich verschüttet; seine lieben treuen *Lamas* waren fortgeschwemt; alle seine bisherigen Arbeiten zerstört; alle seine schönen Anschläge für die Zukunft dahin! Der Berg hatte zwar aufgehört, Feuer auszuwerfen; aber noch stieg aus dem ofnen Schlunde desselben ein dikker schwarzer Dampf empor, und es war möglich, daß er von nun an immer ein *Feuerspeiender Berg* bliebe. Und blieb er das, wie konte *Robinson* einen Augenblick ruhig sein? Mußte er nicht an jedem Tage ein neues Erdbeben, einen neuen Feuerauswurf besorgen?

Diese traurigen Gedanken drückten ihn vollends nieder. Er unterlag der Last seines Kummers, und, anstat daß er sich zu der einzigen wahren Quelle des Trostes, zu Gott, hätte wenden sollen, waren seine Augen blos auf das Elend seines künftigen Zustandes gerichtet, welches sich ihm unaussprechlich groß und ohn' Ende darstellte.

Von Angst und Beklemmung ermattet lehnt' er sich an den Baum, von dem er herabgestiegen war; und seiner gepresten Brust entfuhren ohn' Unterlaß Seufzer, die mehr Schrei, als Seufzer, waren. In dieser trostlosen Stellung verblieb er, bis die Morgenröthe den neuen Tag verkündigte.

Gotlieb. zu *Fr. R.* Nun sehe ich, daß Vater doch recht hatte.

Fr. R. Worin?

Gotlieb. Ja, ich meinte neulich, daß *Robinson* nun schon ganz gebessert wäre, und daß ihn der liebe Gott nun wohl von seiner Insel erlösen könte. Da sagte Vater, daß wüßte der liebe Gott selbst am Besten, und daß wir das nicht beurtheilen könten.

Fr. R. Und nun?

Gotlieb. Ja, nun sehe ich wohl, daß er doch noch nicht so viel Vertrauen zu Gott hat, als er haben solte; und daß der liebe Gott recht that, daß er ihn noch nicht erlösete.

Nikolas. Das habe ich auch schon gedacht; und nun bin ich ihm auch gar nicht mehr so gut.

Vater. Eure Bemerkung, Kinder, ist vollkommen richtig. Wir sehen freilig wohl, daß *Robinson* lange noch nicht das feste, unwandelbare kindliche Vertrauen zu Gott hatte, welches er, nach so vielen Beweisen seiner Güte und Weisheit, die er selbst erfahren hatte, billig hätte haben müssen. Aber ehe wir ihn deswegen verdammen: wollen wir uns erst einen Augenblick an seine Stelle sezen, und unser eigenes Herz fragen, ob wir, an seinem Plaze, es auch wohl besser würden gemacht haben? Was dünkt dich, Nikolas, würdest du, wenn du *Robinson* gewesen wärest, wohl getroster gewesen sein?

Nikolas. (Mit leiser, zweifelhafter Stimme.) Ich weiß nicht.

Vater. Erinnere dich einmahl an die Zeit, da dir, deiner Augen wegen, eine spanische Fliege gelegt werden mußte, die dir einige Schmerzen verursachte. Weißt du noch, wie kleinmüthig du da zuweilen wurdest? Und das war doch nur ein kleines vorübergehendes Leiden, welches nur zwei Tage dauerte! Ich weiß, jezt würdest du bei einer ähnlichen Gelegenheit dich viel standhafter bezeigen: aber ob du auch schon stark genug sein würdest, alles das, was *Robinson* leiden mußte, mit frommen kindlichem Sin zu ertragen – was meinst du, Lieber, sol ich daran auch nicht zweifeln? –

Dein Stilschweigen ist die rechte Antwort auf diese Frage. Du kanst es selbst nicht recht wissen, wie du dich in diesem Falle betragen würdest, weil du noch nie darin gewesen bist. Alles also, was wir jezt thun können, ist dieses, daß wir bei den kleinen unbedeutenden Uebeln, die wir etwa zu erleben Gelegenheit haben mögten, uns gewöhnen, unsere Augen immer auf Gott zu richten und immer geduldig, immer getrost zu sein. Dan wird unser Herz von Tage zu Tage stärker werden, auch grössere Leiden zu ertragen, wenn es Gott einst gefallen wird, uns deren aufzulegen.

Der neue Tag brach an, und das aufgehende Freudeverbreitende Licht des Tages fand den armen *Robinson* in der trostlosen Lage, worin er sich an den Baum gelehnt hatte. In seine Augen war kein Schlaf, und in seine Sele kein anderer Gedanke gekommen, als die einzige schwarze, schwermüthige Frage: was sol nun aus mir werden?

Endlich machte er sich auf und schwankte, wie ein Träumender, nach seiner verwüsteten Wohnung hin. Wie groß war aber nicht das freudige Schrekken, welches ihn überfiel, da ihm nahe bei seinem Hofplaze auf einmahl seine – was meint ihr? – seine geliebten Lama's gesund und wohlbehalten entgegen sprangen! Anfangs traute er seinen eigenen Augen nicht, aber jeder Zweifel wurde ihm bald benommen. Sie kamen herzugerant, lekten ihm die Hände und drükten ihre Freude, ihn wieder zusehen, durch Hüpfen und Blöken aus.

In diesem Augenblik erwachte *Robinsons* Herz, welches bis dahin ganz erstorben zu sein schien. Er blikte auf seine Lama's, dan zum Himmel, und eine Träne der Freude, des Danks und der Reue über seine Kleinmüthigkeit benezte seine Wangen. Dan überhäufte er seine ihm wiedergeschenkten Freunde mit freudigen Liebkosungen; und von ihnen begleitet ging er nun hin, zu sehen, was aus seiner Wohnung geworden sei?

Diderich. Wie mogten sich denn die Lama's gerettet haben?

Vater. Vermuthlich hatte die Wasserfluth sie nach einem kleinen Hügel fortgerissen, wo ihre Füße wieder Grund fassen konten; und weil das Wasser eben so schnel wieder sich verlief, als es aus der Luft herunter gestürzt war, so gingen sie vermuthlich nach ihrer Wohnung zurük.

Robinson stand jezt vor seiner Höhle, und fand zu seiner abermahligen Beschämung, daß auch hier der Schade bei weitem nicht so groß sei, als er ihn in seiner Kleinmüthigkeit sich vorgestellt hatte. Zwar war die Dekke, die aus einem Felsenstükke bestanden hatte, eingestürzt, und hatte das nächste Erdreich mit sich herabgerissen: aber es schien doch nicht unmöglich zu sein, alle diese Ruinen aus der Höhle wieder hinaus zu schaffen, und dan war seine Wohnung noch einmahl so geräumlich und bequem, als sie vorher gewesen war.

Hierzu kam noch etwas, welches ganz offenbahr bewies, daß die götliche Vorsehung das, was vorgefallen war, nicht um *Robinson* zu züchtigen, sondern vielmehr aus milder Fürsorge für ihn veranstaltet habe. Da er nemlich die Stelle, wo das Felsenstük gehangen hatte, genauer besichtigte, fand er zu seinem Erstaunen, daß es überal mit lokkerer Erde umgeben gewesen war, und also ganz und gar keine feste Haltung gehabt hatte. Nichts war also wahrscheinlicher, als daß es über kurz oder lang von selbst würde eingestürzt sein. Das sahe nun Gott nach seiner Alwissenheit vorher, und vermuthlich auch, daß dies Felsenstük grade zu einer Zeit einstürzen wurde, da *Robinson* eben in der Höhle wäre. Da nun aber seine weise Güte diesem Menschen ein längeres Leben bestimte: so hatte er der Erde, von Anbeginn der Welt her, eine solche Einrichtung gegeben, daß grade um diese Zeit auf dieser Insel ein solches Erdbeben entstehen mußte. Selbst das unterirdische Krachen und das Heulen des Sturmwindes, so schreklich es auch in *Robinsons* Ohren klingen mogte, hatte zu seiner Errettung dienen müssen. Denn wenn das Erdbeben ohne alles Getöse entstanden wäre: so würde Robinson vermuthlich nicht davon erwacht sein; und dan hätte der einstürzende Felsen seinem Leben sicherlich ein Ende gemacht.

Seht, Kinder, so hatte Gott abermahls für ihn gesorgt zu einer Zeit, da er sich von ihm verlassen wähnte; und er hatte grade durch diejenigen fürchterlichen Begebenheiten für ihn gesorgt, die *Robinson* als sein größtes Unglük betrachtete.

Und diese seelige Erfahrung, werdet ihr selbst, meine Lieben, in eurem künftigen Leben oft zu machen Gelegenheit haben. Wenn ihr nur auf die Wege der götlichen Vorsehung, die sie mit euch gehen wird, recht merken wolt: so werdet ihr bei allen den traurigen Vorfällen des Lebens, die eurer in der Zukunft warten, zweierlei immer wahr befinden, nemlich:

Erstlich, daß die Menschen sich das Unglük, welches ihnen begegnet, immer grösser vorstellen, als es in der That ist und dan

Zweitens, daß alles unser Leiden uns von Gott aus weisen und gütigen Ursachen zugeschikt werde, und also am Ende immer zu unserm wahren Besten gereiche.

Ja, Kinder, – o freut euch dieser tröstenden Wahrheit! – es lebt

Es lebt ein Gott, der seine Menschen liebt!
Wir sehn's, wohin wir blikken,
Am Nebel, der den Himmel trübt,
Wie an den reinsten Sonnenblikken.
Wir sehn's, wenn Donnerwolken glühn,
Und Berg' und Wald bewegen;
Und sehn's, wenn sie vorüber ziehn,
Am sanften lieben Regen.
Jezt sehn wir sie bei stetem Glük
In tausend, tausend Freuden;
Einst sieht sie unser nasser Blik
In kleinen kurzen Leiden.

Zehnter Abend.
(Der Vater fährt in seiner Erzählung fort.)

Robinson, der nun schon seit einiger Zeit gewohnt war, Gebet und Arbeit mit einander zu vereinigen, warf sich erst auf seine Knie, um Gott für seine abermahlige Errettung zu danken; dan legt' er muthig Hand ans Werk, um seine Wohnung von dem eingestürzten Schut zu räumen. Die bloße Erde war bald hinaus geschaft: aber nun lag unten das grosse Felsenstük, welches zwar in zwei Stükke zerbrochen war, aber doch auch so noch mehr, als eines Menschen Kraft, zu erfodern schien, um von der Stelle bewegt zu werden.

Er machte einen Versuch, den Kleinsten dieser Steinklumpen fortzuwälzen: aber vergebens! Er fand, daß diese Arbeit seine Kräfte bei weitem übersteige. Da stand er also wieder in tiefen Gedanken und wußte nicht, was er machen solte.

Johannes. O ich wüßte wohl, was ich gemacht hätte!

Vater. Und was denn?

Johannes. I, ich hätte mir einen *Hebel* gemacht, wie wir neulich thaten, da wir den Balken auf dem Hofraum fortwälzen wolten.

Gotlieb. Da bin ich nicht bei gewesen; was ist denn das ein Hebel?

Johannes. Das ist so eine dikke und lange Stange; die stekt man mit dem einen Ende unter den Balken, oder den Stein, den man fortbewegen wil, und denn legt man einen kleinen Kloz oder Stein unter die Stange, aber recht nahe bei den Balken, den man wälzen wil; und denn faßt man an das andere lange Ende der Stange und drükt sie so stark, als man kan, auf den kleinen Kloz; denn hebt sich der Balken und man kan ihn mit leichter Mühe fortwälzen.

Vater. Wie das geschieht, wil ich euch zu einer andern Zeit erklären; jezt hört, was *Robinson* that.

Nach langem vergeblichen Nachsinnen, fiel ihm endlich eben dieses Hülfsmittel ein. Er erinnerte sich, in seiner Jugend zuweilen gesehen zu haben, daß alle Arbeitsleute es so zu machen pflegen, wenn sie schwere Lasten bewegen wollen; und er eilte nun den Versuch davon zu machen.

Es gelang ihm. In einer halben Stunde waren beide Steine, welche wohl vier Menschen mit ihren bloßen Händen nicht von der Stelle gekriegt hätten, aus seiner Höhle glüklich hinaus gewälzt. Und nun hatte er die Freude seine Wohnung noch einmahl so geräumig, als sie vorher gewesen war, und zugleich, allem Ansehen nach, völlig sicher zu sehen. Denn nunmehr bestanden sowohl die Wände, als auch die Dekke, aus einem einzigen hohlen Felsen, in welchem nirgends auch nur die kleinste Rize zu sehen war.

Nikolas. Wie war's denn seiner Spinne ergangen?

Vater. Gut, daß du mich daran erinnerst; die hätte ich bald vergessen. Aber in der That weiß ich auch nichts mehr davon zu sagen, als daß sie, aller Wahrscheinlichkeit nach, in den Ruinen der eingestürzten Dekke begraben war. Wenigstens sahe sie *Robinson* nimmer wieder, und seine andern Freunde, die Lama's, ersezten ihm den Verlust derselben.

Jezt wagte er einen Gang nach dem feuerspeienden Berge aus dem noch immer ein schwarzer Dampf empor stieg. Er erstaunte über die Menge geschmolzener Materien, die weit und breit umher geflossen waren, und die sich noch nicht abgekühlt hatten. Nur in einer gewissen Entfernung beobachtete er diesmahl das fürchterlich prächtige Schauspiel des dampfenden Schlundes, weil so wohl seine Furcht, als auch die noch zu heisse Lava, ihn hinderten, näher hinzu zu treten.

Da er bemerkte, daß der Strom der Lava nach der Gegend hingeflossen sei, in welcher die Kartoffeln wuchsen: so erschrekte ihn nicht wenig der Gedanke, daß der feurige Ausfluß diesen ganzen Plaz vielleicht verwüstet habe; und er konte nicht ruhen, bis er von dem Gegentheil sich überzeugt hätte. Er lief also nach der Gegend hin und fand zu seinem innigen Vergnügen die ganze Pflanzung unversehrt. Von diesem Augenblike an beschloß er, an verschiedenen Orten seiner

Insel aufs Gerathewohl Kartoffeln zu pflanzen, um dem Unglük vorzubeugen, eines so herlichen Gewächses durch irgend einen schlimmen Zufal einmahl beraubt zu werden. Zwar stand, seiner Meinung nach, jezt der Winter bevor; allein er dachte: wer weiß, ob diese Gewächse nicht vielleicht von der Art sind, daß sie in der Erde überwintern können?

Nachdem er diesen Vorsaz ausgeführt hatte, fing er wieder an, an seiner Küche zu arbeiten. Auch hierzu hatte die überstandene schrekliche Naturbegebenheit ihm einen grossen Vortheil verschaffen müssen. Der Feuerspeiende Berg hatte nemlich unter vielen andern Dingen auch eine Menge Kalchsteine ausgeworfen. Ordentlicher Weise muß man diese erst in einem Ofen mürbe brennen, ehe man gelöschten Kalch daraus machen kan. Aber das war bei diesen nicht nöthig, weil der entzündete Berg schon die Stelle des Brenofens vertreten hatte.

Robinson brauchte also weiter nichts zu thun, als ein Loch in die Erde zu graben, die Kalchsteine da hinein zu werfen, dan Wasser zu zugiessen und die Masse umzurühren. Auf diese Weise wurde der Kalch gelöscht, und zum Mauern brauchbar gemacht. Dan vermischte er ihn mit etwas Sand; sezte sich darauf in Arbeit, und hatte Ursache mit seiner Geschiklichkeit zufrieden zu sein.

Der Berg hatte indessen aufgehört zu rauchen; und *Robinson* wagte es daher, nach dem Schlunde hinzugeben. Er fand sowohl die Seiten desselben, als auch den Grund mit abgekühlter Lava belegt, und weil er an keinem Orte den geringsten Rauch mehr hervordringen sahe: so hatte er Ursache zu hoffen, daß das unterirdische Feuer völlig verloschen, und künftig kein Auswurf weiter zu befürchten sei.

Durch diese Hofnung gestärkt, war er darauf bedacht, sich einen Vorrath von Lebensmitteln für den Winter einzusammeln. In dieser Absicht fing er nach und nach bis auf acht Lamas, auf eben die Weise, wie er die ersten gefangen hatte. Diese schlachtete er alle bis auf einen Bok, den er seinen drei zahmen Thieren zur Geselschaft leben ließ, und hing den größten Theil des Fleisches in seiner Küche auf, um es durchräuchern zu lassen. Vorher aber hatte er es auf einige Tage eingesalzen, weil er sich erinnerte zu Hause gesehen zu haben, daß seine Mutter es eben so zu machen pflegte.

Das war nun schon ein ziemlicher Vorrath von Fleisch; und doch besorgte er, daß es noch nicht genug sein mögte, im Fal der Winter sehr rauh und anhaltend werden solte. Er wünschte daher noch einige Lama's zu fangen; aber das wolte ihm nicht mehr gelingen. Denn die Thiere hatten nunmehr seine Nachstellungen gemerkt, und waren auf ihrer Hut. Er muste also ein neues Mittel ersinnen, sich ihrer zu bemächtigen.

Auch dieses ward gefunden; so unerschöpflich ist der menschliche Verstand, wenn man ihn nur recht übt, an Hülfsmitteln zur Glükseeligkeit! Er hatte bemerkt, daß die Lama's, so oft sie ihn bei der Quelle zu Gesicht bekamen, allemahl in größter Eile über einen kleinen Hügel nach dem Gebüsche ranten. An der andern Seite war dieser Hügel mit kleinem Gesträuch, wie mit einer Hekke eingefaßt und hinter dieser Hekke war eine steile Wand, ohngefähr zwei Ellen hoch. Er sahe, daß die Lama's jedesmahl über dieses Gesträuch mit einem Saze vom Hügel hinab sprangen; und diese Beobachtung war ihm genug.

Er machte nemlich den Plan, an dieser Stelle eine tiefe Grube zu graben, damit die Lama's, wenn sie von oben hineinspränge, darin gefangen würden. Sein unermüdeter Fleiß brachte dieses neue Werk seiner Erfindung in anderthalb Tagen zu Stande; er bedekte darauf die Grube mit Sträuchern und hatte am folgenden Tage die Freude, zwei ziemlich grosse Thiere hinein springen zu sehen und sie zu fangen.

Nunmehr glaubte er mit Fleische hinlänglich versorgt zu sein. Er würde verlegen gewesen sein, wo er es den Winter über lassen sollte, wenn nicht der Himmel gleichfalls durch das Erdbeben dafür gesorgt gehabt hätte, ihm einen ordentlichen Keller zu verschaffen. Es war nemlich nahe bei seiner Höhle ein anderes Stück des Berges ohngefähr zwei Klafter tief eingesunken, und dadurch war eine zweite Höhle entstanden, deren Oefnung gleichfalls in seinen Hofplaz ging. So hatte er also nunmehr Wohnung, Küche und Keller dicht neben einander, recht als wenn sie mit Fleiß und durch Kunst so wären angelegt worden.

Nun war ihm noch dreierlei zu thun übrig, um auf den ganzen vermeinten Winter hinlänglich versorgt zu sein. Er mußte nemlich noch Heu für seine Lama's machen, sich mit Brenholz versorgen, und alle Kartoffeln ausgraben, um sie gleichfalls in seinen Keller zu bringen.

Von dem Heu, welches er in großer Menge einsammelte, machte er in seinem Hofraume einen pyramidenförmigen Schober, so wie die Landleute auch bei uns zu thun pflegen, und so oft er etwas Heu hinzuthat, trat er es so fest, daß der Regen nicht leicht hinein dringen konte. Aber bei dieser Arbeit mußt' er erst Lehrgeld bezahlen.

Er hatte nemlich nicht die Vorsichtigkeit beobachtet, das Heu erst durchaus trokken werden zu lassen. Wenn dieses nicht geschieht, und das Heu gleichwohl festgetreten wird, so fängt es an, sich zu erhizen, zu dampfen und endlich wohl gar Feuer zu fangen. Davon hatte er in seiner Jugend nie gehört, weil er sich um die Landwirthschaft niemahls bekümmerte. In seinem jezigen Zustande aber lernte er, wie gut es sei, auf alles zu achten, und so viele Kentnisse einzusammeln, als man nur kan, wenn man auch gleich nicht zum voraus sieht, wozu sie uns einmahl nüzen werden.

Er wunderte sich nicht wenig, da er auf einmahl seinen Heuschober dampfen sahe; noch mehr aber erstaunte er, da er die Hand hineinstekte und fühlte, daß das inwendige Heu brennend heiß sei. Er konte nicht umhin, zu glauben, daß Feuer darin sei, ohngeachtet ihm die Art und Weise, wie es hineingekommen sein solte, schlechterdings unbegreiflich war.

Er machte sich also geschwind darüber her, das Heu wieder abzupakken. Aber zu seiner Verwunderung fand er nirgends Feuer, wohl aber daß das Heu überal sehr erhizt und feucht sei. Er gerieth also endlich von selbst auf die wahre Vermuthung, daß die blosse Feuchtigkeit die Ursache der Erhizung sei, ohngeachtet er nicht begreifen konte, wie das zuginge.

Johannes. Wie mag denn das auch wohl eigentlich zugehen, daß die blosse Nässe etwas erhizen kan?

Vater. Lieber Johannes, solcher Erscheinungen, als diese, giebt es tausend in der Natur, und dem menschlichen Verstande, der nun schon seit vielen Jahrhunderten darüber nachgedacht hat, ist es bei einer Menge derselben gelungen, ihre eigentlichen Ursachen deutlich einzusehen. Diese Ursachen werden uns in einer Wissenschaft gelehrt, die ihr noch nicht einmahl den Nahmen nach kent; sie heißt – die *Naturlehre* oder mit einem andern Nahmen die *Phisik*. Darin wird auch von diesem merkwürdigen Umstande, wie von vielen andern höchst sonderbaren natürlichen Dingen Rechenschaft gegeben; und wenn ihr fortfahrt in der Erlernung derjenigen Sachen, die wir jezt treiben, den gehörigen Fleiß anzuwenden: so wollen wir euch auch diese Wissenschaft lehren, die euch unaussprechlich viel Vergnügen machen wird. Vorjezt würde es überflüssig sein, davon zu reden, weil ihr das, was ich sagte, doch noch nicht verstehen würdet.

Robinson troknete also sein Heu von neuem, und dan machte er abermahls einen Schober, der Wind und Wetter trozen konte. Zu noch grösserem Schuze verfertigte er über demselben ein Dach aus Rohr, welches unsern Strohdächern an Festigkeit wenig nachgab.

Die nächsten Tage wandte er dazu an, so viel trokkenes Holz einzusammeln, als er für nöthig erachtete. Dan grub er seine Kartoffeln aus und gewan einen ansehnlichen Vorrath derselben. Diese sammlete er in seinem Keller. Endlich schüttelte er auch alle reife Zitronen ab, um sie gleichfalls für den Winter aufzubewahren; und nun war er wegen seines Unterhalts in der rauhen Jahrszeit unbekümmert.

Aber diese rauhe Jahrszeit wolte noch immer nicht kommen, ohngeachtet der Oktober schon zu Ende ging. Stat dessen fing es an zu regnen, und zwar so unaufhörlich zu regnen, als wenn die Luft in Wasser wäre verwandelt worden. *Robinson* wußte gar nicht, was er davon denken solte. Schon vierzehn Tage hindurch hatte er keinen Fuß weiter aus seiner Wohnung sezen können, als nach dem Keller, nach dem Heuschober, und nach dem Brunnen, um für sich und seine Lama's Lebensmittel und Wasser zu holen. Die übrige Zeit mußte er, wie ein Gefangener, zubringen.

Ach! wie langsam verstrich ihm da die Zeit! Nichts zu thun zu haben, und ganz allein zu sein – Kinder, was das für ein Leiden sei, davon habt ihr noch gar keine Vorstellung! Hätte ihm jemand ein Buch oder Papier, Dinte und Feder schaffen können, gern hätte er für jedes Blatt einen Tag seines Lebens hingegeben. O, seufzte er oft, was war ich doch in meiner Jugend für ein Thor, daß ich das Lesen und Schreiben zuweilen für etwas Beschwerliches und das Nichtsthun für etwas Angenehmes hielt! Das langweiligste Buch würde jezt ein Schaz für mich sein: ein Blat Papier und ein Schreibzeug wären mir jezt ein Königreich!

In dieser Zeit der Langenweile zwang ihn die Noth, zu allerlei Beschäftigungen seine Zuflucht zu nehmen, die er noch nie versucht hatte. Schon lange hatt' er sich mit dem Gedanken getragen, ob's ihm wohl nicht möglich wäre, einen Topf und eine Lampe zu verfertigen, zwei Dinge, die seinen Zustand ungemein verbessert haben würden. Er lief also im vollen Regen hin, einen Vorrath Tonerde zu hohlen; und dan legte er Hand ans Werk.

Freilich wolt' es auch hiermit ihm nicht so gleich gelingen; er mußte erst manchen fruchtlosen Versuch machen; aber da er nichts Besseres zu thun hatte: so machte er sich ein Vergnügen daraus, seine Arbeit, so oft sie vollendet und noch nicht ganz untadelhaft war, zu zerbrechen, um sie wieder von neuen anzufangen. So brachte er einige Tage in angenehmer Geschäftigkeit zu; bis endlich Topf und Lampe völlig fertig und so wohl gerathen waren, daß es Muthwille gewesen wäre, sie noch einmahl zu zerbrechen. Er sezte sie also in seiner Küche, ohnweit dem Feuer hin, damit sie nach und nach austrokneten. Dan fuhr er fort, noch andere Töpfe, auch Pfannen und Tiegel, von verschiedener Gestalt und Grösse, zu formen und je länger er sich damit beschäftigte, desto grösser wurde seine Geschiklichkeit.

Das Regenwetter währte indeß unaufhörlich fort. *Robinson* sahe sich also genöthiget, noch andere häusliche Arbeiten zu ersinnen um nicht von der entsezlichen Langenweile gequält zu werden. Sein nächstes Geschäft war die Verfertigung eines Nezes zum Fischfang. Er hatte vorher einen ziemlichen Vorrath Bindfaden gedreht, und dieser kam ihm jezt zu statten. Da er sich Zeit genug nahm, und Geduld genug hatte, eine Sache, die anfangs nicht recht gelingen wolte, zehn und mehrmahl zu versuchen: so erfand er endlich die rechte Kunst Knoten zu schürzen und erlangte eine solche Geschiklichkeit darin, als bei uns die Frauen und Mädchen im Filetmachen haben. Er hatte sich nemlich gleichfalls ein Werkzeug von Holz ersonnen und mit seinem steinernen Messer ausgeschnizt, welches die Gestalt einer Filetnadel hatte. Durch Hülfe desselben brachte er endlich ein Nez zu Stande, welches unsern gewöhnlichen Fischernezen an Güte und Brauchbarkeit wenig nachgab.

Dan gerieth er auf den Einfal, zu versuchen, ob er nicht vielleicht auch einen Bogen und Pfeile machen könte? Ei, wie glühete ihm der Kopf, da er diesem Einfalle weiter nachdachte und die grossen Vortheile überlegte, die der Bogen ihm verschaffen würde! Mit ihm konte er Lama's erlegen, konte Vögel schiessen und – was das Wichtigste war- mit ihm konte er sich in seiner Wohnung vertheidigen, wenn er einst von Wilden solte überfallen werden. Er brante vor Begierde, den Bogen fertig zu sehen und lief, troz Regen und Wind, davon, um das nöthige Holz dazu aufzusuchen.

Nicht jedes Holz schien ihm gut dazu zu sein. Er suchte eins aus, welches hart und zähe zugleich wäre, damit es sich so wohl biegen liesse, als auch in seine alte Lage zurük zu springen strebte.

Johannes. Das *elastisch* wäre, nicht?

Vater. Richtig! Ich dachte nicht, daß ihr die Bedeutung dieses Worts euch gemerkt hättet; deswegen wolt' ich es nicht brauchen.

Nachdem er nun solches Holz gefunden und abgehauen hatte, trug er es zu Hause und sezte sich sogleich in Arbeit. Aber ach! wie sehr empfand er jezt den Mangel eines ordentlichen Messers! Wohl zwanzig und mehr Schnitte mußte er jedesmahl thun, um so viel abzuschneiden, als wir mit unsern stählernen Messern durch einen einzigen Schnit wegnehmen können. Nicht weniger, als acht volle Tage verstrichen über dieser Arbeit, ohngeachtet er vom Morgen bis an den Abend unaufhörlich daran arbeitete. Ich kenne Leute, die das so lange nicht würden ausgehalten haben.

Gotlieb. (Zu den Andern.) Da meint Vater uns mit!

Vater. Hast's getroffen, Gotlieb; und denkst du nicht, daß ich recht habe?

Gotlieb. Ach ja! Aber künftig wil ich gewiß auch in eins fort arbeiten, wenn ich einmahl etwas angefangen habe.

Vater. Wirst wohl daran thun; *Robinson* wenigstens befand sich gut dabei. Zu seiner unbeschreiblichen Freude war der Bogen am neunten Tage fertig, und es fehlten ihm nur noch eine Sehne und Pfeile. Hätt' er damahls, da er die Lama's schlachtete, daran gedacht, so würde er einen Versuch gemacht haben, ob er aus den Gedärmen derselben nicht vielleicht Saiten machen könte, weil ihm bekant war, daß man in Europa sie aus Schafsdarm zu machen pflegt. In Ermangelung derselben drehete er einstweilen eine Schnur und zwar so fest, als es ihm nur immer möglich war. Dan schrit er zur Verfertigung der Pfeile.

Hätt' er nun ein Stükchen Eisen haben können, um den Pfeilen eine scharfe Spize anzusezen; was hätt' er nicht darum gegeben! Aber dieser Wunsch war umsonst. – Indem er nun in der Thür seiner Höhle stand, und überlegte, wodurch er wohl den Mangel einer eisernen Spize ersezen könte, fielen seine Blikke zufälliger Weise auf den Goldklumpen, der noch immer, als ein verächtliches Ding, auf der Erde da lag. Geh, sagte er, indem er ihn mit dem Fuße zur Seite stieß, geh, unnüzes Ding, und werde Eisen, wenn du wilst, daß ich dich in Ehren halten sol! Und so würdigte er ihn ferner keines Blikkes mehr.

Nach langen Hin- und Hersinnen fiel ihm endlich ein, einmahl gehört zu haben, daß die Wilden sich der Gräten großer Fische, auch wohl scharfer Steine bedienen um ihre Pfeile und ihre Spieße zu zuspizen; und er entschloß sich, sie darin nachzuahmen. Zugleich faßt' er den Vorsaz, auch einen Spieß zu verfertigen.

Beides ward sogleich bewerkstelliget. Er lief nach dem Strande hin und war so glüklich einige Gräten und Steine, just wie er sie wünschte, zu finden. Dan hieb er eine grade und lange Stange zum Spieß ab, und kehrte, von Regen triefend, wieder heim.

In einigen Tagen waren Spieß und Pfeile fertig. An dem Spieße hatte er einen spizigen Stein, an den Pfeilen starke stachlichte Fischgräten, und an dem andern

Ende derselben Federn befestiget, wodurch ihr Flug bekantermaßen befördert wird.

Jezt machte er einen Versuch, über die Brauchbarkeit seines Bogens. So unvollkommen auch derselbe war, und aus Mangel an eisernen Werkzeugen nothwendig sein mußte: so fand er ihn doch brauchbar genug, um Vögel oder andere kleine Thiere, damit zu schießen; ja er zweifelte sogar nicht, daß er einen nakten Wilden, wenn er ihn nur nahe genug kommen ließe, auf eine gefährliche Weise damit würde verwunden können. Mit dem Spieße hatte er noch mehr Ursache zufrieden zu sein.

Nunmehr schienen seine Töpfe und seine Lampe hinlänglich ausgetroknet zu sein. Er wolte also Gebrauch davon machen. Zuerst that er einen Klumpen Fet von dem Eingeweide der geschlachteten Lama's in einen der neuen Tiegel, um es zu Schmalz zu schmelzen, dessen er sich, stat des Oels für die Lampe zu bedienen dachte. Da mußte er nun aber zu seinem Mißvergnügen bemerken, daß das Fet, sobald es zergangen war, in den Ton des Tiegels hineindrang und an der Aussenseite desselben wieder herausquol, so daß nur wenig davon in dem Tiegel übrig blieb. Er schloß daraus, daß die Lampe und die Töpfe eben diesen Fehler haben und also wenig brauchbar sein würden; und so fand es sich auch wirklich.

Ein verdrieslicher Umstand! Er hatte sich schon so sehr darauf gefreut, daß er nun bald die Abende bei Licht wurde zubringen, und einmahl wieder eine warme Suppe würde essen können; und nun schien diese schöne Hofnung auf einmahl wieder zernichtet zu sein!

Diderich. Das war doch auch fatal!

Vater. Freilich war es das; und gewisse Leute würden verdrießlich darüber geworden sein und den Plunder weggeworfen haben. Aber *Robinson* war nun schon ziemlich zur Geduld gewöhnt, und hatte sich einmahl in den Kopf gesezt, nichts unvollendet zu lassen, was ihm zu vollenden nur immer möglich wäre.

Er sezte sich also in seinen *Gedankenwinkel* (so nante er die eine Ekke seiner Höhle, wo er sich hinzusezen pflegte, wenn er etwas ersinnen wolte) und rieb sich die Stirn. "Woher kömt es denn wohl, dacht' er, daß die Töpfe in Europa, die doch auch nur aus Ton bestehen, so viel fester sind, und gar nichts einsaugen? – Ja, das kömt daher, weil sie *glasirt* sind. – Glasirt? Hum! Was mag denn das wohl eigentlich sein, und wie mögen sie das machen? – Ha! ha! ich glaube, ich hab's! Ja, ja so wird's sein! – Habe ich nicht einmahl gelesen, daß, ausser dem Sande, noch verschiedene andere Materien, auch der Ton, glasartig sind, und durch ein starkes Feuer sich in wirkliches Glas verwandeln lassen? – So werden sie es also gewiß machen; sie sezen die Töpfe in einen glühenden Ofen, und wenn der Ton anfängt zu schmelzen: so nehmen sie sie wieder heraus, damit sie nicht ganz in Glas verwandelt werden. Ja, ja, so ists! Das muß ich nachmachen."

Gesagt, gethan! Er machte in seiner Küche ein tüchtiges Feuer an, und als es lichterloh brandte, stekte er einen seiner Tiegel mitten hinein. Aber es währte nicht lange, so ging's knak! und der Tiegel war zersprungen. – O weh! sagte *Robinson,* wer hätte das gedacht?

Er sezte sich wieder in seinen Gedankenwinkel. "Wie in aller Welt, dacht' er, mag das doch wohl zugehn? – Habe ich denn wohl schon etwas Aehnliches erlebt? – Ei ja doch! Wenn wir des Winters ein Glas mit kaltem Wasser oder Bier auf den heissen Ofen sezten, daß es warm werden solte, sprang das nicht auch entzwei? – Und wan sprang es *nicht* entzwei? Wenn es auf den Ofen gesezt wurde zur Zeit, da er noch nicht recht heiß war, oder wenn wir ein Blat Papier unterlegten. – Schon gut; ich merke was! Ja, ja, so wird's sein; man muß das Gefäß nur nicht auf einmahl auf die Gluth sezen, sondern es erst nach und nach durchwärmen lassen. – Auch muß man sich hüten, daß das eine Ende nicht früher, als das Andere, heiß werde." "Vivat mein alter Kopf!" rief er fröhlig aus und sprang auf, um einen zweiten Versuch zu machen.

Dieser lief nun schon viel besser ab. Der Tiegel zersprang nicht; aber er wolte doch auch nicht glasirt werden.

"Und warum wohl nicht?" dachte *Robinson* wieder. "Das Feuer, meine ich, wäre doch wohl stark genug gewesen; – was mag denn nun noch wohl fehlen?" – Nachdem er lange darüber nachgedacht hatte, glaubte er endlich auf den rechten Flek zu treffen. Er hatte nemlich den Versuch in einem Feuer gemacht, welches in keinem Ofen eingeschlossen war, sondern in freier Luft brandte. Aus diesem verflog die Hize viel zu schnel und theilte sich zu sehr nach allen Seiten aus, als daß der Ton dadurch hätte können bis zum Glasiren glühend werden. Seinem Grundsaze, *nichts unvollendet zu lassen,* getreu, beschloß er also, einen ordentlichen Schmelzofen anzulegen. Aber zu dieser Arbeit mußt' er eine bequemere Witterung abwarten.

Es regnete nemlich noch immer fort, und erst nach zwei Monaten fing der Himmel endlich wieder an, sich aufzuklären. Nun, dachte *Robinson,* würde der Winter angehen: und siehe! der Winter war schon vorüber. Kaum trauete er seinen eigenen Augen, da er sahe, daß die albelebende Frühlingskraft schon wieder neues Gras, neue Blumen und neue Reiser hervortrieb; und doch war es würklich so. Die Sache war ihm unbegreiflich, und doch sahe er sie vor Augen. "Das sol mir, dachte er bei sich selbst, eine Lehre sein, daß ich künftig nicht gleich etwas leugne, was ich nicht begreifen kan!"

Mutter. Ging er da nicht zu Bette, nachdem er das gesagt hatte?

Gotlieb. O Mutter, wir sind ja noch alle so munter!

Vater. Ganz zuverläßige Nachricht habe ich nicht davon. Indeß, da ich in der alten Geschichte seines einsamen Aufenthalts auf dieser Insel für diesen Tag weiter nichts aufgezeichnet finde: so vermuthe ich selbst, daß er mit diesen Worten sich zu Bette legte. Und so wollen wir's denn auch machen, um, so wie er, Morgen früh mit der Sonne zugleich wieder aufstehen zu können.

Eilfter Abend.

Gotlieb. Vater, nun wolt' ich wohl in *Robinsons Stelle* sein!

Vater. Woltest du das?

Gotlieb. Ja, nun hat er ja Alles, was er braucht und lebt in einem so schönen Lande, wo es niemahls Winter wird!

Vater. Alles, was er braucht?

Gotlieb. Ja, hat er nicht Kartoffeln und Fleisch und Salz, und Citronen und Fische und Schildkröten und Austern, und kan er nicht von der Milch, die ihm die Lama's geben, Butter und Käse machen?

Vater. Das hat er wirklich schon seit einiger Zeit gethan; ich hab es nur vergessen zu sagen.

Gotlieb. Na, und Bogen und Spieß hat er auch, und eine gute Wohnung auch: was wolt' er denn mehr?

Vater. *Robinson* wußte das Alles sehr zu schäzen und dankte Gott dafür; und doch – hätt' er sein halbes künftiges Leben darum gegeben, wenn ein Schif gekommen wäre, um ihn wieder in sein Vaterland zurük zu bringen.

Gotlieb. Ja, aber was fehlte ihm denn noch?

Vater. *Viel*, sehr viel, um nicht *Alles* zu sagen. Es fehlte ihm an dem, ohne welches keine wahre Glükseeligkeit hienieden möglich ist, an Geselschaft, an Freunden, an Wesen seiner Art, die er lieben und von denen er wieder geliebt werden könte. Entfernt von seinen Eltern, die er so sehr betrübt hatte, entfernt von seinen Freunden, die er niemahls wieder zu sehen hoffen durfte, entfernt von allen, allen Menschen auf der ganzen Erde – ach! was hätte ihm in dieser traurigen Lage auch der größte Ueberfluß an allen irdischen Gütern für sonderliche Freude machen können? Versuche es, junger Freund, versuche es nur einmahl einen einzigen Tag, an einem einsamen Orte ganz allein zu sein, und du wirst es fühlen, was es mit dem einsamen Leben auf sich hat!

Und dan, so fehlte auch noch sehr viel daran, daß *Robinsons* anderweitige Bedürfnisse völlig wären befriediget gewesen. Alle seine Kleidungsstükke verfielen nach und nach in unbrauchbare Lappen, und noch sahe er nicht, wie es ihm möglich sein werde, neue Kleider zu verfertigen.

Johannes. O die Kleider kont' er ja auch wohl entbehren auf seiner warmen Insel, wo es niemahls Winter wurde!

Lotte. Fi! so hätte er ja nakt gehen müssen.

Vater. Zum Schuz wider die Kälte brauchte er freilich keiner Kleider; wohl aber zum Schuz wider die Insekten, besonders wider die *Musquitos*, wovon es auf dieser Insel wimmelte.

Nikolas. Was sind denn das für Thiere, die Musquitos?

Vater. Eine Art von Fliegen, die aber einen viel schmerzhaftern Stich, als die Unsrigen, verursachen. Sie sind eine große Plage für die Bewohner der heissen Erdgegenden: denn ihre Stiche lassen beinahe eben so schmerzhafte Beulen nach sich, als bei uns der Stich der Bienen und der Wespen. *Robinsons* Gesicht und Hände waren fast immer davon aufgeschwollen. Was stand ihm nun nicht erst alsdan für Leiden bevor, wenn seine Kleidungsstükke einst völlig würden zerrissen sein! Und diese Zeit war nahe.

Dies und besonders die Sehnsucht nach seinen Eltern und nach menschlicher Geselschaft überhaupt, preßten ihm manchen tiefen Seufzer aus, so oft er am Strande stand und mit nassen schmachtenden Augen über das unendliche Weltmeer hinblikte, und jedesmahl nichts, als Wasser und Himmel, vor sich sahe. Wie groß wurde ihm oft das Herz von vergeblicher Hofnung, wenn am entfernten Horizonte ein kleines Wölkchen empor stieg, und seine Einbildungskraft ein Schif mit Masten und Segeln daraus machte! Und wenn er dan des Irthums inne wurde: ach! wie stürzten ihm da die Tränen aus den Augen, und mit welchem bangen beklommenen Herzen kehrte er dan zu seiner Wohnung zurük!

Lotte. O er hätte nur den lieben Gott recht sehr bitten sollen; so würde der gewiß ihm ein Schif zugeschikt haben!

Vater. Das that er, liebe Lotte; er betete Tag und Nacht zu Gott um seine Erlösung; aber er vergaß auch nie, hinzu zu sezen: *doch, Herr, nicht mein Wille, sondern der Deinige geschehe!*

Lotte. Warum that er das?

Vater. Weil er jezt vollkommen überzeugt war, daß Gott viel besser, als wir selbst, wisse, was uns gut ist. Er dachte also: wenn's meinem himlischen Vater nun so gefallen solte, mich noch länger hier zu lassen, so muß er gewiß recht gute Ursachen dazu haben, die ich nicht einsehe; und also muß ich ihn nur unter der Bedingung um meine Befreiung bitten, wenn seine Weisheit es für nüzlich erkent.

Aus Besorgniß, daß einmahl ein Schif vorbeifahren, oder sich bei der Insel vor Anker legen mögte, zu einer Zeit, da er grade nicht am Strande wäre: faßte er den Entschluß, auf der vorspringenden Erdzunge ein Zeichen aufzurichten, aus welchem jeder, der da ankäme, seine Noth ersehen könte. Dieses Zeichen bestand in einem Pfahle, an welchem er eine Flagge wehen ließ.

Nikolas. Ja, wo kriegt' er denn die Flagge her?

Vater. Das wil ich dir sagen. Sein Hemde befand sich jezt in einem Zustande, daß es unmöglich länger getragen werden konte. Er nahm also den größten Lappen desselben und machte ihn zur Flagge an dem aufgerichteten Pfahl.

Nun hätt' er auch gern eine Inschrift auf den Pfahl gesezt, um seine Noth noch deutlicher zu erkennen zu geben: aber wie solt' er das anfangen? – Das einzige Mittel dazu, welches in seiner Gewalt stand, war dieses, daß er die Buchstaben mit seinem steinernen Messer einschnit. Aber nun entstand die Frage: in welcher Sprache er die Inschrift abfassen solte? That er es in deutscher oder englischer Sprache, so konte vielleicht ein französisches, oder spanisches oder portugisisches Schif kommen, und dan würden die Leute auf demselben nicht verstanden haben, was die Worte bedeuteten. Glüklicher Weise besan er sich auf ein Paar lateinische Worte, mit denen er seinen Wunsch ausdrükken konte.

Gotlieb. Ja, würden denn das die Leute verstehen?

Vater. Die lateinische Sprache, wie ihr wißt, hat sich durch alle Länder Europens verbreitet und die meisten Menschen, die eine ordentliche Erziehung gehabt haben, verstehen wenigstens etwas davon. *Robinson* durfte also hoffen, daß auf jedem Schiffe, welches da ankäme, wenigstens einer sein würde, der seine Inschrift verstünde. Also macht' er sie fertig.

Johannes. Wie hieß sie denn?

Vater. Ferte opem misero Robinsonio! Verstehst du, Lotte?

Lotte. I ja: *helft dem armen Robinson!*

Vater. Jezt bestand sein größtes Bedürfniß in dem Mangel an Schuhen und Strümpfen. Diese waren ihm endlich stükweise abgefallen und die *Musquitos* verfolgten seine bloßen Beine so entsezlich, daß er vor Schmerzen nicht zu bleiben wußte. Gesicht, Hände und Füße waren ihm seit der Regenzeit, wodurch die Insekten sich auf eine unbeschreibliche Weise vermehrt hatten, dergestalt von schmerzhaften Stichen aufgeschwollen, daß sie gar kein menschliches Ansehen mehr hatten.

Wie oft sezte er sich in seinen Gedankenwinkel, um ein Mittel zu seiner Bedekkung auszusinnen! Aber immer vergebens; immer fehlt' es ihm an Werkzeugen, und an nöthiger Kentniß, um das zu Stande zu bringen, was er zu machen wünschte.

Das leichteste unter allen Mitteln zu seiner Bekleidung schienen ihm die Felle der geschlachteten Lama's darzubieten. Aber diese waren noch roh und steif; und zum Unglük hatt' er sich nie darum bekümmert, wie die Lohgärber und die Weißgärber es anfangen, um rohe Felle zu zubereiten. Und hätt' er dies auch gewußt; so hatte er doch keine Nadel und keinen Zwirn, um aus dem Leder irgend ein Kleidungsstük zusammen zu nähen.

Die Noth war indeß dringend. Er konte weder bei Tage arbeiten, noch zur Nachtzeit schlafen, so unaufhörlich verfolgten ihn die Fliegen mit ihren Stacheln. Es mußte also nothwendig irgend etwas geschehen, wenn er nicht auf die erbärmlichste Weise umkommen wolte.

Diderich. Wozu mag doch Gott auch wohl die fatalen Insekten eigentlich geschaffen haben, da sie einem nur zur Last sind?

Vater. Wozu meinst du wohl, daß der liebe Gott dich und mich und andere Menschen erschaffen hat?

Diderich. Daß wir in seiner Welt glüklich sein sollen.

Vater. Und was bewog ihn denn wohl, das zu wollen.

Diderich. Ja, weil er so gut ist, und nicht gern allein glüklich sein wolte.

Vater. Ganz recht. Aber meinst du nicht, daß die Insekten auch einer Art von Glükseeligkeit geniessn?

Diderich. Ja, das wohl; man sieht, wie sie sich freuen, wenn die Sonne so warm scheint.

Vater. Nun, ist es dir also nicht begreiflich, warum auch sie von Gott geschaffen sind? Sie sollen sich auf seiner Erde auch freuen und so glüklich sein, als sie ihrer Natur nach werden können. Ist diese Absicht nicht sehr liebreich, und eines so guten Gottes würdig?

Diderich. Ja, ich meine nur, der liebe Gott hätte wohl nur lauter solche Thiere schaffen können, die keinem was zu Leide thun!

Vater. Danke Gott, daß er das nicht gethan hat.

Diderich. Warum?

Vater. Weil du und ich und wir Alle sonst auch nicht da wären.

Diderich. Wie so?

Vater. Weil wir grade zu den reissendsten und verheerendesten unter allen Thierarten gehören! Alle andere Geschöpfe auf Erden sind nicht nur unsere Sklaven, sondern wir tödten sie auch nach Gefallen, bald um ihr Fleisch zu essen, bald um ihre Felle zu bekommen; bald weil sie uns im Wege sind, bald um dieser, bald um jener unerheblichen Ursache willen. Wie viel mehr Recht hätten also die Insekten zu fragen: warum mag doch Gott wohl das grausame Thier, den fatalen Menschen erschaffen haben? – Was würdest du nun der Fliege auf diese Frage antworten?

Diderich. (Verlegen) Ja – das weiß ich nicht.

Vater. Ich würde ohngefähr so zu ihr sprechen: "liebe Fliege, deine Frage ist sehr verwegen, und beweiset, daß du mit deinem kleinen Kopfe noch nicht ordentlich zu denken gelernt hast. Sonst würdest du bei dem geringsten Nachdenken leicht erkant haben, daß Gott aus blosser Güte viele seiner Geschöpfe so eingerichtet habe, daß Eins von dem Andern leben muß. Denn hätt' er dies nicht gethan, so würde er nicht halb so viel Thierarten haben erschaffen können: weil Gras und Früchte nur für wenige Arten von lebendigen Geschöpfen hinreichend gewesen wären. Damit also die ganze Erde belebt würde, damit überal – in Wasser, Luft und Erde – lebendige Wesen wären, die sich ihres Daseins freuten, so lange sie lebten, und damit die eine Art von Geschöpfen nicht zum Untergang einer andern Art sich gar zu stark vermehrte: so mußte der weise und gute Gott die Einrichtung treffen, daß einige Geschöpfe auf Unkosten anderer lebten. – Ueberdem hast du dir in deinem kleinen dummen Kopfe wohl nicht träumen lassen, was wir Menschen mit völliger Gewißheit wissen, nemlich: daß dies Leben für alle von Gott erschaffene Geister, auch für dich, Fliege! nur der Anfang, nur die erste Morgenstunde eines andern ewigen Lebens sei, und daß sich also künftig einmahl Vieles, Vieles aufklären kan, wovon wir jezt noch nichts begreifen. Wer weiß, ob nicht dan auch du erfahren wirst, wozu es dir und Andern gut gewesen sei, daß du dich erst an unserm Blute laben und dan von der Schwalbe gefangen oder vom Fliegenklap zerschmettert werden mußtest? Bis dahin bescheide dich, daß du nur eine Fliege seist, die über das, was der alweise und algütige Gott thut, unmöglich urtheilen kan; und wir – wollen dir hierin mit unserm Exempel vorgehn." Was meinst du, Diderich, würde die Fliege, wenn sie Verstand hätte, mit dieser Antwort wohl zufrieden sein?

Diderich. Ich bin's.

Vater. Nun so wollen wir wieder zu unserm *Robinson* zurückkehren.

Die Noth zwang ihn, sich zu helfen, so gut er konte. Er kriegte also die Felle vor, und schnit aus denselben – freilich nicht ohne viele Mühe – mit seinem steinernen Messer, erst ein Paar Schuhe, dan ein Paar Strümpfe zu. Nähen konte er beide nicht; also mußt' er sich begnügen, nur kleine Bindlöcher darein zu machen, um sie durch Hülfe eines gedreheten Fadens an den Füßen fest zu schnüren. Das war nun freilig mit großer Beschwerlichkeit verbunden. Denn ohngeachtet er das Rauhe auswärts kehrte; so fühlte er dennoch immer eine brennende Hize in den Füssen, und das steife harte Leder schabte ihm vollends bei dem geringsten Gange, den er vornahm, die Haut wund, und verursachte ihm dadurch nicht geringe Schmerzen. Und dennoch wolte er lieber dies, als die Stiche der *Musquitos*, ertragen.

Von einem andern sehr steifen und etwas krum gebogenen Stük Leder machte er sich eine Maske, indem er nur zwei kleine Löcher für die Augen und ein drittes für den Mund zum Athemholen hinein schnit.

Und da er einmahl bei dieser Arbeit war: so beschloß er nicht eher nachzulassen, bis er endlich auch mit einer Jakke und mit Beinkleidern aus Lamafellen zu Stande gekommen wäre. Das kostete nun freilig schon mehr Kopfbrechen: allein, was hat man auch ohne Mühe, und was gelingt einem endlich nicht, wenn man nur Geduld und Fleiß genug anwendet? – Ihm gelang auch diese Arbeit zu seiner herzlichen Freude.

Die Jakke war aus drei Stükken zusammen gesezt, die durch Schnüre verbunden wurden; zwei Stükke nemlich, waren für die Arme und das Dritte für den Leib. Die Beinkleider bestanden gleichfalls wie unsere Reithosen, aus zwei Stükken, einem Vorder- und einem Hintertheile, und wurden auf den Seiten zugeschnürt. Er legte beides, so bald es fertig geworden war, an, mit dem Vorsaze, sein altes, schon halb zerrissenes Europäisches Kleid nicht anders, als an hohen Festtagen und an seiner Eltern Geburtstagen, die er als heilige Tage feierte, anzuziehen.

Sein Aufzug war nunmehr der sonderbarste von der Welt. Vom Kopf bis zu den Füßen in rauhe Felle eingehüllt; stat des Degens ein großes steinernes Beil an der Seite; auf den Rükken eine Jagdtasche, einen Bogen und ein Bündel Pfeile, in der rechten Hand einen Spieß, der noch einmahl so lang war, als er selbst, und in der Linken einen geflochtenen Sonnenschirm mit Kokusblättern belegt, und stat des Hutes, einen spizig zugehenden Korb, gleichfalls mit rauhen Fellen überzogen, auf dem Kopfe: stelt euch einmahl vor, wie das wohl aussehen mußte! Keiner, der ihn so gesehen hätte, würde in diesem wunderbaren Aufzuge ein menschliches Wesen vermuthet haben. Auch mußte er selbst über sich lachen, da er diese seine ganze Figur zum erstenmahle im Bache sahe.

Jezt schritt' er wieder zu seiner Töpferarbeit. Der Brenofen war bald gemacht, und nun wolt' er versuchen, ob er nicht durch die Gewalt des stärksten Feuers eine Glasur hervorbringen könte. Er stekte also die Töpfe mit den Tiegeln hinein, und machte darauf nach und nach ein so starkes Feuer an, daß der Ofen durch und durch glühend wurde. Dies heftige Feuer unterhielt er bis an den Abend, da er es nach und nach ausgehen ließ, und nun sehr begierig war, den Erfolg davon zu sehen. Aber was wars? Der erste Topf, den er hervorzog, war dem ohngeachtet nicht glasirt, der zweite auch nicht, und so die übrigen. Als er aber zulezt einen der Tiegel betrachtete: so bemerkte er zu seiner eben so grossen Freude, als Verwunderung, daß dieser allein auf dem Boden mit einer ordentlichen Glasur überzogen war.

Dabei stand nun sein Verstand vollends stil. Was in aller Welt, dacht' er, kan doch wohl die Ursache sein, warum grade dieser eine Tiegel ein wenig glasirt worden ist, und keins von den übrigen Gefäßen, da sie doch alle aus einerlei Thon gemacht, und in einem und eben demselben Ofen gebrant worden sind? – Er san und san, aber es wolte sich lange nichts finden lassen, was ihm das Ding begreiflich machte.

Endlich erinnerte er sich, daß in diesem Tiegel ein wenig Salz gewesen sei, da er ihn in den Ofen gesezt habe. Er konte also nicht umhin zu vermuthen, daß dieses Salz einzig und allein die Ursache der Glasirung sei.

Johannes. Hatt's denn auch wirklich das Salz gemacht?

Vater. Ja. Was *Robinson* hier durch Zufal entdekte, hat man in Europa längst gewußt. Das Salz nemlich ist eigentlich dasjenige, durch dessen Vermischung viele Sachen im Feuer zu Glas werden. Er hätte daher die Töpfe nur mit Salzwasser bestreichen, oder auch nur eine Porzion Salz in den glühenden Ofen werfen dürfen, so würden seine Töpfe alsobald mit einer Glasrinde überzogen worden sein.

Das wolt' er nun am folgenden Tage versuchen. Schon brante das Feuer unter seinem Ofen; schon hatt' er einige Gefäße mit Salzwasser bestrichen und in andere troknes Salz gethan, um beide Versuche zugleich zu machen: als er mitten in dieser Arbeit durch etwas unterbrochen wurde, wovor ihm schon lange am meisten bange gewesen war, durch – eine *Unpäßlichkeit*.

Er empfand Uebelkeiten, Kopfschmerzen, und eine große Mattigkeit in allen seinen Gliedern. Und nun stand ihm der schreklichste Zustand bevor, in welchen ein Mensch jemahls gerathen kan.

"Großer Gott, dachte er, was wird aus mir werden, wenn ich von meinem Lager nicht mehr aufstehen kan? Wenn keine mitleidige Hand da ist, die meiner wartet und meinem Unvermögen zu Hülfe kömt? Kein Freund, der mir den Todesschweiß abwischt und mir irgend ein Labsal reicht? Gott! Gott! was wird aus mir werden?"

Er sank, von tiefer Selenangst überwältiget, mit diesen Worten ohnmächtig zu Boden.

War ihm nun jemahls ein festes kindliches Vertrauen auf Gott, den algegenwärtigen und alliebenden Vater, nöthig gewesen; so war es jezt. Aller menschlichen Hülfe beraubt, von seinen eigenen Kräften verlassen: was blieb ihm nun noch übrig, wenn er in seinem Elende nicht untergehen solte? Gott, Gott allein; sonst niemand auf der ganzen Welt.

Er lag und rang mit Todesangst. Seine Hände waren fest in einander geklammert; und unfähig zu reden, unfähig zu denken, heftete er seine starren Blikke an den Himmel. Gott! Gott! Erbarmung! – Dies war Alles, was er mit tiefen Seufzern von Zeit zu Zeit hervorzubringen vermogte.

Aber die Angst ließ ihn nicht lange ruhen. Er rafte seine lezten Kräfte zusammen, um, wo möglich, das Nöthigste zu seiner Verpflegung neben sein Lager zu tragen, damit er, wenn die Krankheit ihm das Aufstehen unmöglich machte, doch nicht ganz ohne alle Erquikkung wäre. Mit grosser Beschwerlichkeit trug er ein Paar Kokusschalen vol Wasser herbei, die er neben sein Lager sezte. Dan legte er einige gebratene Kartoffeln und vier Zitronen, die ihm noch übrig waren, dazu und sank ohnmächtig daneben auf sein trauriges Krankenbette.

Hätt' es dem lieben Gott jezt gefallen ihn durch einen plözlichen Tod von der Erde wegzunehmen.- ach! wie gern, wie gern wär' er gestorben! Er wagte es, Gott darum zu bitten: aber bald darauf besan er sich wieder, daß dieses Gebet nicht recht sei. "Bin ich nicht Gottes Kind? dacht' er; bin ich nicht sein Werk, und ist er nicht mein liebreicher, mein weiser und mächtiger Vater? Wie darf ich ihm also vorschreiben, was er mit mir thun sol? Weiß er es nicht am besten, was mir gut ist, und wird ers nicht so mit mir machen, als es mir am zuträglichsten ist? Ja, ja, das wird er, der gute, liebe, mächtige Gott! Schweig also, mein armes bekümmertes Herz! Sieh auf Gott, meine arme geängstete Sele, – auf Gott, den großen Helfer in allen Nöthen! Und er wird dir helfen, wird dir helfen durch Leben oder Tod!"

Mit diesen Worten ermante er sich, richtete auf seinen Knien sich in die Höhe, und betete mit heisser Inbrunst seines Herzens: "ich übergebe mich dir, mein Vater; ich übergebe mich ganz deiner väterlichen Führung! Mache es mit mir nach deinem Wohlgefallen! Ich wil gern leiden, was du mir zuschikkest; und du wirst mir Kräfte dazu verleihen. O verleihe sie mir, mein Vater – dies ist Alles, warum ich dich anflehe – verleihe mir Geduld in meinen Leiden und unwandelbares Vertrauen auf dich. O erhöre diese Bitte, diese einzige flehentliche Bitte deines armen leidenden Kindes, um deiner Liebe willen!"

Jezt überfiel ihn ein heftiges Fieber. Ohngeachtet er sich ganz und gar mit den getrokneten Lamafellen bedekte, so konte er sich doch nicht erwärmen. Dieser Frost dauerte wohl zwei Stunden. Dan wechselte er mit einer Hize ab, die wie ein brennendes Feuer durch alle seine Adern lief. Seine Brust flog vom heftigen Schlagen der Pulsadern auf und nieder, wie die Brust eines Menschen, der sich ganz ausser Athem gelaufen hat. In diesem schreklichen Zustande hatt' er kaum so viel Kraft übrig die Kokusschale mit dem Wasser nach dem Munde zu führen, um seine brennende Zunge zu kühlen.

Endlich drang der Schweiß in großen Tropfen hervor; und dies verschafte ihm einige Linderung. Nachdem er aber eine Stunde darin gelegen hatte, gewan seine

Sele wieder einige Besonnenheit. Und da fiel ihm der Gedanke aufs Herz, daß sein Feuer ausgehen würde, wenn nicht neues Holz zugelegt wurde. Er kroch also, so mat er auch war, auf allen Vieren hin, und warf so viel Holz auf den Heerd, als nöthig war, um bis Morgen zu brennen. Denn jezt war die Nacht schon angebrochen.

Diese Nacht war die traurigste, die er je erlebt hatte. Frost und Hize wechselten ohne Unterlaß mit einander ab; die heftigsten Kopfschmerzen hörten gar nicht auf; und kein Schlaf kam in seine Augen. Dadurch wurde er so entkräftet, daß er am andern Morgen kaum wieder nach dem Holze hinzukriechen vermogte, um das Feuer zu unterhalten.

Gegen Abend nahm die Krankheit von neuem zu. Er wolte abermahls nach dem Feuer kriechen; aber das war ihm diesmahl unmöglich. Er mußte also auf die Erhaltung desselben Verzicht thun und die gewisse Hofnung, daß es nicht lange mehr mit ihm dauern würde, machte ihn gleichgültig dagegen.

Die Nacht war wieder, wie die vorige. Das Feuer war indeß erloschen; das übrige Wasser in den Kokusschalen fing an zu faulen; und *Robinson* war nunmehr unfähig, sich von einer Seite auf die andere zu legen. Er glaubte die Annäherung des Todes zu fühlen und die Freude darüber machte ihn stark genug, sich noch durch ein frommes Gebet zu seiner großen Reise vorzubereiten.

Er bat Gott noch einmahl demüthig um Vergebung seiner Sünden. Dan dankte er ihm für alle Güte, die er ihm – einem so unwürdigen Menschen – sein ganzes Leben hindurch erwiesen habe. Besonders aber dankte er ihm für die Leiden, die er zu seiner Besserung ihm zugeschikt hätte, und wovon er jezt mehr, als jemahls erkante, wie wohlthätig sie für ihn gewesen waren. Zulezt bat er noch um Trost und Seegen für seine armen Eltern; dan empfahl er seine unsterbliche Sele der ewigen Vaterliebe seines Gottes – legte sich darauf zurechte, und erwartete den Tod mit freudiger Hofnung.

Auch schien derselbe sich mit starken Schritten zu nähern. Die Beängstigungen nahmen zu; die Brust fing an zu röcheln, und das Athemholen wurde ihm immer schwerer. Jezt, jezt schien der lezte gewünschte Augenblick da zu sein! Eine Beängstigung, die er nie gefühlt hatte, ergrif sein Herz, der Athemzug stand plözlich stil; er kriegte Verzukkungen, neigte sein Haupt und hörte auf sich seiner bewußt zu sein.

Alle schwiegen eine gute Weile und ehrten das Andenken ihres Freundes, den sie nie gesehen hatten, durch eine wehmüthige Empfindung. – *Der arme Robinson!* seufzten nachher Einige; *Gotlob!* sagten die Andern, *daß er nun von allen seinen Leiden befreit ist!* – Und so ging die Geselschaft diesen Abend stiller und nachdenker auseinander, als gewöhnlich.

Zwölfter Abend.

"Väterchen, was wilst du uns denn nun erzählen?" fragte *Lotte*, da sich Alle wieder unter dem Apfelbaume eingefunden hatten, und der Vater Miene machte, als ob er für seine Kleinen abermahls etwas in Bereitschaft habe. (Die ganze Geselschaft hatte unterdeß Unterricht im *Korbmachen* genommen, womit sie jezt eben beschäftigst war.)

"Von *Robinson!*" antwortete der Vater, und die Versamlung machte große Augen.

Lotte. I, der ist ja todt!

Johannes. O stille doch, Lotte! Er kan ja wohl wieder aufgelebt sein; weißt du nicht, daß wir schon einmahl geglaubt haben, daß er todt sei, und da lebt' er ja doch noch.

Vater. *Robinson* kriegte, wie wir zulezt gehört haben, Verzukkungen; neigte sein Haupt und hörte auf, sich seiner bewust zu sein. Ob er wirklich todt, oder nur von einer starken Ohnmacht überfallen sei, war noch unentschieden.

Ueber eine gute halbe Stunde lag er in dem Zustande einer gänzlichen Sinlosigkeit. Endlich – wer hätt' es wohl gedacht! – kehrte das Bewustsein wieder in seine Sele zurük.

Alle. Ah! das ist gut! das ist schön, daß er noch nicht todt ist!

Vater. Mit einem tiefen Seufzer fing er wieder an, auf die gewöhnliche Weise Athem zu holen. Dan schlug er seine Augen auf und blikte umher, als wenn er sehen wolte, wo er wäre? Denn wirklich war er in diesem Augenblikke selbst noch zweifelhaft, ob er aus seinem Leibe herausgegangen sei, oder nicht? Endlich überzeugte er sich von dem Leztern und zwar zu seiner großen Betrübniß, weil der Tod ihm jezt wünschenswürdiger, als das Leben, schien.

Er fühlte sich sehr mat, aber doch ohne sonderliche Schmerzen. Stat der troknen brennenden Hize, die er vorher empfunden hatte, quol jezt ein starker wohlthätiger Schweiß aus allen seinen Gliedern. Um denselben zu unterhalten, bedekt' er sich noch immer mit Fellen, und kaum hatt' er eine halbe Stunde in dieser Lage zugebracht, als er anfing große Erleichterung zu spüren.

Aber jezt quälte ihn der Durst auf die allerempfindlichste Weise. Das übrige Wasser war nicht mehr trinkbar; zum Glük erinnerte er sich der Zitronen. Mit vieler Mühe biß er endlich eine derselben an, und genoß ihres Saftes zu seiner merklichen Erquikkung. Dan gerieth er, unter fortdauerndem Schweisse, in einen sanften Schlummer, der sich erst mit dem Aufgange der Sonne endigte.

O wie viel leichter war's ihm jezt ums Herz, als am gestrigen Tage! Die Wuth der Krankheit hatte sich offenbar gelegt und sein ganzes jeziges Uebel bestand nur noch in bloßer Mattigkeit. Er fühlte sogar schon wieder einigen Appetit und speisete eine der gebratenen Kartoffeln, auf die er etwas Zitronensaft treufelte, um den Geschmak derselben erfrischender zu machen.

Die beiden vorigen Tage hatt' er sich gar nicht um seine Lama's bekümmert; jezt aber war es ihm ein rührender Anblik, sie zu seinen Füßen liegen zu sehen, indem einige derselben ihn star ansahen, als wenn sie sich erkundigen wolten, ob's noch nicht besser mit ihm wäre? Zum Glük können diese Thiere, so wie die Kamele, sich viele Tage ohne Getränk behelfen: sonst würd' es jezt schlim um sie ausgesehen haben; weil sie nun schon seit zwei Tagen nicht getrunken hatten, und *Robinson* auch jezt noch viel zu schwach war, um aufstehen und Wasser für sie holen zu können.

Da das alte Mutterlama ihm so nahe kam, daß er es erreichen konte: so wandte er alle seine Kräfte an, ihm etwas Milch aus dem Eiter zu ziehen, damit sie ihm nicht vergehen mögte. Der Genuß dieser frischen Milch muste seinem kranken Körper auch wohl zuträglich sein, denn es ward ihm recht wohl darnach.

Nachher verfiel er von neuem in einen erquikkenden Schlaf, aus dem er erst bei Sonnenuntergang wieder erwachte. Und da verspürte er schon viel stärkern Hunger. Er aß also wieder einige Kartoffeln mit Zitronensaft und legte sich abermahls schlafen.

Dieser fortdauernde erquikkende Schlaf und die Güte seiner Natur wirkten so stark zur Wiederherstellung seiner Kräfte, daß er am folgenden Morgen schon wieder aufstehen und – wiewohl mit schwachen zitternden Füßen – einige Schritte versuchen konte.

Er schwankte aus der Höhle bis auf seinen Hofplaz. Hier hob er seine Augen gen Himmel; ein sanfterwärmender Strahl der Morgensonne ficl durch die Bäume auf sein Angesicht, und es ward ihm, als wenn er neu gebohren würde. "O du ewiger Quel des Lebens, rief er aus, indem er sich auf seine Knie warf; Gott! Gott! habe Dank, daß du mich noch einmahl deine schöne Sonne erblikken, und in ihrem Lichte die Wunder deiner Schöpfung sehen läßt! Habe Dank! Dank! Dank! daß du mich nicht verlassen hast in meiner Noth; daß du noch einmahl mich zurük gerufen hast ins Leben, um mir noch mehr Zeit zu meiner Besserung zu schenken! Laß mich doch ja jeden Tag meines noch übrigen Lebens dazu anwenden, damit ich zu jeder Zeit bereit gefunden werde, hinzureisen nach dem Orte unserer ewigen Bestimmung, wo wir den Lohn unserer guten und bösen Thaten empfangen werden!"

Nach diesem kurzen, aber herzlichen Gebete weidete er seine Augen bald an dem grossen blauen Gewölbe des Himmels, bald an den Bäumen und Stauden, die in frisches Grün gekleidet und mit Thau beperlt, so lachend vor ihm da standen, bald an seinen treuen Lama's, die sich freudig und liebkosend um ihn her drengten. Es war ihm, als wär' er von einer langen Reise wieder zu den Seinigen gekommen; sein Herz floß über und ergoß sich in süßen Freudenthränen.

Der Genuß der frischen Luft, und des frischen Wassers, welches er mit Milch vermischte, und die stille Heiterkeit seines Gemüths trugen nicht wenig dazu bei, ihn völlig wieder herzustellen. In einigen Tagen waren alle seine Kräfte ersezt, und er sahe sich wieder im Stande, zu seinen Arbeiten zurükzukehren.

Das erste, was er vornahm, war eine Untersuchung, was wohl aus seinen Töpfen mögte geworden sein? Er öfnete den Ofen und siehe da! alle seine Gefässe waren so schön glasirt, als wenn sie von einem unserer Töpfer wären gemacht worden. In der Freude darüber vergaß er eine Zeitlang, daß er von dieser seiner wohlgerathnen Arbeit nun keinen Gebrauch werde machen können, weil sein Feuer ausgegangen war. Da ihm dieses endlich einfiel, stand er mit gesenktem Haupte, sahe bald die Töpfe und Tiegel, bald die Feuerstelle in seiner Küche an, und stieß einen tiefen Seufzer aus.

Doch blieb seine Betrübniß diesmahl in den Schranken der Mäßigkeit. Er dachte nemlich: eben die gütige Vorsehung, die dir neulich Feuer verschafte, kan dir ja, entweder auf eben dieselbe, oder auf eine andere Weise, auch zum zweitenmahle dazu verhelfen, wenn es ihr gefällig ist. Ueberdem wust' er nun schon, daß er keinen Winter hier zu besorgen habe; und ohngeachtet er von Jugend auf an Fleischspeisen gewöhnt war: so hoft' er doch, daß er auch ohne dieselben, blos von Früchten und von der Milch seiner Lama's, werde leben können.

Lotte. I, er konte ja auch geräuchertes Fleisch essen; das braucht ja nicht erst gekocht zu werden!

Vater. Das ist wahr; aber womit solt' er denn sein Fleisch räuchern?

Lotte. Ja so! daran hatt' ich nicht gedacht.

Vater. Es reuete ihn indeß nicht, die Töpfe gemacht zu haben: denn er konte sie nun wenigstens zu Milchgefäßen brauchen. Den größten davon hatte er zu einem besondern Gebrauche ausersehen.

Johannes. Nu, wozu denn?

Vater. Er bildete sich ein, daß ihm seine Kartoffeln noch besser schmekken würden, wenn er sie mit etwas Butter essen könte.

Gotlieb. Das glaub' ich!

Vater. Aber ein hölzernes Butterfaß zu verfertigen, war ihm unmöglich. Er wolte daher versuchen, ob die Butter sich nicht auch in einem großen Topfe machen liesse. Er samlete also so viel Rahm, als er nöthig zu haben glaubte. Dan machte er einen kleinen hölzernen Teller mit einem Loche in der Mitte, in welches er einen Stok stekte. Mit diesem Werkzeuge fuhr er dan in dem mit Rahm angefülten Topfe so lange auf und nieder, bis die Butter von der Buttermilch abgesondert war; worauf er sie mit Wasser wusch und mit etwas Salz vermischte.

So war er also auch damit glüklich zu Stande gekommen: aber indem er der Frucht seines Fleisses jezt geniessen wolte, fiel ihm erst ein, daß er auch keine Kartoffeln mehr braten könte, weil er kein Feuer hätte, woran er in der Hize seiner Geschäftigkeit wiederum gar nicht gedacht hatte. Da stand nun die schöne Butter, welche ungegessen bleiben solte, und *Robinson* stand daneben mit traurigem Gesichte. Er sahe sich nun auf einmahl wieder in seinen anfänglichen armseligen Zustand versezt. Austern, Milch, Kokusnüsse, und rohes Fleisch waren nun wieder seine einzigen Nahrungsmittel geworden, und es stand dahin, ob er diese immer würde haben können? Das schlimste dabei war, daß er gar kein Mittel vor sich sahe, wie er seinen Zustand etwa verbessern könte.

Was solt' er nun vornehmen? Alles, was er mit seinen bloßen Händen machen konte, war schon gethan. Es schien ihm also weiter nichts mehr übrig zu sein, als seine Lebenszeit mit Nichtsthun und mit Schlafen hinzubringen. Der schreklichste Zustand, den er sich nur denken konte. Denn die Arbeitsamkeit war ihm jezt schon so sehr zur Gewohnheit geworden, daß er nicht mehr leben konte, ohne sich mit einer nüzlichen Verrichtung die Zeit zu vertreiben; und er pflegte nachher oft zu sagen, daß er die Besserung seines Herzens vornemlich dem Umstande zu verdanken habe, daß er durch die anfängliche Hülflosigkeit seines einsamen Aufenthalts zu einer beständigen Geschäftigkeit sei gezwungen worden. *Die Arbeitsamkeit,* sezt' er hinzu, *die Arbeitsamkeit, lieben Leute, ist die Mutter vieler Tugenden; so wie die Faulheit der Anfang aller Laster ist!*

Johannes. Ja, darin hat er gewiß auch Recht! Wenn man nichts zu thun hat, so fält einem lauter dum Zeug ein!

Vater. Richtig! eben darum gab er nachher allen jungen Leuten den Rath, sich doch ja von Kindheit an zu gewöhnen, immer geschäftig zu sein. Denn, sagt' er, so wie man sich gewöhnt in der Jugend, so bleibt man gemeiniglich all sein Lebelang, faul oder fleißig, geschikt oder ungeschikt, ein guter oder ein schlechter Mensch.

Nikolas. Das wollen wir uns merken!

Vater. Thut das, Kinder, und richtet euch darnach: es wird euch nicht gereuen. Unser armer *Robinson* dachte also lange hin und her, was er doch nun wohl für eine Arbeit wieder vornehmen könte, um nicht müßig zu sein; und was meint ihr wohl, auf was für eine er endlich verfallen sei?

Johannes. Ich wüste wohl, was ich gemacht hätte!

Vater. Nun, laß doch hören!

Johannes. Ich hätte die Lamafelle gerben wollen, damit ich nicht nöthig gehabt hätte, sie so rauh am Leibe zu tragen. Das muste doch sehr unbequem sein in einem so heissen Lande!

Vater. Und wie hättest du denn das anfangen wollen?

Johannes. O ich weiß wohl, wie die Lohgerber es machen! Wir haben 's ja gesehn!

Vater. Nun?

Johannes. Erst legen sie die rauhen Häute einige Tage ins Wasser, daß sie recht durchweichen. Hernach kriegen sie sie auf den *Schabebaum* und fahren mit dem *Streicheisen* darüber her, um das eingezogene Wasser wieder heraus zu reiben. Dan salzen sie die Felle ein und bedekken sie, daß die frische Luft nicht dazu kommen kan. Das nennen sie die Felle *in die Schwize bringen*: denn da fangen sie ordentlich an zu schwizen, wie ein Mensch, der stark arbeitet. Darnach können sie die Haare mit dem Streicheisen abschaben. Wenn das geschehn ist, so legen sie die Felle in die *Treibfarbe*, die aus Birkenrinde, aus Sauerteig und aus einer sauern Brühe von Eichenrinde gemacht wird. Endlich werden diese Felle in die *Lohgrube* gelegt, und mit einer Brühe übergossen, die auch aus Eichenrinde gemacht ist; und davon werden sie denn völlig gegerbt, oder gar gemacht.

Vater. Gut, Johannes; aber erinnerst du dich auch noch, was das eigentlich für Leder wird, das der Lohgerber auf diese Weise bereitet?

Johannes. Ja, so was, das man zu Schuhen, zu Stiefeln, und zum Pferdegeschirre braucht.

Vater. Also Leder, welches nicht so geschmeidig zu sein braucht, als dasjenige, was wir zu Beinkleider, zu Handschuhen und zu so etwas brauchen?

Johannes. Nein!

Vater. Und wer bereitet denn das?

Johannes. Das thut der *Weißgerber*; aber dessen seine Werkstat haben wir ja noch nicht gesehen.

Vater. So ging es *Robinson* auch; er hatte weder des Lohgerbers noch des Weißgerbers Werkstat jemahls besucht; und daher kont' er es weder dem Einen, noch dem Andern nachmachen.

Diderich. Wie macht es denn der Weißgerber?

Vater. Anfangs eben so, wie der Lohgerber, nur daß er die Felle nicht durch Lohe oder Kalk (denn den brauchen die Lohgerber auch) sondern durch warmes Wasser, mit Waizenkleie und Sauerteig vermischt, und hernach durch Aschenlauge beizt. Wir wollen nächstens zu ihm gehen.

Johannes. Wenn's Robinson nun auch gewust hätte, wie die Weißgerber es anfangen: so hätt' er 's doch nicht nachmachen können, weil er keine Waizenkleie, und keinen Sauerteig hatte.

Vater. Siehst du? Also die Lust must' er sich schon vergehen lassen.

Nikolas. Nu, was that er denn?

Vater. Tag und Nacht lag Ihm der Gedanke im Kopfe, ob's ihm wohl nicht möglich wäre, ein kleines Schif zu verfertigen.

Johannes. Was wolt' er denn mit dem Schiffe

Vater. Was er damit wolte? Versuchen, ob er nicht vielleicht aus seiner Einsamkeit, die ihm durch den Verlust des Feuers wieder so traurig geworden war, sich damit befreien und wieder zu Menschen kommen könte. Er hatte Ursache zu vermuthen, daß das feste Land von Amerika nicht sehr fern sein könne; und er war entschlossen, wenn er nur einen kleinen Kahn hätte, keine Gefahr zu achten, um, wo möglich, nach diesem festen Lande hinzukommen.

Vol von diesen Gedanken lief er eines Tages aus, um einen Baum aufzusuchen, den er durch Aushöhlen zu einem kleinen Kahne machen könte. Da er in dieser Absicht einige Gegenden durchlief, wo er bisher noch nicht gewesen war: so entdekte er noch manches ihm unbekante Gewächs, womit er allerlei Versuche anzustellen beschloß, um zu erfahren, ob's ihm nicht zum Unterhalte dienen könne?

Unter andern fand er einige Stauden von *indianischem Korn*, oder *Maiz*, welches man bei uns *türkschen Waizen* zu nennen pflegt.

Nikolas. Ah! wovon ich in meinem Garten habe?

Vater. Von dem nemlichen! Er bewunderte die grossen Aehren oder Kolben, an deren jeder er über 200 grosse Körner zählte, die wie Korallen an einander gereihet waren. Er zweifelte nicht, daß man Mehlspeisen und Brod davon machen könne; aber wie solt' er die Körner mahlen? Wie das Mehl von der Kleie reinigen? Wie endlich Brod oder andere Speisen daraus bakken, da er nicht einmahl Feuer hatte? Demohngeachtet nahm er einige Kolben davon mit, um die Körner zu pflanzen. Denn, dacht' er, wer weiß, ob ich nicht mit der Zeit einen nüzlichen Gebrauch davon machen lerne? Ferner entdekt' er einen Fruchtbaum, der ihm gleichfalls noch niemahls vorgekommen war. Er sahe grosse Kapseln daran hengen, und da er eine davon erbrach, fand er wohl 60 Bohnen darin. Der Geschmak derselben wolte ihm nicht sehr gefallen. Indeß stekt' er auch von diesen eine reife Schote in seine Jagdtasche.

Johannes. Was mogte denn das für eine Frucht sein?

Vater. Es waren *Kakaobohnen*, von denen die Schokolade gemacht wird.

Johannes. Ah! nun kan er künftig Schokolade trinken!

Vater. Sobald wohl nicht! denn erstlich kent er die Kakaobohnen nicht; und dan, so müssen sie auch erst beim Feuer geröstet, klein gestossen und mit Zukker vermischt werden; und wir wissen ja, daß er weder Feuer, noch Zukker hat. Auch thut man gemeiniglich noch allerlei Gewürz hinzu, als Kardomomen, Vanille und Gewürznägelein, die er auch nicht hatte. Doch dessen hätt' er auch wohl entbehren können, wenn er nur gewust hätte, wie er wieder zum Feuer kommen solte.

Endlich fand er einen grossen Kokusbaum, der vor Alter schon auf der einen Seite ein wenig hohl geworden war, und der ihm sehr tauglich schien, einen kleinen Kahn abzugeben, wenn er ihn nur umhauen und völlig aushöhlen könte. Aber einen so nüzlichen Baum, in der Ungewißheit, ob es ihm auch je gelingen wurde ein Schif daraus zu machen, aufs Gerathewohl zu verderben? – Er erschrak vor dem Gedanken, und wuste lange nicht, was er thun solte? Indeß merkt' er sich die Stelle, wo er stand, und ging unentschlossen nach Hause.

Auf seinem Rükwege fand er, was er zu finden längst gewünscht hatte, ein Papageiennest mit flüggen Jungen. Wie groß war seine Freude über diesen Fund! Aber indem er hinzutrat, um die Jungen auszunehmen, flatterten sie alle davon, bis auf einen, den er glüklich haschte. Er begnügte sich damit, und eilte froh zu Hause.

Diderich. Was konte denn ein Papagei ihm eben helfen?

Vater. Er wolte ihn einige Worte aussprechen lehren, um die Freude zu haben, einmahl wieder eine menschenähnliche Stimme zu hören. Uns freilich, die wir mitten in der menschlichen Geselschaft leben und die wir des Glüks, Menschen zu sehen, Menschen zu hören, mit Menschen zu reden und mit ihnen umzugehen, alle Tage geniessen, scheint die Freude, welche *Robinson* sich von dem Geschwäz dieses Papageien versprach, eben nicht von grosser Erheblichkeit zu sein. Aber wenn wir uns in seine Stelle versezen können: so werden wir begreifen, daß das, was uns eine unerhebliche Kleinigkeit scheint, für ihn ein großer Zuwachs an wirklicher Glükseeligkeit sein muste.

Er eilte also froh nach Hause, verfertigte noch, so gut er konte, einen Käfig, sezte denselben mit seinem neuen Freunde neben seine Lagerstelle, und legte sich schlafen.

Dreizehnter Abend.

Am folgenden Abend rief der Vater seine Kleinen etwas früher zusammen, weil er, wie er sagte, erst eine Rathsversamlung mit ihnen halten müste, bevor er in seiner Erzählung weiter gehen könte.

Worüber wollen wir uns denn berathschlagen? riefen die Kleinen, indem sie rund um ihn herum zusammentrafen.

Vater. Ueber eine Sache, die unserm *Robinson* die ganze Nacht hindurch im Kopfe herum gegangen ist, und wovor er kein Auge hat zu thun können.

Alle. Nun?

Vater. Es war die Frage, ob er den alten Kokusbaum, den er gestern gesehen hatte, in der ungewissen Hofnung, ob er daraus ein Schif würde machen können, umhauen oder stehen lassen solte.

Johannes. Ich hätt' ihn hübsch wollen stehen lassen.

Diderich. Und ich hätt' ihn umgehauen.

Vater. Da sind also zwei entgegengesezte Meinungen; der Eine wil den Baum umhauen, der Andere wil ihn stehen lassen. Laßt doch hören, ihr Andern, was ihr dazu sagt?

Gotlieb. Ich halt' es mit Johannes.

Lotte. Ich auch, lieber Vater! Der Baum sol stehen bleiben.

Frizchen. Nein er sol umgehauen werden, daß der arme Robinson ein Schif kriegt.

Nikolas. Das sag ich auch!

Vater. Nun so stellt euch in zwei Partheien; und dan wollen wir hören, was jeder für Grund zu seiner Meinung hat. – So! Nun, Johannes, mache du den Anfang; warum sol der Baum stehen bleiben?

Johannes. I, weil er so schöne Früchte trägt, und weil diese Art von Bäumen so was Seltenes auf der Insel ist!

Diderich. O es ist schon ein alter Baum; der wird doch nicht lange mehr Früchte tragen!

Johannes. Woher weißt du das? Er ist ja nur erst ein wenig hohl; und wie viel hohle Bäume giebts nicht, die noch manches Jahr Früchte tragen.

Nikolas. *Robinson* hat ja schon andere Bäume gepfropft; nun wird er bald Kokusbäume genug kriegen?

Gotlieb. Ja, aber sind die denn sogleich groß? Da können ja wohl vier Jahre über hingehen, ehe die anfangen, Früchte zu tragen.

Frizchen. Ist es denn nicht besser, daß er ein Schif kriegt, und wieder zu Menschen fährt, als daß er da immer auf seiner Insel sizt und Kokusnüsse ißt?

Johannes. Ja, wenn das Schif so gleich fertig wäre! Womit wil er denn den Baum umhauen, und womit wil er ihn aushöhlen, da er nur eine steinerne Axt hat?

Diderich. O, wenn er nur lange genug daran hauet und nicht ungeduldig wird, so wird er schon damit zu Stande kommen!

Gotlieb. Aber denn so hat er ja noch kein Segel! Was wil er denn mit dem blossen Schiffe anfangen?

Nikolas. O er muß sich mit Rudern helfen!

Lotte. Ja, das wird schön gehen! Weißt du nicht mehr, da wir bei Travemünde auf der Ostsee waren, und dem einen Matrosen das Ruder brach, wie es uns da beinahe gegangen wäre? Vater sagte ja, wenn das zerbrochene Ruder nicht noch zu gebrauchen gewesen wäre: so hätte uns der andere Matrose allein nicht wieder ans Land bringen können.

Diderich. O das war auch ein grosser Kahn, und waren ja achtzehn Menschen drin. Wenn sich *Robinson* einen kleinen Kahn und zwei Ruder macht, so wird er ihn schon allein regieren können.

Vater. Nun, Kinder, ihr seht, die Sache ist gar nicht leicht zu entscheiden. Alles, was ihr da gesagt habt, ging dem guten *Robinson* die ganze Nacht hindurch auch im Kopfe herum; und das nennt man eine Sache *überlegen*, wenn man nachdenkt, ob es besser sei, sie zu thun, oder nicht zu thun. Seitdem *Robinson* die traurigen Folgen seiner übereilten Entschliessung, in die weite Welt zu reisen, empfunden hatte, hatt' er sich's zur beständigen Regel gemacht, *nie wieder etwas zu thun, ohne erst vorher eine vernünftige Ueberlegung darüber angestellt zu haben*. Das that er also auch jezt. Nachdem er nun die Sache lange genug hin und her überdacht hatte; so fand er, daß Alles auf die Frage ankomme: *ob es recht sei, einen kleinen, aber gewissen Vortheil hinzugeben, um einen grössern, aber noch ungewissen Vortheil dadurch zu erlangen?* Da fiel ihm nun zuerst die Fabel von dem Hunde ein, der das Stük Fleisch, welches er im Munde hielt, fahren ließ, um nach dem Schatten desselben im Wasser zu greifen, und darüber am Ende gar nichts hatte. Aber bald darauf erinnerte er sich auch, wie es die Landleute machen; daß sie nemlich einen Theil des Korns, welches sie schon haben, ausstreuen, in der Hofnung, noch weit mehr dadurch zu gewinnen. Das Verfahren des Hundes nent jederman *unvernünftig*, das Verfahren des Landmans hingegen *vernünftig* und klug: "was mag denn wohl, dachte *Robinson*, der Unterschied hiebei sein?"

Er san noch ein Weilchen darüber nach und dan sagt' er zu sich selbst: "ja, ja, so ists! Der Hund handelte unvernünftig, weil er nur seiner Begierde folgte, ohne zu überlegen, ob er das, was er haschen wolte, auch wirklich erlangen könte. Der

Akkersman aber handelt vernünftig, weil er mit großer Wahrscheinlichkeit hoffen kan, daß er mehr Korn wieder bekommen werde, als er ausstreuet."

"Nun, sagt' er ferner, bin ich nicht in demselben Falle? Ist es nicht wahrscheinlich, daß ich durch anhaltenden Fleiß endlich damit zu Stande kommen werde, aus dem alten Baume einen Kahn zu machen? Und wenn mir dieses glükken solte, hab' ich dan nicht Hofnung, mich damit aus dieser traurigen Einöde befreien zu können?"

Der Gedanke an seine Befreiung wurde in diesem Augenblikke so lebhaft in seiner Sele, daß er plözlich aufsprang, sein steinernes Beil ergrif, und spornstreichs nach dem Baume hinlief, um das große Werk sogleich anzufangen.

Aber hatt' er jemahls ein mühseeliges und langwieriges Geschäft unternommen, so war es dieses! Tausend andere Menschen werden nach dem ersten Hiebe den Arm muthlos wieder haben sinken lassen, und die Sache für unmöglich gehalten haben. Aber *Robinson* hatte sich nun einmahl, wie wir wissen, zum Gesez gemacht, sich durch keine Schwierigkeit von irgend einem vernünftigen Vorhaben abschrekken zu lassen; und also blieb er auch diesmahl mit großer Standhaftigkeit bei seinem einmahl gefaßten Vorsaze, die Ausführung desselben mögte ihm auch noch so viel Zeit und noch so viel Arbeit kosten!

Nachdem er von Sonnenaufgang an, bis gegen Mittag fast unaufhörlich gearbeitet hatte, war das Loch, welches er durch tausend Hiebe in den Stam gehauen hatte, noch nicht so groß, daß er seine Hand hineinlegen konte. Daraus könt ihr in voraus schliessen, wie viel Zeit er brauchen wird, um den ganzen ziemlich dikken Baum völlig umzuhauen, und ein Schif daraus zu zimmern.

Er sahe nun wohl, daß das eine Arbeit von mehreren Jahren sein würde; und er hielt daher für nöthig, eine ordentliche Eintheilung seiner Tageszeit zu machen, um für jede Stunde ein gewisses Geschäft zu haben: Denn er hatte nun schon aus der Erfahrung gelernet, daß bei einem geschäftigen Leben nichts mehr unsern Fleiß befördert und erleichtert, als *Ordnung* und *regelmäßige Eintheilung der Tagesstunden*. Hier ist ein Verzeichniß, woraus ihr sehen könt, wozu er jede Stunde gewidmet hatte.

Sobald der Tag anbrach, stand er auf, und lief nach der Quelle, um Kopf, Hände, Brust und Füsse zu waschen. Da er kein Handtuch hatte, so must' er sich von der Luft troknen lassen, welches er dadurch beförderte, daß er jedesmahl in vollem Laufe nach seiner Wohnung zurük rante. Dan kleidete er sich völlig an. War dieses geschehen, so erstieg er den Hügel über seiner Höhle, wo er eine freie Aussicht hatte, warf sich daselbst auf die Knie und verrichtete ein andächtiges Morgengebeth, wobei er nie vergaß, Gott um Seegen für seine lieben Eltern zu bitten. Hierauf molk er seine Lama's, von denen er sich nach und nach eine kleine Heerde zugezogen hatte. Einen Theil der jedesmahligen Milch verwahrt' er in seinem Keller, die Uebrige genoß er zum Frühstük. Darüber war denn ohngefähr eine Stunde verflossen. Nun legt' er alles, was zu seiner Bewafnung gehörte, an und machte sich auf den Weg, entweder gleich nach dem Orte, wo der Baum stand, oder, fals es eben Ebbezeit war, erst nach dem Strande, um einige Austern zum Mittagsessen aufzulegen. Seine Lama's liefen dan gewöhnlich alle hinter ihm her und weideten neben ihm herum, indeß er selbst mit Hauen beschäftigst war.

Gegen zehn Uhr war die Hize gemeiniglich schon so stark, daß er mit seiner Arbeit einhalten muste. Dan ging er wieder nach dem Strande, theils um Austern zu suchen, fals er des Morgens keine gefunden hatte, theils um sich zu baden, welches er gewöhnlicher Weise des Tages zweimahl zu verrichten pflegte. Gegen eilf Uhr war er mit seiner ganzen Begleitung wieder zu Hause.

Dan molk er abermahls die milchgebenden Lama's, bereitete Käse aus der sauergewordenen Milch, und richtete seine kleine Mittagsmahlzeit an, die gemeiniglich aus Milch mit frischem Käse vermischt, einigen Austern und einer halben Kokusnuß bestand. Es kam ihm dabei sehr zu statten, daß man in diesen heissen Erdgegenden nicht halb so viel Appetit zu haben pflegt, als in den kälteren Ländern. Demohngeachtet sehnt' er sich sehr nach Fleischspeisen und konte endlich nicht umhin, wieder zu dem anfänglich von ihm erdachten Mittel, das Fleisch durch Klopfen mürbe zu machen, seine Zuflucht zu nehmen.

Während seiner Mahlzeit beschäftigte er sich mit seinem Papagai, dem er allerlei vorplauderte, um ihn einige Worte sprechen zu lehren.

Frizchen. Womit fütterte er ihn denn?

Vater. In der Wildheit pflegen die Papagaien sich größtentheils von Kokusnüssen, Eicheln und Kürbiskörnern zu nähren: zahm essen sie fast alles, was Menschen essen. *Robinson* fütterte den Seinigen mit Kokusnüssen und Käse.

Nach der Mahlzeit ruhete er eine Stunde im Schatten oder in seiner Höhle aus, der Papagai und die Lama's um ihn herum. Da kont er nun zuweilen sizen und zu den Thieren plaudern ordentlich wie ein kleines Kind, das mit seiner Puppe redet, und sich einbildet, daß die Puppe es verstehe. So groß war das Bedürfniß seines Herzens, irgend einem lebendigen Wesen seine Gedanken und seine Empfindungen mitzutheilen, daß er oft darüber vergaß, daß er zu unvernünftigen Thieren rede. Und wenn sein Papchen, den er *Pol* nante, dan je zuweilen ein verständliches Wort ihm nachschwazte: o wer war da glüklicher, als er! Er glaubte eine menschliche Stimme zu hören; vergaß Insel, Lama's und Papagai und war in seiner Einbildung mitten in Europa. Aber dieser süße Traum dauerte gemeiniglich nur eine Minute; dan saß er wieder da im vollen Bewustsein seines kläglichen Einsiedlerlebens und seufzte: armer Robinson!

Gegen zwei Uhr Nachmittags –

Nikolas. Ja, wie wust' er denn immer, was die Glokke geschlagen hatte?

Vater. Anfangs macht' er es blos so, wie es die Landleute zu machen pflegen; er beobachtete den Stand der Sonne und schloß daraus auf die jedesmalige Tageszeit. Endlich fiel 's ihm gar ein, eine Art von Sonnenuhr zu machen.

Johannes. Na, was der doch nicht alles machen wil!

Vater. Freilig keine solche, als man bei uns machen kan, denn wo hätt' er dazu die nöthige Geschiklichkeit, die Werkzeuge und die Materialien hergenommen? Aber doch eine, an der er wenigstens sehen konte, zu welcher Zeit es jedesmahl Mittag sei.

Johannes. Auch die wüst' ich doch gewiß nicht zu machen!

Vater. Und doch ist nichts leichter, als das! – Er stekte nemlich blos eine grade Stange senkrecht in die Erde. Je näher es nun gegen Mittag kam, desto kürzer wurde der Schatten dieser Stange. Er merkte sich also den Ort, wohin der Schatten der Stange fiel, wenn er am kürzesten war; bezeichnete diesen Ort mit einem Striche, den er die *Mittagslinie* nante, und so oft dan der Schatten der Stange wieder in diese Mittagslinie fiel, wust' er, daß es grade Mittag sei. – Er bemerkte aber hierbei etwas Sonderbares, welches in Europa nie gesehen wird.

Johannes. Was denn?

Vater. Dieses, daß in einer Jahrszeit der Schatten der Stange, eben so wie bei uns, zur Mittagszeit nach dem *Nordpol*, in einer andern Jahrszeit hingegen grade umgekehrt, nemlich nach dem *Südpol*, hinfiel. Ja, was das Sonderbarste war, zuweilen machte die Stange zur Mittagszeit gar keinen Schatten.

Diderich. Ja, das glaub ich; weil die Insel, worauf er war, zwischen den beiden *Wendezirkeln* lag.

Vater. Richtig! – Ihr Kleineren, begreift das noch nicht. Aber geduldet euch; in vier Wochen werd' ich auch mit euch die Geographie anfangen; dan solt ihr dies und noch viele andere merkwürdige Dinge auch einsehen lernen.

Um nun aber wieder zu den täglichen Beschäftigungen unsers fleißigen *Robinsons* zurük zu kommen: so pflegte er um zwei Uhr Nachmittags wieder an seine Schifbauerarbeit zu gehen. Unter dieser wirklich schweren Arbeit bracht' er dan jedesmahl wiederum zwei volle Stunden hin. Waren diese verflossen, so lief er abermahls nach dem Strande, theils um sich zum zweitenmahle zu baden, theils um wieder Austern zu suchen. Den Rest des Nachmittags wandt' er zu allerlei Gartenarbeit an. Bald pflanzt' er Maiz oder Kartoffeln, in der Hofnung einst wieder Feuer zu bekommen, um diese Gewächse nuzen zu können; bald pfropft' er noch mehr Kokusreiser ein; bald begoß er die gepfropften jungen Stämme; bald pflanzt' er Hekken, um sein Gartenland einzuschliessen; und bald beschnitt' er die Baumwand vor seiner Höhle, um die Zweige so zu ziehen, daß sie mit der Zeit zusammen wuchsen und eine große Laube ausmachten.

Zu *Robinsons* Leidwesen dauerte der längste Tag auf dieser Insel höchstens 13 Stunden, so daß es mitten im Sommer Abends um 7 Uhr schon finster ward. Er mußte also alle Geschäfte, wobey er Licht brauchte, noch vor dieser Zeit vollenden. –

Gegen sechs Uhr also, wenn sonst nichts Wichtiges zu thun mehr übrig war, stelte er gemeiniglich noch einige ritterliche Leibesübungen an.

Gotlieb. Was heißt das?

Vater. Er übte sich im Bogenschiessen und im Spießwerfen, um, in Fal der Noth, sich gegen einen Anfal der Wilden, vor welchen ihm immer noch bange war, vertheidigen zu können. In beiden bracht' er es nach und nach zu einer solchen Fertigkeit, daß er ein Ziel, welches nicht größer, als ein Gulden war, nur sehr selten verfehlte.

Sobald die Dämmerung anbrach, molk er wiederum seine Lama's und hielt darauf eine ländliche und mäßige Abendmahlzeit, wozu er sich von den Sternen oder von dem Monde leuchten ließ.

Die lezte Stunde des Abends wandt' er zum Nachdenken über sich selbst an. Er sezte sich nemlich entweder auf dem Gipfel des Berges nieder, wo er das ganze Sternbesäte Himmelsgewölbe über sich hatte, oder er lustwandelte auch wohl in der Abendkühle nach dem Strande zu. Dan pflegt' er sich selbst in Gedanken folgende Fragen vorzulegen:

"Wie hast du diesen Tag nun wieder hingebracht? Bist du im Genuß der Gaben Gottes, die dir heute wiederum zu Theil geworden sind, auch wohl des großen Gebers derselben immer eingedenk gewesen? Hat dein Herz auch Liebe und Dankbarkeit gegen ihn empfunden? Hast du ihm vertrau't, wenn's dir übel ging, und hast du seiner nicht vergessen, wenn du frölich warest? Hast du jeden bösen Gedanken, der dir einfiel, jede böse Begierde, die in dir rege ward, auch so gleich unterdrükt? Und hast du also heute wirklich zugenommen im Guten?"

So oft nun sein Herz auf diese und ähnliche Fragen mit einem freudigen Ja! antworten konte: o wie war ihm dan so wohl! Und mit welcher Inbrunst sang er dan ein Loblied zum Preise des großen Gottes, der zum Gutes thun ihm Seegen verliehen hatte! So oft er aber Ursache fand, mit sich selbst nicht so ganz zufrieden zu sein: o wie schmerzte es ihn dan, einen Tag seines Lebens verloren zu haben! *Denn für verloren hielt er jeden Tag, an dem er etwas gedacht oder gethan hatte, was er am Abend desselben misbilligen muste.* Neben dem Striche, womit er einen solchen Tag in seinem Kalenderbaume bezeichnete, pflegte er ein Kreuz einzugraben, um sich beim Anblik desselben seines Unrechts zu erinnern, und sich ins künftige destomehr davor in Acht zu nehmen.

Seht, lieben Kinder, so machte es *Robinson*, um täglich besser und frömmer zu werden. Ist es euch nun auch ein wirklicher Ernst mit der Ausbesserung eures Herzens. so rathe ich euch, ihm darin nachzuahmen. Sezt gleichfalls, so wie er, eine Abendstunde fest, um über eure Aufführung an dem jedesmahl verflossenen Tage im Stillen nachzudenken; und findet sichs, daß ihr etwas gedacht, geredet, oder gethan habt, was ihr vor Gott und eurem eigenen Gewissen nicht gut heissen könt: so schreibt es in ein kleines Büchelchen, um euch von Zeit zu Zeit wieder daran zu erinnern, und vor der abermahligen Begehung ebendesselben Fehlers auf immer in acht zu nehmen. So werdet ihr, gleich ihm, von Tage zu Tage besser, und also auch von Tage zu Tage zufriedener und glüklicher werden. –

Hiermit stand der Vater auf; und jeder von der Geselschaft ging allein in einen besondern Gang des Gartens, um den guten Rath desselben sogleich in Erfüllung zu bringen.

Vierzehnter Abend.

Nun, Kinder, – fuhr der Vater am folgenden Abend fort – auf eben die Weise, wie ich euch gestern erzählt habe, lebte unser *Robinson* einen Tag, wie den andern, drei volle Jahre lang. In dieser ganzen Zeit sezte er seine Schifbauerarbeit unabläßig fort; und wie weit meint ihr nun wohl, daß er in der langen Zeit mit dieser seiner Arbeit gekommen sei? – Ach! der Stam war noch nicht einmahl zur Hälfte ausgehöhlt, und es schien noch immer sehr zweifelhaft zu sein, ob er, bei aller seiner Arbeitsamkeit, in drei oder vier andern Jahren mit dem ganzen Werke zu Stande kommen würde!

Dennoch arbeitete er unermüdet fort: denn was solt' er anders machen? Und etwas zu thun wolt' er und must' er doch nun einmahl haben! – Eines Tages aber fiel ihm plözlich ein, daß er diese Insel nun schon so lange bewohne, und gleichwohl erst den kleinsten Theil derselben gesehen habe. Das ist doch nicht recht, dacht' er, daß du durch deine Furchtsamkeit dich so lange hast abhalten lassen, eine Reise von einem Ende der Insel bis an das andere zu thun. Wer weiß, was du in andern Gegenden derselben zu deinem Vortheil hättest entdekken können!

Dieser Gedanke wurde so lebendig in seiner Sele, daß er sich auf der Stelle entschloß, die Reise gleich mit Anbruch des folgenden Tages anzutreten.

Nikolas. Wie groß war denn die Insel wohl?

Vater. Ohngefähr so groß, als das ganze *hamburgische Gebiet* zusammen genommen, das Amt *Rizebüttel* nicht mit gerechnet; – etwa vier Meilen lang und zwölf im Umkreise.

Noch an eben demselben Tage machte er alles zu seiner Abreise fertig. Am andern Morgen bepakte er eins seiner Lama's mit Lebensmitteln auf vier Tage, legte seine ganze Rüstung an, empfahl sich dem götlichen Schuze und machte sich getrost auf den Weg. Seine Absicht aber war, sich, so viel möglich, am Strande zu halten, weil er den dichten Wäldern, aus Furcht vor wilden Thieren, noch immer nicht traute.

An diesem ersten Tage seiner Wanderschaft fiel eben nichts Merkwürdiges mit ihm vor. Er machte ohngefähr drei Meilen an demselben, und je weiter er kam, desto mehr überzeugte er sich, daß er seinen Aufenthalt grade in der unfruchtbarsten Gegend der Insel genommen habe. An vielen Orten fand er Fruchtbäume, die er noch nie gesehen hatte, von denen er aber mit Recht vermuthete, daß sie ihm ein gesundes und wohlschmekkendes Nahrungsmittel gewähren wurden. Nachher lernte er, mit dem eigentlichen Gebrauch derselben, auch ihre Nahmen kennen. Es befand sich darunter der *Brodfruchtbaum*, der eine große Frucht trägt, welche die Indianer auf mancherlei Weise zuzurichten wissen, und sie dan stat des Brodes essen; ferner der *Papiermaulbeerbaum*, aus dessen Rinde die Japaneser ein schönes Papier, und die Bewohner der Insel *Otaheite* ein schönes Sommerzeug zu Kleidern verfertigen, wovon ich euch nachher eine kleine Probe zeigen wil, die ich aus England erhalten habe.

Die Nacht brachte *Robinson* aus Furcht vor wilden Thieren auf einem Baume zu; und mit Anbruch des Tages sezt' er seine Reise fort.

Er war noch nicht lange gegangen, als er das äusserste südliche Ende der Insel erreichte. Hier war der Boden an einigen Stellen etwas sandigt. Indem er nun nach der lezten Landspize hingehen wolte: blieb er plözlich, wie vom Donner gerührt, auf einer Stelle stehen, wurde blaß, wie die Wand, und zitterte am ganzen Leibe.

Johannes. Warum denn?

Vater. Er sahe, was er hier zu sehen nicht vermuthet hatte, – die Fußstapfen eines, oder mehrerer Menschen, im Sande.

Nikolas. Und davor erschrickt er so? Das solte ihm ja lieb sein!

Vater. Die Ursache seines Schreckens war diese: er dachte sich in diesem Augenblikke den Menschen, von dem diese Spur herrührte, nicht als ein mit ihm verbrüdertes, Liebe athmendes Wesen, welches bereit wäre, ihm zu helfen und zu dienen, wo es nur könte: sondern als ein grausames menschenfeindliches Geschöpf, das ihn wüthend anfallen, ihn tödten und verschlingen würde. Mit einem Worte: er dachte sich bei dieser Spur keinen gesitteten Europäer; sondern einen wilden menschenfressenden *Kannibalen*, deren es damahls, wie ihr schon wißt, auf den Karibischen Inseln sol gegeben haben.

Gotlieb. Ja, das glaub' ich; da must' er auch wohl vor erschrecken!

Vater. Aber weiser und besser wäre es doch gewesen, wenn er sich von Jugend an hätte gewöhnt gehabt, vor keiner auch noch so grossen Gefahr dergestalt zu erschrekken, daß er seines Verstandes nicht mehr mächtig bliebe. Und dahin, meine lieben Kinder, können wir es alle bringen, wenn wir uns nur frühzeitig genug bemühen, gesund und stark an Leib und Sele zu werden.

Johannes. Ja, wie wird man das aber?

Vater. Dadurch, lieber Johannes, wenn man durch eine arbeitsame, mäßige und, so viel möglich, natürliche Lebensart seinen Körper abzuhärten, und seinen Geist durch unbefleckte Tugend und Gottesfurcht über jede Abwechselung des Schiksals zu erheben und gegen jedes Unglük im Voraus zu bewafnen sucht. Wenn ihr also, nach unserm Beispiel, euch mit einem mäßigen Genusse gesunder, einfacher, und unerkünstelter Speisen zu begnügen, und das süße Gift der Lekkereien immer mehr zu verschmähen lernt; wenn ihr den Müssiggang, als eine Pest des Leibes und der Sele flieht und, so viel es immer möglich ist, bald durch Kopfarbeit – durch Lernen und Nachdenken – bald durch Handarbeit beschäftiget seid; wenn ihr euch oft freiwillig übt, etwas sehr Angenehmes, das ihr gar zu gern haben mögtet und auch haben kötet, aus eigener Entschliessung zu entbehren, und etwas sehr Unangenehmes, das euch äusserst zuwider ist und das ihr auch abwehren kötet, mit Vorsaz zu übernehmen; wenn ihr euch der Hülfleistungen anderer Menschen so wenig als möglich bedient, und vielmehr durch euren eigenen Verstand, und durch eure eigene Leibeskräfte eure jedesmaligen Bedürfnisse zu befriedigen, euch selbst zu rathen und aus Verlegenheiten zu ziehen sucht; wenn ihr endlich in eurem ganzen Leben den großen Schaz eines guten Gewissens zu bewahren, und dadurch euch des Beifals und der Liebe unsers almächtigen und algütigen himmlischen Vaters zu versichern euch bestrebt: dan, liebste Kinder, werdet ihr gesund und stark an Leib und Sele sein; dan werdet ihr bei jeder Abwechselung des Schiksals ruhig bleiben, weil ihr alsdan überzeugt seid, daß euch nichts begegnen kan, was euch nicht von einem weisen und liebevollen Gotte zu eurem wahren Besten zugesandt werde. –

Unser *Robinson* hatte es, wie wir sehen, in dieser auf Gottesfurcht gegründeten Standhaftigkeit noch nicht so weit gebracht, als zu seiner Ruhe und Glückseeligkeit nöthig gewesen wäre. Daran war wohl ohnstreitig dieses Schuld, daß er nun einige Jahre hindurch ein ganz ruhiges von allen Gefahren und Unglüksfällen freies Leben geführt hatte. Die gar zu große Ruhe und Sicherheit verderben den Menschen, machen ihn weibisch und furchtsam; und es ist daher eine wahre Wohlthat Gottes, wenn er uns zuweilen einige Widerwärtigkeiten zuschikt, die unsere Leibes- und Selenkräfte in Thätigkeit sezen und unsern Muth durch Uebung stärken messen.

Robinson stand, wie wir gehört haben, beim Anblik der Menschenspur, wie vom Donner gerührt. Furchtsam blikt' er umher, lauschte mit großer Aengstlichkeit auf jedes kleine Geräusch der Blätter, und wuste vor Verwirrung lange nicht, wozu er sich entschliessen solte. Endlich rafte er sich auf, flohe, wie einer, der verfolgt wird, und hatte nicht das Herz, auch nur ein einziges mahl sich umzusehen. Aber plözlich machte ihn etwas stuzen, und verwandelte seine Furcht in Grausen und Entsezen.

Er sahe – bereitet euch, Kinder, einen schreklichen Anblik zu ertragen, und den schauervollen Zustand zu sehen, worin Menschen gerathen können, welche ohne Erziehung und Unterricht aufwachsen und sich selbst überlassen bleiben!

– Er sahe einen Ort, woselbst ein runder Kreis in die Erde gegraben war, in dessen Mitte er eine ehemalige Feuerstelle erblikte. Rund um diesen Ort herum lagen – mich schaudert indem ichs erzählen muß – Hirnschalen, Hände, Füße und andere Gebeine menschlicher Körper, von denen das Fleisch abgenagt war.

Alle. Von wem? von wem?

Vater. Von – Menschen; doch nein, nur von menschenähnlichen Geschöpfen, die so dum und viehisch aufgewachsen waren, daß sie, gleich wilden Thieren, weder von Ekkel, noch von mitleidiger Menschenliebe abgehalten wurden, das Fleisch ihrer geschlachteten Brüder zu verzehren. Es wohnten nemlich damahls, wie ich, wo mir recht ist, schon einmahl erzählt habe, auf den *Karibischen Inseln* wilde Menschen, die man *Karaiben, Kannibalen* oder *Menschenfresser* nante, weil sie die abscheuliche Gewohnheit hatten, alle ihre Feinde, die sie im Kriege lebendig gefangen kriegten, zu schlachten, unter Tanzen und Singen zu braten, und dan mit unmenschlichem Heißhunger zu verschlingen.

Lotte. Fi! die abscheulichen Leute!

Vater. Ihre unmenschlichen Sitten, liebe Lotte, wollen wir verabscheuen, aber nicht die armen Leute selbst, die ja nichts davor können, daß man sie nicht unterrichtet und erzogen hat. Hättest du das Unglük gehabt, unter solchen armen Wilden gebohren zu werden: gewiß! du würdest eben so, wie sie, nakt, wild und unvernünftig in Wäldern herumlaufen, würdest dein Gesicht und deinen Leib mit Röthel beschmieren, man würde dir Ohren und Nase durchlöchert haben, du würdest dich nicht wenig darauf einbilden, Vogelfedern, Muschelschalen und andere Dinge darin zu tragen, und an den unmenschlichen Mahlzeiten deiner wilden Eltern und Landsleute würdest du einen eben so frohen Antheil nehmen, als du jezt an unsern bessern Speisen nimst. Freuet euch also, lieben Kinder, und danket Gott dafür, daß er euch von gesitteten, vernünftigen und menschlichgesinten Eltern hat lassen gebohren werden, die es euch so leicht machen, auch gesittete, vernünftige und menschlichgesinte Menschen zu werden, und bedauert das Schiksal unsrer armen Brüder, die noch jezt in dem unglükseeligen Zustande einer thierischen Wildheit leben!

Frizchen. Wo sind denn wohl jezt noch solche Menschen?

Johannes. Weit, weit von hier, Frizchen, auf einer Insel die man *Neu-Seeland* nent! Vater hat's uns vorigen Winter aus einer Reisebeschreibung vorgelesen.

Da sollen die Leute auch noch so wild und barbarisch sein, daß sie Menschenfleisch essen. Aber die Engländer, die sie entdekt haben, werden sie wohl zahm machen.

Frizchen. Das ist gut!

Vater. Laßt uns nun wieder zu unserm *Robinson* zurückkehren. – Er wandte sein Gesicht von diesem gräßlichen Schauspiel weg, ihm wurde übel, und er würde in Ohnmacht gesunken sein, wenn die Natur sich nicht durch ein heftiges Erbrechen geholfen hätte.

Sobald er sich ein wenig erhohlt hatte, rante er mit der äussersten Geschwindigkeit davon. Kaum daß sein treues Lama ihm folgen konte. Doch lief es ihm nach. Aber so sehr hatte die Furcht den Verstand unsers armen *Robinsons* umnebelt, daß er auf seiner Flucht dieses ihm folgenden Thieres vergaß, die Tritte desselben für den Fußtrit eines ihm nachjagenden Kannibalen hielt, und daher mit der größten Selenangst alle seine Kräfte anstrengte, um ihm zu entlaufen. Noch nicht genug; auch seine Rüstung, seinen Spieß, seinen Bogen, sogar sein steinernes Beil – die er jezt über alles hätte werth achten sollen – warf er von sich, weil sie ihm im Laufen hinderten. Dabei achtete er so wenig auf den Weg, daß er bald hier, bald da ausbeugte und am Ende, da er gar nicht mehr wuste, wo er war, sich in einem ordentlichen Zirkel herum drehete und nach ohngefähr einer Stunde wieder an demselben schreklichen Orte war, von wannen sein Lauf angefangen hatte.

Neues Entsezen! Neue Betäubung! denn er merkte nicht, daß dies eben der Ort sei, den er schon einmahl gesehen habe; sondern hielt ihn für ein zweites Denkmahl der unmenschlichen Grausamkeit derer, vor welchen er flohe. Er rante also mit der Schnelligkeit des Sturmwindes davon, und hörte nicht eher auf zu laufen, bis er ermattet, ohnmächtig und sinlos zu Boden stürzte.

Indeß er so lag und von sich selbst nichts wuste, fand sein Lama sich wieder bei ihm ein und lagerte sich zu seinen Füssen. Zufälliger Weise war dies grade eben dieselbe Stelle, wo er vorher seine Waffen abgeworfen hatte. Da er also nach einiger Zeit die Augen wieder öfnete, fand er alle das Seinige neben sich im Grase liegen. Dies und alles vorhergehende schien ihm jezt ein Traum zu sein; er wuste nicht, weder wie er selbst, noch wie alles dies hierher gekomen sei, so sehr hatte die Furcht ihn aller Besonnenheit beraubt!

Er machte sich von neuem auf; aber da die Heftigkeit des Affekts sich unterdeß um etwas gelegt hatte: so war er nunmehr sorgfältiger darauf bedacht, seine

Waffen, das einzige Vertheidigungsmittel, welches er hatte, zu erhalten, und nahm sie mit sich. Er fühlte sich aber so entkräftet, daß es ihm unmöglich war, ferner eben so geschwind als vorher zu laufen, so sehr die Furcht ihn auch dazu antrieb. Der Hunger war ihm für den ganzen Tag vergangen, und nur ein einziges mahl nahm er sich die Zeit, seinen Durst bei einer Quelle zu stillen.

Er hofte seine Burg zu erreichen; aber dies war ihm unmöglich. Da es schon angefangen hatte Nacht zu werden, befand er sich noch über eine halbe Stunde weit von seiner Wohnung an einem Orte, den er seinen *Sommerpallast* zu nennen pflegte. Dieser bestand aus einer Laube und aus einer ziemlich weiten Umzäunung, worin er einen Theil seiner Heerde hielt, weil hier viel fetteres Gras, als in der Gegend seiner ordentlichen Wohnung wuchs. Er hatte hier in dem leztverflossenen Jahre verschiedene Sommernächte zugebracht, weil es daselbst weniger *Musquitos* gab; und darum hatte er dieser Laube den obbenanten Nahmen gegeben.

Seine Kräfte waren gänzlich erschöpft und es war ihm unmöglich weiter zu gehen, so gefährlich es ihm auch vorkam in einer unverwahrten Laube zu schlafen. Er beschloß also da zu bleiben. Kaum aber hatte er sich, ganz ermattet, den Kopf vol schwerer Gedanken und mehr träumend als wachend, auf den Boden hingestrekt, als er plözlich einen neuen Schrek hatte, der ihn beinahe getödtet hätte.

Johannes. Hilf Himmel! was dem doch alles begegnen muß!

Nikolas. Was war's denn?

Vater. Er hörte eine Stimme, wie vom Himmel herab, die ihm ganz vernehmlich zurief: *Robinson, armer Robinson, wo bist du gewesen? wie komst du hierher?*

Gottlieb. Tausend! Was mogte denn das sein?

Vater. *Robinson* sprang erschrokken auf, zitterte, wie ein Espenblat, und wuste nicht, ob er davon laufen oder bleiben solte. In demselben Augenblikke hört' er die nemlichen Worte noch einmahl aussprechen, und da er seine Augen nach dem Orte, woher der Schal kam, hinrichtete: fand er – was meint ihr?

Alle. Ja, wer kan das wissen!

Vater. – fand er, was der Furchtsame fast immer finden würde, wenn er sich nur Zeit zur Untersuchung nähme, – daß er gar nicht Ursache gehabt habe zu erschrekken. Die Stimme kam nemlich nicht vom Himmel, sondern von einem Zweige seiner Laube, auf welchem – sein lieber Papagai saß.

Alle. Ah!

Vater. Dieser hatte zu Hause vermuthlich lange Weile gehabt, und weil er einige mahle seinen Herrn nach der Sommerlaube begleitet hatte: so sucht' er ihn hier auf. *Robinson* hatte ihm aber die Worte, die er jezt aussprach, zu mehreren mahlen vorgesagt, und also hatt' er sie behalten.

Wie froh war *Robinson* die Ursache seines abermahligen Schrekkens entdekt zu haben! Er strekte seine Hand aus, rief Pol! und flugs hüpfte das vertrauliche kurzweilige Ding herab auf seinen Daumen, legte den Schnabel an seine Bakken und fuhr fort zu schwazen: *Robinson, armer Robinson, wo bist du gewesen?*

Fast die ganze Nacht hindurch konte *Robinson* vor Furcht und sorgsamen Gedanken kein Auge zu thun. Immer stand ihm der gräßliche Ort vor Augen, den er gesehen hatte, und vergebens bemühete er sich, seine Einbildungskraft davon abzuziehen. O zu was für thörigten und schädlichen Entschliessungen schreitet der Mensch, wenn die Leidenschaften erst einmahl seinen Verstand verfinstert haben! *Robinson* faßte hundert Anschläge sich zu retten, wovon der eine immer noch unweiser, als der andere war. Unter andern – könt ihr es glauben? – beschloß er, sobald es Tag geworden wäre, alles zu zerstören, was er bis jezt mit so viel sauerm Schweisse gemacht hatte. Er wolte die Laube, worin er jezt lag, dan die Verzäunung vor derselben, einreissen und seine Lama's laufen lassen, wohin sie wolten. Dan wolte er eine gleiche Verwüstung mit seiner ordentlichen Wohnung vornehmen und die schöne Baumwand zernichten, die er vor derselben angelegt hatte. Endlich wolt' er auch seine Gärten und Pflanzungen gänzlich zerstören, damit auf der ganzen Insel gar keine Spur irgend eines von Menschenhänden gemachten Werkes übrig bliebe.

Johannes. I, warum denn das?

Vater. Damit die Wilden, wenn sie etwa einmahl in diese Gegend kämen, gar nicht merken könten, daß ein Mensch da sei.

Jezt wollen wir ihn seinen unruhigen Gedanken überlassen, weil wir ihm doch nicht helfen können; und indem wir uns auf unser eigenes sicheres Lager legen, wollen wir unsern freudigen Dank dem guten Gotte bringen, der uns in einem Lande gebohren werden ließ, wo wir unter gesitteten, uns liebenden und helfenden Menschen leben, und nichts von wilden Unmenschen zu besorgen haben.

Alle. Gute Nacht, Vater! Und Dank für die schöne Erzählung!

Funfzehnter Abend.

Der Vater fuhr fort:

Kinder, es ist ein wahres Sprichwort: *guter Rath komt Morgen.* Das können wir aus *Robinsons* Beispiel lernen.

Ihr wisset, welche thörigte Entschliessungen ihm gestern seine unmäßige Furcht eingab. Wohl bekam es ihm, daß er die Ausführung derselben auf den morgenden Tag verschieben muste: denn kaum hatte das liebliche Tageslicht die dunkeln Schatten der Nacht vertrieben, als er die Dinge von einer ganz andern Seite betrachtete. Was er gestern für gut, weise und nothwendig hielt, das schien ihm jezt schlecht, thörigt, und unnöthig zu seyn. Mit einem Worte, er verwarf alle die übereilten Anschläge, welche die Furcht ihm eingeflößt hatte, und faßte andere, welche von der Vernunft gebilliget wurden.

Sein Beispiel, lieben Kinder, diene euch zur Warnung, daß ihr in Dingen, die einigen Aufschub leiden, nie gleich von der ersten Entschliessung unmittelbar zur That schreitet, sondern vielmehr wenn es sein kann, die Ausführung auf den folgenden Tag verschiebet.

Robinson fand jezt, daß seine gestrige Furcht übertrieben gewesen sei. "Ich bin nun schon so lange hier, dacht' er bei sich selbst, und noch nie ist ein Wilder in die Gegend meiner Wohnung gekommen. Beweis genug, daß auf der Insel selbst keine leben müssen. Aller Wahrscheinlichkeit nach, kommen also nur zuweilen einige derselben von einer andern Insel herüber, um hier ihre Siegesfeste zu feiern und ihre unmenschlichen Mahlzeiten anzustellen; und vermuthlich landen diese immer auf dem südlichen Ende der Insel, und fahren wieder ab, ohne sich weiter auf derselben umzusehen. Das ist also abermahls ein grosser Beweis von der Güte der götlichen Vorsehung, daß ich grade an diesen unfruchtbaren Theil der Insel habe müssen geworfen werden, welcher der sicherste für mich war. Wie solt' ich ihr denn nicht zutrauen dürfen, daß sie auch ferner mich beschützen und vor Gefahren behüten werde, da ihre weisen und guten Führungen bis hieher so sichtbar gewesen sind!"

Hier macht' er sich selbst die bittersten Vorwürfe, daß er bei seiner gestrigen übertriebenen Furcht so wenig Vertrauen auf Gott bewiesen habe; warf sich reuevoll auf seine Knie und bat um Verzeihung dieser seiner abermahligen Verschuldung. Dan trat er neugestärkt den Weg zu seiner Wohnung an, um dasjenige ins Werk zu richten, was er nunmehr beschlossen hatte.

Johannes. Was wolt' er denn nun thun?

Vater. Er wolte nur noch einige Veranstaltungen zu seiner grössern Sicherheit treffen; und darin handelte er überaus vernünftig. Denn ohngeachtet wir der götlichen Vorsehung zutrauen müssen, daß sie, wenn wir nach ihrem heiligen Willen zu leben uns bestreben, uns in keiner Noth verlassen werde: so müssen wir doch auch von unserer Seite nichts versäumen, was zu unserer Sicherheit und zu unserm Glükke etwas beitragen kan. Denn dazu hat eben der liebe Gott uns unsern Verstand und alle andere Kräfte unserer Sele und unsers Leibes gegeben, daß wir zur Beförderung unserer Glükseeligkeit sie anwenden sollen.

Das erste, was er vornahm, war dieses, daß er in einer kleinen Entfernung von der Baumwand, die seine Wohnung einschloß, einen dichten Wald anlegte, welcher verhindern solte, daß seine Burg von fern nicht könte gesehen werden. In dieser Absicht pflanzte er nach und nach wohl 2000 Zweige von dem weidenartigen Baume ein, dessen leichtes Fortkommen und schnellen Wachsthum er nun schon erfahren hatte. Er pflanzte sie aber nicht in Reihen, sondern mit Fleiß unordentlich durch einander hin, damit das Ganze ein natürliches, nicht durch Menschenhände angelegtes Gebüsch zu sein schien.

Nächstdem beschloß er, aus dem innersten seiner Höhle einen unterirdischen Gang bis an das andere Ende des Berges durchzuführen, um, im Fal der Noth, wenn seine Festung von Feinden erstiegen wäre, sich durch diesen Ausgang retten zu können. Dies war aber wieder ein mühseeliges und langwieriges Geschäft und es versteht sich von selbst, daß die Schifbauerarbeit darüber vor's erste eingestellt werden muste.

Er verfuhr aber bei diesem Ausgraben des unterirdischen Weges eben so, wie die Bergleute bei Anlegung der *Stollen* verfahren.

Gotlieb. Was sind das Stollen?

Johannes. Weißt du nicht mehr? Erst graben ja die Bergleute so grade hinein in die Erde, als wenn sie einen Brunnen machen wolten, das nennen sie einen *Schacht*; und denn, wenn sie schon ein bischen tief gegraben haben: so machen sie erst Quergänge zu den Seiten, und die nennen sie *Stollen*. Dan graben sie wieder einen *Schacht* und dan wieder einen *Stollen*, bis sie an Stellen kommen, wo das Erz liegt.

Vater. Gut erklärt! Nun, seht ihr, wenn sie nun so in die Quere, (man nent das *Horizontal*) graben: so würde ihnen die Erde von oben auf den Kopf fallen, wenn sie dieselbe nicht zu befestigen suchten. Also müssen sie, indem sie weiter arbeiten wollen, diese Erde erst durch Pfäle und Querhölzer stüzen, damit sie fest liege; und eben so macht' es nun auch *Robinson*.

Alle Erde, die er heraus arbeitete, warf er an die Baumwand, und trat sie fest, so daß dadurch nach und nach eine Erdmauer entstand, die wohl acht Fuß dik und wenigstens zehn Fuß hoch war. An verschiedenen Stellen hatt' er kleine Löcher, wie Schießscharten, offen gelassen, um durchsehen zu können. Zugleich hatt' er einige Treppen eingeschnitten, um mit Bequemlichkeit auf und absteigen und seine Festung, wenn es einmahl nöthig sein solte, von der Mauer herab vertheidigen zu können.

Nun schien er vor einem plözlichen Ueberfalle hinlänglich gesichert zu sein. Aber wie? wenn die Feinde sich einfallen liessen, ihn förmlich zu *belagern*? Wie da?

Der Fal schien nicht unmöglich zu sein; er hielt es also für nöthig, sich auch darauf gefaßt zu machen, um nicht durch Hunger und Durst zur Uebergabe genöthiget zu werden. In dieser Absicht beschloß er, wenigstens ein milchgebendes Lama immer auf seinem Hofraume zu halten und zum Unterhalte desselben einen nur in der Noth anzugreifenden Heuschober in Bereitschaft zu haben; ferner so viel Käse, als er nur immer ersparen könte, aufzubewahren und endlich einen Vorrath von Früchten und Austern von einem Tage zum andern so lange zu sparen, als sie sich nur halten würden.

Auf die Ausführung eines andern Einfals must' er Verzicht thun, weil er voraus sahe, daß sie ihm gar zu viel Zeit kosten würde. Er wünschte nemlich, die Quelle, welche nicht weit von seiner Wohnung hervorsprudelte und einen kleinen Bach machte, durch seinen Hofraum leiten zu können, um im Fal einer Belagerung auch mit Wasser versehen zu sein. Aber da hätte er eine ziemlich große Anhöhe durchstechen müssen, welches von einem einzigen Menschen ohne großen Zeitverlust nicht geschehen konte. Er hielt es daher für besser, dieses Projekt vor der Hand aufzugeben, und wieder zu seiner Schifbauerarbeit zurük zu kehren.

So verstrichen ihm nun wieder einige Jahre, in denen eben nichts vorfiel, welches erzählt zu werden verdiente. Ich eile daher zu einer der wichtigsten Begebenheiten, welche auf das Schiksal unsers guten Freundes einen grössern Einfluß hatte, als alles, was bis hieher auf seiner Insel ihm begegnet war.

Es war an einem schönen warmen Morgen, als *Robinson*, da er schon mit seinem Schifbau beschäftiget war, in einiger Entfernung von sich unvermuthet einen starken Rauch aufsteigen sahe. Seine erste Empfindung bei diesem Anblik war Schrekken, die zweite Neugier; und beide trieben ihn an, so geschwind er konte nach dem Berge hinter seiner Wohnung zu laufen, um von da zu sehen, was doch die Ursache davon sein mögte. Kaum hatt' er den Berg bestiegen, als er zu seiner noch weit grössern Bestürzung wenigstens fünf *Kanoes*, oder kleine Kähne, am Strande, und bei einem großen Feuer wenigstens 30 Wilde erblikte, die unter barbarischen Gebehrden und Freudensbezeugungen einen Rundtanz hielten.

So sehr nun auch Robinson auf ein solches Schauspiel vorbereitet war, so fehlte doch nicht viel, daß er nicht abermahls vor Angst und Schrekken alle Besonnenheit verlor. Doch rief er diesmahl seinen Muth und sein Vertrauen auf Gott geschwinder zurük; stieg eiligst hinab, um sich in den nöthigen Vertheidigungsstand zu sezen; legte seine ganze Rüstung an und faßte im Vertrauen auf Gott den mänlichen Entschluß, sein Leben, so lange er könte, zu vertheidigen. Kaum hatt' er diese Entschliessung genommen und durch ein kurzes Gebet sich darin bestärkt, als es ihm so leicht ums Herz ward, daß er Muth genug fühlte, die Strikleiter wieder hinan zu klettern, um die Bewegungen der Feinde von dem Gipfel des Berges herab zu beobachten.

Aber wie schlug ihm das Herz von Unwillen und Entsezen, da er ziemlich deutlich zwei unglükliche Menschen aus den Kähnen hohlen und nach dem Feuerplaze hinschleppen sahe! Er zweifelte nicht, daß sie zur Schlachtbank geführt werden solten, und in demselben Augenblikke wurde diese seine Vermuthung auf die schreklichste Weise bestätigt. Einige der Unmenschen schlugen nemlich den einen Gefangenen zu Boden und ein Paar andere fielen über ihn her, vermuthlich, um ihm den Leib aufzuschneiden und ihn zu ihrem abscheulichen Gastmahle zu zubereiten. Unterdeß stand der andere Gefangene als ein Zuschauer bei diesem unmenschlichen Schauspiele da, bis die Reihe an ihn kommen würde. Aber plözlich, da dieser arme Mensch merkte, daß alle mit seinem geschlachteten Kameraden beschäftigt waren und eben nicht sehr auf ihn achteten, ergrif er, in der Hofnung sein Leben zu retten, die Flucht, und lief mit unglaublicher Geschwindigkeit grade nach der Gegend zu, wo *Robinsons*Wohnung war.

Freude, Hofnung, Furcht und Grauen ergriffen jezt zugleich das Herz unsers Helden und färbten seine Wangen bald mit hoher Röthe, bald mit Todtenblässe; Freude und Hofnung, weil er bemerkte, daß der Entronnene viel schneller laufen konte, als die, welche ihn verfolgten; Furcht und Grauen hingegen, weil der Verfolgte und die Verfolger ihren Weg grade nach seiner Burg zu nahmen. Indeß war zwischen diesen und jenen noch ein kleiner Meerbusen, den der Unglükliche durchschwimmen muste, wenn er sich nicht gefangen geben wolte. Allein kaum war er dabei angekommen, als er ohne sich einen Augenblik zu besinnen, hineinplumpte und mit eben der Schnelligkeit, die er im Laufen bewiesen hatte, nach dem gegenseitigem Ufer schwam.

Zwei seiner Verfolger, welche die Vordersten waren, schwammen ihm nach, die übrigen kehrten zu ihrem verruchten Gastmahle zurük. Mit innigem Vergnügen bemerkte *Robinson*, daß diese beiden auch im Schwimmen dem Ersten bei weiten nicht gleich kamen. Dieser flohe schon gegen seine Wohnung zu, indeß die Andern noch nicht zur Hälfte durchgeschwommen waren.

In diesem Augenblikke fühlte unser *Robinson* sich von einem Muthe beseelt, der so groß und feurig noch nie in ihm erwacht war. Seine Blikke sprüheten Feuer; sein Herz drengte ihn, dem Unglüklichen beizuspringen; er ergrif seine Lanze und ohne sich einen Augenblik länger zu bedenken, rant' er den Berg hinab und war in einem Hui! zwischen dem Verfolgten und seinen Verfolgern. Halt! rief er dem Ersten mit lauter donnernder Stimme zu, indem er aus dem Gebüsch hervorsprang; halt! Der arme Flüchtling sahe sich um, und erschrak beim Anblik des über und über in Felle gehülten *Robinsons*, den er vermuthlich für ein übermenschliches Wesen hielt, dergestalt, daß er nicht wuste, ob er sich vor ihm niederwerfen oder entfliehen solte.

Robinson winkte ihm mit der Hand, gab ihm zu erkennen, daß er zu seiner Beschüzung da sei, und rükte dabei almählig gegen seine beiden Verfolger an. Jezt war er so weit gekommen, daß er den ersten mit seinem Spieß erreichen konte. Er ermante sich, und versezte ihm einen so nachdrüklichen Stoß in den nakten Leib, daß er zu Boden stürzte. Der Andere, welcher noch ohngefähr hundert Schritte entfernet war, stuzte; holte darauf einen Pfeil hervor und schoß auf *Robinson*, indem dieser eben auf ihn los gehen wolte. Der Pfeil traf grade die Stelle des Herzens, – aber glüklicher Weise nur so schwach, daß er von der harten Pelzjakke, wie von einem Panzer zurükpralte, ohne ihm auch nur im geringsten zu verlezen.

Unser muthige Streiter ließ dem Feinde nicht Zeit, einen zweiten Schuß zu thun; er rante auf ihn zu, und strekte ihn in den Sand, indem er eben wieder den Bogen spante. Und jezt sah er sich nach dem Geretteten um.

Der arme Flüchtling stand zwischen Furcht und Hofnung noch auf derselben Stelle, auf der ihm *Robinson* zugerufen hatte, ungewiß ob das, was vorging, zu seiner Errettung geschähe, oder ob die Reihe jezt an ihn kommen werde. Der

Sieger rief ihm abermahls zu und winkte ihm, herbei zu kommen. Er gehorchte; stand aber bald wieder stille, trat abermahls etwas näher und stand von neuem stille und zwar mit sichtbarer Angst und in der Stellung eines Betenden. *Robinson* gab ihm alle ersinliche Zeichen von Freundschaftsbezeugung und winkte ihm abermahls herzu zu treten. Er thats; doch kniete er alle zehn oder zwölf Schritte mit den demüthigsten Gebehrden nieder, als wenn er ihm danken, und zugleich ihm huldigen wolte.

Robinson nahm hierauf seine Maske ab um ihm ein menschliches und freundliches Gesicht zu zeigen; worauf er ohne Bedenken näher trat, vor ihm niederkniete, den Boden küßte, sich plat niederlegte und *Robinsons* Fuß auf seinen Nakken sezte, vermuthlich zur Versicherung, daß er sein Sklav sein wolle. Unser Held, dem es mehr um einen Freund, als um einen Sklaven zu thun war, hob ihn liebreich auf, und suchte ihn auf jede nur mögliche Weise zu überzeugen, daß er nichts als Gutes und Liebes von ihm zu erwarten habe. Allein da war noch mehr zu thun.

Einer der Erschlagenen, der den Stich nur in den Unterleib bekommen hatte und vermuthlich nicht tödtlich verwundet war, fing an sich wieder zu erhohlen, und etwas ausgerissenes Gras in die Wunde zu stopfen um das Blut zu stillen. *Robinson* machte seinen Wilden aufmerksam darauf und dieser antwortete ihm einige Worte in seiner Landessprache, die jener zwar nicht verstand, aber welche doch wie Musik in seinen Ohren tönten, weil es die erste menschliche Stimme war, die er nach so vielen Jahren wieder hörte. Hierauf zeigte der Indianer auf sein steinernes Beil, dan auf sich, und gab zu verstehen, daß er seinem Feinde vollends den Rest damit zu geben wünschte. Unser Held, der ungern Menschenblut vergoß und gleichwohl die Nothwendigkeit, den Verwundeten völlig umzubringen, erkante, gab seinem Schuzgenossen das Beil, und wandte seine Augen weg. Dieser lief drauf hin; und spaltete dem Verwundeten auf einen Streich den Schedel bis in die Schulter herab. Dan kam er lachend wieder zurük und legte mit vielen sonderbaren Gebehrden das Beil und die Hirnschale des Erschlagenen zum Zeichen des Sieges zu *Robinsons* Füßen nieder.

Dieser gab ihm durch Zeichen zu verstehen, daß er die Bogen und Pfeile der Getödteten nehmen und ihm folgen solte. Der Wilde hingegen bedeutete ihm, daß er erst die todten Körper im Sande verscharren wolte, damit ihre Kameraden, wenn sie etwa nachfolgen solten, sie nicht finden mögten. *Robinson* bezeugte ihm Beifal über diese seine Vorsichtigkeit, und da war er mit seinen Händen so hurtig darüber aus, daß er in weniger, als einer Viertelstunde schon beide Leichname verscharrt hatte. Dan wanderten Beide nach *Robinsons* Wohnung und erstiegen den Berg.

Lotte. Aber, Vater, nun war ja *Robinson* ein Mörder geworden.

Frizchen. I, das waren ja nur Wilde, die er umgebracht hatte; das thut nichts!

Lotte. Ja, es waren aber doch Menschen!

Vater. Allerdings waren sie das, Frizchen, und wild oder gesittet thut hier nichts zur Sache. Die Frage ist nur, ob er ein Recht dazu hatte, diese Unglüklichen umzubringen? Was meinst du, Johannes?

Johannes. Ich glaube, daß er recht daran that.

Vater. Und warum?

Johannes. Weil sie solche Unmenschen waren, und weil sie sonst den andern armen Wilden würden todt gemacht haben, der ihnen doch wohl nichts mogte zu Leide gethan haben.

Vater. Aber wie konte *Robinson* das wissen? Vielleicht hatte dieser den Tod verdient? Vielleicht waren diejenigen, die ihn verfolgten, Diener der Gerechtigkeit, die von ihrem Oberhaupte dazu befehliget waren. Und dan, wer hatte *Robinson* zum Richter über sie bestellt?

Nikolas. Ja, aber wenn er sie nicht getödtet hätte, so würden sie seine Burg gesehen haben, und dan hätten sie es den Andern wieder erzählt –

Gotlieb. Und denn wären sie alle gekommen und hätten den armen *Robinson* selbst umgebracht.

Frizchen. Und aufgefressen dazu!

Vater. Jezt seid ihr auf dem rechten Flekke; zu seiner eigenen Sicherheit must' er's thun, ganz recht! Aber ist man denn wohl berechtiget, um sein eigenes Leben zu retten, einen Andern umzubringen?

Alle. O ja!

Vater. Warum?

Johannes. Weil Gott wil, daß wir unser Leben erhalten sollen, so lange wir nur können. Wenn also einer uns umbringen wil, so muß es ja wohl recht sein, ihn erst umzubringen, damit er's wohl müsse bleiben lassen.

Vater. Allerdings, lieben Kinder, ist eine solche Nothwehr nach menschlichen und götlichen Gesezen recht, aber wohl gemerkt! – nur in dem einzigen Fal, *wenn ganz und gar kein anderes Mittel zu unserer eigenen Rettung übrig ist.* Haben wir hingegen Gelegenheit, entweder zu entfliehen, oder von Andern beschüzt zu werden, oder unsern Verfolger ausser Stand zu sezen, uns zu schaden: so ist ein Angrif auf sein Leben ein wirklicher Mord, und wird auch von der Obrigkeit, als ein solcher, bestraft.

Vergeßt nicht, lieben Kinder, Gott zu danken, daß wir in einem Lande leben, in welchem die Obrigkeit so gute Veranstaltungen zu unserer Sicherheit getroffen hat, daß unter hundert tausend Menschen höchst selten ein Einziger in die traurige Nothwendigkeit gerathen kan, von dem *Rechte der Nothwehr* Gebrauch machen zu müssen.

Genug für heute!

Sechzehnter Abend.

Nachdem die Geselschaft am folgenden Abend sich wieder versamlet hatte, und das Gewöhnliche *"ah! von Robinson! von Robinson!"* von Mund zu Mund geflogen war, fuhr der Vater in seiner merkwürdigen Erzählung folgendermaßen fort:

Das Schiksal unsers *Robinsons*, lieben Kinder, das uns allen so sehr am Herzen liegt, ist noch nicht entschieden. Er erstieg, wie wir gehört haben, mit seinem geretteten Wilden den Berg hinter seiner Wohnung; und da haben wir ihn gestern verlassen, ungewiß, was aus beiden weiter werden würde? Seine Lage war noch immer sehr gefährlich: denn was konte man wahrscheinlicher vermuthen, als daß die Wilden, so bald sie ihre unmenschliche Mahlzeit würden vollendet haben, ihren ausgebliebenen beiden Kameraden nachgehen und den entronnenen Gefangenen aufsuchen würden? Und thaten sie das, wie sehr stand dan nicht zu besorgen, daß sie *Robinsons* Wohnung entdekken, sie mit Gewalt erstürmen und ihn mit seinem Schuzgenossen zugleich abschlachten würden?

Robinson schauderte bei diesem Gedanken, indem er auf dem Gipfel des Berges hinter einem Baume stand, und den abscheulichen Freudensbezeugungen und Tänzen der wilden Unmenschen von ferne zusahe. Er überlegte in der Geschwindigkeit, was wohl am besten sei, zu fliehen? oder sich in seine Burg zu begeben? Ein Gedanke an Gott, den Beschüzer der Unschuld, gab ihm Kraft und

Muth das Leztere zu erwählen. Er kroch also, um nicht gesehen zu werden, hinter niedrigem Gesträuche bis zu seiner Strikleiter fort und befahl seinem Gefährten durch Zeichen ein Gleiches zu thun. Und so stiegen beide hinab.

Hier machte der Wilde große Augen, da er die bequeme und ordentliche Einrichtung der Wohnung seines Erretters sahe, weil er so was schönes in seinem ganzen Leben noch nicht gesehen hatte. Es war ihm ohngefähr eben so dabei zu Muthe, als wenn ein Landman, der nie aus seinem Dorfe gekommen ist, zum erstenmahle in einen Pallast geführt wird.

Robinson gab ihm durch Zeichen zu verstehen, was er von seinen grausamen Landsleuten für sich und ihn besorgte, und bedeutete ihm, daß er entschlossen sei, sein Leben bis auf den lezten Blutstropfen gegen sie zu vertheidigen. Der Wilde verstand ihn, machte ein grimmiges Gesicht, schwenkte das Beil, welches er noch in Händen hatte, einige mahl über dem Kopfe, und wandte sich darauf mit fürchterlichen Gebehrden drohend nach der Seite hin, wo seine Feinde waren, als wenn er sie zum Kampf heraus foderte, um durch dies alles seinem Schuzhern zu erkennen zu geben, daß es ihm gleichfalls nicht an Muthe fehle, sich tapfer gegen sie zu wehren. *Robinson* lobte seine Herzhaftigkeit, gab ihm einen Bogen nebst einem seiner Spiesse (denn er hatte deren nach und nach mehrere verfertiget) in die Hand und stelte ihn, als Schildwache, an ein kleines Loch, welches er mit Fleiß in der Baumwand gelassen hatte, und wodurch man den kleinen Zwischenraum übersehen konte, der das von ihm gepflanzte Gebüsch von der Baumwand trente. Er selbst stelte sich in seiner ganzen Rüstung an die andere Seite der Wand, wo er gleichfalls ein solches Wachtloch offen gelassen hatte.

In dieser Stellung hatten sie ohngefähr eine Stunde zugebracht, als sie plözlich durch ein wildes, aber noch ziemlich fernes Geschrei vieler Stimmen erschrekt wurden. Beide machten sich fertig zum Streit, und winkten einer dem andern zu, um sich gegenseitig aufzumuntern. Es wurde wieder stil; dan ertönte abermahls ein ähnliches Geschrei und zwar schon etwas näher, worauf von neuem eine fürchterliche Stille folgte. Jezt –

Lotte. O Vater, ich laufe weg, wenn sie kommen!

Frizchen. Fi! wer wolte wohl so eine feige Memme sein!

Gotlieb. Laß du nur, Lotte! *Robinson* wird sich schon wehren; davor ist mir gar nicht bange.

Lotte. Na, ihr solt sehen, sie werden ihn gewiß todt machen.

Johannes. O stille!

Vater. Jezt ließ sich ziemlich nahe eine einzige rauhe Stimme hören, die in das Gebüsch fürchterlich herein schrie und von dem Echo des Berges wiederhohlt wurde. Schon standen unsere muthigen Kämpfer bereit; schon hatte jeder seinen Bogen gespant, um dem Ersten der sich werde blikken lassen, einen Pfeil in den Leib zu schiessen. Ihre Augen funkelten von muthiger Erwartung und waren unverwandt auf diejenige Gegend des Gebüsches gerichtet, aus welcher die Stimme erschollen war. –

Hier hielt der Vater plözlich ein, und alle beobachteten ein erwartungsvolles Stilschweigen. Aber es erfolgte nichts. Endlich fragten ihn alle wie mit einem Munde: warum er denn nicht fortfahre? Und der Vater antwortete:

"Um euch abermahls eine Gelegenheit zu geben, eure Begierden bändigen zu lernen! Vermuthlich seid ihr jezt alle sehr neugierig, den Ausgang des fürchterlichen Kampfes zu wissen, der unserm *Robinson* bevorzustehen scheint; auch bin ich, wenn ihr es so wolt, sogleich bereit, ihn euch zu erzählen. Aber wie? wenn ihr freiwillig Verzicht darauf thätet? Wenn ihr eure Neugierde bekämpftet und die Befriedigung derselben bis auf Morgen verschöbet? Ihr solt indeß euren freien Willen haben; sprecht: wolt ihr? oder nicht?"

Wir wollen! Wir wollen! war die allgemeine Antwort, und so wurde die Fortsezung der Erzählung bis auf den folgenden Abend ausgesezt.

Jeder sezte unterdeß, bis zum Essen getrommelt wurde, seine gewöhnliche Handarbeit unter lehrreichen Gesprächen fort. Einige machten Körbe, andere Schnüre und wiederum andere entwarfen Risse zu einer kleinen Festung, die man nächsten Tages auf dem großen Hofraume anlegen wolte; und erst am folgenden Abend fuhr der Vater in der abgebrochenen Erzählung also fort:

Robinson und sein muthiger Bundsgenosse blieben in derjenigen kriegerischen Stellung, worin wir sie gestern verlassen haben, bis gegen Abend stehen, ohne fernerhin das Geringste zu sehen oder zu hören. Endlich ward es beiden sehr wahrscheinlich, daß die Wilden von ihrer vergeblichen Nachsuchung wohl müsten nachgelassen, und in ihren Kähnen sich wieder nach ihrer Heimath begeben haben. Sie legten also ihre Waffen nieder, und *Robinson* hohlte etwas von seinem Vorrathe zum Abendessen herbei.

Weil dieser merkwürdige Tag, der in der Geschichte unsers Freundes sich so vorzüglich auszeichnet, grade ein Freitag war; so beschloß er seinem geretteten Wilden den Nahmen desselben zu geben und nant' ihn also *Freitag*.

Robinson hatte jezt erst Zeit, ihn etwas genauer zu betrachten. Es war ein wohlgewachsener junger Mensch, ohngefähr zwanzig Jahr alt. Seine Haut war schwarzbraun und glänzend; sein Haar schwarz, aber nicht wolligt, wie das Haar der Mohren, sondern lang, seine Nase kurz, aber nicht flach; seine Lippen waren klein und seine Zähne weiß, wie Elfenbein. In beiden Ohren trug er allerhand Muschelwerk und Federn, worauf er sich nicht wenig einzubilden schien. Uebrigens gierig er nakt vom Kopf bis zu den Füßen.

Eine von den vorzüglichsten Tugenden unsers *Robinsons* war die *Schamhaftigkeit*. So groß daher auch sein Hunger war, so nahm er sich doch erst Zeit, für seinen nakten Hausgenossen aus einem alten Felle eine Schürze zu schneiden und sie durch Bindfaden zu befestigen. Dan gab er ihm zu verstehen, daß er sich neben ihm sezen solte, um das Abendbrod mit ihm zu essen. *Freitag* (denn so wollen wir ihn nun künftig auch nennen) näherte sich ihm mit allen ersinlichen Zeichen der Ehrerbietung und der Dankbarkeit, kniete alsdan vor ihm nieder, legte seinen Kopf abermahls plat auf die Erde, und sezte eben so, wie er es das erstemahl gemacht hatte, seines Befreiers Fuß auf seinen Nakken.

Robinsons Herz, welches die Freude über einen so lange gewünschten Geselschafter und Freund kaum fassen konte, hätte sich lieber durch Liebkosungen und zärtliche Umarmungen ergossen: aber der Gedanke, daß es zu seiner eigenen Sicherheit gut sei, den neuen Gastfreund, dessen Gemüthsart er noch nicht kante, eine Zeitlang in den Schranken einer ehrerbietigen Unterwerfung zu erhalten, bewog ihn, die Huldigung desselben, als etwas, welches ihm gebühre, anzunehmen, und eine Zeitlang den König mit ihm zu spielen. Er gab ihm also durch Zeichen und Gebehrden zu verstehen, daß er ihn zwar in seinen Schuz genommen habe, aber nur unter der Bedingung eines strengen Gehorsams: daß er sich also müsse gefallen lassen, alles das zu thun oder zu lassen, was er, sein Herr und König ihm zu befehlen oder zu verbieten für gut erachten wurde. Er bediente sich dabei des Worts *Katschike*, womit die wilden Amerikaner ihre Oberhäupter zu benennen pflegen, wie er sich glüklicher Weise erinnerte, einmahl gehört zu haben.

Mehr durch dieses Wort, als durch die damit verbundenen Zeichen, verstand *Freitag* die Meinung seines Herrn und äusserte seine Zufriedenheit darüber, indem er das Wort Katschike einige mahl mit lauter Stimme widerholte, dabei auf *Robinson* wies und sich von neuem ihm zu Füßen warf. Ja, um zu zeigen, daß er recht gut wisse, was es mit der königlichen Gewalt zu bedeuten habe, ergriff er den Spieß, gab ihn seinem Herrn in die Hand, und sezte die Spize desselben sich selbst auf die Brust, vermuthlich um dadurch anzuzeigen, daß er mit Leib und Leben in seiner Macht stehe. *Robinson* reichte ihm hierauf mit der Würde eines Monarchen freundlich die Hand zum Zeichen seiner königlichen Huld, und befahl ihm abermahls, sich zu lagern, um die Abendmahlzeit mit ihm einzunehmen. *Freitag* gehorchte; doch so, daß er sich zu seinen Füßen auf den flachen Boden niedersezte, indeß *Robinson* auf einer Grasbank saß.

Seht, Kinder, auf diese oder auf eine ähnliche Weise sind die ersten Könige in der Welt entstanden. Es waren Männer, die an Weisheit, an Muth und an Leibesstärke andern Menschen überlegen waren. Daher kamen diese zu ihnen, um sie zu bitten, sie gegen wilde Thiere, deren es anfangs mehr gab, als jezt, und gegen solche Menschen zu beschüzen, die ihnen Unrecht thun wolten. – Dafür versprachen sie dan, ihnen in allen Stükken gehorsam zu sein, und ihnen von ihren Heerden und von ihren Früchten jährlich etwas abzugeben, damit sie selbst nicht nöthig hätten, sich ihren Unterhalt zu erwerben, sondern sich ganz allein mit der Sorge für ihre Unterthanen beschäftigen könten. Diese jährliche Gabe, welche die Unterthanen dem König zu bringen, versprachen, nante man dan den *Tribut* oder die jährlichen *Abgaben*. So entstand die königliche Gewalt; so die Pflicht des Gehorsams und der Unterwürfigkeit gegen einen oder mehrere Menschen, in deren Schuz man sich begeben hat.

Robinson war also nunmehr ein wirklicher König, nur daß seine Herschaft sich nicht weiter, als über einen einzigen Unterthan und einige Lamas erstrekte; den Papagai mit einbegriffen. Seine Majestät geruhete indeß sich zu ihrem *Vasallen* so sehr herabzulassen, als es ihre Würde nur immer gestatten wolte.

Frizchen. Was ist das, ein Vasal?

Vater. Eben so viel, als Unterthan, lieber Friz. –

Nach aufgehobner Tafel geruhete seine Majestät in hohen Gnaden zu verordnen, wie es mit dem Nachtlager gehalten werden solte. Sie fand für gut, ihren Unterthan – der nun zugleich auch ihr erster *Staatsminister*, und ihr *Kammerdiener*, ihr *General* und ihre *Armee*, ihr *Kammerherr*, *Oberhofmarschal*, und *Kastelan* war, vor der Hand noch nicht in ihrer eigenen Höhle, sondern in ihrem Keller schlafen zu lassen, weil sie es für bedenklich hielt, ihr Leben und das Geheimniß des verborgenen Ausganges aus der Höhle einem Neuling anzuvertrauen, dessen Treue noch nicht geprüft und also auch noch nicht bewährt gefunden war. *Freitag* erhielt also die Anweisung, etwas Heu in den Keller zu tragen, um sich ein Lager daraus zu bereiten, indeß seine Majestät selbst, um mehrerer Sicherheit willen, alle Waffen in ihr eigenes Schlafgemach trug.

Dan geruhete sie im Angesicht ihres ganzen Reichs ein Beispiel von Herablassung und Demuth zu geben, welches vielleicht das Einzige in seiner Art ist. Ihr werdet darüber erstaunen, und ihr würdet es für unglaublich halten, wenn ich euch nicht versicherte, daß es in den Jahrbüchern der Regierung unsers *Robinsons* mit klaren Worten gelesen werde und durch dieselben schon längst weltkündig geworden sei. Könt ihr es glauben: *Robinson*, der Monarch, *Robinson*, der unumschränkte König und *Beherscher* der ganzen Insel, *Robinson*, der Herr über das Leben und den Tod aller seiner Unterthanen, verrichtete vor *Freitags* Augen das Amt einer Stalmagd, und *molk mit eigener hoher Hand, die im Hofraum befindliche Lama's*, um seinem Premierminister, dem er dies Geschäft künftig zu übertragen beschlossen hatte, zu zeigen, wie er es machen müsse! –

Hier hielt der Vater ein, um dem allgemeinen Gelächter Raum zu geben, welches dieser possierliche Umstand erregt hatte. Dan fuhr er folgendermaßen fort:

Freitag wuste noch nicht, was das, was er seinen Herrn verrichten sahe, zu bedeuten habe; denn sein und seiner Landsleute schwacher Verstand war noch nicht darauf verfallen, daß die Milch der Thiere wohl eine nahrhafte und gesunde Speise sei. Noch nie hatt' er Milch gekostet und war daher ganz entzükt über den angenehmen Geschmak derselben, da ihm *Robinson* davon zu kosten gab.

Nach alle dem, was beide an diesem Tage ausgestanden hatten, sehnten sie sich nun nach Schlaf und Ruhe. *Robinson* gebot daher seinen Vasallen zu Bette zu gehen; er selbst that ein Gleiches. Doch vergaß er nicht, ehe er sich schlafen legte, Gott für die Abwendung der Gefahren des Tages, und für die Zuführung eines menschlichen Gehülfen inbrünstig zu danken.

Siebzehnter Abend.

Johannes. Nun sol mich doch verlangen zu hören, was *Robinson* mit seinem *Freitag* alles vornehmen wird!

Diderich. O nun wird er schon viel mehr machen können, als vorher, weil er jezt einen Gehülfen hat!

Vater. Ihr werdet immer mehr sehen, Kinder, was für große Vortheile dem Menschen durch die *Geselligkeit* zufliessen, und wie viel Ursache wir also haben, Gott zu danken, daß er den Trieb nach Umgang und Freundschaft mit andern Menschen uns so tief eingepflanzt hat!

Das erste, was *Robinson* mit seinem *Freitag* am andern Morgen vornahm, war ein Gang nach der Stelle, wo die Wilden den Tag vorher ihre unmenschliche Siegesmahlzeit gehalten hatten. Im Hingehen kamen sie zu nächst an den Ort, wo die beiden von *Robinson* erschlagenen Wilden verschart lagen. *Freitag* zeigte seinem Herrn die Stelle, und ließ sich nicht undeutlich merken, daß er wohl Lust hätte, die todten Leiber wieder auszugraben, um eine Mahlzeit davon zu halten. Aber *Robinson* machte ein erschrekliches, Unwillen und Abscheu ausdrükkendes Gesicht, hob seine Lanze drohend empor, und gab ihm zu verstehen, daß er ihn auf der Stelle tödten wurde, sobald er sich jemahls wieder einfallen liesse, Menschenfleisch zu essen. *Freitag* verstand die Drohung, und unterwarf sich demüthig dem Willen seines Herrn, ohngeachtet er nicht begreifen konte, was er doch für Ursachen haben möge, ihm ein Vergnügen zu versagen, von dessen Abscheulichkeit er ganz und gar keinen Begrif hatte.

Jezt waren sie bei der Feuerstelle angekommen. Welch ein Anblik! Hier lagen Knochen, dort halb zernagte Fleischstükken von Menschen und an verschiedenen Stellen war der Boden mit Blut gefärbt. *Robinson* muste seine Augen davon abkehren. Er befahl *Freitag*, alles auf einen Haufen zu werfen, dan ein Loch in die Erde zu graben, und die traurigen Ueberbleifsel der Unmenschlichkeit seiner Landsleute darin zu verscharren; und *Freitag* gehorchte.

Robinson suchte unterdeß mit grosser Sorgfalt die Asche durch, ob nicht vielleicht ein Fünkchen Feuer mögte übrig geblieben sein? Aber umsonst. Es war gänzlich erloschen. Das war nun sehr traurig für ihn; denn nachdem der Himmel ihm einen Geselschafter verliehen hatte, blieb ihm vor der Hand fast nichts zu wünschen übrig, als – Feuer. Indem er nun mit gesenktem Kopfe da stand und mit traurigen Blikken die todte Asche betrachtete: machte *Freitag*, der ihm eine Zeitlang aufmerksam zugesehen hatte, einige ihm unverständliche Zeichen, ergrif darauf plözlich das Beil, rante wie der Wind nach dem Walde und ließ *Robinson*, der seine Absicht nicht begrif, vol Verwunderung über dieses plözliche Weglaufen zurük.

"Was ist das?" dacht' er, indem er vol Erstaunen ihm nachsahe. "Solte der Undankbare dich verlassen, dich sogar deines Beils berauben wollen? Solt' er grausam genug sein, sich deiner Wohnung zu bemächtigen, dich mit Gewalt davon ausschliessen, oder gar dich seinen unmenschlichen Landsleuten verrathen zu wollen?" – "Schändlich! Schändlich!" rief er aus, und ergrif von Unwillen, über eine so unerhörte Undankbarkeit entbrannt, den Spieß, um dem Verräther nachzulaufen und ihn zu hindern, seine schwarzen Anschläge auszuführen.

Schon hatt' er mit schnellen Schritten sich auf den Weg gemacht, als er plözlich *Freitag* in vollem Laufe wieder zurükkommen sahe. *Robinson* blieb betroffen stehen, und sahe mit Verwunderung, daß sein vermeinter Verräther im Herzulaufen eine handvol dürres Gras in die Höhe hielt, aus welchem Rauch empor stieg. Jezt faßt' es Flamme; *Freitag* warf es zur Erde, legte augenbliklich noch mehr troknes Gras und etwas Reisholz hinzu und *Robinson* sahe zu seinem freudigem Erstaunen in demselben Augenblikke ein helles, lustiges Feuer auflodern. Auf einmahl war ihm *Freitags* plözliches Weglaufen begreiflich; und vor Freude ausser sich fiel er ihm um den Hals, drükte und küßte ihn mit Inbrunst, und bat in Gedanken ihn tausendmahl um Verzeihung, daß er einen so ungegründeten Verdacht auf ihn geworfen hatte.

Nikolas. Aber wo mogte denn *Freitag* das Feuer her gekriegt haben?

Vater. Er war mit dem Beile in den Wald gerant, um von einem troknen Stamme zwei Holzstükke abzuhauen. Diese hatt' er so geschwind und so geschikt zu reiben gewust, daß sie sich entzündeten. Dan hatte er hurtig das glimmende Holz in etwas Heu gewikkelt, und war mit diesem Heu in der Hand so schnel, als möglich, davon gerant. Durch die geschwinde Bewegung gerieth das entzündete Heu in Flammen.

Fr. R. Da hat mir unser Freund *Robinson* einmahl wieder gar nicht gefallen!

Johannes. Warum nicht?

Fr. R. Darum nicht, daß er, ohne hinlängliche Anzeigen von *Freitags* Untreue zu haben, so gleich einen so schwarzen Argwohn gegen ihn faßte. Fi! wer wolte wohl so mistrauisch sein!

Johannes. Ja, es hätte aber doch wohl sein können, daß es wahr gewesen wäre, was er besorgte; und da must' er sich doch vor ihn in Acht nehmen!

Fr. R. Versteh' mich recht, lieber Johannes! daß der Gedanke an Freitags *mögliche* Untreue ihm einfiel, verdenk' ich ihm nicht; auch das nicht, daß er ihm nachlief, um ihn zu hindern, *fals* er etwas wider ihn im Schilde führen solte: denn diese Vorsichtigkeit gegen einen noch unbekanten Menschen war allerdings nöthig und gut. Aber das verdenk ich ihm, daß er diesen Argwohn nun gleich für gegründet hielt, daß er in Leidenschaft gerieth und, von Unwillen entbrannt, sich gar nicht einfallen ließ, daß *Freitag* doch wohl unschuldig sein könte. – Nein! so weit muß unser Mistrauen gegen andere Menschen niemahls gehen, wenn wir nicht die gewissesten Beweise ihrer Untreue in Händen haben. *In zweifelhaften Fällen muß man von Andern immer das Beste, nie das Schlimste, vermuthen.*

Vater. Eine gute Regel! Merkt sie euch, Kinder, und richtet euch darnach. –

Nun, unser *Robinson* war, wie gesagt, vor Freuden ausser sich, da er seinen Argwohn zernichtet und sich nun auf einmahl wieder im Besiz des so lange entbehrten und so sehnlich gewünschten Feuers sahe. Lange weidete er seine Augen an den auflodernden Flammen und konte sich nicht sat daran sehen. Endlich nahm er einen glühenden Feuerbrand und lief damit, von *Freitag* begleitet, nach seiner Wohnung.

Hier macht' er augenbliklich ein helles Feuer in seiner Küche an, legte einige Kartoffeln dazu und flog darauf, wie der Wind, nach seiner Heerde, um ein junges Lama zu holen. Dieses wurde augenbliklich geschlachtet, abgestreift, zerlegt und ein Viertel davon an den Spieß gestekt. *Freitag* wurde zum Bratenwender bestellt.

Unterdeß daß dieser sein Amt verrichtete, schnit *Robinson* ein Bruststük ab, und legt' es wohl gewaschen in einen seiner Töpfe. Dan schält' er einige Kartoffeln, zerstampfte zwischen zweien Steinen eine Handvol Maiz zu Mehl that beides zu dem Fleisch im Topf und goß so viel reines Wasser darauf, als ihm nöthig zu sein schien. Auch vergaß er nicht etwas Salz dazu zu werfen, und dan sezt' er diesen Topf gleichfalls an das Feuer.

Lotte. Ich weiß schon, was er davon machen wolte! – Suppe!

Vater. Ganz recht; – eine Speise, die er nun wenigstens in acht Jahren nicht genossen hatte! Ihr könt denken, wie der Mund ihm darnach wässern muste!

Freitag machte bei diesen Zurüstungen grosse Augen, weil er noch nicht begreifen konte, wozu das alles solte? Vom *Kochen* hatt' er nie etwas gehört oder gesehen; er wuste daher auch schlechterdings nicht zu errathen, was das Wasser im Topfe bei dem Feuer machen solle? Als nun *Robinson* auf einige Augenblikke in seine Höhle gegangen war, und das Wasser im Topfe zu kochen anfing: stuzte *Freitag*, weil es ihm unbegreiflich war, was doch wohl das Wasser auf einmahl in Bewegung sezen mögte? Da es aber vollends aufbrausete und von allen Seiten anfing überzulaufen, gerieth er auf den närrischen Einfal, daß vielleicht irgend ein lebendiges Thier darin sei, welches diese plözliche Bewegung verursachte; und um zu verhüten, daß dieses Thier nicht alles Wasser aus dem Topfe heraus drengte: stekt' er hurtig seine Hand hinein, um es zu fangen. Aber in eben demselben Augenblikke fing er ein so entsezliches Geschrei an, daß die Felsenwand der Höhle davon erbebte.

Angst und Schrekken ergriffen unsern armen *Robinson*, da er dies gewaltige Geschrei vernahm, weil er in dem ersten Augenblikke nichts anders vermuthen konte, als daß die Wilden da wären und seinen Freitag schon gepakt hätten. Furcht und Selbstliebe riethen ihm, sich durch seinen verborgenen unterirdischen Gang auf die Flucht zu begeben, um sein eigenes Leben zu retten. Aber er verwarf diesen Einfal augenbliklich wieder, weil er es mit Recht für schändlich hielt, seinen neuen Hausgenossen und Freund im Stiche zu lassen. Ohne sich also länger zu besinnen, stürzt' er aus der Höhle hervor, fest entschlossen, für *Freitags* abermahlige Befreiung aus den Händen der Unmenschen Blut und Leben zu wagen.

Fr. B. So gefälst du mir, Freund *Robinson*!

Vater. Er stürzte also hervor, das Beil in der Hand: aber – wie erstaunt' er nicht, da er Freitag ganz allein, wie einen Unsinnigen mit unaufhörlichen Geschrei herumtanzen und die allerseltsamsten Gebehrden machen sahe. Lange stand er, wie verduzt, und wuste nicht, was er davon denken solte? Endlich kam es zu Erklärungen, und da erfuhr er denn durch Zeichen, daß das ganze Unheil nur darin bestehe, daß *Freitag* sich die Hand ein wenig verbrant habe.

Diesen zu beruhigen, kostete ihm nicht wenig Mühe. Damit ihr aber begreifen möget, (was *Robinson* erst ein Jahr nachher, da *Freitag* mit ihm reden konte, begrif) warum er, um einer solchen Kleinigkeit willen, einen so entsezlichen Lerm machte und sich so wunderlich gebehrdete: so muß ich euch erst sagen, was unwissende, in ihrer Jugend nicht unterrichtete Menschen zu denken pflegen, wenn ihnen etwas begegnet, wovon sie die Ursache nicht einzusehen vermögen.

Diese armen einfältigen Menschen gerathen nemlich alsdan fast immer auf den Gedanken, daß irgend ein unsichtbares Wesen, ein Geist, die Ursache von demjenigen sei, was sie nicht begreifen können; und sie meinen, daß dieser Geist eine solche Wirkung auf Befehl irgend eines Menschen thue, dem er dienstbar geworden sei. Einen solchen Menschen, dem sie diese Herschaft über einen oder mehrere Geister zutrauen, nennen sie dan einen *Zauberer* oder *Hexenmeister*, und wenn's ein Frauenzimmer ist, eine *Zauberin* oder *Hexe*.

Wenn zum Beispiel einem armen unwissenden Landmann plözlich ein Pferd oder eine Kuh krank wird, ohne daß ihm die Ursache dieser Krankheit bekant ist: so geräth er leicht auf den dummen Gedanken, daß irgend ein Hexenmeister oder eine Hexe im Dorfe sei, die sein Pferd oder seine Kuh *bezaubert*, das heißt, durch Hülfe eines unsichtbaren bösen Geistes krank gemacht hätten. Da giebt's denn gemeiniglich auch einen listigen und boshaften Betrüger, der sich der Unwissenheit und des Aberglaubens dieser armen Leute zu Nuze macht, um Geld von ihnen zu ziehen. Ein solcher Betrüger bestärkt sie darauf in ihrem Aberglauben; weiß sich eine wichtige Miene zu geben; sagt, sie hätten ganz recht, das Thier wäre wirklich behext; aber, wenn sie ihm nur so oder so viel Geld geben wolten, so wäre er im Stande, das Thier wieder zu *entzaubern*, oder den Zauberer und den bösen Geist zu zwingen, davon abzulassen. Das thun denn diese einfältigen Leute, und der *Teufelsbanner* (so nennen sie den Betrüger) macht dafür allerlei närrische Gaukeleien. Wird das Vieh dan etwa zufälliger Weise wieder gesund: so schwören sie darauf, daß es wirklich behext gewesen, aber von dem *klugen Manne* (so pflegen sie den Betrüger auch wohl zu nennen) wieder entzaubert worden sei. Stirbt das Vieh aber doch; nun so hat der kluge Man tausend Ausreden, wodurch er dem Volke begreiflich zu machen weiß, warum seine Bannung ohne seine Schuld fruchtlos geblieben sei.

Je dummer die Menschen sind, desto mehr sind sie diesem schädlichen Aberglauben ergeben. Ihr könt also denken, daß er vornemlich unter den Wilden im Schwange gehen muß. Alles, was diese mit ihrem einfältigen Verstande nicht begreifen können, das schreiben sie den Wirkungen böser Geister zu; und dies war der Fal worin sich unser *Freitag* jezt befand.

Nie hatt' er gehört oder erfahren, daß man Wasser heiß machen könne; nie hatt' er auch gefühlt, wie es thut, wenn man die Hand in kochendes Wasser stekt: er konte also auch schlechterdings nicht begreifen, woher die so sehr schmerzhafte Empfindung komme, die ihn plözlich überfiel, so bald das kochende Wasser seine Hand berührte. Er glaubte also steif und fest, daß es mit Zauberei zugehe und daß sein Herr ein Hexenmeister sei.

Nun, Kinder, – macht euch nur darauf gefaßt, – es wird euch künftig auch wohl einmahl eins und das Andere vorkommen, dessen Ursache ihr nicht werdet begreifen können. Ihr werdet Taschenspieler und Gaukler sehen, die wunderseltsame Dinge machen können, die z. B. *dem Scheine* nach, einen Vogel in eine Maus verwandeln, einen geköpften Vogel wieder lebendig machen können u. s. w. ohne, daß ihr bei der größten Aufmerksamkeit im Stande seid, die Gaukelei zu entdekken; wenn euch denn auch etwa der Gedanke anwandeln solte: *das geht nicht mit rechten Dingen zu; das muß ein Hexenmeister sein!* so erinnert euch unsers *Freitags* und seid versichert, daß es euch eben so, wie ihm geht, daß ihr nemlich aus Unwissenheit etwas für uebernatürlich haltet, was im

Grunde sehr natürlich zu geht. Um euch noch mehr darauf vorzubereiten, wollen wir euch gelegentlich einige solcher Taschenspielerkünste erklären, damit ihr von diesen auf andere schliessen könt.

Es kostete, wie gesagt, viele Mühe, den armen Freitag zu beruhigen und ihn zu bewegen, sich wieder zu dem Braten zu sezen, um ihn zu wenden. Zwar that er dies endlich, aber den Topf sah er noch immer mit Grausen und seinen Herrn, den er nun für ein unmenschliches Wesen hielt, mit furchtsamer Ehrerbietung an. In diesem Glauben bestärkte ihn die europäische weisse Gesichtsfarbe und der lange Bart desselben, wodurch er ein ganz anderes Ansehen erhielt, als *Freitag* nebst seinen schwarzbraunen und unbärtigen Landsleuten hatten.

Nikolas. Haben denn die Wilden in *Amerika* keinen Bart?

Vater. Nein! man hat daher fast durchgängig geglaubt, daß die Natur den Amerikanischen Männern den Bart versagt habe: jezt aber wil man bemerkt haben, daß sie ihn blos deswegen nicht haben, weil sie die Haare des Kinnes, so bald sie hervorwachsen, sorgfältig auszuraufen pflegen.

Suppe, Kartoffeln und Braten waren jezt gar. Da es an Löffeln fehlte, so goß *Robinson* zwei Portionen Suppe in zwei andere Töpfe, um sie aus diesen zu trinken. Aber *Freitag* war durchaus nicht zu bewegen, einen derselben anzunehmen, weil er die Suppe für einen Zaubertrank hielt; und es schauderte ihn, da er *Robinson* ansezen, und die bezauberte Brühe trinken sahe. Von dem Braten hingegen und von den Kartoffeln aß auch er mit großem Wohlgefallen.

Wie sehr der Genuß warmer und nahrhafter Speisen unsern *Robinson* erfreuen muste, könt ihr euch vorstellen. Er vergaß darüber aller ausgestandnen Mühseeligkeiten der verflossenen kümmerlichen Jahre, vergaß, daß er noch immer auf seiner Insel sei, glaubte in ein ander Land, glaubte wieder mitten in Europa versezt zu sein. So weiß die gütige Vorsehung die Wunden unsers Herzens, die sie zu unserm Besten schlug, und die wir in der Empfindung des Schmerzens für unheilbar hielten, oft in einem einzigen Augenblikke durch den Balsam unverhofter Freuden gänzlich wieder zu heilen! Ob übrigens *Robinson* im Genuß dieser neuen Gottesgaben auch an den Geber derselben mit Lieb' und Dankbarkeit gedacht habe, brauch ich euch wohl nicht erst zu sagen.

Nach der Mahlzeit lagert' er sich in seinem Gedankenwinkel, um über die glükliche Veränderung seines Zustandes ernsthafte Betrachtungen anzustellen. Alles hatte nun eine andere, viel angenehmere Gestalt für ihn gewonnen. Sein Leben war nun nicht mehr einsam; er hatte einen Geselschafter, mit dem er jezt zwar noch nicht reden konte, aber dessen bloße Geselschaft ihm doch schon jezt zum Troste und zur Hülfe gereichte; er hatte wieder Feuer und der wohlschmekkenden und gesunden Nahrungsmittel genug, um die Bedürfnisse des Gaums und des Magens hinlänglich befriedigen zu können. "Was kan dich, dacht' er, nun noch hindern, vergnügt und unbekümmert zu leben? Geneuß also der mannigfaltigen Wohlthaten des Himmels; iß und trink von deiner Heerde und von den Früchten des Landes das Beste, (denn du hast ja Ueberfluß an allem) und halte dich nun durch Ruhe und gutes Essen und Trinken schadlos für die ausgestandnen Mühseeligkeiten und den Mangel der verflossenen Jahre! Dein *Freitag* mag für dich arbeiten; er ist jung und stark und du hast es ja um ihn verdient, daß er dein Knecht sei." Hier stokten seine Gedanken; denn es kam ihnen eine andere Betrachtung in die Queer.

"Aber wie? dacht' er, wenn deine ganze gegenwärtige Glükseeligkeit einmahl wieder ein Ende nähme? Wenn *Freitag* stürbe? Wenn dein Feuer abermahls erlöschte?" Ein kalter Schauder lief ihm bei diesem Gedanken durch alle Glieder.

"Und dacht' er weiter, wenn du durch ein weichliches und wollüstiges Leben dich dan so verwöhnt hättest, daß es dir unmöglich fiele, zu der Härte und Armseeligkeit deiner vorigen Lebensart zurük zu kehren? Und wenn du dennoch, dazu zurük zu kehren, gezwungen würdest?" Er stieß einen tiefen Seufzer aus.

Dan dacht' er weiter: "Wem hast denn du es vornemlich zu zuschreiben, daß du durch Gottes Hülfe manche Schwachheit und Untugend abgelegt hast, die dir vorher eigen waren? Nicht wahr, lediglich der *arbeitsamen und mäßigen Lebensart*, die du bisher zu führen gezwungen warest? Und du wolltest nun durch Müßiggang und sinliches Wohlleben dich in Gefahr sezen, der Gesundheit des Leibes und des Geistes, welche Mäßigkeit und Arbeitsamkeit dir verliehen haben, wieder verlustig zu werden? da sei Gott vor!" dacht' er, sprang von seinem Lager auf und ging mit hastigen Schritten in seinem Hofraume auf und nieder. *Freitag* trug unterdeß die übrig gebliebenen Speisen in den Keller und ging, auf *Robinsons* Befehl, die Lama's zu melken.

Robinson fuhr in seiner Betrachtung also fort: "Und, dacht' er, wenn du von nun an ein ruhiges und schwelgerisches Leben führtest, wie lange würd' es dauern, daß du aller überstandenen Noth, und der väterlichen Hülfe, die dein lieber Gott bis hieher dir geleistet hat, vergessen würdest? Wie bald würdest du übermüthig, trozig, gottvergessen werden? Schreklich! schreklich!" rief er aus und fiel auf seine Knie, um Gott zu bitten, daß er ihn doch ja vor diesem abscheulichen Undanke bewahren mögte.

Noch stand er einige Minuten im tiefen Nachdenken; dan faßte seine Sele folgende mänliche und wahrhaftig heilsame Entschliessung:

"Ich wil, dacht' er, der neuen götlichen Wohlthaten zwar geniessen; aber immer mit der größten Mäßigkeit. Die einfachsten Speisen sollen auch künftig meine Nahrung sein, so groß und mannigfaltig mein Vorrath auch immer sein mag. Meine Arbeiten will ich eben so unverdrossen und eben so ununterbrochen fortsezen, als bisher, ohngeachtet sie nicht mehr eben so nothwendig sein werden. An einem Tage einer jeden Woche, und dies sei der Sonnabend, wil ich von eben den rohen Speisen leben, die mich bis hieher ernährt haben, und den lezten Tag eines jeden Monats wil ich eben so einsam hinbringen, als ich die ganze verflossene Zeit meines hiesigen Aufenthalts habe hinbringen müssen. *Freitag* sol dan jedesmahl einen Tag und eine Nacht sich fern von mir in meinem Sommerpallast aufhalten."

Er empfand, nachdem er diese tugendhaften Vorsäze gefaßt hatte, die reine himlische Freude, welche jedes Bestreben unsers Geistes nach grösserer Volkommenheit allemahl zu begleiten pflegt. Seine Stirn glühete, sein Herz empfand schon zum voraus die seeligen Folgen dieser freiwilligen Aufopferungen und schlug lebhafter; es war ihm unaussprechlich wohl zu Muthe. Aber er kante nun schon die Wankelmüthigkeit des menschlichen Herzens, auch seines Herzens, und sahe daher voraus, wie leicht es möglich sei, daß er dieser seiner guten Vorsäze wieder vergessen könte. Er glaubte daher, daß es nicht undienlich sein werde, wenn er sich irgend ein *sinliches Merkzeichen* machte, bei dessen Anblik er sich täglich wieder daran erinnern könte. In dieser Absicht ergrif er sein Beil und hieb in die Felsenwand über dem Eingange zu seiner Höhle die beiden Worte ein: *Arbeitsamkeit* und *Mäßigkeit*.

Nun Kinder, ich geb' euch bis Morgen Zeit, über diesen lehrreichen Umstand in unsers Freundes Leben nachzudenken, ob vielleicht etwas darin sei, welches ihr zu eurem Besten nachmachen köntet. Wenn wir wieder zusammen kommen, solt ihr mir eure Gedanken darüber mittheilen, so wie ich euch die Meinigen sagen werde.

Achtzehnter Abend.

Am folgenden Tage war ein Flüstern und Zischeln und eine Bewegung unter dem kleinen Volke, daß man wohl merken konte, es sei irgend etwas Wichtiges unter ihnen auf dem Tapet. Indeß konte man doch nicht erfahren, was es eigentlich sei, bis die Stunde zur Robinsonserzählung geschlagen hatte. Aber da entstand auch ein Zulaufen und ein Andrängen um den Vater herum, daß dieser sich auf die Grasbank fluchten mußte, um nicht zerdrükt zu werden.

Vater. Nun, was gibt's, was gibt's denn?

Alle. Eine Bitte! lieber Vater! Eine Bitte!

Vater. Und was denn für eine?

Alle auf einmahl. O ich mögte – o ich wolte gern – o und ich –

Vater. Sch! – ja, da versteh ich kein Wort, wenn ihr alle zugleich sprechen wolt. Rede einer nach dem Andern! Diderich, fange an!

Diderich. Ich und Nikolas und Johannes wolten bitten, daß es uns erlaubt wäre, morgen Mittag nicht zu essen.

Gotlieb. Und ich, und Frizchen und Lotte wolten bitten, daß wir Morgen zum Frühstük nur ein Bischen trokken Brod und den Abend gar nichts essen dürften.

Vater. Und warum das?

Johannes. Ja, wir wollen uns auch gern überwinden lernen.

Nikolas. Und wolten uns üben, ein Bischen Hunger zu ertragen, damit es uns nicht sauer ankomme, wenn wir einmahl hungern müssen.

Gotlieb. Ja, und denn wolten wir Vater auch noch bitten, daß es uns erlaubt sein mögte, Morgen Abend nicht zu Bette zu gehen und die ganze Nacht einmahl zu wachen.

Vater. Und warum denn das?

Gotlieb. I, weil es doch auch wohl einmahl kommen kan, daß wir wachen müssen; damit es uns denn nicht zu schwer werde.

Vater. Ich freue mich, Kinder, daß ihr die Nothwendigkeit einsehet, sich zuweilen etwas Angenehmes mit Fleiß zu entziehen, um den Mangel desselben, wenn es sein muß, ertragen zu lernen. Das macht stark an Leib und Sele. Eure Bitte sei euch also gewährt, doch unter der Bedingung, daß ihr es recht gern thut, daß ihr vergnügt dabei seid, und daß ihr es frei heraus sagt, wenn's euch zu schwer fallen solte.

Alle. O es wird uns gewiß nicht zu schwer fallen.

Fr. R. Ich folge eurem Beispiel, ihr Kleinen, und faste Morgen Abend auch.

Fr. B. Und ich dem Eurigen, ihr Grössern; wir fasten zusammen Morgen Mittag, und die Nachtwache halt' ich mit euch Allen!

Vater. Bravo! Bravo! – Nun, ich werde doch nicht allein zurükbleiben auf dem Wege zum Guten? – Hört, wozu ich mich entschlossen habe!

Ihr wißt, daß ich in meiner Jugend sehr verwöhnt worden bin. Man hat mir Kaffee und Thee, Bier und Wein zu trinken gegeben. Aus eigener Narheit habe ich als Jüngling mir den Schnupftabak und Rauchtabak angewöhnt. Das Alles schwächt nun den Körper gar sehr und giebt uns so viel Bedürfnisse, daß uns alle Augenblikke etwas fehlt und macht daß wir unzufrieden sind, wenn wir es nicht haben können. Ich habe oft Kopfschmerzen; vermuthlich würd' ich sie nicht haben, wenn ich nicht von Jugend auf an warme und erhizende Getränke wäre gewöhnt worden. Dies und das Beispiel unsers *Robinsons* hat mich dan zu der Entschliessung gebracht, von nun an auf Alles dies Verzicht zu thun. Also von heute an, rauche und schnupfe ich keinen Tabak mehr; von heute an, trinke ich keinen Thee, keinen Kaffe, kein Bier und keinen Wein mehr, ausser an Geburtstagen und andern Freudenfesten, da wir gemeinschaftlich ein wenig Wein trinken wollen, um uns auch über diese Gottesgabe zu freuen und dem Geber derselben dafür zu danken.

Es wird mir sauer werden, dies Gelübde zu erfüllen, weil ich schon so lange verwöhnt gewesen und nun schon so alt bin. Aber mag's! desto grösser wird auch nachher meine Freude sein, wenn ich's doch werde erfült haben. Auch die Leute werden viel dawider einzuwenden haben; der Eine wird sagen: "der wil den Sonderbaren machen, wil dem *Diogenes* nachäffen!" Der Andere: "der Man ist hipochondrisch, findet ein Vergnügen daran sich selbst zu quälen!" So werden die guten Leute sprechen; aber, lieben Kinder, wenn man etwas thun wil, was vor Gott und vor unserm eigenen Gewissen recht und gut ist, so muß man niemahls fragen: was werden die Leute dazu sagen? man muß vielmehr die Leute sagen lassen, was sie wollen, und selbst thun, was man als recht erkant hat. Auch die Aerzte werden den Kopf über mich schütteln, werden mir, ich weiß nicht was für Krankheiten profezeihn, weil ich aufhören wil krank an Leib und Seele zugleich zu sein: aber, lieben Kinder, wenn man Herz genug hat, auf den Weg der Natur zurük kehren zu wollen, so muß man nicht die Aerzte um Rath fragen, welche selbst davon abgewichen sind.

Ich habe geglaubt, daß es gut wäre, euch dies Alles vorher zu sagen, damit ihr aus meinem Beispiele lernen mögtet, *daß man viel kan, wenn man viel wil*, und daß keine böse Gewohnheit so stark sei, daß wir sie mit Gottes Hülfe nicht solten überwinden können, wenn es nur ein rechter Ernst damit ist. –

Nun, Kinder, zum Anfang werden diese Uebungen in der Enthaltsamkeit und Selbstbekämpfung, die wir jezt beschlossen haben, schon hinreichend sein. Haben wir diese glüklich überstanden, so wird uns jede folgende Uebung leichter werden. Also – es bleibt dabei, jeder thut, wozu er sich freiwillig entschlossen hat; und nun wieder zu unserm *Robinson*!

Der Zustand desselben, war jezt glüklicher, als er, seit seiner Ankunft auf dieser Insel, jemahls gewesen war. Die einzige große Sorge, die ihn jezt nur noch beunruhigte, war die, daß die Wilden vielleicht bald zurük kommen wurden, um ihre zurükgebliebenen Gefährten aufzusuchen, und daß es dan leicht zwischen ihm und ihnen wieder zu blutigen Händeln kommen dürfte. Er zitterte vor dem Gedanken, abermahls in die Nothwendigkeit versezt zu werden, Menschenblut vergiessen zu müssen, und sein eigenes zweifelhaftes Schiksal machte ihn nicht weniger bekümmert.

Bei diesen Umständen erfoderte die Pflicht der Selbsterhaltung, auf seine eigene Sicherheit, so viel möglich, bedacht zu sein. Schon längst hatt' er den Wunsch gehegt, seine Burg zu einer ordentlichen kleinen Festung machen zu können: aber so lange er noch allein war, schien ihm die Ausführung dieses Anschlages unmöglich zu sein. Jezt aber, da er zwei Arme mehr hatte, kont' er so was schon unternehmen. Er stelte sich also auf den Gipfel des Berges, von wannen er den ganzen Plaz übersehen konte, um den Plan dazu zu machen. Dieser war auch bald entworfen. Er durfte nur ausserhalb der Baumwand rund um seine Burg herum einen etwas breiten und tiefen Graben aufwerfen, und den inwendigen Rand desselben mit *Pallisaden* bepflanzen?

Frizchen. Was sind das Pallisaden?

Johannes. O du kannst auch leicht wieder was vergessen! Weißt du nicht mehr, die spizigen Pfäle, die Vater um das eine Ravelin an unserer kleinen Festung so dicht neben einander gepflanzt hat, – na! das sind Pallisaden.

Frizchen. Ach ja! – Nu nur weiter!

Vater. In diesen Graben beschloß er die kleine Quelle zu leiten, die ohnweit seiner Wohnung entsprang, und zwar so, daß ein Theil des Bachs mitten durch seinen Hofraum flösse, damit es ihm, in Fall einer ordentlichen Belagerung, nicht an Wasser fehlen mögte.

Es hielt schwer, alles dies seinem *Freitag* durch Zeichen verständlich zu machen. Indeß glükt' es ihm endlich damit; und *Freitag* lief darauf nach dem Gestade, um allerlei Werkzeuge zum Graben und Schaufeln, nemlich grosse Muscheln und platte scharfe Steine zu suchen. Dan sezten beide sich in Arbeit.

Ihr könt denken, daß dies abermahls kein leichtes Geschäft gewesen sei. Der Graben muste, wenn er etwas helfen solte, wenigstens drei Ellen tief und zum mindesten vier Ellen breit sein. Die Länge desselben mogte sich leicht auf 80 bis 100 Schritte belaufen. Und dazu kein eisernes Werkzeug, keine Hakke, keinen Spaten, keine Schaufel zu haben! Denkt einmahl nach, was das sagen wolle! Der Pallisaden bedurfte man beinahe 400 Stük; und diese blos mit einem einzigen steinernen Beile behauen und zuspizen zu wollen: in der That kein leichtes Unternehmen! Und dan, so muste auch noch von der Quelle bis zu diesem Graben ein beinahe eben so tiefer Kanal gegraben werden, um das Wasser herzuleiten; und zwischen diesem Quel und der Wohnung war noch oben drein eine Anhöhe, welche durchgestochen werden muste!

Aber alle diese Schwierigkeiten schrekten unsern entschlossenen Freund nicht ab. Durch ein mässiges und immer arbeitsames Leben war auch sein Muth zu jeder wichtigen Unternehmung viel grösser geworden, als er bei weichlichen, im Müssiggang und Wohlleben aufgewachsenen Menschen zu sein pflegt. *Mit Gott und gutem Muth!* war der Wahlspruch, mit welchem er jedes wichtige Geschäft anfing; und wir wissen schon, daß er dan auch nicht eher nachließ, als bis das Werk geendiget war,

So also auch jezt. Beide, er und *Freitag*, arbeiteten täglich vom frühen Morgen bis zum späten Abend mit Lust und Eifer, und es war daher erstaunlich, wie viel sie, ihrer armseeligen Werkzeuge ungeachtet, an jedem Tage vor sich brachten. Zum Glük wehete zwei Monate hinter einander ein solcher Wind, der es den Wilden unmöglich machte, *Robinsons* Insel zu besuchen. Es war also auch, während der Arbeit, kein Ueberfal von ihnen zu besorgen.

Indeß nun *Robinson* so arbeitete, war er nebenbei bemüht, seinen Gehülfen nach und nach so viel von der deutschen Sprache zu lehren, daß er ihn verstehen könte, wenn er mit ihm redete; und dieser war so gelehrig, daß er in kurzer Zeit schon recht viel davon begriffen hatte. *Robinson* macht' es dabei eben so, wie wir es mit euch zu machen pflegen, wenn wir euch lateinisch oder französisch lehren; er zeigte ihm immer das Ding, wovon er redete und dan sprach er den Nahmen desselben laut und deutlich aus. Wenn er aber von Sachen redete, die er ihm nicht zeigen konte, so machte er so vernehmliche Mienen und Gebehrden dazu, daß ihn *Freitag* doch wohl verstehen mußte. So lernte dieser, noch ehe ein halbes Jahr verstrich, so viel Deutsch, daß beide sich ihre Gedanken schon so ziemlich mittheilen konten.

Ein neuer Zuwachs von Glükseeligkeit für unsern *Robinson*! Bisher hatt' er an *Freitag* nur einen stummen Gehülfen gehabt; nun ward er fähig, sein wirklicher Geselschafter, sein Freund zu werden. O wie verschwand nun gegen diese Freude das geringere Vergnügen, welches vorher das gedankenlose Geschwäz des Papagaien ihm verursacht hatte!

Freitag bewies sich immer mehr und mehr als einen gutherzigen, treuen jungen Menschen, in dem kein Falsch war; und schien seinem Herrn mit der aufrichtigsten Liebe zugethan zu sein. Daher gewan denn auch dieser ihn von Tage zu Tage lieber, und trug nach einiger Zeit gar kein Bedenken mehr, ihn neben sich in seiner eigenen Höhle schlafen zu lassen.

In weniger, als zwei Monaten, war die Grabenarbeit fertig geworden, und nun konten sie jeden Anfal der Wilden ziemlich ruhig erwarten. Denn ehe einer derselben über den Graben kommen und die Pallisaden ersteigen konte: war es ihnen leicht, ihn entweder mit Pfeilen zu erschiessen, oder mit den langen Spiessen zu erstechen. Für ihre Sicherheit war also nun wohl hinlänglich gesorgt.

Eines Tages, da *Robinson* und *Freitag* eine nahe am Strande liegende Anhöhe erstiegen hatten, von der sie weit ins Meer hinaus sehen konten: gukte Freitag sehr scharf nach der Gegend hin, wo man, wie wohl nur ganz dunkel, einige ferne Inseln liegen sahe. Auf einmahl fieng er an vor Freuden zu hüpfen und zu springen und allerlei seltsame Gebehrden zu machen. Auf *Robinsons* Frage: was ihn ankomme? rief er freudig aus, indem er fortfuhr zu tanzen: *lustig! lustig! dort ist meine Heimath! Dort wohnt meine Nazion!*

Aus dem glühenden Gesicht und den funkelnden Augen, womit er dies ausrief, leuchtete eine recht große Liebe zu seinem Vaterlande und der Wunsch hervor, wieder dahin zu kommen.

Diese Bemerkung war seinem Herrn gar nicht angenehm, ohngeachtet es sehr lobenswürdig an Freitag war, daß er sein Vaterland mehr, als andere Länder und seine zurükgelassene Freunde und Anverwandte noch zärtlicher, als jeden andern Menschen, liebte. *Robinson*, der daher Anlaß nahm, zu besorgen, daß er ihn bei Gelegenheit, um seiner Landsleute willen, wohl einmahl verlassen könte, versuchte, ihn darüber auszufragen. Er fing also folgendes Gespräch mit ihm an, woraus ihr den ehrlichen Freitag noch besser werdet kennen lernen.

Robinson. Hättest du denn wohl Lust, wieder unter deinen Landsleuten zu leben?

Freitag. Ach ja! ich wolte recht froh sein, wenn ich wieder bei ihnen wäre!

Robinson. Du wolltest vielleicht wieder Menschenfleisch mit ihnen essen?

Freitag. (Ernsthaft) Nein! ich wolte sie lehren, daß sie nicht mehr so wild leben, daß sie Fleisch von Thieren und Milch, aber keine Menschen mehr essen solten.

Robinson. Aber wenn sie dich selbst aufäßen?

Freitag. Das werden sie nicht!

Robinson. Aber sie essen doch Menschenfleisch?

Freitag. Ja, aber nur das Fleisch ihrer getödteten Feinde.

Robinson. Köntest du denn wohl einen Kahn machen, worin man hinüberfahren könte?

Freitag. O ja!

Robinson. Nun, so mache dir einen, und fahre nur immer hin zu ihnen.

Hier sahe *Freitag* auf einmahl ganz ernsthaft und traurig vor sich nieder.

Robinson. Nun, was ist dir? Worüber wirst du traurig?

Freitag. Ich bin traurig, daß mein lieber Herr böse auf mich ist.

Robinson. Böse? Wie das?

Freitag. Ja, weil er mich von sich wegschikken wil.

Robinson. Du wünschtest dich ja hin nach deiner Heimath!

Freitag. Ja, aber wenn mein Herr nicht da ist, wünscht *Freitag* auch nicht hin.

Robinson. Mich wurde deine Nazion für einen Feind halten und auffressen; reise also nur immer allein ab.

Freitag riß bei diesen Worten seinem Herrn das Beil von der Seite, gab's ihm in die Hand und hielt ihm den Kopf dar, damit er ihn mit dem Beile spalten mögte.

Robinson. Was sol ich?

Freitag. Mich umbringen! Besser umgebracht, als weggeschikt!

Die Tränen stürzten ihm dabei aus den Augen. *Robinson* ward gerührt, fiel ihm in die Arme und sagte: "Sei unbekümmert, mein lieber *Freitag*! Auch ich wünsche mich nie von dir zu trennen: denn ich liebe dich herzlich. Was ich gesagt habe, sagt' ich nur, um dich zu prüfen, ob ich dir wohl schon eben so lieb sei, als du mir bist." Er umarmte ihn hierauf von neuen, und wischte sich selbst eine Freudenträne ab, die ihm aus dem Auge hervorgequollen war.

Freitags Versicherung, daß er wohl einen Kahn machen könne, war unserm *Robinson* sehr angenehm zu hören gewesen. Er faßte ihn also bei der Hand und führte ihn nach dem Orte, wo er selbst nun schon seit einigen Jahren an einem Schiffe gearbeitet hatte. Hier zeigt' er ihm den Blok, der noch nicht um den dritten Theil ausgehöhlt war und sagte ihm, wie viel Zeit er schon darauf verwandt habe.

Freitag schüttelte den Kopf und lächelte. Auf *Robinsons* Frage: was er daran auszusezen fände? antwortete er: daß es all' der Arbeit nicht bedurft hätte; man könte einen solchen Blok viel besser und zwar in kurzer Zeit durch Feuer aushöhlen. Wer war froher über diese Nachricht, als *Robinson*! Schon sah er den Kahn vollendet; schon sah er sich im Geiste auf dem Meere und landete schon, nach einer glüklichen Fahrt, in einer Gegend des festen Landes, wo Europäer waren! Wie schlug ihm vor Freuden das Herz bei diesem Gedanken an eine so nahe Erlösung! – Es ward beschlossen, das Werk gleich mit Anbruch des morgenden Tages anzufangen.

Gotlieb. O nun wird die Freude bald aus sein!

Vater. Wie so?

Gotlieb. Ja, wenn er erst ein Schif hat, so wird er bald absegeln; und wenn er denn erst wieder in Europa ist: so kan Vater uns nichts mehr von ihm erzählen.

Vater. Und wolltest du auf dieses Vergnügen nicht willig Verzicht thun, wenn du des armen *Robinsons* Befreiung dadurch erkaufen köntest?

Gotlieb. Ach ja, das ist auch wahr! Ich hatt' es nur nicht bedacht.

Vater. Indeß, wer weiß, was wieder dazwischen kommen kan, daß der Schifbau oder die Abreise doch noch eingestellt werden muß? Die Zukunft ist ein ungewisses, veränderliches Ding, und fält gemeiniglich ganz anders aus, als wir erwartet hatten. Unsere Hofnungen, wenn sie auch noch so zuverläßig zu sein scheinen, schlagen nicht selten fehl; und es ist daher sehr weise, sich immer schon zum voraus darauf gefaßt zu machen. –

Robinson, der dies nun schon oft aus der Erfahrung gelernt hatte, ging jezt, von *Freitag* begleitet, mit dem frommen Vorsaze nach Hause, daß er die Erfüllung seines feurigsten Wunsches der alweisen und algütigen Vorsehung überlassen wolle, weil diese doch besser, als er selbst, wisse, was für ihn das Zuträglichste sei. Und so, meine lieben Kinder, wollen wir in ähnlichen Fällen es auch machen.

Neunzehnter Abend.

Da die Geselschaft am folgenden Abend wieder zusammen kam, waren die beschlossenen Uebungen der Enthaltsamkeit zum Theil schon angestellt worden. Alle waren froh und guter Dinge; und der Vater fing die Unterredung mit folgenden Worten an:

Nun, Kinder, wie thut das Fasten?

Alle. O recht gut, recht gut!

Vater. Ihr seht, ich selbst lebe auch noch, ohngeachtet ich heute nur Wasser und Milch getrunken habe.

Nikolas. Wenn's darauf ankäme, so wolt' ich wohl noch länger fasten!

Alle. O ich auch! Ich auch! Das ist ja gar nichts!

Vater. Länger zu fasten ist nicht nöthig; könte auch eurer Gesundheit schädlich werden: aber wenn ihr es wünscht, so wil ich euch wohl andere Uebungen vorschlagen, die euch eben so nüzlich sein werden.

Alle. O ja! O ja, lieber Vater!

Vater. Für heute hat jeder von uns genug gethan, besonders da diese Nacht noch gewacht werden sol. Aber, wenn ihr wirklich Lust habt, recht trefliche Menschen zu werden, die da gesund und stark an Leib und Sele, und also fähig sind, zum Glük ihrer Nebenmenschen viel, recht viel beizutragen: so hört, was wir thun wollen!

Ich wil für euch die Schriften der alten Weisen lesen, welche die Lehrer der großen und liebenswürdigen Männer waren, die euch, da ich die alte Geschichte erzählte, so sehr gefallen haben. Darin stehen die Vorschriften, welche jene weisen Männer ihren Schülern gaben, und durch deren Erfüllung diese ihre Schüler so groß und so gut geworden sind. Wöchentlich wil ich eine dieser Vorschriften auf eine mit Papier überzogene Tafel schreiben und sie euch erklären. Dan wil ich jedesmahl euch dabei sagen, was für Uebungen ihr die Woche hindurch anstellen könt, um euch die Erfüllung einer solchen Vorschrift zu einer leichten und angenehmen Gewohnheit zu machen. Aber freilich wird das ohne Aufopferungen nicht abgehen; ihr werdet euch oft freiwillig entschliessen müssen, auf ein sehr liebes Vergnügen Verzicht zu thun, und zuweilen etwas sehr Unangenehmes zu erdulden, um euch dadurch nach und nach diejenige Stärke der Sele zu erwerben, welche uns in den Stand sezt, jede unerlaubte Begierde in uns zu bekämpfen und jeden Verlust, jeden Mangel mit weiser Gleichmüthigkeit zu ertragen. Es versteht sich, daß wir Erwachsene euch in allen diesen Uebungen vorgehen und nichts von euch fodern werden, als was wir selbst zu leisten Herz genug haben. Wolt ihr diesen Vorschlag eingehen?

Alle gaben ihre Einstimmung durch ein lautes *Ja!* und durch freudiges Händeklatschen zu erkennen. Es wurde also von diesem Augenblikke an eine *Schule der Weisheit* unter ihnen errichtet, welche von andern Schulen sich vornehmlich dadurch auszeichnete, daß wöchentlich nur eine *halbe Stunde* gelehrt, und das Gelehrte wenigstens *acht Tage* hinter einander recht eigentlich zur Uebung gemacht ward. Vielleicht theilen wir unsern jungen Lesern einmahl eine Nachricht von diesen Uebungen und von ihren erfreulichen Folgen mit, um auch sie die Mittel zu lehren, wodurch man ein vorzüglich guter, gemeinnüziger und glüklicher Mensch werden kan.

Jezt wieder zu unserm *Robinson!* – Nachdem die gemeldete Verabredung genommen war, fuhr der Vater folgendermaßen fort.

Kinder, das, wovon ich gestern Abend beim Schluß meiner Erzählung sagte, daß es möglich sei, hat sich nun wirklich zugetragen.

Alle. Was denn? Was denn?

Vater. Ich sagte, daß im menschlichen Leben unsere gewissesten Hofnungen oft plözlich vereitelt werden; und daß daher auch *Robinson*, so wahrscheinlich und so nahe seine Erlösung auch zu sein schiene, doch leicht ein unvorhergesehenes Hinderniß antreffen dürfte, welches ihn nöthigte, noch länger da zu bleiben. Dieses Hinderniß nun fand sich schon am folgenden Tage ein.

Es fing nemlich mit diesem Tage abermahls die gewöhnliche Regenzeit an, von welcher *Robinson* nun schon aus vieljähriger Erfahrung wuste, daß sie jährlich zweimahl, und zwar immer um diejenige Zeit einzutreffen pflege, da Tag und

Nacht einander gleich sind. Während dieser Regenzeit, die gemeiniglich einen oder zwei Monate anhielt, war es unmöglich, ausser Hause etwas zu verrichten; so stark und unaufhörlich strömte alsdan der Regen herab! Auch hatte *Robinson* bemerkt, daß in jener Weltgegend das Ausgehen und Naßwerden in dieser Jahrszeit der Gesundheit äusserst nachtheilig sei. Was war also nun zu thun? Der Schifbau muste aufgehoben und die Zeit mit häuslichen Verrichtungen hingebracht werden.

Wohl bekam es nun unserm *Robinson* an den regnigten Tagen und in den langen finstern Abendstunden, daß er wieder Feuer, noch mehr, daß er einen Geselschafter, einen Freund, hatte, mit dem er unter gemeinschaftlichen Hausarbeiten die Zeit mit vertraulichen Gesprächen vertreiben konte! Vormahls hatt' er diese traurigen Abende allein, unbeschäftigt und im Finstern hinbringen müssen: jezt saß er mit *Freitag* bei einer Lampe oder ohnweit dem Küchenfeuer, arbeitete und plauderte und fühlte nie die Beschwerlichkeit der langen Weile, die so drükkend ist.

Freitag lehrte ihn allerlei kleine Künste, wodurch die Wilden ihren Zustand zu verbessern wissen; und dan lehrte *Robinson* ihn wieder andere Sachen, wovon die Wilden nichts verstehen. So nahmen beide zu an Kentnissen und Geschiklichkeiten und brachten durch gemeinschaftlichen Fleiß eine Menge kleiner Kunstwerke zu Stande, deren Verfertigung jedem von ihnen, wenn er sich ganz allein befunden hätte, würde unmöglich gewesen sein. Da fühlte dan auch jeder von ihnen recht innig, wie gut es sei, daß die Menschen durch Geselligkeit und Freundschaft zusammen gehalten werden, und nicht, wie die wilden Thiere, einzeln auf dem Erdboden herumschwärmen!

Freitag verstand sich unter andern auf die Verfertigung von *Matten* aus Baumbast, die er so fein und so dicht zu flechten wuste, daß sie füglich zu Kleidungsstükken gebraucht werden konten. *Robinson* lernte ihm diese Kunst ab; und da verfertigten beide einen solchen Vorrath davon, als hinreichend war, um für jeden einen ganzen Anzug daraus zu machen. O wie freute sich *Robinson,* daß ihm die beschwerliche Kleidung aus steifen ungegärbten Fellen nun endlich einmahl entbehrlich geworden war!

Ferner verstand *Freitag* die Kunst, aus den Fasern, worin die Kokusnüsse eingewikkelt sind, und aus verschiedenen flachsartigen Kräutern Garn und Strikke zu drehen, welche diejenigen, die *Robinson* bisher gemacht hatte, bei weitem übertrafen. Aus dem Garn wust' er Fischneze zu knüpfen, eine Arbeit, die beiden manchen langen Abend auf die angenehmste Weise verkürzte.

Während dieser häuslichen Geschäftigkeit war *Robinson* vornemlich darauf bedacht, den Verstand seines armen wilden Freundes ein wenig aufzuklären, und ihm nach und nach einige wahre und würdige Begriffe von Gott beizubringen. Wie schwach und irrig *Freitags* Religionserkentniß war, möget ihr aus folgendem Gespräche zwischen ihm und seinem Herrn ersehen.

Robinson. Sage mir doch, Freund *Freitag*, weißt du denn wohl, wer das Meer, die Erde, die Thiere und dich selbst erschaffen hat?

Freitag. O ja! Das hat der *Toupan* gethan.

Robinson. Wer ist denn *Toupan*?

Freitag. I, der Donnerer!

Robinson. Aber wer ist denn der Donnerer?

Freitag. Ein alter, alter Man, der länger, als alle Dinge, lebt, und der den Donner macht. Er ist viel älter, als Sonne, Mond und Sterne; und alle Dinge *sagen O zu ihm.* (Das solte so viel heissen, als: *Alle beten ihn an.*)

Robinson. Kommen denn die Leute in deinem Vaterlande irgendwo hin, wenn sie sterben?

Freitag. Freilich thun sie das; sie kommen zum *Toupan.*

Robinson. Wo ist denn der?

Freitag. Er wohnt auf hohen Gebirgen.

Robinson. Hat denn jemand ihn da gesehn?

Freitag. Es komt keiner zu ihm hinauf, als die *Owokakee's*; (dieser Nahme solte so viel, als Priester bedeuten.) Diese sagen O zu ihm und erzählen uns denn wieder, was er gesprochen hat.

Robinson. Haben denn die Leute, wenn sie nach dem Tode zu ihm kommen, es gut bei ihm?

Freitag. O ja, wenn sie hier recht viel Feinde geschlachtet und aufgegessen haben!

Robinson erschrak vor diesem kläglichen Irthume; und fing von dem Augenblikke an, ihm bessere Begriffe von Gott und von dem Leben nach dem Tode mitzutheilen. Er lehrte ihn, daß Gott ein unsichtbares, höchst mächtiges, höchst weises und gütiges Wesen sei; daß er Alles, was da ist, erschaffen habe, und für alles sorge; er selbst aber habe nie einen Anfang genomen; daß er überal zugegen sei, und wisse alles, was wir denken, reden und thun; daß er Wohlgefallen am Guten finde und alles Böse verabscheue; daß er daher hier und im ewigen Leben nur diejenigen glüklich machen könne, die sich von ganzem Herzen bestrebt hätten, gut zu werden.

Freitag hörte diese erhabene und trostreiche Lehre mit ehrerbietiger Aufmerksamkeit an und prägte sie tief in sein Gedächtniß ein. Er wolte immer mehr davon wissen, und weil *Robinson* eben so begierig war, ihn zu lehren, als er zu lernen: so sah er in kurzer Zeit die vorzüglichsten Religionswahrheiten so deutlich und so überzeugend ein, als sein Lehrer sie ihm vortragen konte. Von der Zeit an schäzt' er sich unendlich glüklich, aus seinem Vaterlande auf diese Insel verschlagen zu sein, und er machte selbst die Anmerkung, daß der liebe Gott es doch recht gut mit ihm gemeint habe, da er ihn in die Hände seiner Feinde hätte fallen lassen, weil er sonst wohl nie mit *Robinson* würde bekant geworden sein. "Und dan, sezt' er hinzu, hätt' ich diesen guten Gott in diesem Leben wohl niemals kennen gelernt!"

Von jezt an verrichtete *Robinson* sein Gebeth immer in *Freitags* Gegenwart und es war recht rührend anzusehen, mit welcher freudigen Andacht dieser ihm nachbetete. Und nun lebten beide so vergnügt und glüklich, als zwei von aller übrigen Geselschaft abgesonderte Menschen nur immer leben können.

So verstrich ihnen denn die Regenzeit, ohne daß sie es merkten. Schon klärte der Himmel sich wieder auf; die Stürme schwiegen, und die schweren Regenwolken waren vorüber gezogen. *Robinson* und sein treuer Gefährte athmeten wieder eine reine sanfterwärmte Frühlingsluft, fühlten sich beide neugestärkt und schritten daher mit großer Munterkeit zu dem wichtigen Werke, welches sie vor der Regenzeit beschlossen hatten.

Freitag, als der Meister in der Schifbaukunst, fing an, den Stam mit Feuer auszubrennen. Dies ging so geschwind und so gut von statten, daß *Robinson* nicht umhin konte, sich selbst einen Dumbart zu schelten, daß ihm dieses Mittel nicht auch eingefallen sei. Doch, sezt' er zu seinem Troste hinzu, wenn's mir nun auch eingefallen wäre, so hätt' ich's ja doch nicht anwenden können, weil ich kein Feuer hatte!

Ihr werdet mich hoffentlich der Mühe überheben, euch umständlich zu erzählen, wie die Arbeit an jedem Tage weiter fortrükte, weil diese Erzählung weder angenehm, noch lehrreich sein würde. Ich begnüge mich also zu melden, daß das Schif, mit welchem *Robinson* allein, vielleicht nie, wenigstens in vielen Jahren nicht, würde fertig geworden sein, jezt durch ihre vereinigten Kräfte binnen zwei Monaten gänzlich vollendet ward. Es fehlte nur noch an einem Segel und an Rudern. Zu jenem machte sich *Freitag*, zu diesen *Robinson* anheischig.

Gotlieb. Ja, wie kont' er denn ein Segel machen? Dazu braucht' er ja Leinewand!

Vater. Leinewand zu machen verstand er nicht, hatte auch keinen Weberstuhl dazu: aber er konte, wie ich euch schon erzählt habe, feine Matten von Baumbast machen und dieser bedienen sich die Wilden stat des Segeltuchs.

Beide wurden ungefähr zu gleicher Zeit fertig, *Robinson* mit den Rudern und *Freitag* mit dem Segel; und nun war nur noch übrig, das vollendete Schif vom *Stapel* laufen zu lassen.

Frizchen. Was ist das?

Vater. Hast du noch niemahls zugesehn, wenn sie ein neuerbautes Schif von dem Ufer auf die Elbe laufen lassen?

Frizchen. O ja! das hab' ich schon gesehen.

Vater. Nun, da wirst du bemerkt haben, daß das Schif auf einem schmalen Gerüst von schief liegenden Balken steht. Diese Balken heissen der *Stapel*. Sobald nun der Keil, der das Schif festhält, weggenommen wird, so schießt es auf den Balken hinab ins Wasser, und das nent man denn *vom Stapel laufen*.

Zum Unglük war der Ort, wo sie das Schif gezimmert hatten, einige tausend Schritte entfernt vom Strande, und es war daher die Frage: wie sie es nun so weit fortbringen könten? Es dahin zu tragen, oder zu schieben, oder fortzuwälzen, schien unmöglich: denn dazu war es viel zu schwer. Was solten sie also machen? Hier stand der Karren einmahl wieder am Berge!

Diderich. I, *Robinson* brauchte ja nur wieder solche Hebel zu machen, wie er neulich brauchte, da er die beiden großen Felsenstükke ganz allein aus seiner Höhle wälzte!

Vater. Er hatte den Vortheil, den dieses einfache Werkzeug gewährt, nicht vergessen; er wandt' es daher auch jezt an, aber das Fortwälzen ging dem ohngeachtet so langsam von statten, daß er wohl sahe, sie würden einen ganzen Monat darauf verwenden müssen. Zum Glük erinnert' er sich zulezt eines andern eben so einfachen Hülfsmittels, dessen die Zimmerleute und andere Handwerksmänner in Europa sich zu bedienen pflegen, um große Lasten fort zu wälzen. Sie brauchen nemlich hierzu die Walzen –

Frizchen. Was sind *Walzen*!

Vater. Runde länglichte Hölzer, die sich eben deswegen, weil sie rund sind, mit leichter Mühe fortwälzen lassen. Diese legen sie unter die Last, die sie nach einem andern Orte hinbringen wollen, und wenn sie dan die Last nur mit mäßigen Kräften schieben: so rolt sie mit den Walzen von selbst fort.

Robinson hatte kaum den Versuch davon gemacht, als er mit Vergnügen sahe, wie leicht und wie geschwind sie das Schif fortbewegen konten! In zwei Tagen war es schon auf dem Wasser, und es machte beiden nicht wenig Freude, zu sehen, daß es vollkommen brauchbar sei.

Nun war also nichts mehr übrig, als die nöthigen Anstalten zur Abreise zu machen; das Schif mit so viel Lebensmitteln zu versehen, als es würde tragen können und dan die von beiden so sehnlich gewünschte Reise anzutreten. Aber wohin nun eigentlich? *Freitags* Wünsche gingen nach der Insel, auf welcher er zu Haus war; *Robinson* hingegen verlangte nach dem festen Lande von *Amerika* zu schiffen, wo er Spanier oder andere Europäer zu finden hofte. *Freitags* Vaterland war nur ohngefähr vier Meilen, das feste Land hingegen über zwölf bis funfzehn Meilen entfernt. Wolten sie erst nach jenem fahren, so entfernten sie sich um einige Meilen mehr von diesem, und die Gefahr der Reise wurde also auch um so viel grösser. Auf der andern Seite aber kante *Freitag* nur das *Fahrwasser*, das heißt, die schifbare Straße nach seiner Heimath; hingegen war die eigentliche Fahrt nach dem festen Lande ihm völlig unbekant. *Robinson* konte sie noch viel weniger kennen, weil er auf diesem Meere noch niemahls geschift hatte. Nun war also guter Rath wieder theuer.

Endlich siegte *Robinsons* Begierde, wieder zu gesitteten Menschen zu kommen über alle Schwierigkeiten und über alle Einwürfe seines Gefährten. Es ward beschlossen, daß sie gleich am morgenden Tage alle Anstalten zu ihrer Abreise machen und dan mit dem ersten, dem besten günstigen Winde, in Gottes Namen nach der Gegend abfahren wolten, in welcher, nach *Freitags* Vermuthung, die nächste Küste des festen Landes lag.

Und hiermit genug für heute: denn es ist Zeit, daß wir selbst auch Anstalt zu unserer vorhabenden Nachtwache machen. –

Man versammelte sich hierauf in einer Wachstube, alwo die Mutter schon allerlei häusliche Arbeiten in Bereitschaft hielt, womit die Wachenden sich die Nacht hindurch die Zeit vertreiben solten. Zwei wurden jedesmahl, als Schildwachen, in die entferntesten Ekken des Gartens ausgestellt und nach Verlauf einer Viertelstunde unter Trommelschlag und Pfeifenklang von der ganzen Wache wieder abgelöst, indem zwei Andere an ihre Stelle traten. Nach Verlauf einer jeden Stunde wurde etwas Obst zur Erfrischung genossen.

Es war eine herliche Sommernacht. Der halbe Mond an der einen Seite des Himmels und an der andern ein fernes Wettergewölk, aus dem es unaufhörlich blizte! Die Luft dabei so sanft erwärmt, die ganze schlafende Natur so stille! Alle gestanden am folgenden Morgen, daß sie nie einen Tag, geschweige eine Nacht, mit mehr Vergnügen hingebracht hätten, als diese.

Zwanzigster Abend.

Vater. Nun, Kinder, *Robinson* und *Freitag* haben eingepakt, und der Wind ist günstig. Macht euch also gefäßt, ihnen ein ewiges Lebewohl zu sagen: denn wer weiß, ob wir jemahls wieder von ihnen etwas sehen, oder hören werden!

Alle. (Bestürzt und traurig.) Oh!

Vater. So ist es nun einmahl in der Welt! Man kan nicht immer bei seinen Freunden sein; der Schmerz der Trennung ist unvermeidlich; man muß sich also auch darauf schon in voraus vorzubereiten suchen.

Da *Robinson* seine Burg verlassen hatte, blieb er auf dem Hügel über derselben nachdenkend stehen, und hieß seinen Gefährten ein wenig voran gehen. Dan überdacht' er noch einmahl alle überstandene Schiksale seines einsamen Lebens an diesem Orte, und ward über die wunderbare Führung des Himmels, die ihn bis dahin so sichtbar geleitet hatte, tief im Innersten seines Herzens gerührt. Ein Strom dankbarer Freudentränen entstürzte seinen Augen. Dan hob er seine ausgebreiteten Arme gen Himmel und betete mit glühender Andacht:

"O du lieber, lieber himlischer Vater, wie sol ich dir danken für Alles, was du bis hieher an mir gethan hast? Siehe! (indem er auf die Knie fiel) hier lieg' ich vor deinem alsehenden Auge im Staube, unfähig, die heissen Gefühle meines Herzens durch Worte auszudrükken! Aber du siehst dies Herz, siehst die unaussprechlichen Empfindungen der Dankbarkeit, von denen es so ganz, so ganz durchdrungen ist. Dies von dir gebesserte, dich über alles liebende Herz, dies so oft durch Trübsal verwundete, so oft von dir geheilte Herz, ist alles alles, was ich dir, mein gütiger Vater, für alle deine unzählbaren Wohlthaten wieder zu geben vermag. Nim es an, mein Vater, o nim es ganz und vollende das Werk der Besserung, welches du mit ihm angefangen hast! Siehe! ich werfe mich von neuem in deine Vaterarme! Mache du es mit mir nach deinem väterlichen Wohlgefallen. Nur daß ich nie wieder verlasse den Weg der Tugend, auf den deine Barmherzigkeit mich zurükgeführt hat! Nur das nicht, mein Vater, nur das nicht! Sonst mag es mit mir gehen, wie dein weiser Rath beschlossen hat. Ich gehe, wohin du mich führen wirst; gehe im Vertrauen auf dich jeder neuen Gefahr, die meiner vielleicht wartet, muthig entgegen. Begleite mich, mein Gott; bewache meine unsterbliche Sele mit deinem unsichtbaren Schuze bei jeder mir vielleicht bevorstehenden Versuchung zur Kleinmüthigkeit, zur Ungeduld und zur Undankbarkeit gegen dich – gegen dich, o du ewige himlische Liebe, mein Schöpfer, mein Vater, mein Gott! Gott! Gott! –"

Hier wurde seine Empfindung so heftig, daß er nichts bestimtes mehr zu denken vermogte. Er warf sich mit dem Gesicht zur Erde, um auszuweinen. Dan richtete er sich, gestärkt durch götlichen Trost, wieder auf und übersahe noch einmahl die ihm nun so liebe Gegend, die er jezt verlassen solte. Es war ihm, wie einem, der sein Vaterland verlassen sol, und es nie wieder zu sehen hoffen darf. Sein nasser Blik blieb liebevol und traurig hangen an jedem Baume, in dessen Schatten ihm einst wohl gewesen war, an jedem Werke seiner Hände, welches er im Schweisse seines Angesichts gemacht hatte. Es war ihm nicht anders dabei zu Muthe, als wenn er sich von eben so vielen Freunden trennen solte. Und da er nun vollends seine am Fuß des Berges im Grase weidende Lama's erblikte, must' er sein Gesicht von ihnen wegkehren, um in seiner Entschliessung zur Abreise nicht wankend zu werden.

Endlich hatt' er ausgekämpft. Er ermante sich, breitete seine Arme gegen die ganze Gegend aus, als wenn er Alles, was darin war, umarmen wolte, und rief mit lauter Stimme aus: *lebt wohl, ihr theuren Zeugen meiner überstandenen Leiden! Lebt wohl! Wohl! Wohl!* – Das lezte *Wohl* verlohr sich in einem lauten Schluchzen. Jezt richtete er noch einmahl seine Augen gen Himmel und trat entschlossen den Weg zum Strande an.

Im Weggehen bemerkt' er seinen trauten *Pol*, der von Baum zu Baum neben ihm herflatterte. Er konte dem Verlangen, ihn mitzunehmen, nicht wiederstehn; also strekt' er seine Hand gegen ihn aus, rief: *Pol! Pol!* und Polchen hüpfte hurtig herab, kletterte gaukelnd von seines Herrn Hand auf seine Schulter und blieb da sizen. So kam *Robinson* bei seinem, ihn mit Ungeduld erwartenden Freitag an und beide stiegen in das Schif.

Es war der 30ste November des Morgens um 8 Uhr, im neunten Jahr des Aufenthalts unsers Freundes auf dieser einsamen Insel, da sie bei völlig heiterem Wetter und mit frischen günstigen Winde vom Lande abstiessen. Sie waren kaum einige tausend Schritte fortgesegelt, als sie an ein *Rif* von Klippen kamen –

Lotte. O sage uns doch erst, was das ist, ein Rif!

Vater. So nennen die Schiffer eine Reihe an einander hängender Felsen, die entweder unter dem Wasser verborgen liegen, oder hie und da hervorragen. Dieses Rif, oder diese Kettenfelsen liefen von einem Vorgebirge der Insel über zwei deutsche Meilen weit schief in die See hinein. Darüber weg zu fahren, schien beiden gefährlich zu sein; also gaben sie dem Segel eine andere Richtung, um durch einen Umweg dieser Felsenreihe auszubeugen.

Nikolas. Wie konten sie denn aber wissen, wie weit das Rif ins Meer hinauslief, wenn das Wasser darüber herfloß?

Vater. Das konten sie aus den Brechungen der Meereswogen sehen, die an solchen Orten, wo Felsen verborgen sind, höher aufbrausen und zugleich schäumen, weil sie von denen unterm Wasser befindlichen Felsen aufgehalten und gebrochen werden.

Kaum hatten sie die äusserste Spize des Rifs erreicht, als ihr Kahn auf einmahl mit solcher Geschwindigkeit fortgerissen ward, als wenn sie zwanzig Segel angesezt und den stärksten Sturmwind im Rükken gehabt hätten. Beide erschraken und strichen geschwind das Segel, weil sie glaubten, daß ein plözlicher Windstoß Schuld daran wäre. Aber das half nichts; es schoß vielmehr der Kahn noch eben so schnel durch die Fluth, als vorher: und nun sahen sie zu ihrem Schrekken, daß sie sich mitten auf einem reissenden *Meerstrome* befänden.

Frizchen. I, sind denn in dem Meere auch Ströme?

Vater. O ja, Frizchen! Weil der Grund des Meeres eben so ungleich, als die Oberfläche des festen Landes, ist; weil es da eben so, wie hier zu Lande, Berge, Hügel und Thäler gibt: so kriegt das Wasser nach den niedrigern Gegenden hin einen stärkern Schuß, und daher entstehen dan mitten im Meere eben solche große Ströme, als unsere Elbe ist, und die pflegen gemeiniglich sehr reissend zu sein. Da ist es dan oft sehr gefährlich für die Schiffe, besonders für die kleinen, wenn sie auf einen solchen Meerstrom gerathen; weil sie nicht im Stande sind, wieder davon zu kommen, und oft wohl funfzig und mehr Meilen weit ins weite Meer verschlagen werden.

Gotlieb. Ach, armer, armer *Robinson*, wie wird dir's nun gehn?

Lotte. Wär' er doch nur auf seiner Insel geblieben! Ich dacht' es wohl, daß wieder was daraus herkommen würde!

Vater. Diesmahl war es nicht Vorwiz, nicht Leichtsin, wodurch er zu dieser Reise angetrieben ward. Er hatte vielmehr die vernünftigsten Bewegungsgründe dazu gehabt. Alles also, was ihm jezt begegnet, darf er für eine götliche Schikkung halten; und in diese hatt' er sich ja ergeben.

Beide strengten alle ihre Kräfte an, um wo möglich, den Kahn durch Rudern aus dem Strome heraus zu arbeiten; aber vergebens! Eine unwiderstehliche Gewalt riß sie mit der Schnelligkeit eines Pfeils dahin und schon waren sie so weit fortgetrieben, daß sie das flache Land ihrer Insel aus dem Gesichte verloren. Ihr Untergang schien nun unvermeidlich zu sein: denn es konte höchstens nur noch eine halbe Stunde währen: so waren auch die höchsten Gipfel der Berge aus ihrem Gesicht verschwunden; und wenn dan auch die Gewalt des Stromes über kurz oder lang nachließ: so war es ihnen doch unmöglich den Rükweg nach der Insel zu finden, weil sie keinen *Kompaß* hatten.

Frizchen. Keinen – ?

Vater. Keinen Kompaß, sag' ich. Nikolas, der ein Schifskapitain werden wil, wird dir sagen, was das sei.

Nikolas. (lachend.) Wenn ich alles andere, was dazu gehört, auch schon so gut wüste, als das? – Frizchen, das ist eine Magnetnadel in einem kleinen runden Kästchen –

Frizchen. Ja, was ist eine *Magnetnadel*?

Nikolas. Das ist eine ordentliche Nadel von Stahl; die hat man mit einem gewissen Stein bestrichen, welcher der *Magnet* genant wird. Dadurch hat die Nadel die wunderbare Eigenschaft gekriegt, daß sie immer nach Norden – dort hin über Wandsbek hinaus – weiset. Darnach richten sich denn die Schiffer, wenn sie nichts mehr, als Luft und Wasser sehen können, sonst wurden sie auf dem großen Meere sich bald verirren und gar nicht wissen, nach welcher Himmelsgegend sie hinsegeln.

Vater. Hast du das verstanden, Friz?

Frizchen. Ja! Nur zu!

Vater. Da also *Robinson* einen solchen Kompaß nicht hatte: so war es ihm unmöglich wieder zurük zu finden, so bald er die Insel völlig aus den Augen verloren hatte. Und welch ein schreklicher Zustand wartete seiner dan? Mitten auf den Ozean getrieben zu werden, in einem kleinen unsichern Nachen, und nur auf einige Tage Lebensmittel zu haben. Kan auch etwas Fürchterlicheres erdacht werden?

Aber hier zeigt' es sich recht sichtbarlich, was für ein unaussprechlicher großer Schaz eine wahre Frömmigkeit und ein gutes Gewissen in Noth und Unglük sind! Hätte *Robinson* diese nicht gehabt: wie hätt' er die überwältigende Last dieser neuen Leiden ertragen können? Er würde in Verzweiflung gerathen sein und seinem gequälten Leben ein Ende gemacht haben, um dem langsamen und schreklichen Tode des Hungers zu entgehen.

Sein Gefährte, dessen Gottesfurcht noch nicht so fest gegründet, und noch nicht durch so viele und so lange Leiden gestärkt war, als die Frömmigkeit seines Herrn, war wirklich der Verzweiflung nahe. Unfähig, ferner zu arbeiten und völlig muthlos, legt' er das Ruder nieder, sahe seinen Herrn kläglich ins Gesicht und fragte: ob sie nicht über Bord springen wolten, um alle dem Jammer, der ihnen bevorstände, auf einmahl durch den Tod zu entgehen? *Robinson* redete ihm erst liebreich zu und suchte ihm Muth einzusprechen; dan verwies er ihm mit sanfter Stimme seinen schwachen Glauben an die alles lenkende götliche Vorsehung, und erinnerte ihn an das, was er ihn davon gelehrt hatte. "Stehen wir, sezt' er hinzu, etwa nur zu Lande in Gottes, des Almächtigen, Hand? Ist er nicht auch Herr des Ozeans, und kan er, wenn es Ihm gefällt, nicht auch diesen wilden Fluthen gebieten, daß sie uns wieder an einen sichern Ort führen müssen? Oder meinst du, daß du dich seiner Herschaft entziehen könnest, wenn du ins Meer sprängest? Wisse, unbesonnener Jüngling, daß deine unsterbliche Sele immer und ewig ein Unterthan in Gottes unermeßlichen Reiche bleibt, und daß es ihr ohnmöglich wohl darnach gehen kan, wenn sie, als eine Empörerin gegen Gott, aus diesem Leben flüchtet, ohne erst den Ruf ihres Schöpfers abzuwarten!"

Freitag fühlte die Wahrheit dieser Vorstellungen in dem Innersten seiner Sele und schämte sich seiner Kleinmüthigkeit. Auf *Robinsons* Zureden ergrif er wieder das Ruder und beide fuhren unaufhörlich fort zu arbeiten, ohngeachtet nicht die mindeste Hofnung war, daß es etwas helfen würde. "Dies, sagte *Robinson*, ist unsere Pflicht. So lange noch ein Fünkchen Leben in uns ist, müssen wir unser Möglichstes thun, es zu erhalten. Dan können wir, wenn es sein muß, mit dem tröstenden Bewustsein sterben, daß es Gott so gewolt habe. Und sein Wille, lieber *Freitag*, fuhr er mit erhöhter Stimme und in edlem Feuer fort, sein Wille ist immer gut, immer gut und weise, auch wenn wir schwache Erdenwürmer es nicht begreifen können!"

Der gewaltige Strom schoß indeß unaufhörlich fort; mit ihm der Kahn, und von der fernen Insel ragten jezt nur noch die Gipfel einiger Berge hervor. Jezt war nur noch die Spize eines einzigen Berges zu sehen, der auf der Insel der höchste war; und nun war alle Hofnung einer möglichen Errettung dahin!

Aber, wenn alle irdische Hülfe verschwindet, wenn die Noth unglüklicher Menschen aufs höchste gestiegen ist, und nirgends, nirgends mehr ein Rettungsmittel übrig zu sein scheint; dan, lieben Kinder, dan pflegt die Hand der alles regierenden göttlichen Vorsehung am sichtbarsten einzugreifen, und uns durch Mittel zu helfen, die wir gar nicht voraus gesehen hatten. So gings auch hier. Indem *Robinson* selbst alle Hofnung des Lebens nun schon für gänzlich verschwunden hielt und vor Mattigkeit zu rudern aufhören muste: merkt' er plözlich, daß die Schnelligkeit der Bewegung des Kahns etwas vermindert ward. Er sah ins Wasser, und fand es weniger trübe, als es vorher gewesen war. Ein zweiter Blik auf der Oberfläche des Wassers hin überzeugte ihn, daß der Strom sich hier getheilt habe, und daß der stärkste Arm desselben gegen Norden ströme, indeß der andere minder schnel fliessende, auf dem ihr Nachen jezt fortschwam, sich durch eine Krümmung nach Süden drehte.

Mit unaussprechlicher Freude rief er seinem schon halb todten Gefährten zu: "munter, *Freitag*! Gott wil, daß wir leben sollen!" Dan zeigt' er ihm den augenscheinlichen Grund seiner Hofnung; und vor Freude jauchzend griffen beide eiligst wieder zu den Rudern, die sie eben aus gänzlicher Entkräftung niedergelegt hatten. Gestärkt durch die unerwartete süße Hofnung des Lebens arbeiteten sie mit einer unbeschreiblichen Anstrengung dem Strome entgegen, und sahen mit Entzükken, daß ihre Bemühung diesmahl nicht vergebens war. *Robinson*, dessen Sele durch eine lange Reihe von Unglüksfällen geübt war, seine Aufmerksamkeit auf jeden besondere Umstand zu richten, bemerkte, daß ihnen jezt auch der Wind zu statten kommen würde. Augenblicklich spant' er das Segel aus; der Wind blies lebhaft hinein, und da beide mit den Rudern nachhalfen: so hatten sie in kurzer Zeit die unbeschreibliche Freude, sich aus dem Zuge des Stroms heraus und auf der ruhigen Oberfläche des stilstehenden Meeres zu sehn.

Freitag weinte laut vor Freuden, sprang auf und wolte seinem Herrn um den Hals fallen. Dieser aber bat ihn, seine Empfindungen vor jezt zu mäßigen, weil noch ein gut Stük Arbeit für sie übrig wäre, bevor sie sich für ganz gerettet halten könten. Sie waren nemlich schon so weit verschlagen worden, daß sie von der ganzen Insel nur noch ein kleines undeutliches schwarzes Flekchen am äussersten *Horizont* erblikten.

Frizchen. Am Horizont? Was ist das?

Vater. Frizchen, wenn du draussen auf dem freien Felde bist, komt dir's da nicht vor, als wenn der Himmel rund umher, wie ein großes Gewölbe, bis auf die Erde herab gehe?

Frizchen. Ja!

Vater. Nun der Kreis so rund herum, wo die Erde aufzuhören, und der Himmel anzufangen scheint, der wird der Horizont genant. Bald solst du mehr davon hören.

Unsere muntern Schiffer ruderten so rastlos zu, und der Wind blies so frisch gegen die Ostseite der Insel, auf welche sie jezt lossegelten, daß sie in kurzer Zeit schon wieder Berge hervorragen sahen. "Frisch! rief *Robinson* seinem Gefährten zu, der im Vordertheile saß und der Insel also den Rükken zukehrte; frisch, *Freitag*! das Ende unserer Mühseeligkeit komt näher!" Er hatte diese Worte kaum ausgesprochen, als der Kahn einen so heftigen Stoß empfing, daß beide Ruderer von ihren Sizen herab der Länge nach auf den Schifsboden hinstürzten. In dem Augenblikke stand der Kahn selbst stille und die Wellen fingen an, über Bord zu schlagen.

Mutter. Ja, Kinder, so gern ich auch, so wie ihr, auf das Abendessen Verzicht thäte, wenn wir unsern armen Freund dadurch retten könten: so müssen wir doch jezt aufbrechen. Das Essen wartet auf uns, schon zweimahl hat Hanchen gerufen.

Alle. Oh!

Ein und zwanzigster Abend.

Einige zugleich. O nur geschwind, lieber Vater, daß wir nur erst hören, was aus dem armen *Robinson* geworden sei!

Vater. Eben, da er sich für gerettet hielt, stürzt' er, wie wir gehört haben, in ein neues Unglük, welches leicht noch größer werden konte, als dasjenige, dem sie so eben erst entgangen waren. Der Kahn saß plözlich fest und die Wellen fingen an, über Bord zu schlagen. War nun dasjenige, wovon das Schif festgehalten wurde, eine Felsenspize: so war es aller Wahrscheinlichkeit nach, um sie geschehen!

Robinson untersuchte, so geschwind als möglich, mit dem Ruder den Grund im Wasser, und da er ihn rund um das Schif herum fest und das Wasser nicht über eine halbe Elle tief fand: so besan er sich keinen Augenblik, sondern sprang über Bord. *Freitag* folgte seinem Beispiel und beide fanden zu ihrem großen Troste, daß es nur eine Sandbank und kein Felsen sei, worauf sie gerathen waren.

Beide strengten darauf alle ihre Kräfte an, um den Kahn wieder zurük ins tiefere Wasser zu schieben. Es glükte ihnen; das Schif ward flot, und beide sprangen wieder hinein.

Lotte. Nun wird der arme *Robinson* gewiß den Schnupfen kriegen, weil er sich die Füße naß gemacht hat!

Vater. Liebe Lotte, wenn man durch eine arbeitsame und natürliche Lebensart sich erst so abgehärtet hat, als *Robinson*: so pflegt man von einer solchen Kleinigkeit den Schnupfen nicht mehr zu kriegen. Sei deswegen nur unbesorgt!

Nachdem sie das eingesprüzte Wasser, so gut es mit den Rudern gehen wolte, wieder ausgeworfen hatten, beschlossen sie, vorsichtiger zu Werke zu gehen und ohne Segel zu fahren, damit sie die Lenkung des Schiffes besser in ihrer Gewalt hätten. So ruderten sie also längst der Sandbank hin, in der Hofnung, daß sie bald ein Ende nehmen werde. Aber sie musten wohl erst vier gute Stunden schiffen, ehe diese Hofnung erfült ward: so weit lief die Bank von Norden nach Süden hin. *Robinson* merkte, daß sie sich bis in diejenige Gegend des Meeres hin erstrekke, wo er vor neun Jahren Schifbruch gelitten hatte, und daß es also eben dieselbe sei, auf welcher das Schif damahls *gestrandet* war.

Frizchen. Was heißt das gestrandet?

Gotlieb. O daß du doch auch immer den Vater unterbrechen must!

Vater. Nun, das ist ja gut von ihm, daß er gern belehrt sein wil! Aber nicht so gut von dir, lieber Gotlieb, daß du darüber unfreundlich wirst! Hüte dich künftig davor! – Stranden, lieber Friz, heißt, wenn ein Schif auf eine solche Sandbank oder auf einen Felsen geräth, und nicht wieder davon loskommen kan.

Frizchen. Gut!

Vater. Endlich erreichten sie wieder ein ordentliches Fahrwasser, und ruderten nun mit aller Gewalt der Insel zu, welche ihnen jezt schon ganz vor Augen lag. Sie erreichten endlich den Strand, da die Sonne eben ihre lezten Blikke auf den Gipfel der Berge warf, und stiegen ganz ermattet, aber unbeschreiblich froh über ihre glükliche Rettung, ans Land.

Beide hatten den ganzen Tag keinen Bissen genossen. Sie konten daher die Zeit nicht abwarten, da sie wieder in der Burg würden angekommen sein, und sezten sich gleich am Strande nieder, um von dem Vorrathe, den sie mit sich zu Schiffe genommen hatten, erst eine reichliche Mahlzeit zu thun. Dan zogen sie den Kahn in eine kleine *Bugt*– ihr wißt doch, was das ist?

Johannes. O ja! Wo das Wasser so etwas ins Land hineintrit. Es ist ja fast eben das, was ein *Meerbusen* ist.

Vater. Nur, daß der Meerbusen größer ist! – Sie zogen, sag' ich, den Kahn in eine Bugt und gingen mit allem, was sie im Schiffe gehabt hatten, beladen nach Hause. –

Nikolas. O es ist doch wohl noch nicht aus?

Vater. *Robinson* und *Freitag* haben sich bereits zur Ruhe begeben, und der lezte liegt schon im tiefen Schlaf versunken, indeß der erste noch ein feuriges Dankgebeth für seine abermahlige Errettung zu Gott schikt. Wir könten's also auch so machen; aber da es noch so früh am Tage ist: so wil ich die Nacht überspringen und nun noch erzählen, was am folgenden Tage geschahe.

"Nun, *Freitag*, fragte *Robinson* beim Frühstük, hättest du Lust, dich noch einmahl so mit mir zu wagen, als gestern?"

Freitag. Gott bewahre!

Robinson. Also entschließt du dich, dein Leben auf dieser Insel mit mir zu endigen?

Freitag. Wenn nur mein Vater auch hier wäre!

Robinson. Also hast du noch einen Vater?

Freitag. Wenn er nicht unterdeß gestorben ist!

Hier legt' er die Kartoffel aus der Hand, und ein Paar große Tränen rolten ihm die Bakken herab. *Robinson* dachte an seine eigene Eltern und muste sich gleichfalls die Augen wischen. Beide beobachteten eine Zeitlang ein rührendes Stilschweigen.

Robinson. Sei gutes Muths, *Freitag*! Dein Vater wird noch leben, und wenn es Gottes Wille ist: so wollen wir nächstens hinüber fahren und ihn zu uns hohlen.

Nun das war zu viel Freude für den armen *Freitag*! Laut heulend sprang er auf, warf sich über *Robinsons* Knie hin, klammerte sich fest daran und konte vor Schluchzen kein Wort sprechen.

"Kinder! rief hier die Mutter aus, welch ein Beispiel von Elternliebe an einem Wilden! An einem Wilden, der seinem Vater keine Erziehung, keinen Unterricht, nur das bloße Leben, und noch dazu ein recht armseliges Leben zu verdanken hatte!"

So gewiß, fügte der Vater hinzu, hat Gott die Liebe und Dankbarkeit gegen Eltern allen Menschen ins Herz gelegt! Und welch ein Ungeheuer müste also nicht der sein – wenn es unter uns gesitteten Menschen einen solchen gäbe – der diesen angebohrnen Trieb bei sich erstikte, und gegen seine Eltern gleichgültig werden, ihnen wohl gar Kummer und Betrübniß verursachen könte! Soltet ihr je einen solchen Unmenschen antreffen: o so verweilet nicht mit ihm unter einen Dache; flieht ihn, als eine Pest der Geselschaft, als einen solchen, der auch jeder andern Unmenschlichkeit gleichfalls fähig ist, und dem die gerechten Strafgerichte Gottes auf dem Fuße nacheilen! –

Nachdem *Freitag* sich einiger maßen erholt hatte, fragte *Robinson*, ob er denn auch wohl der Fahrt nach seiner Heimath so völlig kundig wäre, daß sie nicht abermahls ein ähnliches Unglük, als ihr gestriges, zu besorgen hätten? und *Freitag* betheuerte, daß das Fahrwasser dahin ihm so bekant wäre, daß er zur Nachtzeit dahin zu schiffen sich getraue, weil er sich oft mit dabei befunden hätte, wenn seine Landsleute herüber geschift wären, um hier ihre Siegesfeste zu feiern.

Robinson. Also bist du oft mit dabei gewesen, wenn man Menschen schlachtete?

Freitag. O ja!

Robinson. Und hast sie mit verzehren helfen?

Freitag. Leider! Ich wuste ja noch nicht, daß das was Böses sei!

Robinson. An welcher Stelle unserer Insel pflegtet ihr dan zulanden?

Freitag. Allemahl an der südlichen Küste, weil uns diese die nächste war, und weil es da Kokusbäume giebt.

Robinson sahe hieraus noch deutlicher ein, wie viel Ursache er habe, Gott zu danken, daß er ihn an der nördlichen Seite der Insel, und nicht an der südlichen hatte Schifbruch leiden lassen, weil er im lezten Falle gewiß in kurzer Zeit ein

Raub der Wilden würde geworden sein. Er wiederhohlte hierauf das für *Freitag* so angenehme Versprechen, daß er in kurzem mit ihm hinüber fahren wolte, um seinen Vater abzuholen. Für jezt liesse sich's noch nicht thun, weil die Gartenarbeiten, zu denen es eben Zeit war, ihre Gegenwart erfoderten.

Zu diesen ward also gleich geschritten. *Robinson* und *Freitag* gruben um die Wette und in den Ruhestunden waren sie darauf bedacht, sich immer brauchbarere Werkzeuge zu machen. *Robinson*, dessen Erfindungskraft und Geduld gleich unerschöpflich waren, kam so gar damit zu Stande, eine Harke zu verfertigen, ohngeachtet er die Löcher, zu den Zähnen mit einem spizigen Steine – ihr könt denken wie langsam! ausboren muste. *Freitag* hingegen schnizte nach und nach mit einem steinernen Messer zwei Spaten aus so hartem Holze, daß sie ihnen beinahe dieselben Dienste leisteten, als wenn sie von Eisen gewesen wären.

Und nun begnügte sich *Robinson* nicht mehr damit, blos für die allernöthigsten Bedürfnisse zu sorgen: sondern er fing auch nach und nach an, auf eine *Verschönerung* seines Aufenthalts zu denken. Und so, Kinder, ist es immer in der Welt gegangen. So lange die Menschen noch alle ihre Gedanken auf die Erwerbung ihres Unterhalts und auf die Sicherheit ihres Lebens richten musten, fiels ihnen gar nicht ein, sich auf diejenigen Künste zu legen, welche nur dazu dienen, die Gegenstände um uns her zu verschönern, und unserer Sele feinere Vergnügungen zu verschaffen, als die blos thierischen Vergnügungen der Sinne sind. Aber kaum war für Nahrungsmittel und für Sicherheit hinlänglich gesorgt, so fingen sie auch an, das Schöne mit dem Nüzlichen, das Angenehme mit dem Nothwendigen verbinden zu wollen. So entstanden dan die eigentliche Baukunst, die Mahlerei, die Bildhauerkunst, die Tonkunst, und alle die übrigen künstlichen Geschiklichkeiten, welche unter dem Nahmen der *schönen Künste* begriffen werden.

Robinson fing mit der Verbesserung und Verschönerung des Gartenwesens an. Er theilte seinen Garten nach einem ordentlichen Plane in regelmäßige Felder ein; durchschnit diese Felder mit schnurgraden Wegen, legte lebendige Hekken, Lauben und Alleen an; bestimte den einen Plaz zum Blumengarten, den andern zum Küchengarten und einen dritten zum Obstgarten. In diesen leztern pflanzt' er alles, was er von jungen Zitronenbäumen auf der Insel finden konte, nebst einer Menge anderer junger Bäume, auf die er Kokusreiser pfropfte. Bei dieser lezten Arbeit machte *Freitag* besonders große Augen, weil er gar nicht begreifen konte, wozu das solte, bis ihm *Robinson* das Verständniß darüber öfnete.

Jezt pflanzten sie Kartoffeln und Maiz in großer Menge und weil der Akker vielleicht von Erschaffung der Welt her *brach gelegen* hatte; so wuchs das Gepflanzte bald zu einer sehr geseegneten Erndte auf.

Unter durch stellten sie auch Fischereien an, weil *Freitag* wie ich erzählt habe, in der lezten Regenzeit die Neze dazu verfertiget hatte. Sie fingen jedesmahl weit mehr, als sie brauchen konten, und warfen daher die Ueberflüßigen wieder ins Meer. Bei dieser Gelegenheit pflegten sie sich dan gemeiniglich auch zu baden; und da muste *Robinson* die erstaunliche Geschiklichkeit bewundern, welche *Freitag* im Schwimmen und Untertauchen bewies. Er suchte sich mit Fleiß ein felsichtes Ufer aus, wo die Meereswellen sich auf eine fürchterliche Weise brachen. In diese sprang er scherzend von oben hinab, blieb einige Minuten unterm Wasser, so daß dem armen *Robinson* oft angst und bange dabei ward, kam dan wieder hervor auf die Oberfläche des Wassers, legte sich auf den Rükken um sich von den Wellen wiegen zu lassen und trieb allerlei Gaukeleien, deren umständliche Beschreibung beinahe alle Glaubwürdigkeit verlieren würde. *Robinson* konte dabei nicht umhin, die erstaunlichen Anlagen der menschlichen Natur zu bewundern, die zu allem fähig ist, was ihr von Jugend an zur Uebung gemacht wird.

An andern Tagen belustigten sie sich mit der Jagd, weil *Freitag* gleichfalls Meister, so wohl in der Verfertigung, als auch in dem Gebrauche des Bogens und der Pfeile war. Sie schossen Vögel und junge Lama's, doch nie mehr, als sie jedesmahl brauchen konten, weil *Robinson* es mit Recht für sündlich hielt, ein Thier, es sei, welches es wolle, blos zur Lust oder um nichts zu quälen und zu tödten.

So sehr übrigens *Robinson* dem guten *Freitag* am Verstande und an mancher Geschiklichkeit überlegen war: so verstand doch dieser auch wieder viele kleine Künste, welche seinem Herrn vorher unbekant gewesen waren, und die ihnen gleichwohl jezt vortreflich zu statten kamen. Er wuste sich allerlei Werkzeuge aus Knochen, Steinen, Muscheln und andern Dingen zu machen, womit er manches so gut bearbeiten konte, als wenn er Werkzeuge von Eisen gehabt hätte. So macht' er sich z. E. aus dem Armbeine eines Mannes, welches er zufälliger Weise fand, einen *Meissel*; eine *Raspel* aus Korallen; ein *Messer* aus Muscheln; eine *Feile* aus der scharfen Haut eines Fisches. Damit verfertigte er viel kleines Hausgeräth, welches die Bequemlichkeit ihres Lebens gar sehr vergrösserte.

Noch lernte *Robinson* von *Freitag* den Gebrauch der Kakaobohnen, die er bei einer ehemaligen Wanderung auf seiner Insel entdekt und einige davon aufs Gerathewohl mit sich genommen hatte. Er legte sie nemlich ans Feuer, so wie die

Kartoffeln, und ließ sie rösten. Dan gewährten sie eine gar nicht unangenehme und dabei sehr nahrhafte und gesunde Speise.

Robinson, welcher gar zu gern neue Versuche anstellte, zerstampfte einige derselben, nachdem sie geröstet waren, zwischen zwei Steinen, schüttete das kleingeriebene Pulver in einen mit Lamamilch angefüllten Topf und sezte ihn ans Feuer. Wie erstaunt' er nicht, und wie groß war sein Vergnügen, da er die daraus entstandene Suppe kostete und fand daß es ordentliche Schokolade sei.

Frizchen. Ah! Schokolade?

Vater. Ja, nur daß das Gewürz und der Zukker daran fehlten. – So vervielfältigten sich nach und nach die Nahrungsmittel des guten *Robinsons* und die Quellen seines Vergnügens! Aber zu seinem Ruhme muß ich sagen, daß er demohngeachtet bei seinem neulichen Vorsaze blieb, und eben so mäßig und einfach zu leben fortfuhr, als er angefangen hatte.

Beide stellten jezt öftere und lange Wanderschaften durch die ganze Insel an, besonders an solchen Tagen, an welchen ein Wind blies, der den Wilden entgegen war; und sie entdekten bei solchen Gelegenheiten noch Manches, was ihnen nüzlich werden konte.

Endlich war der Garten völlig bestellt, und nun wurde der Tag bestimt, an welchem sie nach *Freitags* Heimath hinüber fahren und den Vater desselben abholen wolten. Je näher aber die Zeit zur Abfahrt heranrükte, desto öfterer fiel unserm *Robinson* der Gedanke aufs Herz: wie? wenn *Freitags* Landsleute dich dennoch als einen Feind behandelten? Wenn sie an *Freitags* Vorstellungen sich nicht kehrten, und du ein Opfer ihres abscheulichen Menschenhungers werden müstest? Er konte sich nicht enthalten, diese Besorgniß seinem Freunde mitzutheilen. Aber *Freitag* versicherte ihn bei Allem, was heilig ist, daß er nichts zu besorgen habe; er kenne seine Landsleute zu gut und wisse daher mit völliger Gewißheit, daß sie keinem etwas zu Leide thäten, der nicht ihr Feind sei. *Robinson* war überzeugt, daß er dies nicht sagen würde, wenn's nicht so wäre. Er unterdrükte also alle ängstliche Sorgsamkeit, traute der Ehrlichkeit seines Freundes, und beschloß, am folgenden Morgen in Gottes Nahmen mit ihm abzufahren.

Sie hatten in dieser Absicht den Kahn, der bis dahin auf den Strand gezogen war, wieder aufs Wasser gebracht und an einer in die Erde gestekten Stange befestigst. Den Abend brachten sie damit zu, Kartoffeln zu braten und andere Speisen zuzurichten, die sie mitnehmen wolten, um sich wenigstens auf acht Tage mit Proviant zu versorgen. *Freitag* zeigte bei dieser Gelegenheit, daß er auch in der Kochkunst so unerfahren eben nicht sei, und lehrte seinen Herrn, ein ganzes junges Lama, welches sie geschossen hatten, in kürzerer Zeit weit mürber zu braten, als es am Spiesse geschehen konte. Das fieng er so an.

Er grub ohngefähr zwei Fuß tief ein Loch in die Erde, welches er schichtweise mit troknem Holze und mit platten Steinen anfülte. Dieses Holz zündete er an. Dan hielt er das junge Lama über's Feuer um die Hare abzusengen, und nachdem dieses geschehen war, schabte er es mit einer Muschel so rein ab, als wenn es mit heissem Wasser wäre abgebrühet worden. Mit eben dieser Muschel schnitt' er den Leib des Thieres auf, um die Eingeweide heraus zu nehmen. Unterdeß war das Holz zu Kohlen gebrant; das Loch war durch und durch erhizt und die Steine waren glühend geworden. Er warf darauf in der größten Geschwindigkeit diese Steine nebst den Kohlen aus dem Loche hinaus; legte dan einige der heißgemachten Steine auf den Boden des Lochs und bedekte sie mit grünen Kokusblättern. Auf diese legt' er das Lama, bedekt' es abermahls mit Blättern und pakte die übrigen heissen Steine darauf. Dan schüttete er das ganze Loch mit Erde zu. Nach einigen Stunden ward das Loch wieder geöfnet und das Lama heraus genommen. *Robinson*, der ein Stükchen davon kostete, muste gestehen, daß es weit mürber, saftiger, und wohlschmekkender sei, als wenn's am Spiesse wäre gebraten worden; und er nahm sich daher vor, künftig immer so zu verfahren.

Johannes. Eben so machen's ja auch die *Otahiter*, wenn sie ihre Hunde braten?

Vater. Das thun sie auch.

Gotlieb. Ihre Hunde? Essen die denn Hundefleisch.

Johannes. Ja wohl! Wir haben's vorigen Winter ja gelesen; und die Engländer, die mit davon aßen, gestanden, daß es sehr gut schmekke.

Einige. Fi!

Vater. Ihr müßt nur wissen, daß die dortigen Hunde auch eine ganz andere Lebensart, als die Unsrigen, führen. Sie fressen kein Fleisch, sondern leben blos von Früchten. Da mag denn ihr Fleisch auch wohl ganz anders schmekken, als das Fleisch der Unsrigen schmekken würde. Nun, Kinder, alle Vorbereitungen zu der beschlossenen Reise waren jezt gemacht. Wir wollen also unsere beiden Wanderer erst ausschlafen lassen, und dan sehen, was es morgen geben wird.

Alle. Oh!

Zwei und zwanzigster Abend.

Vater. *Robinson* und *Freitag* mogten kaum eine Stunde geschlafen haben, als der erste durch ein heftiges Gewitter, welches unterdeß entstanden war, plözlich wieder gewekt wurde. Der Sturmwind heulte fürchterlich, und der Donner krachte, daß die Erde davon erbitterte. "Hörst du, *Freitag*?" fragte *Robinson*, indem er seinen Schlafkammeraden anstieß.

"Au weh! antwortete dieser; wenn uns das auf dem Meere getroffen hätte!" Er hatte dieses kaum gesagt, als sie auf einmahl einen Knal hörten, der einem fernen Kanonenschusse ähnlich war.

Freitag meinte, es sei der Donner; *Robinson* hingegen glaubte steif und fest, einen Kanonenschuß gehört zu haben, und gerieth darüber in die freudigste Bestürzung. Er sprang eiligst vom Lager auf, lief nach der Küche und befahl *Freitag*, ihm zu folgen. Hier ergrif er einen glühenden Feuerbrand, und kletterte damit die Strikleiter hinauf. *Freitag* that ein Gleiches, ohne zu wissen, was seines Herrn Absicht sei.

Auf dem Gipfel des Berges machte *Robinson* in größter Geschwindigkeit ein großes Feuer an, um den Nothleidenden ein Zeichen zu geben, daß sie hier bei ihm einen sichern Zufluchtsort finden könten. Er glaubte nemlich, daß irgend ein Schif in der Nähe sei, welches in Gefahr wäre, und deswegen einen Nothschuß gethan habe. Aber kaum loderte die Flamme auf, als ein so entsezlicher Regenguß herabstürzte, daß das Feuer augenbliklich wieder ausgelöscht wurde. *Robinson* und *Freitag* mußten sich in ihre Höhle retten, um nicht fortgeschwemt zu werden.

Nun wüthete der Sturm, nun rasselte der Plazregen, nun krachte der Donner mit unbeschreiblicher Heftigkeit. Es erfolgte Schlag auf Schlag, und ohngeachtet *Robinson* sich einbildete, unter durch von Zeit zu Zeit noch mehr Kanonenschüsse zu hören: so war er doch zulezt selbst zweifelhaft, ob's nicht vielleicht blos der Donner gewesen sei? Dem ohngeachtet hing er die ganze Nacht hindurch dem süßen Gedanken nach, daß ein Schif zu seiner Erlösung in der Nähe sei; daß dieses vielleicht der Gefahr, worin es sich jezt befinde, glüklich entkommen, und ihn, nebst seinem treuen *Freitag*, nach Europa führen würde. Zehnmahl versucht' er, ein neues Feuer anzulegen, aber der unaufhörliche Regen löschte jedesmahl es wieder aus. Es blieb ihm also weiter nichts übrig, als für die Unglüklichen zu beten; und das that er mit der größten Innigkeit.

Gotlieb. Fürchtet er sich denn jezt nicht mehr so vor dem Gewitter, wie er sonst that?

Vater. Du siehst, daß diese thörichte Furcht ihn jezt auch verlassen haben muß; und woher wohl das?

Johannes. Weil er jezt kein böses Gewissen mehr hat.

Vater. Richtig! und dan auch wohl deswegen, weil er jezt vollkommen überzeugt ist, daß Gott ein Gott der Liebe sei, und daß also denen, die from sind und recht thun, nichts begegnen kan, das nicht am Ende zu ihrem wahren Besten gereichte. –

Erst mit Anbruch des Tages legte sich das Ungewitter; und *Robinson* rante, von *Freitag* begleitet, zwischen Furcht und Hofnung nach dem Strande, um zu sehen, ob er recht gehört habe, oder nicht? Aber das Erste, was sich ihnen daselbst zeigte, war für beide äusserst traurig, besonders für den armen *Freitag*. Der Sturm hatte nemlich ihren Kahn losgerissen, und in das weite Weltmeer fortgeschleudert. Es war recht kläglich anzusehen, wie *Freitag* sich gebehrdete, da er die schöne Hofnung, mit seinem Vater vereinigt zu werden, so auf einmahl zernichtet sahe! Er ward todtenblaß, stand eine Zeitlang ganz sprachlos, die starren Blikke zur Erde geheftet und schien mit seiner ganzen Sele abwesend zu sein. Dan brach er in einen Strom von Tränen aus, rang die Hände, zerschlug sich die Brust, und zerraufte sich das Haar.

Robinson, der durch eigenes Unglük gelernt hatte, einem Unglüklichen nach zu empfinden, hatte Mitleid mit seinem Jammer, und suchte durch sanfte freundschaftliche Vorstellungen ihn zur Vernunft wieder zurük zu bringen. "Wer weiß, sagt' er unter andern zu ihm, wozu es uns gut sein mag, den Kahn verloren zu haben? Wer weiß, was der Sturm, der Schuld daran ist, uns oder andern Menschen für große Vortheile mag gestiftet haben?" – "Schöne Vortheile! antwortete *Freitag* in einem etwas bittern Tone; den Kahn hat er uns genommen; das ist alles!" – "Also, erwiederte *Robinson*, weil du und ich mit unsern kurzsichtigen Augen keine andere Wirkung des Sturms, als die Wegführung des Kahns, wahrnehmen; so glaubst du, daß auch Gott, der Alweise, keine andere Ursache, ihn zuschikken, gehabt habe? Unverständiger, wie kanst du dich erkühnen, die Absichten des großen Gottes beurtheilen zu wollen!"

"Ja, aber was könt' er denn auch wohl für Nuzen für uns gehabt haben?" fragte *Freitag*. "Must du mich darum fragen? antworte *Robinson*. Bin ich allwissend, um die Absichten des Weltregenten verstehen zu können? Vermuthen kann ich freilich dies und das: aber wer sagt mir, ob ich's getroffen habe? Vielleicht hatten auf unserer Insel sich so viele ungesunde Dünste gesammelt, daß ein Sturmwind nöthig war, um sie zu zerstreuen, wenn wir beide nicht krank werden, oder sterben solten! Vielleicht hätte der Kahn, wär' er geblieben, uns ins Verderben geführt! Vielleicht – Doch wozu alle diese *vielleichts*, da es uns genug sein muß, zu wissen, daß Gott es sei, der dem Sturmwinde gebietet, und daß dieser Gott ein weiser, und gütiger Vater aller seiner Geschöpfe sei?"

Freitag ging in sich; er bereuete seinen Unverstand, und ergab sich in den Willen der Vorsehung. *Robinsons* Blikke irreten unterdeß auf der weiten Fläche des Ozeans herum, ob er nicht vielleicht irgend wo ein Schif wahrnehmen mögte? Aber umsonst! Es war nirgends eins zu sehen. Er sahe also, daß er sich geirret haben müsse, und daß der gehörte wiederholte Knal, dem er für Kanonenschüsse gehalten hatte, nichts anders, als der Donner, könne gewesen sein. Traurig über die Vereitelung einer so lieben Hofnung, ging er wieder zu Hause.

Aber zu Hause hatt' er nicht Ruhe, nicht Rast, weil ihm immer ein Schif vor den Augen stand, das bei seiner Insel vor Anker lag. Er kletterte also wieder auf den Berg, von wannen er die westliche Küste übersehen konte. aber auch von da aus kont' er nicht entdekken, was der süße Traum ihm vorgespiegelt hatte. Auch damit noch nicht zufrieden, und noch immer unruhig, rant' er nach einem andern Berge, der viel höher, als dieser, war, um von da nach der östlichen Küste der Insel hinzusehen. In einem Hui! hatt' er ihn erstiegen; und da er nun oben war, und nach der Morgenseite hinblikte – Himmel! welch freudiges Erschrekken bemächtigte sich da plözlich seiner ganzen Sele, als er sahe – daß er sich doch nicht betrogen habe!

Alle. Oh!

Vater. Er sahe ein Schif, und zwar, der weiten Entfernung ungeachtet, so deutlich, daß er gar nicht zweifeln konte, es sei wirklich eins, und noch dazu ein recht großes. Ueberhebet mich, Kinder, der vergeblichen Mühe, euch seine Freude, sein unaussprechliches Entzükken zu beschreiben. Athemlos rant' er zurük nach seiner Burg; ergrif seine Waffen und konte zu *Freitag*, der ihn vol Verwunderung anstaunte, weiter nichts sagen, als: *sie sind da! Geschwind! Geschwind!* und so, wie der Wind, die Strikleiter wieder hinauf und davon, als wenn er Flügel hätte.

Freitag schloß aus der Verwirrung, aus der Eilfertigkeit, und aus den abgebrochnen Worten seines Herrn, daß die Wilden da wären. Er ergrif also gleichfalls seine Waffen, und lief mit nicht geringerer Geschwindigkeit hinter ihm drein.

Ueber zwei starke Meilen musten sie laufen, bevor sie an die Stelle des Strandes kamen, der gegen über das Schif vor Anker zu liegen schien. Und hier war es, wo *Freitag* erst erfuhr, wovon denn eigentlich die Rede sei. *Robinson* zeigte ihm das ferne Schif, worüber er denn gar große Augen machte, weil er der Entfernung ohngeachtet, wohl sehen konte, daß es hundert mahl größer sei, als das größte, welches er jemahls gesehen hatte.

Robinson wuste gar nicht, was er vor Freude alles angeben solte. Bald sprang er, bald jauchzt' er, bald fiel er seinem *Freitag* in die Arme und bat ihn, mit hellen Freudenthränen in den Augen, daß er sich doch auch freuen mögte! Nun ging' es nach Europa; nun nach *Hamburg*! Da solt' er einmahl sehen, wie man in *Hamburg* lebte! Was für Häuser da die Menschen bauen könten! Wie bequem, wie ruhig, wie angenehm man da sein Leben hinbrächte! – Der Strom seiner Worte war unerschöpflich. Ich glaube, er würde bis Morgen ununterbrochen fortgeredet haben; wenn er sich nicht auf einmahl besonnen hätte, daß es thörigt wäre, die Zeit mit unnüzen Worten hinzubringen, und daß er vor allen Dingen suchen müsse, sich den Leuten auf dem Schiffe zu erkennen zu geben. – Aber wie nun? Das war die Frage.

Er versuchte seine Stimme ertönen zu lassen; aber er merkte bald, daß das vergebliche Mühe sei, ohngeachtet der Wind sich schon während des Ungewitters gedrehet hatte, und jezt von der Insel nach dem Schiffe zu bließ. Er hieß also seinen Freund, so geschwind, als möglich, ein Feuer anmachen, welches von dem Schiffe her gesehen werden könte. Dieser kam auch bald damit zu Stande, und nun erregte *Robinson* eine Flamme, welche baumhoch empor loderte. Seine Augen waren darauf unverrükt nach dem Schiffe gerichtet, weil er alle Augenblikke erwartete, daß ein Boot abstoßen und zu ihnen kommen würde. Aber kein Boot wolte sich sehen lassen.

Endlich, da das Feuer schon eine Stunde vergeblich gebrant hatte, that *Freitag* den Vorschlag, er wolle, so weit es auch immer wäre, hinschwimmen, und den Leuten sagen, daß sie herkommen solten. *Robinson* umarmte ihn dafür, und bat ihn, doch ja für die Erhaltung seines Lebens dabei besorgt zu sein. *Freitag* warf darauf seine Mattenkleidung ab, brach einen grünen Zweig ab, den er in den Mund nahm, und sprang herzhaft ins Wasser. *Robinsons* wärmste Seegenswünsche begleiteten ihn.

Lotte. Was wolt' er denn mit dem grünen Zweige machen?

Vater. Ein grüner Zweig ist bei den Wilden ein Zeichen des Friedens; und wer so sich ihnen nähert, dem pflegen sie nichts zu Leide zu thun. Er nahm ihn also zu seiner Sicherheit mit.

Freitag langte glüklich bei dem Schiffe an, schwam einige mahl um dasselbe herum und rief: holla! Aber da war keiner, der ihm antwortete. Endlich bemerkt' er die Schifsleiter, die an der Seite herab hing; er näherte sich ihr und stieg daran hinauf, den grünen Zweig in der Hand.

Als er so hoch gestiegen war, daß er auf das Verdek sehen konte, erschrekte ihn der Anblik eines Thiers, welches ihm ganz fremd war. Es war schwarz und zottigt; und in dem Augenblikke, daß *Freitag* von ihm gesehen ward, erhob es eine Stimme, dergleichen dieser noch niemals gehört hatte. Gleich darauf ward es wieder stille, und bezeigte sich so freundlich, daß *Freitag* die Furcht, die es anfangs ihm eingeflöst hatte, wieder fahren ließ. Es kam in der demüthigsten Stellung herbei gekrochen, wedelte mit dem Schwanze und winselte so beweglich, daß *Freitag* wohl merkte, es wolle Schuz bei ihm suchen. Er wagte es daher, da es bis zu seinen Füßen vorgekrochen war, es zu streicheln, und das Thier schien ausser sich vor Freude zu sein.

Freitag ging nun auf dem Verdekke herum und fuhr fort, sein Holla! mit lauter Stimme zu rufen; aber es wolte sich noch immer kein Mensch bliken lassen. Er stand jezt und staunte alle die wunderbaren Sachen an, die er auf dem Verdekke erblikte, und hatte dabei den Rükken gegen die Treppe gekehrt, wodurch man vom Verdekke in das Innere des Schiffes hinab steigt; als er plözlich einen so unsanften und nachdrüklichen Stoß von hinten erhielt, daß er der Länge nach hinstürzte. Vol Schrekken richtete er sich wieder auf, sahe sich um und wäre beinahe versteinert worden, da er ein ziemlich großes Thier mit großen krummen Hörnern, und mit langem Barte erblikte, welches sich eben wieder in eine drohende Stellung auf die Hinterfüße sezte, um ihm eine zweite Bewilkommung angedeien zu lassen. *Freitag* that einen lauten Schrei und sprang, ohne sich einen Augenblik zu besinnen, über Bord ins Meer hinab.

Das erstbeschriebene schwarze Thier, welches ihr an der Beschreibung vermuthlich wohl werdet erkant haben –

Johannes. O ja! ein Pudel!

Vater. Getroffen! – Dieser Pudel, sage ich, folgte *Freitags* Beispiele und sprang gleichfalls über Bord, um Ihm nach zu schwimmen. *Freitag*, der das Plätschern desselben hinter sich hörte, bildete sich ein, daß das andere gehörnte Ungeheuer ihm nachgesprungen wäre, und gerieth darüber in solche Angst, daß er zum Schwimmen beinahe unfähig geworden, und in den Abgrund versunken wäre. Abermahls ein Beispiel, wie schädlich die Furchtsamkeit sei, und wie sie uns immer Gefahren aussezt, die wir füglich vermeiden könten, wenn wir uns nicht von ihr regieren liessen!

Er getrauete sich nicht, sich umzusehen und schwam, da er sich erst ein wenig wieder erhohlt hatte, so eilig fort, daß der Pudel ihm kaum folgen konte. Endlich erreicht' er den Strand und sank sprachlos und ohnmächtig zu *Robinsons*-Füßen nieder. Der Pudel erreichte bald darauf gleichfalls das Land.

Robinson bemühete sich auf alle mögliche Weise den treuen Gefährten seines einsamen Lebens wieder zu sich selbst zu bringen. Er küßte, er streichelte, er rüttelte ihn und rief ihn laut bei Nahmen. Aber es verflossen erst verschiedene Minuten, ehe er die Freude hatte, daß *Freitag* die Augen wieder eröfnete und Zeichen des wiederkehrenden Lebens von sich gab. Endlich war er wieder im Stande zu reden, und da erzählt' er Ihm nun, was für ein entsezliches Abentheuer er ausgestanden habe; wie das Schif ein großer hölzerner Berg zu sein schiene, aus welchem drei hohe Bäume (er meinte die Mastbäume) hervorgewachsen wären; wie das schwarze Thier so freundlich gegen ihn gethan habe, und wie das gehörnte bärtige Ungeheuer ihn darauf habe umbringen wollen; und wie er endlich glaube, daß dieses Ungeheuer der Herr des schwimmenden hölzernen Berges sei, weil er keinen einzigen Menschen darauf gesehen habe.

Robinson hörte ihm vol Verwunderung zu. Er merkte aus der Beschreibung, daß das gehörnte Ungeheuer nichts anders, als eine Ziege wäre, und er schloß aus allen übrigen Umständen, daß das Schif gestrandet sei, und daß die darauf befindliche Manschaft sich in die Böte gerettet und das Schif verlassen habe. Aber wo diese mögten geblieben sein, das war ihm unerklärlich. Hätten sie auf seine Insel sich gerettet; so müsten sie ja, aller Wahrscheinlichkeit nach, an demselben Orte gelandet sein, wo er mit *Freitag* sich jezt selbst befand: aber da war nichts von ihnen zu hören oder zu sehen. Wären sie aber in den Böten verunglükt: so müste man ja wohl ihre Leichname und die Böte an den Strand getrieben finden. Endlich erinnerte er sich des Umstandes, daß der Wind während des Ungewitters sich plözlich gedrehet und östlich geworden sei, da er anfangs westlich war. Dies schien ihm das ganze Geheimniß zu erklären. Gewiß, dacht' er, sind die Leute, da sie in die Böte gesprungen waren, durch den plözlich entstandenen Ostwind abgehalten worden, unsere Küste zu erreichen. Der Sturm hat sie nach Westen getrieben, und da sind sie entweder auf der Fahrt verunglükt – vielleicht auf den Meerstrom gerathen – oder an irgend eine westliche

Insel getrieben worden. Gott gebe das Lezte seufzt' er; und theilte *Freitag* seine Muthmaßung mit, der sie gleichfalls wahrscheinlich fand.

Aber was ist nun zu thun? fragte *Robinson*. Die Leute mögen nun entweder todt oder noch lebendig und nur verschlagen sein: so können wir in beiden Fällen nichts Besseres thun, als daß wir von dem Schiffe so viel Sachen zu retten suchen, als uns möglich sein wird. Aber wie? da wir keinen Kahn mehr haben! Hier empfand er selbst den Verlust des Kahns beinahe eben so schmerzlich, als *Freitag* es vorher gethan hatte. Er zerrieb sich die Stirn, um ein Mittel ausfindig zu machen, den Verlust desselben zu ersezen; aber er konte lange keins finden. Einen andern Kahn zu zimmern, würde zu viel Zeit gekostet haben. Hinzuschwimmen getraut' er sich nicht, weil es viel zu weit war: und dan was hätt' er im Schwimmen auch eben fortbringen können?

Johannes. Ich weiß wohl, was ich gemacht hätte?

Vater. Nun, was denn?

Johannes. Ein Flößholz.

Vater. Grade eben dasselbe fiel unserm *Robinson* zulezt auch ein! Ein Flößholz, dacht' er, wird noch am geschwindesten gemacht werden können –

Frizchen. Was ist denn das ein Flößholz?

Johannes. Hast du nicht gesehen, da wir neulich nach dem Jagdschiffe fuhren, da lagen ja da auf der Elbe bei dem Teichthore eine Menge solcher Flößhölzer?

Frizchen. Ach ja, so ein Haufen Balken, die an einander gebunden sind, daß man ordentlich darauf stehen und fahren kan, als wenn's ein Schif wäre?

Vater. Ganz recht! Ein solches Flößholz also wolte *Robin*son machen, um damit nach dem großen Schiffe zu fahren und so viele Sachen daraus abzuholen, als sie nur könten. Er beredete sich darauf mit *Freitag*, daß einer von ihnen nach Hause laufen solte, um auf einen ganzen Tag Speise, nebst allen vorräthigen Strikken und was sie von Handwerkszeuge hatten, herzuholen; und weil *Freitag* am hurtigsten auf den Füßen war: so wurde dieser hingesandt und *Robinson* blieb zurük, um unterdeß Bäume zu dem Flößholze zu fällen.

Es wurde beinahe Abend ehe *Freitag* zurük kam. *Robinson* hatte unterdeß seine herzliche Freude an dem Pudel, der ihm, als ein europäischer Landsman überaus lieb und werth war. Auch der Pudel schien sich über ihn zu freuen und machte ihm ungeheissen allerlei Künste vor, die er gelernt hatte. *Robinson* gab ihm bei *Freitags* Zurükkunft von dem herbei gebrachten Essen die erste Porzion, ohngeachtet er selbst den ganzen Tag über nichts genossen hatte. Da es zum Glük eine mondhelle Nacht war; so arbeiteten beide unaufhörlich fort, bis nach Mitternacht. Dan stelte sich aber auch das Bedürfniß des Schlafes so dringend ein, daß sie ihm ohnmöglich länger widerstehen konten.

Nikolas. Das glaub' ich, sie hatten auch die ganze vorige Nacht gewacht!

Diderich. Und waren heute so sehr gelaufen; besonders *Freitag*!

Vater. Sie strekten sich also ins Grüne und überliessen es dem Pudel, sie zu bewachen. Der Pudel legte sich zu ihren Füßen und so genossen sie der Wohlthat eines sanften und erquikkenden Schlummers, bis die Morgenröthe hervorbrach.

Drei und zwanzigster Abend.

Vater. Der anbrechende Morgen hatte kaum den untersten Rand des östlichen Himmels geröthet: als der muntre *Robinson* seinen Gefährten wekte, um das Werk zu vollenden, welches sie gestern angefangen hatten. Sie arbeiteten den ganzen Tag über so unverdrossen, daß sie noch denselben Abend mit dem Flößholze zu Stande kamen.

Sie hatten eine doppelte Reihe von Balken, theils durch Strikke, theils durch biegsame und zähe Gerten von indianischen Weiden so fest an einander gebunden, daß sie ein völlig sichres Fahrzeug abgaben, welches ohngefähr zwanzig Fuß lang und fast eben so breit war. Auch hatten sie die Vorsichtigkeit gehabt es dicht am Strande und auf Walzen zu erbauen, um es ohne Zeitverlust und ohne große Mühe gleich aufs Wasser bringen zu können. Zum Glük traf mit dem Anbruch des nächsten Morgens grade die Zeit der Ebbe ein. Sie säumten also keinen Augenblik, das Flösholz vom Strande hinab zu rollen, um mit dem Wasser, welches vom Ufer sich in das Meer zurük zog, wie auf einem Strome, nach dem gestrandeten Schiffe hin zu fahren. Jezt ging die Reise fort, und ehe eine halbe Stunde verstrich, waren sie schon an Ort und Stelle. Wie schlug unserm *Robinson* das Herz, da ihm das große Europäische Schif vor Augen stand! Es fehlte nicht viel, so hätt' er die Wand desselben geküßt, so werth macht' es ihm der Umstand, daß es aus seinem Vaterlande gekommen, von Europäern erbauet, von Europäern hierher geführt war!

Aber ach! diese lieben Europäer selbst waren verschwunden! Waren vielleicht vom Meere verschlungen worden! Wie zerriß dieser traurige Gedanke das Herz des armen *Robinsons*, der gern die Hälfte seines noch künftigen Lebens dahin gegeben hätte, wenn er damit die verschwundene Manschaft des Schiffes wieder hätte herbei schaffen und mit ihnen nach Europa segeln können! Aber das war nun einmahl unmöglich; es blieb ihm also nichts übrig, als von der Ladung des Schiffes so viel zu retten, als er konte, um es zu seiner grösseren Bequemlichkeit anzuwenden.

Gotlieb. Ja, durft' er denn aber etwas von den Sachen nehmen, die nicht sein waren?

Vater. Was meinst du, Johannes? Durft' er?

Johannes. Ja, er durfte sie wohl aus dem Schiffe heraus nehmen und ans Land bringen; aber wenn die Leute sich wieder einfanden: so must' er sie ihnen wieder geben.

Vater. Richtig! Denn nahm er die Sachen nicht heraus, so wurden sie nach und nach ein Raub der Wellen. Deswegen kont' er auch mit gutem Gewissen sich so gleich dasjenige davon zu eignen, was ihm an unentbehrlichsten war, und es den Leuten, wenn sie jemahls wiederkämen, für die Mühe und Arbeit anrechnen, die er auf die Rettung des Schifguts verwandt hatte.

Was überhaupt die gestrandeten Schiffe betrift: so sind die Menschen in einigen gesitteten Ländern darin übereingekommen, daß die gerettetn Sachen jedesmahl in drei Porzionen getheilt werden. Die Eine davon kriegen die vorigen Besizer wieder, wenn sie noch leben, oder ihre Erben, wenn sie todt sind; die Andere wird denjenigen zuerkant, welche diese Sachen gerettet haben, und die Dritte fält dem Landesherrn zu.

Nikolas. Dem Landesherrn? Warum kriegt denn der was davon ab?

Vater. Das ist nun so eine Frage – die ich euch jezt wohl nicht gut werde beantworten können. Indeß etwas kan ich euch doch darüber sagen, was euch schon jezt begreiflich sein wird. Seht, Kinder, der König, oder der Fürst, oder wie der Landesherr sonst heissen mag, hält auf den Küsten gewisse Leute, die dahin sehen müssen, daß von einem solchen gestrandeten Schiffe nichts geraubt, sondern alles, was gerettet werden kan, hübsch an einen sichern Ort gebracht werde. Geschähe dieses nicht, so würde der Kaufman, dem die Ladung des Schiffes gehörte, wohl selten etwas davon wieder kriegen, weil die Sachen entweder verderben, oder gestohlen werden würden. Nun kostet es aber dem Landesherrn sein Geld, solche Leute, die darnach sehen müssen, zu unterhalten. Es ist also billig, daß dieses von denen wieder erstattet werde, denen diese heilsame Anordnung zu

Gute komt. Deswegen hat man also festgesezt, daß der dritte Theil der *geborgenen* Sachen (so pflegt man sie nemlich zu nennen) jedesmahl dem Herrn des Strandes zufallen solle; und diese einmahl festgesezte Anordnung nent man das *Strandrecht*.

Diesem zufolge hatte *Robinson* das Recht, von allen Sachen, die er aus dem gestrandeten Schiffe retten konte, gleich zwei Drittel als sein rechtmäßiges Eigenthum zu gebrauchen, wozu sie gut waren.

Johannes. Zwei Drittel?

Vater. Ja; eins für Mühe und Arbeit, das Andere als einziger rechtmäßiger Herr der Insel, bei welcher der Schifbruch sich ereignet hatte.

Diderich. Ja, wer hatte ihn denn aber zum Herrn der Insel gemacht?

Vater. Die gesunde Vernunft. Ein Stük Landes, das bisher noch gar keinen Herrn gehabt hat, gehört natürlicher Weise dem zu, der es zuerst in Besiz nimt. Und das war hier der Fal.

Der erste Wunsch, der in *Robinsons* Sele erwachte, da er sich von der starken Empfindung der Freude über den Anblik eines Europäischen Schiffes erhohlt hatte, war dieser, daß das Schif noch unbeschädigt sein, und wieder flot werden mögte. In diesem Falle war er fest entschlossen, sich mit *Freitag* darauf zu sezen, und, wo nicht nach Europa selbst, doch nach irgend einem europäischen Pflanzorte in *Amerika* zu segeln; so gefährlich es auch immer sein mögte, sich mit einem großen unbemanten Schiffe, und ohne die nöthigen Kentnisse von der Schiffarth zu haben, auf das offenbare Meer zu wagen. Er fuhr also auf dem Flößholze rund um das Schif herum, um den Grund des Meeres zu untersuchen; und da fand er denn bald zu seiner wahren Betrübniß, daß an kein Flotwerden desselben zu denken sei.

Der Sturm hatte nemlich das Schif grade zwischen zwei Felsen geworfen, von denen es nun so zusammengeklemt wurde, daß es weder rük- noch vorwärts bewegt werden konte. Hier must' es also so lange stekken bleiben, bis die anschlagenden Wellen es nach und nach zertrümmern würden. Nachdem diese Hofnung also vereitelt war, eilte *Robinson*, an Bord des Schiffes zu steigen, um zu sehen, worin die Ladung desselben bestehe, und ob diese auch noch unverdorben sei. Dem guten *Freitag* war der Schrekken von ehegestern noch so gegenwärtig, daß er sich kaum entschliessen konte, seinen Herrn auf das Verdek des Schiffes zu begleiten. Er that es jedoch, wiewohl nicht ohne Zittern, besonders da das gehörnte Ungeheuer das Erste war, was sich seinen Blikken wieder darbot.

Aber das gehörnte Ungeheuer war dasmahl nicht so muthig, als gestern. Es lag vielmehr so kraftlos da, als wenn es gar nicht mehr aufzustehen vermögte, weil ihm nemlich seit ehegestern keiner das gewöhnliche Futter gereicht hatte. *Robinson*, der diese Ursache seiner Mattigkeit merkte, ließ seine erste Sorge sein, etwas aufzusuchen, was er dem ausgehungerten Thiere zu fressen geben könte. Weil er mit der innern Einrichtung eines Schiffes vollkommen bekant war; so fand er auch bald, was er suchte, und hatte das Vergnügen zu sehen, wie begierig die Ziege von dem vorgeworfenen Futter ihren Heißhunger stilte. *Freitag* hatte unterdeß an der ihm unbekanten Gestalt des Thieres genug zu bewundern gehabt. Nun fing *Robinson* eine ordentliche Untersuchung an. Er stieg aus einer Kajüte in die andere, aus einem Schifsboden in den andern hinab, und sahe überal tausend Dinge, die in Europa kaum geachtet werden, für ihn aber einen ganz unschäzbaren Werth hatten. Da waren ganze Tonnen vol *Schifszwiebak*, vol *Reiß*, vol *Mehl*, vol *Korn*, vol *Wein*, vol *Schießpulver*, vol *Kugeln* und *Schroot*; da waren *Kanonen, Flinten, Pistolen, Degen,* und *Hirschfänger;* ferner *Beile, Sägen, Meissel, Bohrer, Raspeln, Hobel, Hammer, eiserne Stangen, Nägel, Messer, Scheeren, Nadeln;* da waren *Töpfe, Schüsseln, Teller, Löffel, Feuerzangen, Blasebälge, Näpfe,* und anderes hölzernes, eisernes, zinnernes, und kupfernes Küchengeräth; da waren endlich auch ganze Kisten vol *Kleider, Wäsche, Strümpfe, Schuhe, Stiefel* und hundert andere Sachen, für deren jede der entzükte *Robinson* gern seinen ganzen längstvergessenen Goldklumpen hin gegeben haben würde, wenn man eins oder das andere davon ihm zum Kauf angeboten hätte.

Freitag stand bei dem Allen wie verduzt, weil er so was niemahls gesehen hatte, und von den meisten dieser Wunderdinge auch die Absicht nicht errathen konte. *Robinson* hingegen war ganz ausser sich vor Entzükken. Er weinte vor Freuden, grif, wie ein kleines Kind, nach Allem, was ihm vorkam, und warf das Ergriffene wieder aus den Händen, so bald seine Augen auf einen andern Gegenstand fielen, der ihm noch wünschenswürdiger zu sein schien. Endlich wolt' er auch in den untersten Schifsraum steigen: aber er fand, daß er ganz mit Wasser angefült sei, weil das Schif einen starken Lek bekommen hatte. Nun ging er mit sich selbst zu Rathe, was er für diesmahl mitnehmen wolte; und konte darüber lange nicht mit sich einig werden. Bald schien ihm dies, bald jenes das Unentbehrlichste zu sein, und daher verwarf er oft wieder, was er so eben erst gewählt hatte, um stat dessen eine andere Sache mitzunehmen. Endlich sucht' er folgende Dinge, als die schäzbarsten von allen aus, um sie für diesmahl mitzunehmen: 1) Eine kleine Tonne vol *Schießpulver*, nebst einem andern Tönchen vol *Schroot;* 2) Zwei *Flinten,* zwei Paar *Pistolen,* zwei *Degen* und *Hirschfänger;* 3) Doppelte Kleidungstükke vom Kopfe bis zu den Füßen für sich und *Freitag;*

4) Zwei Dutzend Hemde; 5) Zwei Beile, zwei Sägen, zwei Hobel, ein Paar Stangen Eisen, einen Hammer und einige andere Werkzeuge; 6) Einige Bücher, etwas Schreibpapier, nebst Tinte und Federn; 7) Ein Feuerzeug, nebst Zunder und Feuersteinen; 8) Ein Faß vol Zwiebak; 9) Etwas Segeltuch, und 10) die Ziege.

Frizchen. O, die Ziege hatt' er ja eben nicht nöthig!

Vater. Das ist wahr, Frizchen; aber die Ziege hatte seiner nöthig, und *Robinson* war viel zu mitleidig gegen alle lebendige Geschöpfe, als daß er dieses arme Thier in der Ungewißheit, ob nicht vielleicht vor seiner Zurükkunft ein Sturm das Schif zertrümmern würde, hätte zurüklassen können, zumahl, da das Nothwendigste doch Raum auf seinem Flößholze hatte. Er nahm sie also mit.

Dahingegen ließ er etwas liegen, wornach in Europa die Leute am ehesten greifen würden, – ein ganzes Tönchen vol Goldkörner, und ein Schächtelchen mit kostbaren Diamanten, die er in der Kajüte des Kapitains gesehen hatte. Diese mitzunehmen, fiel ihm gar nicht ein; weil er ganz und gar keinen Gebrauch davon zu machen wuste.

Ueber dem Durchsuchen, dem Aufmachen und Auskramen, dem Frohlokken, dem Auswählen und Aufladen war so viel Zeit verflossen, daß nur noch eine Stunde bis zur nächsten Fluthzeit fehlte. Diese musten sie nun erwarten, weil sie sonst mit der Flöße schwerlich hätten fortkommen können. Diese Stunde wandte *Robinson* dazu an, einmahl wieder auf europäische Weise zu speisen. Er holte also ein Stük geräuchertes Rindfleisch, ein Paar Heringe, etwas Zwiebak, Butter und Käse, und eine Flasche Wein herbei, sezte alles dieses auf den Tisch in der Kajüte des Kapitains, und ließ sich selbst mit *Freitag* auf den dabei stehenden Stühlen nieder. Schon dieses, daß er endlich einmahl wieder von einem ordentlichen Tische, auf einem ordentlichen Stuhle sizend, von einem ordentlichen Teller mit Messer und Gabel essen solte, machte ihm mehr Freude, als ich euch beschreiben kan. Und nun vollends die Speisen selbst, vornehmlich das Brod, wornach er sich so oft vergebens gesehnt hatte, – o, ihr könt euch gar keine Vorstellung davon machen, wie entzükt er darüber war! Man müste, so wie er, neun Jahre aller dieser Nahrungsmittel und Bequemlichkeiten des Lebens beraubt gewesen sein, um die Freude, die er jezt empfand, nach ihrem ganzen Umfange fassen zu können.

Freitag war mit der europäischen Art zu essen so wenig bekant, daß er gar nicht wuste, wie er Messer und Gabel brauchen solte. *Robinson* zeigt' es ihm; aber indem er es nun nachmachen und ein Stük Fleisch auf der Gabel zum Munde reichen wolte, fuhr er damit zum Ohre hinauf und brachte, seiner bisherigen Gewohnheit nach, die Hand mit der Schale der Gabel zum Munde. Von dem Weine, den ihm *Robinson* zu kosten gab, wolt' er schlechterdings nicht trinken, weil sein nur an Wasser gewöhnter Gaum den Reiz eines starken Getränkes nicht ertragen konte. Der Zwiebak hingegen behagte ihn ausnehmend wohl. Jezt war die Fluthzeit da; beide stiegen also hinab zur Flösse und stiessen in See, um mit der anschwellenden Fluth dem Strande zuzufliessen. In kurzer Zeit waren sie da, und eilten, die geborgenen Güter ans Land zu sezen. Und nun war *Freitag* sehr begierig zu erfahren, was alle diese Dinge zu bedeuten hätten, und was für Nuzen sie gewährten? Das erste, was *Robinson* zur Befriedigung seiner Neugierde vornahm, war, daß er hinter einen Busch trat, sich daselbst ein Hemde und ein ganzes Kleid, welches eine Offizieruniform war, nebst Schuh und Strümpfen anzog; dan einen Degen an die Seite stekte, einen Tressenhut aufsezte und so auf einmahl, wie umgeschaffen, hervortrat, und sich vor *Freitags* erstaunten Augen dahin pflanzte. Dieser wich vol Bestürzung einige Schritte zurük, weil er in dem ersten Augenblikke wirklich zweifelhaft war, ob er seinen Herrn, oder ein anderes, vielleicht übermenschliches Wesen sehe. *Robinson*, der über sein Erstaunen lächeln muste, reichte ihm freundlich die Hand, und versicherte, daß er noch immer Robinson, noch immer sein Freund wäre, ohngeachtet seine Kleidung und sein Glükszustand sich geändert hätten. Er nahm hierauf eine ganze Matrosenkleidung, zeigte ihm, wie er jedes Stük derselben anziehen müsse, und hieß ihn hinter den Busch zu gehen, um sich gleichfalls anzukleiden.

Freitag gehorchte; aber es dauerte lange, ehe er mit dem Anzuge fertig werden konte. Bald hatt' er dies, bald jenes unrecht angelegt; das Hemde, zum Exempel, zog er erst verkehrt an, indem er die Beine durch die beiden Ermel stekte, als wenn er Beinkleider anziehen wolte. Eben so macht' er es auch mit den Beinkleidern, in die er gleichfalls die Füße von unten zu stekken versuchte, und mit der Jakke, die er auf dem Rükken zu knöpfen wolte. Nach und nach sah er seinen Irthum ein und verbesserte ihn, bis er endlich nach vielen vergeblichen Versuchen mit dem ganzen Anzuge völlig zu Stande kam. Er hüpfte vor Freuden, wie ein Kind, da er sich so umgeschaffen sahe, und da er merkte, wie bequem diese Kleidung sei, und wie gut sie ihn vor den Stichen der Musquito's verwahren würde. Nur mit den Schuhen war er unzufrieden, weil sie ihm etwas Entbehrliches und Unbequemes zu sein schienen. Er bat sich also die Erlaubniß aus, sie wieder ablegen zu dürfen, welches *Robinson* seinem eigenen Gutbefinden überließ.

Jezt zeigt' er ihm den Gebrauch der Beile und anderer Werkzeuge, worüber *Freitag* vor Freude und Bewunderung ganz ausser sich gesezt wurde. Sie machten sogleich Gebrauch davon, um einen kleinen Mastbaum für ihr Flößholz zu behauen; damit sie künftig ein Segel aufstekken könten, und dan nicht erst auf die Zeit der Fluth zu warten brauchten. *Robinson* übernahm es, diese Arbeit allein fertig zu machen; und schikte *Freitag* unterdeß nach seiner Burg, um die Lama's zu melken; ein Geschäft, welches sie nun schon zwei Tage hatten aussezen müssen. In *Freitags* Abwesenheit lud *Robinson* eine der Flinten, weil er sich das Vergnügen vorbehalten hatte, seinen Freund mit den wunderbaren Wirkungen des Schießpulvers zu überraschen. Da dieser nun zurükgekommen war, und die Geschwindigkeit bewunderte, mit welcher *Robinson* seine Arbeit schon vollendet hatte, erblikte dieser einen Seefalken, der eben mit einem geraubten Fische davon flog. Schnel ergrif er die Flinte und rief aus: *Gieb Achtung, Freitag, der sol herunter!* Kaum hatt' er dieses gesagt, so drükt' er ab, und der Falke stürzte aus der Luft zur Erde. Stelt euch des armen Freitags Erstaunen und Erschrekken vor! Er stürzte, als wär er selbst getroffen zu Boden, weil ihm plözlich sein alter Aberglaube an den *Toupan* oder Donnerer wieder einfiel, für den er in dem ersten Augenblikke des Schrekkens seinen Herrn selbst hielt. Er fiel, wie gesagt, zu Boden; dan legt' er sich auf die Knie und strekte seine zitternden Hände gegen *Robinson* aus, als wenn er ihn um Gnade bitten wolte. Reden kont' er nicht.

Robinson war weit entfernt, mit irgend etwas, was die Religion betrift, Spaß treiben zu können. Es war ihm daher, sobald er *Freitags* Gedanken vermuthete, augenblicklich leid, ihn nicht vorher über das, was er thun wolte, belehrt zu haben; und er eilte, diesen Fehler wieder gut zu machen. Er hob den zitternden *Freitag* liebreich auf, umarmte ihn, bat ihn, sich nicht zu fürchten, und sezte hinzu: er wolte ihn gleich auch lehren, einen solchen Bliz und Donnerschlag hervorzubringen, womit es ganz natürlich zuginge. Dan zeigt' er ihm die Einrichtung der Flinte, beschrieb ihm die Beschaffenheit und Wirkung des Schießpulvers; lud die Flinte vor seinen Augen und gab sie ihm in die Hand, um selbst damit zu schiessen. Aber *Freitag*, der noch viel zu furchtsam dazu war, bat ihn, es lieber selbst zu thun. *Robinson* machte darauf ein Ziel auf hundert Schritte, ließ *Freitag* neben sich stehen und feuerte die Flinte ab. Es fehlte nicht viel, so wäre *Freitag* abermahls zu Boden gestürzt: so übernatürlich schien ihm dasjenige zu sein, was er sahe und hörte. Das Ziel war von vielen Schrootkörnern getroffen, welche noch ziemlich tief ins Holz hineingedrungen waren. *Robinson* machte seinen *Freitag* aufmerksam darauf, und ließ ihn selbst den Schluß machen, wie sicher sie nun in Zukunft vor allen feindlichen Anfällen der Wilden wären, nachdem sie diesen künstlichen Bliz und Donner in ihre Gewalt bekommen hätten. *Freitag* gewan hierdurch und durch Alles, was er auf dem Schiffe gesehen hatte, eine so tiefe Ehrfurcht gegen die Europäer und gegen seinen Herrn insbesondere, daß es ihm viele Tage hindurch unmöglich war, sich wieder auf den vertrauten freundschaftlichen Ton gegen ihn herab zu stimmen. Indeß rükte die Nacht heran, und machte den Geschäften dieses freudenreichen Tages ein Ende.

Vier und zwanzigster Abend.

Am folgenden Abend fuhr der Vater zur großen Freude seiner Kleinen, ohne alle Vorrede, folgendermaßen fort.

Süßer hatte unser *Robinson* noch nie geschlafen, als in dieser Nacht; denn seit dem ersten Tage seines einsamen Aufenthalts auf dieser Insel war er noch nie so glüklich gewesen, als er sich jezt fühlte. Aber nie empfand auch wohl ein Mensch mehr innige Dankbarkeit und Liebe gegen den himlischen Wohlthäter, dem er dieses sein Glük zu verdanken hatte, als er. Wie oft lag er, wenn er allein war, auf seinen Knien und dankte dem guten Geber aller Gaben für das, was er ihm verliehen hatte! Auch seinem *Freitag* sucht' er diese frommen Empfindungen der Dankbarkeit einzuflössen. Er lehrte ihn, bevor sie sich schlafen legten, das Loblied: *Nun danket alle Gott!* und dan stimten beide mit gerührtem Herzen es zum Preise Ihres gemeinschaftlichen himlischen Vaters an. –

Am andern Morgen machten sie sich früh auf; legten alle ihre Sachen in ein Gebüsch und bedekten sie, im Fal es etwa regnen solte, mit vielen Zweigen. Dan stiessen sie mit Anfang der Ebbe vom Lande, um wieder nach dem *Wrak* zu fahren.

Frizchen. Was ist das Wrak?

Vater. So nent man ein Schif, welches gestrandet und schon zum Theil zertrümmert ist. – Da sie gestern, wie ich zu erwähnen vergaß, auch ein Paar gute Ruder mit sich genomen hatten: so ging die Fahrt noch geschwinder, als das erstemahl. Sie kamen abermahls glüklich an; und das erste, was sie vornahmen, war dieses, daß sie alle Bretter, die sie in dem Schiffe fanden, auf ihr Flößholz herab liessen, um einen doppelten Fußboden davon zu machen, damit die Sachen, die sie mitnehmen wolten, trokner, als die gestrigen liegen mögten. Jezt suchte *Robinson* wieder Alles durch, um unter den vielen Sachen, die er nicht alle auf einmahl mitnehmen konte, eine kluge Auswahl zu treffen. Diesmahl ward ihm die Wahl schon weniger sauer, weil er das Allernothwendigste nun schon in Sicherheit gebracht hatte. Doch verfuhr er wiederum eben so bedächtig, als das erstemahl.

Unter andern beschloß er, diesmahl eine von den sechs kleinen Kanonen mitzunehmen, die er auf dem Schiffe fand.

Johannes. Eine Kanone? – O dafür hätt' er doch auch wohl etwas nöthigeres nehmen können!

Vater. So scheint es uns, die wir die Sache von fern beurtheilen; *Robinson* hingegen, der seine ganze Lage in der Nähe übersahe, fand, daß ihm diese Kanone, wenigstens zur Beruhigung seines Gemüths, höchst nöthig sei.

Johannes. Wie so?

Vater. Der Ort am Strande, wo er die geretteten Sachen vor der Hand hinlegen muste, war unbefestigt, und lag unglüklicher Weise in derjenigen Gegend, wo die Wilden gemeiniglich zu landen pflegten. Nun kont' er sich zwar ziemlich auf den Schuz seiner Flinten und Pistolen verlassen, fals er angegriffen werden solte; aber der Gedanke, daß er alsdan wieder in die traurige Nothwendigkeit gerathen würde, einen oder den andern dieser armen Wilden zu tödten, machte ihn schaudern, so oft er ihm einfiel. Nun dacht' er, wenn er eine Kanone am Strande hätte: so könt' er, wenn sie sich in ihren *Kanoes* oder Kähnen der Insel nähern wolten, schon von fern eine Kugel über ihre Köpfe hinschiessen, worauf sie dan vor Schrekken vermuthlich wieder umkehren würden. Siehst du, Lieber, wie unsicher es ist, wenn wir das Betragen anderer Menschen zu beurtheilen uns anmassen wollen? Höchst selten kennen wir alle die Bewegungsgründe, nach denen ein Anderer sich in seinem Verhalten richtet: wie dürfen wir uns dan einfallen lassen uns zu Richtern über dasselbe aufzuwerfen? Ein weiser Man ist daher sehr langsam zum Urtheil über Andere; giebt sich überhaupt nicht damit ab, wenn er keinen eigentlichen Beruf dazu hat, weil er genug über sich selbst und über seine eigene Handlungen zu denken und zu urtheilen hat: und so, Kinder! wollen wir es künftig auch machen.

Ausser der Kanone, brachten *Robinson* und *Freitag* diesmahl noch folgende Sachen auf ihre Flöße: 1) Einen kleinen Sak vol *Rokken*, einen andern vol *Gerste* und noch einen dritten vol *Erbsen*; 2) Eine Kiste vol *Nägel* und *Schrauben*; 3) Ein Duzend *Beile*; 4) Ein Fäßchen vol *Schießpulver*, nebst *Kugeln* und *Schroot*; 5) Ein Segel, und 6) einen *Schleifstein*.

Gotlieb. Wozu denn den?

Vater. Um Beile, Messer und andere Werkzeuge wieder scharf zu machen, wenn sie stumpf sein würden.

Gotlieb. Hatt' er denn auf seiner Insel keine Steine?

Vater. Steine in Menge; nur keine Schleifsteine! Hast du nicht bemerkt, daß diese von einer besondere Beschaffenheit, nemlich viel weicher sein müssen, als die andern Steine sind?

Gotlieb. Ja!

Vater. Nun, solcher weichen Sandsteine, hatt' er auf seiner Insel keine bemerkt; und doch ist ein Schleifstein für Alle, welche mit scharfen Werkzeugen umgehen müssen, ein ungemein nüzliches und nothwendiges Ding. Er zog ihn also ohne Bedenken, den Goldkörnern und Diamanten vor, die er abermahls zurük ließ.

Ehe sie abfuhren, untersuchte *Robinson* den dermahligen Zustand des Schiffes und fand, daß das Wasser noch etwas höher eingedrungen sei, und daß die Wellen und das Reiben an den Felsen schon viele Planken an beiden Seiten des Schiffes losgerissen hätten. Er sahe voraus, daß der erste sich ereignende Sturm das ganze Wrak zertrümmern würde. Um destomehr beschloß er zu eilen, um von dem noch übrigen Schifsgute, so viel er nur immer könte, zu retten. Da der Wind jezt landwärts bließ, so konten sie mit Hülfe des Segels und der Ruder abfahren, ohngeachtet die Ebbezeit erst kaum halb vorbei war. Unterweges machte *Robinson* sich einen Vorwurf, der ein Beweis seiner Rechtschaffenheit war.

Diderich. Worüber denn?

Vater. Darüber, daß er das Gold und die Diamanten nicht mitgenommen habe.

Diderich. Was wolt' er denn damit?

Vater. Er selbst wolte nichts damit; aber er dachte so: es ist doch nicht ganz unmöglich, daß der Herr des Schiffes noch lebt, und wieder herkommen kan, um zu sehen, ob er nicht noch etwas retten könne. Wenn nun plözlich ein Sturm entstünde und der zerschmetterte das Schif, ehe du noch einmahl wieder zurükfahren kanst, und Gold und Edelgesteine gingen verloren: wie wolltest du es dan gegen den Besizer derselben, wie wolltest du es vor Gott, und vor deinem eigenen Gewissen verantworten, daß du nur lauter solche Sachen gerettet hast, die *dir* nüzlich werden können und nicht auch dasjenige, woran dem eigentlichen Herrn aller dieser Sachen am meisten gelegen sein muß? Wovon vielleicht sein und vieler andern Menschen ganzer Glükszustand abhängen mag? Robinson! Robinson! sezt' er hinzu, indem er sich unwillig vor die Stirn schlug, wie viel fehlt noch daran, daß du schon so gut bist, als du sein soltest? Er konte kaum die Zeit abwarten, da sie anlanden und wieder abstoßen würden, um von neuem hinzufahren; so groß war die Unruhe seines Gewissens über die Versäumung einer Pflicht, die ihm mit Recht heilig schien!

Endlich kamen sie an; aber in dem Augenblikke, da sie ans Land stoßen wolten, liefen sie große Gefahr, ihre ganze Ladung ins Meer versinken zu sehen. Weil nemlich die Ebbezeit noch dauerte, so war das Wasser am Strande so seicht, daß das Vordertheil des Flößholzes auf einmahl auf den Sand rante und daher viel höher zu stehen kam, als das Hintertheil, welches noch vom Wasser getragen wurde. Zum Glük standen *Robinson* und *Freitag* beide hinten und konten also die abgleitende Ladung zurükhalten, daß sie nicht ins Wasser fiel.

Nachdem sie Alles wieder befestigt hatten, musten sie sich entschliessen bis an die Knie durch Wasser und Schlam zu waten, um die Sachen so ans Land zu bringen. Sie thaten dies so hurtig und so vorsichtig, daß nichts verloren ging, und daß sie noch vor der zurükkehrenden Fluthzeit wieder abfahren konten. Kaum war *Robinson* abermahls bei dem Wrakke angekommen, als er nichts eiligeres hatte, als das Tönchen mit den Goldkörnern und das Schächtelchen mit den Diamanten auf sein Flößholz zu bringen. Damit fiel ihm, wie man sagt, ein Stein von Herzen; und nun, nachdem er sich dieser Pflicht entlediget hatte, glaubt' er berechtigt zu sein, wieder für sich selbst zu sorgen.

Diesmahl nahm er unter andern ein Paar *Schubkarren*, die, ich weiß nicht zu welchem Behufe, auf dem Schiffe waren, viel vorräthige *Kleidungsstükke* und *Wäsche*, viel *Werkzeuge* und *Geräthschaft*, eine *Laterne*, nebst allen beschriebenen Papieren mit, die er in des Kapitains Kajüte fand; und da unterdeß die Fluthzeit zurük gekehrt war, so segelten sie wieder ab, und erreichten, von Wind und Wasser fortgetrieben, in kurzer Zeit den Strand. Den noch übrigen Theil des Tages widmete *Robinson* einem Geschäfte, welches ihm jezt das dringendste zu sein schien. Er zitterte nemlich vor dem Gedanken, daß ein starker Regen einfallen, und seinen größten Schaz, das Schießpulver, unbrauchbar machen könte. Um diese Gefahr abzuwenden, beschloß er, noch an eben diesem Tage, aus einem großen mitgebrachten Segeltuche ein ordentliches Zelt zu machen, worunter sein ganzer Reichthum vor dem Regen sicher läge. Da er Scheere, Nadeln und Zwirn hatte, so ging ihm diese Arbeit geschwind von Händen, und *Freitag* lernte ihm bald so viel davon ab, daß er ihm dabei helfen konte. Dieser konte die unschäzbare Erfindung einer Nadel und einer Scheere nicht genug bewundern und gestand zu wiederhohlten mahlen, daß er und seine Landesleute, mit den künstlichen Europäern verglichen, doch nur recht arme Schelme wären.

Sie wurden noch vor Abend mit dieser Arbeit fertig; und da machte *Robinson* sich noch die Freude, seinem *Freitag* die erstaunliche Wirkung einer Kanone zu zeigen. Er lud sie mit einer Kugel, stelte sie darauf so, daß der Schuß die Oberfläche des Wassers streifen muste, damit *Freitag* recht deutlich sehen könte, wie weit die Kugel fortgeschnelt werden würde. Jezt brant' er sie ab, und ohngeachtet *Freitag* schon durch die beiden Flintenschüsse auf dieses Schauspiel vorbereitet war: so erschrak er doch von neuem über den noch weit heftigern Knal der Kanone so sehr, daß ihm alle Glieder zitterten. Die Kugel tanzte auf der Oberfläche des Meeres hin und verlohr sich in einer unabsehlichen Entfernung. *Freitag* versicherte darauf, daß es nur eines einzigen solchen Schusses bedürfen würde, um alle seine Landsleute, wenn sie auch bei Tausenden herbei kämen, plözlich in die Flucht zu jagen, weil sie den, der diesen Donner machte, gewiß für den *Toupan* halten würden.

Da es finster geworden war, stekte *Robinson* seine Laterne an, um die am Schiffe mitgebrachten Schriften durchzusehen, ob er vielleicht daraus erfahren mögte, wem das Schif zugehört habe, und welches die Bestimmung desselben gewesen sei? Aber zum Unglük waren diese Schriften, so wie die Bücher, die er mitgenommen hatte, in einer Sprache abgefaßt, die er nicht verstand. Wie sehr bedauerte er hierbei abermahls, daß er in seiner Jugend nicht mehr Fleiß auf Erlernung der Sprachen gewandt habe! Aber diese Reue kam jezt zu spät. Indeß gab ihm ein doppelter Umstand, den er bemerkte, einiges Licht über den Lauf des Schiffes und über die Absicht desselben. Er fand nemlich unter andern ein Paar Briefe, die nach *Barbados* gerichtet waren, einer Insel bei Amerika, auf welcher ein starker Sklavenhandel getrieben wird.

Frizchen. Sklavenhandel?

Vater. Ich wil dir sagen, was das ist. In Afrika – du weißt doch noch, wo das liegt?

Frizchen. O ja; dorthin, über die grüne Brükke und die Gänseweide! – Nu nur zu!

Vater. In Afrika also, wo die Mohren wohnen, sind die meisten Menschen noch so roh und ungesittet, wie das liebe Vieh. Ihre Anführer oder Könige, die selbst nicht viel klüger sind, gehen dan auch mit ihnen um, als wenn sie wirkliches Vieh wären. Wenn nun die Europäer dahin kommen, so bietet man ihnen ganze Heerden solcher schwarzen Menschen zum Verkauf an, recht so wie man hier die Ochsen zu Markte bringt. Viele Väter führen auch wohl ihre eigene Kinder herbei, um sie für eine Kleinigkeit los zu werden; und da kaufen denn die Europäer alle Jahr eine Menge derselben und führen sie nach Amerika, wo sie die härteste Arbeit verrichten müssen und dabei recht jämmerlich gehalten werden. Ein solcher *Sklav* (so nent man sie) ist dan recht schlim daran, und wünschte oft lieber zu sterben, als so zu leben.

Gotlieb. Das ist doch aber auch gar nicht recht, daß man so mit Menschen umgeht!

Vater. Freilich ist es unrecht; auch steht zu hoffen, daß dieser abscheuliche Sklavenhandel mit der Zeit ganz werde abgeschaft werden. –

Ferner fand *Robinson* eine Rechnung, aus der er ungefähr so viel abnehmen konte, daß auf dem Schiffe hundert solcher Sklaven gewesen sein müsten, die man nach *Barbados* habe bringen wollen. Er machte von allem diesem seinem *Freitag* eine Beschreibung, und sezte hinzu: wer weiß, ob nicht diese Unglüklichen dem Sturme, der das Schif auf die Felsen trieb, vielleicht ihre Erlösung zu verdanken haben? Ob sie nicht vielleicht durch Hülfe der Böte sich gerettet und irgend eine Insel erreicht haben, auf der ihre Tirannen ihnen nun nicht mehr befehlen dürfen, und wo sie, nach ihrer Art, ein recht glükliches und zufriedenes Leben führen?

Freitag fand dies gar nicht unwahrscheinlich.

Wohl dan, lieber *Freitag*! sezte *Robinson* hinzu, indem sein Gesicht zu glühen anfing; hättest du also nun noch wohl das Herz, deine neuliche Frage zu wiederhohlen?

Freitag. Welche?

Robinson. Die: was der Sturm, der uns unsern Kahn entführte, wohl für Nuzen gehabt haben könne?

Freitag ward beschämt und schlug reuevoll die Augen nieder.

"O Freitag! rief hierauf *Robinson* mit frommem Eifer aus; erkenne die Hand des almächtigen und alweisen Gottes, die hier abermahls so sichtbarlich im Spiel gewesen ist! Siehe wie viel der Sturm uns wiedergeben muste, für das Wenige, was er uns zu nehmen Befehl hatte! Sieh ihn an, diesen ganzen Vorrath von Hülfsmitteln zu einem bequemen und glüklichen Leben – würden wir ihn haben, wenn der Sturm nicht gekommen wäre? Zwar ist es traurig, sein Glük dem Unglükke anderer Menschen verdanken zu müssen: aber wie? wenn nun auch die Meisten von denen, die auf dem gestrandeten Schiffe waren, jezt viel glüklicher lebten, als vormahls? Und daß dies wirklich der Fal sei, ist doch gar nicht unwahrscheinlich! Was dünket dich nun von der götlichen Weltregierung?"

"Daß sie unbeschreiblich weise und gut sei, und daß ich ein Nar war!" erwiederte *Freitag*, indem er die Hände faltete und zum Himmel blikte, um Gott die Sünde abzubitten, die er aus Unverstand begangen hatte.

Robinson verwahrte alle die durchgesuchten Papiere eben so sorgfältig, als das Gold und die Edelgesteine; um, fals er jemahls wieder nach Europa kommen solte, durch Hülfe derselben, zu erfahren, an wen er diese geretteten Schäze zurük geben müsse. Noch sechs Tage hinter einander fuhren sie fort, des Tages zwei bis dreimahl nach dem Wrak zu fahren und Alles, was sie bewegen konten, ans Land zu bringen. Tausend Kleinigkeiten waren ihnen wichtig und wurden als solche von ihnen mitgenommen, die uns kaum des Aufhebens werth scheinen würden, weil wir den Mangel derselben noch nie empfunden haben. Ein Theil der Schifsladung bestand aus Elefantenzähnen; diese liessen sie liegen, weil sie keinen Gebrauch davon machen konten. Ein Gleiches thaten sie mit einigen Tonnen vol Kaffebohnen, welche *Robinson* gleichfalls verschmähte, weil er nicht gesonnen war, sich jemahls wieder zu überflüßigen und schädlichen Lekkereien zu verwöhnen. Dafür aber suchten sie so viel Bretter loszubrechen und mitzunehmen, als sie nur immer konten, weil ihnen diese einen grössern Nuzen und also auch einen grössern innern Werth zu haben schienen. Sogar die noch übrigen fünf Kanonen brachten sie ans Land, so wie alles Eisenwerk, welches sie nur finden oder vom Schiffe losmachen konten.

Nachdem sie nun schon achtzehn mahl hin und her gefahren und mit ihrer jedesmahligen Ladung immer glüklich an Ort und Stelle angekommen waren; bemerkten sie, da sie sich abermahls an Bord des Wraks befanden, daß ein Ungewitter heran nahe. Sie eilten daher, so sehr sie konten, das Aufladen zu beschleunigen und fuhren in der Hofnung ab, daß sie, noch vor dem Ausbruche des Gewitters den Strand erreichen würden. Aber ihre Bemühung war umsonst. Noch ehe sie die Hälfte der Fahrt zurükgelegt hatten, erhob sich ein so gewaltiger Sturm mit Donner, Bliz und Regen begleitet, daß die Wellen über das Flößholz wegrolten und die darauf befindlichen Sachen in den Abgrund warfen. Sie selbst klammerten sich eine Zeitlang so fest an, daß die schäumenden Wogen sie nicht wegspülen konten, ohngeachtet sie ihnen von Zeit zu Zeit fast einer Elle hoch über dem Kopfe weggingen. Aber endlich konte das schwache Gebäude des Flößholzes der Wuth der Wellen nicht länger widerstehen. Die Bande, wodurch die Balken zusammen gehalten, löseten sich auf; die ganze Flöße fiel aus einander.

Lotte. O weh der arme *Robinson*!

Alle. O stille! stille!

Vater. *Freitag* versuchte sich durch Schwimmen zu retten, *Robinson* hingegen ergrif einen Balken, mit dem er bald in den Abgrund hinabgeworfen, bald wieder hoch empor gehoben wurde. Er war dabei öfter unter, als über dem Wasser, war ganz betäubt, und konte weder hören noch sehen. Jezt verliessen ihn seine Kräfte, und mit ihnen seine Besonnenheit. Er that noch einen lauten Schrei, und verschwand darauf in einer ungeheuern Welle, die von dem Balken ihn losriß. Zum Glük war sein treuer *Freitag* ihm immer zur Seite geblieben, ohngeachtet er, wenn er gewolt hätte, sich weit geschwinder hätte retten können. Da dieser nun seinen Herrn vor seinen Augen versinken sahe, besan er sich keinen Augenblik, sondern tauchte unter, ergrif ihn mit der linken Hand, und arbeitete mit der rechten sich wieder empor. Und nun verdoppelte er seine Bemühung mit so unerhörter Anstrengung, daß er in einigen Minuten zusamt dem Leichname seines lieben Herrn am Strande war.

Alle. (Ganz erschrokken) Ach! – ach! dem Leichnam?

Vater. So nenne ich ihn, weil in der That kein Fünkchen von Leben mehr in ihm zu sein schien.

Freitag trug den Erblaßten völlig ans Land, warf sich verzweiflungsvol über ihn hin, rief ihm zu, rüttelte, rieb ihn am ganzen Leibe, und drükte zehnmahl die Lippen auf seinen Mund um ihm Athem einzublasen. Endlich hatt' er die unaussprechliche Freude, wieder einige Merkmahle des Lebens wahrzunehmen; er fuhr in seinen Bemühungen fort und *Robinson* fing an, sich seiner wieder bewust zu sein.

"Wo bin ich?" fragt' er mit schwacher zitternder Stimme, indem er die Augen wieder aufschlug. "In meinen Armen, lieber Herr!" antwortete *Freitag*, dem die Tränen aus den Augen stürzten. – Und nun gab es eine rührende Scene, indem *Robinson* seinem Erretter dankte, und dieser nicht wuste, was er vor Freuden über die Wiederkehr seines geliebten Herrn ins Leben alles vornehmen solte.

Und, Kinder, mit etwas Besserem können wir die Erzählung dieses Tages wohl nicht endigen; also genug für heute!

Fünf und zwanzigster Abend.

Es fanden sich abermahls verschiedene Abhaltungen, welche den Vater hinderten, in der Erzählung fortzufahren. Die junge Geselschaft wurde unterdeß durch sechs neue Mitglieder vergrössert. Diese hiessen *Matthias, Ferdinand, Konrad, Hans, Christel,* und *Karl.*

Das war nun ein Wesen unter den Alten, wovon der Eine noch eher, als der Andere, den neuen Freunden wieder erzählen wolte, was sie von *Robinson* nun schon gehört hatten! Da wuste der Eine dies, der Andere das von ihm; da hatte der Eine dies, der Andere das noch ausgelassen, weswegen ein Dritter ihm in die Rede fiel, um die Lükke der Erzählung auszufüllen! Da also Alle zugleich redeten, so entstand zulezt ein so verwirtes Geschrei, daß man sein eigen Wort nicht hören konte. Da sahe sich dan endlich der Vater genöthiget, um dem Wirwar ein Ende zu machen, die Erzählung von vorn wieder anzufangen, und sie bis dahin zu wiederhohlen, wo er zulezt stehn geblieben war. Dan fuhr er, zum allgemeinen Frohlokken, folgendermaßen fort:

Nun, Kinder, unser *Robinson* hat sich noch einmahl wieder erhohlt. Der Schlaf, dessen er die Nacht über unter seinem Zelte auf wirklichen Betten genoß, hat ihn so erquikt, daß er mit Anbruch des Morgens schon wieder da steht in seiner ganzen ungeschwächten Kraft, und Gott für die Erhaltung seiner Gesundheit und seines Lebens dankt. Der Sturm hatte die ganze Nacht hindurch gewüthet. Er erwartete daher mit ängstlicher Neubegierde den Tag, um zu sehen, was aus dem Wrak mögte geworden sein? Jezt stieg die Sonne empor und da erblikt' er zu seinem Leidwesen, daß das Wrak gänzlich verschwunden sei. Einzelne Bretter und Balken, die an den Strand getrieben waren, bewiesen, daß der Sturm es völlig zertrümmert habe. Es that ihm bei diesem Anblik wohl, sich bewust zu sein, daß er keinen Fleiß gespart habe, von dem Schifsgute so viel zu retten, als ihm nur immer möglich gewesen war; und wohl dem Menschen, dessen ganzes Betragen so weißlich eingerichtet ist, daß er bei jedem unangenehmen Vorfal, wie jezt *Robinson,* zu sich selbst sagen kan: *ich bin nicht Schuld daran!* O dieses Bewustsein kan viel versüßen, was für unser Herz sonst unausstehlich bitter sein würde!

Robinson und *Freitag* zogen sorgfältig jedes am Strande liegende Ueberbleibsel des Schiffes aufs Land, weil sie voraussahen, daß jedes Bret, jede Latte ihnen nüzlich werden könte. Dan wurde ein ordentlicher Plan zu ihrer nächsten Geschäftigkeit gemacht. Die Sachen musten nemlich nach der Burg geschaft werden; aber sich beim Fortbringen derselben jedesmahl so weit davon zu entfernen, schien ihnen mit Recht gefährlich zu sein. *Robinson* machte also die Anordnung, daß sie wechselseitig fortkarren und Wache halten wolten, einer des Vormittages, der Andere des Nachmittages. Er lud die Kanonen und pflanzte sie an den Strand, die Mündung gegen das Meer gerichtet. Dan wurde ein Feuer angemacht, welches der Wachhabende beständig unterhalten solte; und neben den Kanonen lag eine Lunte in Bereitschaft, um sie, wenn es sein müste, ohne Verzug abfeuern zu können.

Robinson selbst machte den Anfang zur Fortbringung der Sachen. Um die bessern Kleidungsstükke zu schonen, hatte auch er einen Matrosenanzug angelegt und, stat seiner ehemaligen Waffen, trug er jezt einen Hirschfänger und zwei geladene Pistolen im Gürtel. Er lud zuerst einige Fäßchen mit Schießpulver nebst andern Sachen auf, für welche die Nässe am meisten zu fürchten war; und darauf ging die Reise fort.

Der Pudel, welcher ihm nie von der Seite kam, begleitete ihn, als ein nicht ganz unnüzer Reisegefährte. *Robinson*hatte ihm einen Strik ums Leib gebunden und diesen vorn am Karn befestigt, damit er durch Ziehen ihm helfen möge. Weil nun die Pudel sehr gelehrige Geschöpfe sind; so fand sich auch dieser bald in seinen neuen Beruf, und verrichtete ihn in kurzer Zeit so gut, als wenn er ein geübter Karngaul gewesen wäre. Auch trug er obenein noch ein Bündel mit den Zähnen, welches man ihn zu thun schon vorher gelehrt hatte. Beim Zurükkehren nahm *Robinson* alle seine zahmen zum Lasttragen schon gebrauchten Lama's mit, um sich ihrer gleichfalls zum Fortschaffen der Sachen zu bedienen. Da ihrer sieben waren, und da jedes derselben eine anderthalb Zentner schwere Last zu tragen vermogte: so könt ihr denken, wie viel die ganze Karawane auf einmahl fortzubringen im Stande war.

Da aber so viele Sachen in *Robinsons* Höhle und Keller keinen Raum hatten: so ward in der Geschwindigkeit noch ein zweites großes Zelt gemacht, welches man auf dem Hofplaze der Burg aufschlug, um bis auf Weiter zum Behälter zu dienen. In acht Tagen war Alles fortgeschaft, einen Haufen Bretter ausgenommen, die sie zwischen ein dichtes Gebüsch getragen hatten, um sie vor der Hand daselbst zu lassen.

Lotte. Du hast uns ja nichts wieder von der Ziege erzählt?

Vater. Ach, das hätt' ich bald vergessen. Nun, die Ziege nahmen sie, wie es sich von selbst versteht, auch mit, und thaten sie in die Verzäunung zu den zahmen Lama's, mit denen sie sich recht gut vertrug. –

Nun gab's für *Robinson* und *Freitag* der angenehmen Arbeiten viele; und sie wusten kaum, was sie zuerst angreifen solten. Doch machte *Robinson*, der jezt in allen seinen Verrichtungen Ordnung und regelmäßige Eintheilung der Geschäfte liebte, bald einen Unterschied zwischen den nöthigern und unnöthigern Arbeiten, und schrit zuerst zu jenen. Eine der nöthigsten unter allen war die Erbauung eines Schuppens, oder einer kleinen Scheune, um diejenigen Sachen, welche in der Höhle nicht Raum hatten, bequemer und sicherer zu verwahren, als es unter dem Zelte geschehen konte. Da kam es nun darauf an, sich in der Kunst der Zimmerleute zu üben, die freilich keiner von ihnen gelernt hatte.

Aber was konte dem Fleisse unsers sinreichen *Robinsons* jezt zu schwer fallen, da er sich im Besiz aller der Werkzeuge sahe, die er nöthig hatte? Die mühseeligsten und ungewohntesten Arbeiten waren ihm jezt ein Spiel, nachdem er mit so vielen andern, ohne Werkzeuge und ohne einen Gehülfen zu haben, glüklich zu Stande gekommen war. Das Fällen und Behauen der Bäume, das Zusammenfügen und Aufrichten der Balken, das Aufmauern der Wände von Baksteinen und die Anlegung eines doppelten Daches, eins von Brettern, das andre von Kokusblättern – dies Alles ging mit bewundernswürdiger Geschwindigkeit von statten. Jezt stand das Häuschen da, und glich den kleinen Wohnungen unserer Landleute. Sehr weislich hatte *Robinson* auch die Fenster aus den Kajüten des Schiffes ausgehoben; und diese kamen ihm jezt treflich zu statten, um den inwendigen Raum des Gebäudes zu erhellen, ohne irgend ein Loch offen lassen zu dürfen. Das Glas war für *Freitage* ein vorzüglicher Gegenstand der Bewunderung, weil er nie dergleichen gesehen hatte und nun erfuhr, was für eine große Bequemlichkeit es gewähre.

Nachdem nun Alles unter Dach und Fach gebracht war, ging *Robinson* mit dem Gedanken um, sich einen bequemen Eingang zu seiner Burg zu verschaffen, ohne daß sie dadurch von ihrer Festigkeit etwas verlieren mögte. Das sicherste Mittel dazu schien ihm die Anlegung eines ordentlichen Thors und einer Zugbrükke zu sein. Da er alles, was dazu erfodert wurde – Nägel, Ketten, Thürangel, Hespen, Schlösser u. s. w. – in Ueberfluß hatte, so schritt' er sogleich zur Ausführung dieses Vorsazes. Sie machten erst alles, was erfodert wurde, fertig; dan wurde eine Oefnung in dem Walle und der Baumwand nach der Grösse des schon vollendeten Thores gemacht, das Thor errichtet und die Zugbrükke so angelegt, daß sie, wenn sie aufgezogen ward, das Thor bedekte. Dan wurden die Kanonen, und zwar geladen, auf den Wal gepflanzt, so daß zwei die rechte, zwei die linke *Flanke* oder *Seite*, und zwei die *Face*, oder die Vorderseite der Festung dekten. Und nun konten sie vor jedem Anfalle der Wilden völlig ruhig sein, und hatten zugleich die Bequemlichkeit eines ordentlichen Einganges zu ihrer Wohnung.

Jezt war die Zeit zur Erndte gekommen. *Robinson* bediente sich eines alten Schwerdts stat der Sichel, um den Maiz damit abzumähen, und zum Ausgraben der Kartoffeln einer ordentlichen Hakke, die sich unter den geborgenen Sachen befand. Wie ihnen nun das Alles durch Hülfe dieser Werkzeuge von der Hand ging! Es wäre eine Lust gewesen, es anzusehen, eine noch grössere, sich ihnen als Mitarbeiter zuzugesellen.

Hans. Ich hätte mögen dabei wohl sein, um auch so mit zu arbeiten!

Diderich. O deswegen brauchst du nach keiner wüsten Insel zu fahren! Es läßt sich hier eben so gut arbeiten. Solst nur sehen, was uns Vater immer zu thun giebt, wenn wir Freistunden haben! Bald müssen wir Holz mit ihm pakken, bald klein gehauenes Holz in die Küche fahren, bald im Garten graben, dan wieder Wasser zum Begiessen tragen, oder Unkraut ausgäten – o da giebt es immer genug zu thun!

Vater. Und warum führ' ich denn wohl euch zu solchen Arbeiten an?

Johannes. I, daß wir uns gewöhnen sollen, niemahls mäßig zu sein, und weil uns das gesund und stark macht!

Christel. Sollen wir denn auch immer mit arbeiten, Vater?

Vater. Freilich! Ich werde euch ja nicht weniger lieben, als ich die Andern liebe, und werde euch also ja auch wohl alles das thun lassen, was ich für eine nüzliche Beschäftigung halte!

Karl. O das ist scharmant! Da wollen wir eben so fleißig sein, als *Robinson*.

Vater. Wohl! *Robinson*, wie wir wissen, befand sich sehr wohl dabei; und so werden wir Alle die seeligen Folgen einer arbeitsamen Lebensart gleichfalls immer mehr erfahren.

Die Erndte war jezt vollendet. *Robinson* verfertigte zwei Dreschflegel, lehrte *Freitag* den Gebrauch derselben, und dan klopften sie den Maiz in einem Tage aus. Sie gewannen zwei Säkke vol, welches ohngefähr sechs Scheffel sein mogten. Auf einige Monate hatten sie Schifszwiebak vorräthig. Da aber dieser alsdan ein Ende nehmen muste, so war *Robinson* entschlossen, das Brodbakken selbst zu versuchen.

Eine kleine Handmühle hatt' er mit von dem Schiffe genommen. Es fehlte also nur an einem feinen Siebe, um das Mehl zu sichten und an einem Bakofen, um das daraus geknetete Brod zu bakken. Zu beiden muste Rath werden. Zum Siebe braucht' er ein dünnes Nesseltuch, wovon unter den geborgenen Sachen sich ein ganzes Stük befand; und die Anlegung eines ordentlichen Bakofens machte ihm den wenigsten Kummer. Auch mit dieser Arbeit ward er fertig, noch ehe die gewöhnliche halbjährige Regenzeit eintraf. Und nun macht' er einen doppelten Versuch im Brodbakken, indem er einige Brode aus Rokkenmehl, andere aus Mehl von Maiz knetete. Die erstern aber waren bei weitem die schmakhaftesten; und *Robinsons* Entschliessung war daher gefaßt. Er beschloß nemlich, stat des türkischen Waizens, den größten Theil seiner Aekker mit Rokken zu besäen, um immer hinlänglichen Vorrath zum Brodbakken zu haben. Dies schien ihm auch für seine und *Freitags*Hände nicht zu viel Arbeit zu sein, weil sie auf dieser Insel zweimahl in jedem Jahre säen und ärndten könten.

Noch fehlte ihnen etwas, welches sie unter dem Schifsvorrathe nicht mit gefunden hatten, und welches ihnen gleichwohl sehr nüzlich gewesen wäre, nemlich – ein Paar ordentliche Spaten von Eisen. Zwar hatte *Freitag*dergleichen aus hartem Holze geschnizt, aber besser ist doch besser, und mit einem eisernen Spaten kan man natürlicher Weise noch mehr beschikken, als mit einem hölzernen. Da nun *Robinson* fest entschlossen war, künftig den Akkerbau, als die angenehmste und nüzlichste Arbeit unter allen, zu seiner beständigen Hauptbeschäftigung zu machen: so ging er mit dem Gedanken um, auch eine Schmiede anzulegen, um Spaten und vielleicht noch andere nöthige Werkzeuge selbst zu verfertigen.

Dieser Einfal war nicht so kühn, als er euch vielleicht vorkommen mag: denn alles, was zu einer Schmiede gehört, fand sich unter seinem Vorrathe. Es waren nemlich darunter ein kleiner *Amboß,* verschiedene *Zangen,* ein ziemlich großer *Blasebalg* und so viel theils altes, theils noch unverarbeitetes *Eisen,* daß er wahrscheinlicher Weise für sein ganzes Leben genug daran hatte. Der Vorsaz ward also auf der Stelle ausgeführt. Durch Hülfe eines grössern Daches von Brettern, welches sie über der Küche anbrachten, ward diese so sehr erweitert, daß sie zugleich zur Schmiede dienen, und auch beim Regenwetter darin gearbeitet werden konte. Sie verwandten also einen Theil der eingefallenen nassen Jahrszeit auf Schmiedearbeit; und auch diese muste ihnen, nach einigen wenigen vergeblichen Versuchen, gar treflich gelingen. Da die Spaten fertig waren, ging *Robinson* noch weiter und versuchte, ob er nicht auch gar einen Pflug erfinden könte, der ihren Kräften angemessen wäre? Er erfand ihn und seine Freude darüber war sehr groß.

Dieser Pflug war von den Unsrigen freilich sehr verschieden; er bestand aus einem einzigen krummen Ast von einem Baume, an dessen einem auf der Erde ruhenden krummen Ende die Pflugschaar befestigst war, nebst einer Handhebe, womit der Führer des Pflugs ihn regieren und nach seinem Willen lenken konte; an das andere Ende hingegen hätten Ochsen oder Pferde gespant werden können, wenn sie deren gehabt hätten. So aber war diese Stelle einem von ihnen selbst vorbehalten. Kurz, dieser Pflug hatte vollkommen die Gestalt von demjenigen, dessen die alten *Griechen* sich zu bedienen pflegten, da sie anfingen, sich auf den Akkerbau zu legen und wovon ich euch hier eine Zeichnung zeigen kan.

Ferdinand. Das ist ja ein küriöser Pflug!

Konrad. Waren denn keine Räder daran?

Vater. Nein, wie du siehst. So einfach und ungekünstelt, als dieser Pflug, sind anfangs alle andere Werkzeuge auch gewesen. Nach und nach nahmen die Menschen eine vortheilhaftere Einrichtung nach der andern wahr, änderten, verbesserten, und beförderten so immer mehr und mehr den Nuzen und die Bequemlichkeit eines jeden Dinges, dessen sie zu ihren Arbeiten bedurften. Indeß hatte Robinson alle Ursache, sich über diese seine Erfindung zu freuen, besonders da sie so ganz sein eigenes Werk war, weil er die Zeichnung davon niemahls gesehen hatte. Es sind, so viel man weiß, erst viele Jahrhunderte verflossen, bevor die Menschen darauf verfielen, ein so einfaches Werkzeug, als dieser Pflug ist, zu erfinden; und die Erfinder desselben wurden von ihren Nachkommen für so ausserordentlich kluge Menschen gehalten, daß man ihrem Andenken sogar götliche Ehre erwies. Weißt du noch, Johannes, wen die Egipzier für den Erfinder des Pflugs hielten?

Johannes. O ja! Den *Osiris*, den sie deswegen nachher, als einen Gott, anbeteten.

Vater. Die Phönizier schrieben diese nüzliche Erfindung einem gewissen *Dagon* zu, den sie deswegen auch für ein ausserordentliches Wesen hielten und ihn *einen Sohn des Himmels* nanten.

Nikolas. Aber hätte *Robinson* nicht die Lama's zum Pflügen brauchen können?

Vater. Anfangs zweifelte er, ob sie brauchbar dazu sein würden, weil sie mehr zum Tragen, als zum Ziehen gemacht zu sein schienen. Indeß wolt' er doch auch dieses nicht unversucht lassen; und siehe! der Erfolg übertraf seine Hofnung. Die Thiere lernten nach und nach sich darein schikken; und endlich ging das Geschäft so gut von statten, als wenn *Robinson* und *Freitag* ausgelernte Landleute und die Lama's Ochsen oder Esel gewesen wären. Nun fehlte ihnen zur ordentlichen Bestellung des Akkers nur noch ein Werkzeug, dessen sie nicht füglich entbehren konten, und welches sie gleichwohl auf dem Schiffe nicht vorgefunden hatten.

Ferdinand. Ich weiß schon, was das für eins war!

Vater. Und welches meinst du denn?

Ferdinand. Eine *Egge*.

Vater. Getroffen! Ohne diese kan das Land nicht wohl bestellt werden, weil man durch Hülfe derselben die dikken Erdschollen erst zertrümmern muß, damit der eingestreute Same in ein lokkeres Erdreich zu liegen komme, und mit Erde bedekt werde.

Robinson schmiedete erst so viel eiserne Zakken, als er dazu nöthig zu haben glaubte. Dan kam er, nach einigen vergeblichen Versuchen, auch mit dem hölzernen Gestelle zu Stande, worin diese Zakken befestiget werden musten. Endlich bohrte er in dieses Gestel so viel Löcher, als die Egge Zähne haben solte, schlug die eisernen Zakken da hinein, und die Egge war fertig.

Er säete nun, nach geendigter Regenzeit, zwei Scheffel Rokken, einen Scheffel Gerste, und einen halben Scheffel Erbsen aus; und hatte nach fünf Monaten die Freude, zwölfmahl so viel wieder einzuärndten, nemlich vier und zwanzig Scheffel Rokken, zwölf Scheffel Gerste, und sechs Scheffel Erbsen; welches weit mehr war, als er und sein *Freitag* in einem halben Jahre verzehren konten. Aber, als ein kluger Hausvater, war er darauf bedacht, von Allem immer etwas übrig zu haben, weil Zeiten des Mißwachses einfallen, oder seine Erndte einmahl durch Hagel oder andere Zufälle zernichtet werden konte. Er beschloß daher ein ordentliches Getraidemagazin anzulegen, worin immer von einem halben Jahre zum andern ein zu ihrem Unterhalte hinlänglicher Vorrath wäre, auf den Fal, daß einmahl eine Erndte verloren ginge. In dieser Absicht rissen sie, bei anhaltender klarer Witterung das Dach des Schuppens wieder ein, um noch ein zweites Stokwerk darauf zu sezen, welches zum Kornboden dienen solte. Dies kostete nun freilich schon mehr Kunst und Mühe, als die Errichtung des ersten Stoks gekostet hatte, aber ihr anhaltender unverdrossener Fleiß überwand alle Schwierigkeiten; und das Werk ward vollendet.

Die Ziege hatte unterdeß zwei Junge geworfen, so daß nun auch diese Art von Thieren auf der Insel fortgepflanzt werden konte. Der Pudel diente ihnen zum Nachtwächter; und *Pol*, der Papagai, war ihr Geselschafter bei Tische, oft auch bei der Arbeit. Die Lama's hingegen waren ihnen nun schäzbarer, als jemahls: weil sie ihnen nicht nur Milch, Käse und Butter gaben; sondern auch das Feld beakkern halfen. Zu *Robinsons* volkommener Glükseeligkeit fehlte also weiter nichts mehr, als – was meint ihr?

Gotlieb. Daß er nicht bei seinen Eltern war!

Vater. Und – daß ihrer nur zwei waren, wovon der Eine über kurz oder lang sterben und den Andern wieder als einen armen, von allen Menschen getrenten Einsiedler zurük lassen muste. Doch *Robinson* hielt es für Sünde, sein Leben dadurch zu verbittern, daß er sich vor Unglüksfällen fürchtete, die erst in der Zukunft möglich waren. Der Gott, dacht' er, der bis hieher immer Rath gewust hat, wird auch ferner helfen können. Und so verfloß ihm jezt jeder seiner Tage in ungestörter Zufriedenheit, weil er nunmehr Ruhe von innen und Ruhe von Aussen hatte. Und zu diesem Zustande verhelfe Gott euch Allen! –

Die Mutter sagte: amen! und die Geselschaft ging auseinander.

Sechs und zwanzigster Abend.

Vater. Nun, Kinder, diesmahl hab' ich euch recht viel zu erzählen!

Alle. O herlich! herlich!

Vater. Wenn ich nur an einem Abend damit fertig werden kan!

Einige. O wir wollen Vater auch gar nicht unterbrechen; da wird's gewiß gehen.

Vater. Nun, ich wil's versuchen. Bereitet euch also immer zu einem neuen fürchterlichen Auftritte, von dem man noch nicht wissen kan, wie er ablaufen werde.

(Die Kinder drükten einander ihre Vermuthung durch eine Pantomime aus.)

Wenn ich jezt fortfahren wolte euch alles das zu erzählen, was *Robinson* und *Freitag* durch Hülfe ihrer Werkzeuge täglich machten: so würd' euch wohl kein sonderlicher Gefalle damit geschehen?

Johannes. O ja; aber das läßt sich ja wohl von selbst denken!

Vater. Ich begnüge mich also, nur zu sagen, daß sie nach und nach fast alle Handwerker – den Bekker, Schmied, Schneider, Schuster, Zimmerman, Tischler, Radmacher, Töpfer, Gärtner, Akkersman, Jäger, Fischer – und noch viel andere so glüklich nachahmten, daß sie hunderterlei Dinge machen lernten, wozu wir andern europäischen Faullenzer der Hülfe eben so vieler Menschen bedürfen. Ihre Kräfte wuchsen in eben dem Grade, in welchem sie dieselben anstrengten; und auch ihr Gemüth wurde unter einer beständigen nüzlichen Geschäftigkeit je länger je heiterer, je länger je besser. Ein Beweis, daß der liebe Gott uns zu einer solchen Geschäftigkeit wohl recht eigentlich geschaffen haben muß, weil wir allemahl gesunder, besser und glüklicher darnach werden. Mehr als ein halbes Jahr war nun unter solchen angenehmen Verrichtungen dahin geflossen, ohne daß *Freitag* es gewagt hatte, seinen Herrn an die Reise nach seiner Heimath zu erinnern; ob er gleich oft, nach vollendeter Arbeit, auf den Berge lief, von wannen er nach der Gegend seiner Geburtsinsel hinsehen konte, und dan allemahl, wie ein Träumender, in tiefen Gedanken da stand und das Unglük beseufzte, von seinem Vater vielleicht auf immer getrent zu sein. *Robinson* hingegen wolte bis dahin mit Fleiß nicht davon reden, weil er den Wunsch seines Freundes doch nicht eher erfüllen konte, bis sie mit den nöthigsten Einrichtungen, welche ihre neue Lebensart erfoderte, würden fertig geworden sein. Jezt war das Nöthigste gethan; und nun war *Robinson* der erste, welcher in Vorschlag brachte, daß sie wieder ein Schif bauen wolten, um *Freitags* Vater abzuhohlen. Die Freude des guten Burschen über diese erfreuliche Nachricht war wieder eben so groß, als neulich und seine Dankbarkeit gegen *Robinson* äusserte sich gleichfalls auf die nemliche Weise. Die Arbeit wurde also gleich am nächsten Morgen angefangen, und ging nun, wie natürlich, zehnmahl geschwinder und besser von statten, als das erste mahl.

Eines Morgens, da *Robinson* mit häuslichen Verrichtungen beschäftigt war, schikt' er *Freitag* nach dem Strande, um eine Schildkröte zu suchen, weil sie von diesem angenehmen Gerichte schon in langer Zeit nicht genossen hatten. Dieser war noch nicht lange weg gewesen, als er plözlich wieder zurükflog und vom Laufen und Schrekken so ganz ausser Athem war, daß er nur mit stamlender Zunge die Worte hervorbringen konte: *sie sind da! Da! Robinson* erschrak und fragte eiligst, wer denn da wäre?

"O Herr! O Herr! antwortete *Freitag*, ein, zwei, drei, sechs Kanoes!" Er konte in der Angst die Zahl *sechs* nicht gleich finden.

Robinson kletterte geschwind den Hügel hinauf und erblikte nicht ohne Grausen, was *Freitag* gesagt hatte, – sechs Kähne vol Wilden, die eben im Begrif waren, zu landen. Er stieg hierauf hurtig wieder hinab, sprach dem zitternden *Frei-*

tag Muth zu und fragte ihn dan: ob er entschlossen wäre, ihm treulich beizustehen, fals es zwischen ihnen und den Wilden zu einem Gefechte kommen solte?

"Mit Leib und Leben!" antwortete dieser, der sich unterdeß schon wieder erhohlt hatte, und seine kriegerische Tapferkeit zurük rief. "Wohl denn, sagte *Robinson*, so wollen wir versuchen, ob wir die Unmenschen verhindern können, ihr abscheuliches Vorhaben auszuführen. Meine Absicht wil ich dir unterweges sagen; jezt ist keine Zeit zum Reden, sondern zum Thun."

Hiermit zog er eine der kleinen Kanonen vom Walle herunter, die auf Rädern ruhete; hohlte sechs scharf geladene Flinten, vier Pistolen und zwei Säbel hervor. Jeder von ihnen stekte zwei Pistolen und deinen Säbel in den Gurt, nahm drei Flinten auf die Schulter, und spante sich vor die Kanone, nachdem sie mit Kugeln, Schroot und Pulver sich hinlänglich versorgt hatten. So ging der kriegerische Zug in stiller, furchtbarer Feierlichkeit zum Thor hinaus.

Nachdem sie über die Zugbrükke gegangen waren, machten sie Halt. Dan muste *Freitag* wieder umkehren, um die Zugbrükke aufzuziehen, das Thor zu verschliessen und durch Hülfe der Strikleiter, die noch immer den Fels herab hing, sich mit dem Heerführer wieder zu vereinigen. Diese Vorsichtigkeit wandte *Robinson* auf den Fal an, daß ihr Unternehmen einen unglüklichen Ausgang hätte; damit die Feinde sich alsdan ihrer Burg nicht bemächtigen mögten. Und nun eröfnete *Robinson* seinen wohlüberdachten Plan. "Wir wollen, sagt' er, um den Berg herum durch den Wald, wo er am dichtesten ist, marschiren, damit der Feind keine Kundschaft von uns bekomme. Dan wollen wir uns ihnen in dem dikken Gebüsche, welches sich beinahe bis an den Strand erstrekt, so sehr nähern, als wir, ohne gesehen zu werden, nur immer können, und wenn wir bis dahin gekommen sind, wollen wir plözlich eine Kanonenkugel über ihre Köpfe hinschiessen. (Er hatte in dieser Absicht eine brennende Lunte mitgenommen.) Vermuthlich werden die Barbaren dadurch so sehr erschrekt werden, daß sie ihre Beute im Stiche lassen und sogleich in ihren Böten die Flucht ergreifen."

Freitag fand dies sehr wahrscheinlich.

"Dan, fuhr *Robinson* fort, werden wir die Freude geniessen, die Unglüklichen, die sie braten wolten, gerettet zu haben, ohne daß ein einziger Tropfen Menschenbluts dabei vergossen worden ist. Solte aber, wider Vermuthen, unsere Hofnung fehlschlagen; solten die Kanibalen auf ihre Menge trozen und sich nicht zur Flucht verstehen wollen: dan, lieber *Freitag*, müssen wir zeigen, daß wir Männer sind, und der Gefahr, der wir uns in der besten Absicht ausgesezt haben, muthig entgegen gehen. Der, welcher alles sieht, weiß, warum wir unser Leben wagen, und wird es uns gewiß erhalten, wenn's uns nüzlich ist. Sein Wille geschehe!"

Er reichte hierauf seinem Mitstreiter die Hand, und beide gelobten sich einen gegenseitigen treuen Beistand bis auf den lezten Blutstropfen.

Mitlerweile waren sie mit leisen Schritten beinahe bis ans Ende des Gebüsches gekommen, und machten Halt. Hier flüsterte *Robinson* seinem Gefährten ins Ohr, er solte so vorsichtig, als möglich, sich hinter einen großen Baum schleichen, den er ihm zeigte, und ihm Bescheid bringen, ob man von da aus den Feind übersehen könte. *Freitag* kam mit der Nachricht zurük, daß man sie alda volkomen gut beobachten könte; sie säßen alle ums Feuer herum und nagten an den gebratenen Gebeinen des Einen der Gefangenen der schon geschlachtet wäre; ein Zweiter liege in einiger Entfernung gebunden auf der Erde, und den würden sie nun auch bald abschlachten; dieser schiene aber keiner von seiner Nazion, sondern ein weisser bärtiger Man zu sein.

Robinson glühete, besonders da er von dem weissen Manne hörte. Er hatte ein von dem Schiffe gerettetes Fernglas zu sich gestekt; mit diesem schlich er selbst nach dem Baume und fand was *Freitag* ihm berichtet hatte. Vierzig bis funfzig Kanibalen saßen um das Feuer herum und den noch übrigen Gefangenen erkant' er ganz deutlich für einen *Europäer*. Nun hatt' er Mühe sich zu halten. Sein Blut fing an zu kochen; sein Herz pochte laut, und wenn er seiner Begierde hätte folgen wollen, so wär' er unverzüglich hervorgesprungen, um ein Blutbad unter ihnen anzurichten. Aber die Vernunft galt ihm mehr, als blinde Leidenschaft; von ihr also ließ er sich leiten und hielt seinen Unwillen im Zaum.

Das Gebüsch lief an einer andern Stelle etwas weiter hervor; dahin wandt' er sich also; pflanzte die Kanone hinter den lezten Busch, welcher eine kleine, von fern unbemerkbare Oefnung hatte, und richtete sie so, daß die Kugel hoch über den Köpfen der Wilden hinfliegen muste, um ihnen kein Leides zuzufügen. Dan flüsterte er *Freitag* ins Ohr: er solte ihm alles genau nachmachen. Hierauf legt' er zwei Flinten auf die Erde und die dritte behielt er in der Hand; *Freitag* that ein Gleiches. Dan hielt er die brennende Lunte auf das Zündloch der Kanone und puf! – fuhr der Schuß dahin.

In dem Augenblikke, daß der Knal gehört wurde, stürzten die meisten Wilden von ihrem Rasensize zur Erde, als wenn sie mit einem mahle alle wären erschossen worden. *Robinson* und *Freitag* hingegen standen vol Erwartung des Ausganges und hielten sich, fals es sein müste, bereit zum Kampfe. Nach einer halben Minute waren die betäubten Wilden wieder auf den Füßen. Die Furchtsamsten unter ihnen ranten nach den Kähnen, die Herzhafteren hingegen ergriffen die Waffen.

Zum Unglükke hatten sie von dem Kanonenschusse, weder den Bliz des Pulvers, noch die über sie hinfliegende Kugel wahrgenommen; sondern nur allein den Knal gehört. Ihr Schrekken war daher auch nicht so groß, als man erwartet hatte; und da sie nun rund um sich herblikten, und nirgends etwas sahen, welches sie von neuem hätte erschrekken können: so fingen sie plözlich an, sich wieder zu erhohlen; die Flüchtlinge kehrten zurük; Alle erhoben ein fürchterliches Geheule und begannen, indem sie unter den grimmigsten Gebehrden ihre Waffen schwenkten, den ihnen gewöhnlichen Kriegestanz. Noch stand *Robinson* unentschlossen da, bis der Kriegestanz geendiget war. Als er aber darauf zu seinem Erstaunen sehen muste, daß die wilde Geselschaft sich wieder lagerte und zwei von ihnen hingesandt wurden, um den armen Europäer herbei zu hohlen; war es ihm unmöglich länger unthätig zu bleiben. Er blikte *Freitag* an und flüsterte ihm blos die Worte zu: *du zur Linken, und ich zur Rechten! Und nun in Gottes Nahmen!* Mit diesen Worten brandt' er seine Flinte los; und *Freitag* that ein Gleiches.

Freitag hatte besser, als *Robinson* selbst gezielt; denn auf der linken Seite des Feuers stürzten fünf, auf der rechten nur drei nieder. Drei davon waren wirklich erschossen, fünf hingegen nur verwundet. Die Bestürzung, mit der nun Alle, die noch unbeschädigt waren, aufsprangen und davon liefen, war unbeschreiblich. Einige ranten hier hin, die Andern dorthin und erhoben ein recht fürchterliches Geheule. *Robinson* wolte jezt hervorspringen, um sie mit dem Säbel in der Faust völlig in die Flucht zu jagen, und seinen armen gebundenen Landsman zu befreien: aber zu seinem Erstaunen must er sehen, daß ein Trup der Fliehenden sich plözlich wieder sammelte, und Anstalt zur Vertheidigung machte. Er ergrif also in der größten Geschwindigkeit eine zweite Flinte und *Freitag* that abermahl ein Gleiches. "Bist du fertig?" fragte *Robinson*; und da er ein *Ja!* zur Antwort erhielt, drükt' er wieder los und *Freitag* folgte seinem Beispiele. Diesmahl fielen nur zwei; es wurden aber so viele verwundet, daß sie mit Schreien und Heulen, als sinlose Menschen herum liefen, zum Theil blutig, zum Theil sehr hart verwundet. Von den Leztern stürzten bald darauf noch drei, wiewohl nicht völlig todt, zur Erde.

"Nun, *Freitag*!" schrie *Robinson*, indem er die losgeschossene Flinte wegwarf und die noch geladene dritte ergrif, hervor! Mit diesen Worten sprangen beide aus dem Gebüsch auf den freien Plaz und *Robinson* flog zuerst nach dem armen Schlachtopfer, um ihn seine Erlösung anzukündigen. Indem er bei ihm ankam, bemerkt' er daß Einige der flüchtigen Wilden bei seinem Anblikke stuzten; sich von neuem sammelten und zum Kampfe rüsteten. Er winkte seinem Gefährten, dieser verstand ihn, lief etwas näher hinzu, gab Feuer, und sahe zwei von ihnen stürzen. *Robinson* schnit unterdeß mit einem Messer die Strikke von Binsen los, womit der Gefangene an Händen und Füßen gar jämmerlich zusammen geschnürt war. Er fragte ihn auf deutsch und englisch: wer er wäre? und der Gefangene antwortete auf lateinisch: *Christianus*, ein Christ! *Hispanus*, ein Spanier! Mehr kont' er nicht vorbringen, so schwach fühlt' er sich. *Robinson* hatte zum Glük auf den Fal einer Verwundung ein Fläschchen vol Wein zu sich gestekt. Von diesem gab er dem Spanier zu trinken, und da er sich dadurch plözlich gestärkt fühlte: so reichte ihm *Robinson* eine seiner Pistolen, nebst dem Säbel, damit er helfen mögte, dem Gefechte ein Ende zu machen. *Freitag* muste unterdeß eilends die losgeschossenen Flinten herbei hohlen, um sie von neuem zu laden.

Der Spanier hatte kaum die Pistole und den Säbel in Händen, als er, wie eine Furie, auf seine Mörder losrante, und in einem Hui! zwei derselben erlegte. *Freitag* erhielt, um ihm beizustehen, die noch geladene sechste Flinte und *Robinson* lud unterdeß die Uebrigen. Die beiden Streiter fanden Widerstand und wurden bald von einander getrent, indem es zwischen dem Spanier und einem Wilden zum Handgemenge kam, und *Freitag*, nachdem er die Flinte abgeschossen hatte, mit dem bloßen Säbel in der Faust einen ganzen Schwarm der Flüchtlinge vor sich hintrieb. Einige hieb er nieder, Andere sprangen ins Wasser, um nach ihren Kanoes zu schwimmen, und noch andere flohen in das Gebüsch. Der Spanier hatte unterdeß einen harten Stand. Zwar war er troz seiner Mattigkeit, so tapfer auf den Wilden losgegangen, daß dieser schon zwei schwere Hiebe von ihm in den Kopf bekommen hatte: aber nun wurde auch der Wilde wüthend und drang mit seinem schweren steinernen Schlachtschwerdte so heftig auf ihn los, daß dieser kaum im Stande war, den Hieben desselben auszubeugen. Endlich faßte ihn der Wilde, warf ihn zu Boden, wandte ihm das Schwerdt aus den Händen, und wolte ihm eben damit den Kopf vom Rumpfe hauen, als *Robinson* glüklicher Weise die Gefahr bemerkte und dem Kanibalen eine Kugel durch den Kopf jagte.

Der Spanier war kaum wieder aufgesprungen, als er eine der wieder geladenen Flinten ergrif, um denen nach zu laufen, welche in das Gebüsch flüchteten und *Freitag* geselte sich zu ihm. Da dieses nur wenige und noch dazu größtentheils Verwundete waren: so hielt *Robinson* es für besser auf dem Schlachtfelde zurük zu bleiben, als gleichfalls nach zu laufen, um die Bewegung der noch übrigen Feinde, die nunmehr in ihren Kähnen waren, zu beobachten. Es währte nicht lange, so kehrten seine beiden Mitstreiter zurük mit der Nachricht, daß im Gebüsch keiner mehr übrig sei.

Beide wolten unverzüglich in einen der zurükgelassenen Kähne springen, um denjenigen nachzueilen, die mit vollen Segeln zu entfliehen suchten; aber *Robinson* hielt sie zurük und sagte: genug, meine Freunde! Wir haben des Menschenbluts schon mehr vergossen, als wir vielleicht gesolt hätten. Mögen die Uebrigen doch leben, da sie, uns zu schaden, weder Vorsaz noch Vermögen mehr haben.

"Aber, sagte *Freitag*, sie werden vielleicht mit grösserer Manschaft zurükkommen, wenn wir sie entfliehen lassen!"

Nun, antwortete *Robinson*, indem er ihm freundlich auf die Schulter klopfte, so ist unser Heer ja auch um ein Drittel grösser, als es diesen Morgen war; und zeigte dabei auf den Spanier. Jezt können wir es immer mit einer ganzen Legion dieser Armseeligen aufnehmen, besonders wenn wir ihren Anfal hinter Wal und Mauer erwarten wollen.

Lotte. Das war doch wieder recht schön von *Robinson*, daß er die andern Wilden nicht auch todt machen wolte!

Vater. Allerdings war das gut gehandelt; denn grausam würd' es gewesen sein, ohne dringende Noth ein Einziges dieser armen Geschöpfe zu erwürgen, die gar keinen Begrif davon hatten, daß das, was sie thaten, etwas Böses sei, und die sogar in dem traurigen Irthume standen, daß es etwas Verdienstliches sei, recht viele Feinde geschlachtet und verzehrt zu haben.

Christel. O das hätten sie doch auch wohl wissen können, daß das nicht hübsch sei!

Vater. Und woher, lieber Christel, hätten sie das denn wohl wissen können?

Christel. O das weiß ja das kleinste Kind, daß es nicht recht ist, einen umzubringen, um ihn aufzuessen!

Vater. Aber woher weiß denn dieses das kleinste Kind? Nicht wahr, weil es frühzeitig belehrt worden ist?

Christel. Ja!

Vater. Und wenn's nun nicht belehrt worden wäre? Wenn sogar seine Eltern und andere erwachsene Menschen, die es liebte und ehrte, ihm von früher Kindheit an immer vorgesagt hätten, daß es etwas sehr schönes sei, seine Feinde zu ermorden und aufzuessen?

Christel. Ja denn –

Vater. Nicht wahr, dan würd' es wohl schwerlich einem Kinde jemahls einfallen, das Gegentheil zu vermuthen? Es wurde vielmehr, sobald es groß genug dazu wäre, mit schlachten und mit verzehren helfen. Und das war der Fall worin diese armen Wilden sich befanden. Wohl uns, daß Gott uns nicht unter ihnen, sondern von gesitteten Eltern hat lassen geboren werden, die uns frühzeitig lehrten, was recht und unrecht, was gut und böse sei! Unser menschenfreundlicher Held ging jezt mit Tränen des Mitleids im Auge auf dem Schlachtfelde umher, um zu sehen, ob nicht Einem oder dem Andern von denen, die noch lebten, vielleicht noch geholfen werden könte? Aber die Meisten waren schon verschieden; und die übrigen starben bald unter seinen Händen, indem er ihnen Wein in die Wunden goß und sie auf alle Weise zu ermuntern suchte. Es waren der Todten überhaupt ein und zwanzig. Die siegende Armee betreffend, so war kein Man von ihr gefallen, nicht einmahl einer verwundet worden; nur daß der Spanier, da er zu Boden geworfen war, eine Beule davon getragen hatte.

Mathias. Wie mogte denn der Spanier den Wilden in die Hände gefallen sein?

Vater. Darnach zu fragen, hat *Robinson* noch nicht Zeit; also müssen wir gleichfalls unsere Neugierde bis Morgen sich gedulden lassen.

Alle. O schon wieder aus?

Sieben und zwanzigster Abend.

Mathias. Na, Vater, wie war denn der Spanier unter die Wilden gekommen?

Vater. Nur noch ein wenig Geduld, so wirst du's hören! Es hat sich unterdeß noch etwas Anderes ereignet, welches ich zuerst erzählen muß.

Johannes. Nun, das sol mich wundern!

Vater. *Robinson* war neugierig, einen der beiden zurükgelassenen Kanoes zu besichtigen; trat also hinzu und fand in einem derselben zu seiner großen Verwunderung noch einen unglüklichen Menschen liegen, der so, wie der Spanier, an Händen und Füßen fest geknebelt war. Er schien mehr todt, als lebendig zu sein.

Robinson eilte, seine Bande aufzulösen, und wolte ihm aufhelfen. Allein er war weder im Stande zu stehen, noch zu reden, sondern winselte nur erbärmlich, weil er vermuthlich in der Meinung stand, daß man ihn jezt zur Schlachtbank führen wolte.

Da dieser kein Europäer, sondern ein Wilder war: so rief *Robinson* seinen *Freitag* herbei, der eben die todten Körper zusammen schlepte, um in seiner Landessprache mit ihm zu reden. Aber kaum hatte dieser ihn recht ins Auge gefaßt, so erfolgte ein Auftrit, dem *Robinson* und der *Spanier* nicht ohne Tränen beiwohnen konten. *Freitag* war nemlich auf einmahl, wie ausser sich. Er flog dem Gefangenen in die Arme, küßte, drükte ihn, schrie, lachte, hüpfte, tanzte, weinte, rang die Hände, zerschlug sich Gesicht und Brust, schrie wiederum und bezeugte sich durchaus, als ein Wahnwiziger. Es dauerte eine gute Weile, ehe *Robinson* auf sein wiederhohltes Fragen, die Antwort von ihm heraus brachte: *mein Vater!*

Es ist unmöglich alle Aeusserungen der Entzükkung und der kindlichen Liebe dieses guten Burschen zu beschreiben. Zwanzig mahl sprang er aus dem Kahne und wieder in den Kahn. Bald sezt' er sich nieder, machte seine Jakke auf und legte seines Vaters Kopf an seine Brust, um ihn zu erwärmen; bald rieb er ihm die Arme und Knöchel, welche von dem festen Binden steif geworden waren; bald fiel er ihm wieder um den Hals oder um den Leib und bedekte ihn mit liebevollen Küssen. *Robinson* hatte noch etwas Wein in der Flasche, womit er ihn die angelaufenen Gliedmaßen seines Vaters bestreichen ließ; und ging, um ihn seiner Freude ganz zu überlassen, ein wenig auf die Seite. Da er nach einer guten Weile zurükkam, fragt' er ihn: ob er seinem Vater nicht ein bischen Brod gegeben hätte? "Der Schlingel hat alles selber aufgegessen!" antwortete *Freitag*, indem er auf sich selbst wies. *Robinson* reichte ihm darauf sein eigenes Frühstük, welches er noch in der Tasche hatte, und *Freitag* gab es seinem Vater. Kaum hatt' er dies gethan, so sahe man ihn eiligst aus dem Kahne springen, und mit der Geschwindigkeit des Sturmwindes davon laufen. Ehe *Robinson* Wohin? aussprechen konte, war er ihm schon aus dem Gesichte.

In kurzer Zeit sahe man ihn zurük kommen, jedoch viel langsamer, als er hingelaufen war. Da er näher kam, zeigt' es sich, daß er in der einen Hand einen irdenen Krug mit Wasser, in der andern etwas Brod und Käse trug. Jenes reicht' er seinem Vater, dieses seinem Herrn, um ihn für das abgetretene Frühstük schadlos zu halten. Das frische Wasser erquikte den Alten zusehends, weil er vor Durst beinahe ohnmächtig gewesen war.

Jezt wandte sich *Robinson* zu dem *Spanier*, der sich ganz kraftlos ins Gras gestrekt hatte. Er ließ ihn gleichfalls durch *Freitag* tränken und bot ihm etwas Brod und Käse zur Erquikkung an. Dieser blikte mit freundlicher Dankbarkeit zu ihm auf; versuchte aufzustehen, aber es war ihm unmöglich; so viel Schmerzen empfand er in den Knöcheln der Hände und Füsse, die von dem starken Binden sehr angeschwollen waren. *Freitag* muste sich neben ihm setzen, um sie ihm gleichfalls mit etwas Wein sanft zu reiben, so wie er vorher seinem Vater gethan hatte. Da war es nun sehr rührend anzusehen, wie dieser gute Sohn während des ihm aufgetragenen Geschäftes alle Augenblikke den Kopf nach seinem Vater hindrehete, um zu sehen, was er mache? Einmahl, da der Alte, um besser auszuruhen, sich ganz niedergelegt hatte, flog *Freitag*, ohne ein Wort zu sagen, so geschwind zu ihm hin, daß man kaum bemerken konte, daß er den Boden berührte; kehrte aber augenbliklich wieder zurük, so bald er gesehen hatte, daß sein Vater sich nur aus Gemächlichkeit ein wenig niedergelegt habe. Dan wolte *Robinson* versuchen, ob er mit *Freitags* Hülfe den *Spanier* nach dem Kahne führen könte: aber *Freitag*, als ein junger starker Kerl, nahm den ganzen *Spanier*, als eine Kleinigkeit, auf den Rükken, und trug ihn allein dahin. Nachdem sie darauf die Kanonen, und die Flinten, nebst den erbeuteten Waffen der Erschlagenen in den andern Kahn gebracht hatten, sprang *Freitag* wieder in den ersten, und ruderte, ohngeachtet ein starker Wind zu wehen angefangen hatte, so schnel damit fort, daß *Robinson* nicht so geschwind am Strande laufen konte, als jener schifte. Dieser war daher noch nicht auf die Hälfte des Weges gekommen, als er *Freitag* schon wieder bei sich vorbei zurük rennen sahe, um auch den andern Kahn herbei zu hohlen; und ehe noch *Robinson* an dem Orte anlangen konte, wo der erste Kahn mit den Kranken lag, war *Freitag* mit dem andern auch schon da. So groß war die Geschwindigkeit, mit welcher dieser laufen und rudern konte!

Jezt waren sie der Burg gegen über. Um die Fortbringung der beiden Kranken zu erleichtern, lief *Robinson* hin, eine Tragbahre zu holen. Auf diese wurde Einer nach dem Andern gesezt und von *Robinson* und *Freitag* zur Burg getragen. Beiden schien der Schlaf nöthiger, als alles andere zu sein. Indeß nun *Freitag* für jeden ein Lager bereitete, wärmte *Robinson* etwas Wein, um ihre geschwollene Knöchel damit zu waschen. Dan musten sie sich zur Ruhe begeben.

Und nun machten die beiden Wirthe Anstalt zu einer erquikkenden Abendmahlzeit. *Freitag* wurde abgeschikt ein junges Lama zu holen und *Robinson* besorgte das Uebrige. Dieser konte nicht umhin zu lächeln, da ihm der Gedanke einfiel, daß er einem ordentlichen Könige nun immer ähnlicher werde. Die ganze Insel war sein Eigenthum; seine Unterthanen, die ihm alle ihr Leben verdankten, hingen lediglich von seinem Willen ab, und waren verbunden, wenn es sein müste, Leib und Leben für ihn zu wagen. Am merkwürdigsten schien ihm dabei der Umstand zu sein, daß er grade eben so viele Religionssekten, als Unterthanen, in seinem Reiche hatte. *Freitag* hatte diejenige christliche Religion von ihm angenommen, welche die *Protestanten* bekennen. (Ihr Grössern wißt, was dieser Nahme bedeutet; ihr Kleinern aber, müst euch gedulden, bis ihr erst ein wenig verständiger geworden seid; dan solt ihr's auch hören.) *Freitag* also, war, wie gesagt, ein Protestant, der *Spanier* ein *katholischer Christ, Freitags* Vater sogar noch ein *Heide*.

"Was must du nun wohl dabei thun?" dachte *Robinson*. "Hättest du nicht etwa das Recht, sie alle mit Gewalt zu zwingen, sich zu demjenigen Glauben zu bekennen, den du für den besten hältst?" Er san darüber nach, weil es eine Sache war, an die er noch niemahls gedacht hatte. Und was meint ihr nun, Kinder, daß sein gesunder Menschenverstand ihm darauf geantwortet habe? Durft' er seine Unterthanen zwingen seine eigene Religion anzunehmen, oder nicht?

Alle. O bei Leibe nicht!

Vater. Warum denn nicht?

Johannes. Ja, weil das keinen etwas angeht, was Einer *glaubt*, wenn er nur so *lebt*, wie sich's gebührt.

Vater. Aber wenn nun Einer, der über einen Andern Macht hat, einsieht, daß dieser einen Irthum habe; solt' es ihm dan nicht erlaubt sein, ihn zu *zwingen*, seinen Irthum fahren zu lassen?

Hans. Ja, was würde das helfen? Dadurch, daß einer gezwungen wird, etwas zu glauben, wird er ja nicht *klüger* und nicht *besser*.

Vater. Richtig! Denn dadurch wird er ja nicht *überzeugt*, daß er vorher im Irthum gewesen sei. Und was kan uns ein Bekentniß nüzen, von dessen Wahrheit wir nicht überzeugt sind? – Und denn, woher weiß denn der Erste so ganz gewiß, daß der Andere, den er zu seinem Glauben zwingen wil, im Irthum sei? Könt' es nicht auch möglich sein, daß er, er selbst, sich darin befände?

Hans. O ja!

Vater. Warum?

Hans. Weil alle Menschen irren können.

Vater. Und sich also keiner einfallen lassen darf, seine Meinungen für untrügliche Wahrheit zu halten!

Gott also, lieben Kinder, Gott allein, als dem einzigen Untrieglichen, kömt es zu, Richter unsers Glaubens zu sein. Er allein weiß ganz genau, wie viel Wahrheit oder Irthum in unseren Meinungen sei; er allein weiß auch ganz genau, wie redlich, oder wie leichtsinnig wir bei der Erforschung der Wahrheit zu Werke gegangen sind; er allein weiß auch also nur, in wie fern wir an unserm Irthume schuldig, oder unschuldig sind.

Unser *Robinson* stelte sich die Sache ohngefähr eben so vor. Verwünscht, rief er daher aus, verwünscht sei der unvernünftige Eifer, jemanden mit Gewalt zu seinem Glauben bekehren zu wollen! Verwünscht die blinde Wuth, seinen Bruder zu verfolgen und zu quälen, blos weil er so unglüklich ist zu irren und so tugendhaft, nichts mit dem Munde bekennen zu wollen, wovon er in seinem Herzen noch nicht überzeugt ist! Auf meiner Insel wenigstens sol diese Unmenschlichkeit nie stat finden. Zwar wil ich thun, was ich kan, um meine neuen Mitbürger zu *belehren*: aber solt' ich nicht so glüklich sein, sie von ihrem Irthume und von der Wahrheit meiner Religion zu überzeugen: so mögen sie glauben, was sie können und nicht mir – ihrem irrenden Mitbruder – sondern Gott einst Rechenschaft davon geben.

Es ward also beschlossen, daß Allen ohne Ausnahme, eine freie Religionsübung zugestanden werden solte, fals sie, nach erhaltenem Unterrichte, nicht selbst für gut finden solten, einen und eben denselben Glauben anzunehmen.

Mitlerweile war *Freitag* zurükgekommen und nun ging's frisch ans Kochen und ans Braten. Dieser Tag, sagte *Robinson*, muß uns ein doppelter Festtag sein, weil wir zwei unserer Brüder aus den Klauen menschlicher Tiger gerissen haben, und weil du, *Freitag*, deinen Vater wieder erhalten hast. Das Beste also, was wir haben, sol heute auf unserm Tische sein!

Freitag bedurfte nicht, zur Freude erst ermuntert zu werden. Noch nie war er so lustig gewesen, als heute. Er hörte gar nicht auf, zu singen, zu springen und zu lachen; doch verrichtete er dabei alles, was er zu thun hatte, auf das hurtigste und ordentlichste; und wenn man das thut, so ist Lustigkeit kein Fehler. Jezt waren die beiden Gäste erwacht. Ohngeachtet sie noch einige Schmerzen empfanden, so fühlten sie sich doch schon so erquikt und gestärkt, daß sie, mit *Freitags* und *Robinsons* Hülfe aufstehen und sich zu Tische sezen konten. Und nun bezeigte sich der alte Wilde bei allem, was er hier sahe, eben so verwundrungsvol und erstaunt, als sein Sohn gewesen war, da er die europäischen Sachen zum erstenmahle sahe.

Freitag muste seinem Herrn zum Dolmetscher dienen, indem dieser sich mit seinem Vater und mit dem *Spanier* unterredete.

Ferdinand. Verstand er denn Spanisch?

Vater. Nein! Aber der Spanier der schon ein halbes Jahr unter den Wilden gelebt hatte, verstand schon etwas von *Freitags* Landessprache, und konte sich also gegen ihn einigermaassen verständlich machen. Der Hauptinhalt seiner Erzählung war folgender:

"Unser Schif war zum Sklavenhandel bestimt. Wir kamen von der afrikanischen Küste, wo wir gegen allerlei europäische Sachen, Goldkörner, Elfenbein, und *schwarze Menschen* eingetauscht hatten. Der leztern hatten wir hundert geladen, die nach *Barbados* geführt und alda verkauft werden solten. Zwanzig davon waren aber schon gestorben, weil man sie, wie die Heringe, eingepakt hatte. Ein anhaltender gewaltiger Sturm verschlug uns von unserm Laufe bis an die Küste von Brasilien und weil unser Schif dabei lek geworden war: so getraueten wir uns nicht wieder auf die hohe See zu fahren, sondern steuerten vielmehr längst der Küste des festen Landes herauf. Plözlich überfiel uns ein abermahliger Sturm, der aus Westen bließ. Dieser trieb uns wüthend von dem festen Lande weg und warf uns zur Nachtzeit, ohnweit einer Insel, auf Felsen. Wir thaten einige Nothschüsse und waren entschlossen, auf dem Schiffe auszuhalten, so lange es möglich sein wurde. In dieser Absicht löseten wir die Fesseln der gefangenen Schwarzen, damit sie helfen solten, das eindringende Wasser auszupumpen. Aber diese fühlten sich kaum auf freien Füßen, als sie sich einmüthig der Böte bemächtigten, um damit ihre Freiheit und ihr Leben zu retten. Was wolten wir nun thun? Sie zwingen konten wir nicht; denn unserer waren nur funfzehen, ihrer hingegen achtzig und viele unter ihnen hatten sich überdem unserer Waffen bemächtiget. Ohne Boot aber auf einem gestrandeten Schiffe zurük zu bleiben, war sichtbare Todesgefahr. Wir legten uns also aufs Bitten und suchten diejenigen, welche kurz vorher unsere Sklaven gewesen waren, durch unser Flehen zu bewegen, entweder zu bleiben, oder uns wenigstens mit zu nehmen. Und hier kan ich nicht umhin, die Großmuth und Menschlichkeit dieser armen Sklaven zu rühmen. Ohngeachtet unser Verfahren gegen sie sehr hart gewesen war, liessen sie sich doch von Mitleid rühren, und erlaubten uns, zu ihnen hinab zu steigen unter der Bedingung, daß wir keine Waffen mitnehmen. Wir gingen die

Bedingung ein und sprangen in die Böte, die nun so sehr belastet waren, daß wir in jedem Augenblikke unsern Untergang erwarteten.

Wir bemüheten uns indeß, die nahgelegene Insel zu erreichen; aber plözlich drehete sich der Wind, und trieb uns, alles Ruderns ungeachtet, wieder der offenbaren See zu. Unser Tod schien nun nicht mehr zweifelhaft zu sein. Allein zu unserm eigenen Erstaunen hielten sich die schwerbeladenen Böte, von hoch aufschwellenden Wogen geschaukelt, noch immer glüklich über Wasser, bis wir endlich ganz unerwartet, und ohne einen einzigen Man verloren zu haben, an eine uns völlig unbekante Insel geworfen wurden, deren armseelige Bewohner uns ungemein liebreich aufnahmen. Bei diesen haben wir nun bis jezt gelebt, jeder so gut er konte; aber freilig armseelig genug, weil die armen Wilden selbst nichts hatten, als die Fische, die sie fingen und einige wenige Früchte, welche die Insel trägt. Dennoch theilten sie mit uns, was sie hatten, und gaben uns Anweisung, wie wir selbst fischen könten. Am besten befanden sich unsere Schwarzen dabei, weil sie keine andere Lebensart gewohnt, und nun noch dazu in Freiheit waren.

Vor einigen Tagen wurde die Insel von einem benachbarten Volke kriegerisch angefallen. Alles grif zu den Waffen, und da hielten wir es für Pflicht, unsern guten Gastfreunden beizustehen. Ich focht an der Seite dieses ehrlichen Alten, der wie ein Löwe, dem man seine Jungen geraubt hat, in den Feind eindrang, wo er am diksten stand. Ich sahe ihn umringt, wolte ihm beispringen und hatte das Unglük mit ihm zugleich ergriffen zu werden.

Zwei Tage und zwei Nächte hab' ich in dieser traurigen Gefangenschaft, an Händen und Füßen geknebelt zu gebracht; und weder gegessen, noch getrunken. Denn alles, was man mir vorwarf, waren faule Fische, welche die See ausgespien hatte. Diesen Morgen mit Anbruch des Tages wurden wir in die Kanoes geschlept, um den Unmenschen, ihrer Gewohnheit nach, an einem andern Orte zur Speise zu dienen. Und da führte die götliche Vorsehung euch, ihr edlen Männer, zu unserer Rettung herbei, um uns eine Wohlthat zu erweisen, die wir euch nie werden vergelten können."

Hier schwieg der *Spanier* und Tränen der Dankbarkeit rolten ihm die Wangen herab. *Robinson* war entzükt, seine neuliche Vermuthung so ganz bestätigt zu sehen, und *Freitag* bewunderte mit ihm die Weisheit und Güte der götlichen Vorsehung. Auf die Frage: wem das Schifsgut eigentlich gehört habe? antwortete der *Spanier*: daß es von zwei Kaufleuten in *Kadix* wäre befrachtet worden; aber nur der Eine von ihnen, habe Kommißion gegeben an der afrikanischen Küste

Schwarze einzuhandeln; der Andere hingegen, dem dieser Handel ein Greuel gewesen sei, habe für seine Waaren nichts, als Goldkörner, verlangt.

Hierauf nahm *Robinson* den *Spanier* bei der Hand, führte ihn in sein Vorrathshaus und in seine Höhle und zeigte ihm, zu seinem Erstaunen, daß das Wichtigste von dem gestrandeten Schiffe hier beisammen sei. *Freitag* muste ihm die Geschichte davon erzählen; und der *Spanier* konte vor lauter Verwunderung kaum ein Wort sprechen.

Robinson erkundigte sich hierauf noch: für wessen Rechnung denn die Diamanten gewesen wären? Und wem die Offizierkleider gehört hätten, die er auf dem Schiffe vorgefunden habe? und erhielt zur Antwort: beides wäre der Nachlaß eines englischen Offiziers gewesen, der sich lange in *Ostindien* aufgehalten habe, und auf seiner Rükreise nach England so krank geworden sei, daß man ihn auf sein Verlangen an der afrikanischen Küste ans Land gesezt habe. Daselbst sei er gestorben. Das Spanische Schif habe seinen Nachlaß nach *Barbados* mitnehmen sollen, um von da nach England gebracht zu werden.

Robinson zeigte ihm darauf alle vom Schiffe gerettete Schriften vor, worin der Spanier so wohl den Nahmen des Kaufmans, dem die Goldkörner gehörten, als auch den Nahmen der Offizierwitwe fand, der die Diamanten und die Kleidungsstükke ihres verstorbenen Mannes hatten geschikt werden sollen. Und von diesem Augenblikke an verwahrte *Robinson* die Goldkörner, die *Diamanten* und diese Papiere als ein Heiligthum.

Unterdeß war der Abend angebrochen und die überstandenen Mühseeligkeiten und Gefahren des Tages hatten Aller Kräfte so sehr erschöpft, daß sie der wohlthätigen Erquikkungen des Schlafs früher, als gewöhnlich, bedurften. Sie thaten also, was wir auch thun wollen, sobald wir Gott für die ungestörte Ruhe und Glükseeligkeit, die *uns* heute wieder zu Theil ward, werden gedankt haben.

Acht und zwanzigster Abend.

Vater. Am folgenden Morgen berief *Robinson* frühzeitig sein ganzes Reich zusammen, um mit vereinigten Kräften ein Geschäft auszuführen, welches keinen Aufschub litte.

Hans. Nun?

Vater. Die todten Körper der Erschlagenen lagen noch auf dem Schlachtfelde, und es war zu besorgen, daß durch die schädlichen Ausdünstungen derselben eine gefährliche Seuche entstehen könte. Sie versahen sich also sämtlich mit Beilen und gingen nach dem furchtbaren Orte hin.

Ferdinand. Mit Beilen?

Vater. Ja; nicht um Gräber zu machen, denn dazu würden sie Schaufeln und Spaten mitgenommen haben, sondern um Holz zu fällen und einen *Scheiterhaufen* zu errichten, auf welchen sie die todten Leiber alle auf einmahl zu Asche zu brennen, sich vorgenommen hatten.

Johannes. So wie es die *Römer* mit ihren Todten machten!

Vater. Auch andere Völker des Alterthums. *Robinson* wolte nemlich durchaus nicht die schädliche Gewohnheit seiner, in diesem Stükke noch sehr unweisen Landsleute mitmachen, die damahls noch unverständig genug waren, die Leiber ihrer Verstorbenen mitten in den Städten, ja sogar in den Kirchen beizusezen, wo sie Seuchen und Tod für die Lebenden aushauchten.

Mathias. I das thun sie ja noch!

Vater. Leider! Und das sei euch abermahls ein Beispiel, wie schwer es den Menschen fält, böse Gewohnheiten wieder abzuschaffen. Deswegen eben rathe ich euch so oft, daß ihr euch ja bestreben möget, frühzeitig Weise und gut zu werden. Denn hat man Thorheiten und Laster erst einmahl angenommen und sind sie unglüklicher weise uns erst zur Gewohnheit geworden: o dan hält es sehr, sehr schwer, sie jemahls wieder abzulegen, wenn man ihre Schädlichkeit auch noch so deutlich erkant hat.

Jederman weiß jezt, daß die Ausdünstungen der todten Körper für die Lebenden vergiftend sind: aber fährt man nicht dem ohngeachtet fort, sie auf den Kirchhöfen in der Stadt zu begraben, oder gar in Kirchengewölbe zu sezen, wo sie nicht einmahl mit Erde bedekt sind. Vielleicht wird noch ein ganzes Jahrhundert verstreichen, ehe es den Menschen einfällt, an die Abschaffung dieses bösen Gebrauches mit Ernst zu denken.

Hans. Ich wolte nur, daß ich etwas zu befehlen hätte: so solt's nicht lange mehr währen!

Vater. Sieh da, lieber Hans, eine der vorzüglichsten Ursachen, die dich und alle andere jungen Leute bewegen muß, euch recht viele und große Verdienste zu erwerben, diese nemlich: *weil alsdan eure Mitmenschen viel Vertrauen auf euch sezen und euch zu Aemtern hervorziehen werden, die euch berechtigen, viele schäd-*

liche Mißbräuche abzuschaffen und viele nüzliche Einrichtungen einzuführen. Euch alle scheint der Himmel dazu bestimt zu haben, solche viel vermögende Menschen zu werden, die ein Seegen für die ganze Geselschaft ihrer Mitbürger sein können: denn alles, was dazu gehört, hat seine gütige Vorsehung an euch verwandt. Sie hat euch lassen von guten, rechtschaffenen Eltern gebohren werden, welche das Vertrauen und die Liebe ihrer Mitbürger haben; sie hat euch einen gesunden Leib und unverwahrlosete Selenkräfte gegeben, und läßt euch nun auch eine Erziehung angedeien, deren sich noch nicht viele Menschen rühmen können. Alles also, was dazu gehört, ein treflicher vielvermögender Man zu werden, hat der gütige Himmel euch verliehen: Schande für den, der nun nicht wolte!

Doch das besorge ich nicht von euch. Soltet ihr also, wie ich zu Gott hoffe, eure große Bestimmung erreichen; soltet ihr wirklich solche Männer werden, welche Einfluß auf die Glükseeligkeit von tausend andern Menschen haben: o so braucht doch ja das Ansehen, welches man euch verwilligen wird, dazu, des Bösen immer weniger, des Guten immer mehr zu machen unter euren Brüdern, und Freud' und Glükseeligkeit rund um euch her zu verbreiten! Dan erinnert euch auch der heutigen Veranlassung zu dieser meiner väterlichen Ermahnung und beweget, wenn ihr könt, eure Mitbürger, die Leichname ihrer Todten an solchen Oertern zu verscharren, wo ihre Ausdünstungen keine Pest unter den Lebenden verursachen können.

Nikolas. Wenn ich nur wieder in die Stadt komme: so wil ich's meinem Grosvater und meinen Onkeln sagen; die sollens wohl machen!

Vater. Thue das, lieber Nikolas!

Robinson und seine Gefährten waren jezt mit dem Verbrennen der todten Körper fertig und gingen wieder nach Hause. *Freitag* hatte unterdeß seinen Vater gelehrt, daß gesittete Leute kein Menschenfleisch äßen, welches diesem anfangs auch gar nicht recht einleuchten wolte. Aber *Freitag* fuhr fort, ihm alles dasjenige wieder zu erzählen, was er selbst von seinem Herrn gelernt hatte, und brachte ihn dadurch in kurzer Zeit zu einem wahren Abscheu gegen diese unmenschliche Gewohnheit. Diesem Alten gab *Robinson* aus dem Grunde, weil er doch eher, als sein Sohn gewesen wäre, den Nahmen *Donnerstag*; und so wollen wir ihn denn künftig auch nennen.

Jezt berief *Robinson* Alle zu einer Rathsversamlung, in welcher *Freitag* abermahls sein Dolmetscher so wohl gegen den Spanier, als auch gegen den alten *Donnerstag*, sein muste. Er selbst, als das Haupt der übrigen, eröfnete die Sizung mit folgender kurzen Anrede:

"Meine guten Freunde, wir, die wir hier versamlet sind, sehen uns jezt im Besize aller derjenigen Dinge, die zu einem ruhigen und vergnügten Leben erfodert werden. Aber ich für mein Theil werde dieses Seegens doch nicht mit ruhigem Herzen genießen können, so lange es Menschen giebt, die ein grösseres Recht, als ich, dazu hätten, und die demohngeachtet in Mangel und Elend hinschmachten müssen. Eure Landsleute, europäischer Freund, die unter den Wilden noch zurükgebliebenen Spanier, meine ich. Es ist daher mein ernstlicher Wille, daß mir jeder von euch seine Gedanken eröfne, wie wir es am klüglichsten anzufangen haben, um diese Nothleidenden mit uns zu vereinigen?"

Er schwieg; und jeder ließ nun seine Meinung hören. Der Spanier erbot sich, in einem der erbeuteten Kähne allein hinzufahren, um sie abzuholen. Ein Gleiches zu thun, war auch *Donnerstag* bereit. *Freitag* hingegen rieth, daß sein alter Vater zurükbleiben, und daß es ihm vielmehr vergönt sein mögte, den Spanier zu begleiten. Da nun hierüber ein großmüthiger Wetstreit entstand, indem der Eine noch lieber, als der Andere, sein Leben wagen wolte: so sahe sich *Robinson* endlich genöthiget, einen entscheidenden Ausspruch zu thun, dem alle, wie es sich geziemte, freudigst sich unterwarfen. Dieser fiel dahin aus, daß *Donnerstag* und der *Spanier* abreisen, *Freitag* hingegen bei ihm zurükbleiben solte.

Karl. Warum schikt' er aber nicht lieber *Freitag* hin, als den armen Alten?

Vater. Theils aus Liebe zu *Freitag*, den er unmöglich, ohne zu zittern, einer Gefahr aussezen konte, bei der er selbst nicht zu gegen wäre, theils deswegen, weil der Alte noch besser, als sein Sohn, mit dem Meere und der Schiffarth bekant zu sein schien. Der Spanier hingegen muste um deswillen mit, weil seine Landsleute auf *Robinsons*Einladung sonst wohl nicht zu kommen sich getrauet hätten.

Es ward also beschlossen, daß die genanten beiden ihre Reise dahin nächstens antreten solten. Vorher aber muste dafür gesorgt werden, daß ein, wenigstens zehnmahl grösserer Akker umgearbeitet, und bestellt werde: weil die Vergrösserung der Kolonie auch eine Vergrösserung des täglichen Aufwandes an Nahrungsmitteln zur Folge hatte.

Alle wurden daher auf einige Wochen Akkersleute und da es jeder von ihnen mit der Arbeit ehrlich meinte: so ging auch alles sehr gut und sehr geschwind von statten. Nach vierzehn Tagen war alles gethan und man machte daher Anstalt zu der beschlossenen Reise.

Ehe diese aber vor sich ging, gab der *Spanier* einen Beweis seiner Ehrlichkeit und seiner dankbaren Liebe gegen *Robinson*, welcher zugleich von einer klugen Vorsichtigkeit zeugete. Er sagte nemlich: seine Landesleute wären, so wie er, nur gemeine Matrosen gewesen, also Leute ohne alle Erziehung. Er kenne sie nicht genau genug, um für aller gute Gemüthsart Bürge sein zu können. Sein Rath wäre daher, daß *Robinson*, als Herr der Insel, erst gewisse Bedingungen aufsezte, unter denen er sie aufnehmen wolte, und daß dan keiner mitgenommen wurde, als welcher diese Bedingungen sich gefallen liesse.

Robinson freuete sich über die Treue seines neuen Unterthans, und that, was er ihm gerathen hatte. Die Bedingungen die er aufsezte, waren folgende:

"Wer auf Robinsons Insel leben, und an den Bequemlichkeiten, die sie darbietet, Antheil nehmen wil: der muß sich verpflichten:

1. *Dem Willen des rechtmäßigen Herrn derselben in allen Stükken nachzukommen, und sich alle diejenigen Geseze und Anordnungen gern gefallen zu lassen, die derselbe zum Wohl des ganzen Staats für nöthig erachten wird;*
2. *Ein arbeitsames, mäßiges und tugendhaftes Leben zu fuhren; weil kein Fauler, kein Schlemmer und überhaupt kein lasterhafter Mensch auf dieser Insel geduldet werden sol;*
3. *Sich alles Zankens und Streitens zu enthalten, und im Fal einer Beleidigung, nie sein eigener Richter sein zu wollen, sondern vielmehr seine Klage vor dem Herrn der Insel oder vor demjenigen anzubringen, dem dieser das Richteramt übertragen wird;*
4. *Alle diejenigen Arbeiten, die zum Wohl der ganzen Geselschaft nöthig sein werden, ohne Murren zu übernehmen, und im Fal der Noth dem Herrn der Insel mit Leib und Leben beizustehen;*
5. *Mit Allen für einen Man wider denjenigen zu stehen, der sich erdreisten dürfte, das Eine oder das Andere dieser billigen Geseze zu überschreiten, um einen solchen entweder zum Gehorsam zurük zu bringen oder ihn auf immer von der Insel zu verbannen.*

Jeder wird ermahnt, diese Punkte erst reiflich zu überlegen und seinen Nahmen, stat einer eidlichen Versicherung, nur dan erst zu unterschreiben, wenn er völlig entschlossen ist, ihnen in allen Stükken nach zu leben.

Robinson."

Der Spanier muste diesen Aufsaz erst in seine Landessprache übersezen und es ward verabredet, daß er Feder und Tinte mitnehmen solte, um ihn von seinen Landesleuten, vor ihrer Abreise erst unterschreiben zu lassen.

Und nun suchten sie sich den besten unter den beiden erbeuteten Kanoes aus, und machten Anstalt zu ihrer Abreise.

Konrad. Hatten denn alle die Spanier wohl in einem einzigen Kanoe Raum?

Vater. Nein! Aber sie brauchten dieses kleine Schif auch nur zur Hinreise. Zurük konten sie in den Böten des gestrandeten Schiffes kommen, welche, wie der Spanier versicherte, noch in gutem Stande waren.

Nachdem hinlänglicher Proviant an Bord des Kahns gebracht war und sich ein günstiger Wind erhob, nahmen unsere Reisende einen zärtlichen Abschied von *Robinson* und *Freitag* und giengen unter Segel. *Freitag* war ganz ausser sich vor Betrübniß, daß er sich von seinem Vater trennen muste. Schon am Abend vor der Abreise desselben hatt' er stundenlang geweint und vor Traurigkeit gar nichts geniessen können. Jezt aber da die Trennung wirklich vor sich ging, war er vollends untröstbar. Alle Augenblicke fiel er seinem Vater von neuem um den Hals und benezte sein Gesicht mit Tränen. Der Alte muste sich endlich mit Gewalt von ihm loswinden; aber, da er schon im Schiffe war, und der Kahn jezt eben vom Lande stieß, sprang *Freitag* ihm nach ins Meer, und schwam an die Seite des Kahns, um ihn noch einmahl zu küssen und ihm noch einmahl ein Lebewohl! zu zu schluchzen. Dan kehrte er wieder um nach dem Strande, sezte sich daselbst auf einer Anhöhe nieder und sahe dem forteilenden Kahne unter vielen Seufzern und Tränen so lange nach, bis er aus seinen Augen verschwunden war.

Robinson, der ihn zu zerstreuen wünschte, wandte den größten Theil dieses Tages zur Jagd und zu Lustwanderungen durch die Gebirge an. Sie waren noch nicht weit gegangen, als der Pudel, der mit ihnen gelaufen war, an dem Fuße eines mit Gebüsch bewachsenen Felsens stehen blieb und unaufhörlich zu bellen anfing. Man näherte sich dem Orte und fand ein Loch in dem Felsen, welches aber nur so groß war, daß man hineinkriechen, nicht hineingehen konte.

Robinson, der nicht gern etwas ununtersucht ließ, was seine Aufmerksamkeit einmahl an sich gezogen hatte, befahl seinem Begleiter, einen Versuch zu machen, ob er wohl hineinkriechen könne? und *Freitag* gehorchte. Aber kaum hatt' er den Kopf hineingesteckt, als er mit einem entsezlichen Angstgeschrei wieder zurüksprang, und ohne sich an *Robinsons* Zuruf zu kehren, wie ein Unsinniger, davon lief. Endlich hohlte ihn *Robinson* wieder ein und erkundigte sich mit einiger Befremdung nach der Ursache seiner Flucht. "Ach! ach! antwortete *Freitag*, der kaum reden konte, laß uns laufen, lieber Herr, so sehr wir können; da ist ein entsezliches Ding in dem Loche mit großen glühenden Augen, und mit einem Rachen, daß es uns beide auf einmahl lebendig verschlingen könte!"

"Nun, das müste ja freilich ein recht grosser Rachen sein, antwortete *Robinson*; aber das Ding muß ich doch auch sehen."

"Ach! ach! schrie *Freitag* und fiel vor ihm auf die Knie; um Gottes Willen nicht! Es fräße dich gewiß auf und dan hätte der arme *Freitag* keinen Herrn mehr!" *Robinson* antwortete lächelnd: ob's ihn denn aufgefressen hätte? und da er dies nun eben nicht bejahen wolte: so befahl er ihm, geschwind nach Hause zu laufen, um die Laterne zu hohlen. Er selbst ging wieder zurük nach dem Loche, um unterdeß mit geladener Flinte Schildwache davor zu halten.

"Und was in aller Welt dacht' er, kan denn das wohl sein; wovon dein *Freitag* so viel Fürchterliches gesehen haben wil? Ein reissendes Thier? Ein Löwe, Tiger, Panther, oder so etwas? Ja, wenn das wäre, so würd' ich tolkühn handeln, wenn ich hinein kröche. Aber gäb' es dergleichen auf dieser Insel, so würd' ich's ja schon längst erfahren haben. Und dan – so würde ja auch *Freitag* nicht unverlezt zurük gekehrt sein! Nein, nein! das ist es gewiß nicht; seine Furchtsamkeit hat ihm wieder einen Streich gespielt und ihn etwas sehen lassen, was nicht da war. Ich muß es also schon untersuchen, um den guten Jungen von dieser kindischen Leidenschaft zu heilen."

Unterdeß kam *Freitag* mit der brennenden Laterne an, und versuchte noch einmahl mit Tränen in den Augen seinen Herrn zu bewegen, daß er sich doch nicht in eine so schrekliche Gefahr stürzen mögte, in der er gewiß umkommen würde. Aber *Robinson* kante keine Furcht, sobald er eine Sache vernünftig überlegt hatte; und ließ sich daher in seinem Vorsaze nicht wankend machen. Er bat vielmehr *Freitag*, gutes Muths zu sein, nahm die brennende Laterne in die linke, eine scharf geladene Pistole in die rechte Hand und ging dem Abentheuer beherzt entgegen.

Er hatte kaum den Kopf hineingestekt, als er bei dem schwachen Laternenschein wirklich etwas entdekte, was ihm selbst schaudern machte. Aber er wolte deswegen nicht gleich die Flucht ergreifen, sondern strekte vielmehr die Hand mit der Laterne aus, um das namenlose Unthier deutlicher wahr zu nehmen. Und da sah er denn, daß es nichts mehr, und nichts weniger, als ein alter Lamabok sei, der eben vor Alter und Entkräftung sterben wolte. Nachdem er rund umher gesehen und weiter nichts, als dieses gar nicht fürchterliche Thier bemerkt hatte, kroch er völlig hinein, und rief *Freitag* zu, daß er ihm folgen mögte.

Freitag zitterte, wie ein Espenblat; gleichwohl kont' ers nicht über's Herz bringen, seinen guten Herrn im Stiche zu lassen. Er faßte also mit edler Selbstverläugnung den Muth, ihm nachzukriechen, und sahe nun zu seiner Verwunderung, wie sehr er sich in der Grösse der Augen und des Rachen des Thieres geirt habe.

Siehst du, *Freitag*, rief ihm *Robinson* mit freundlicher Stimme entgegen, was die Furchtsamkeit uns alles weiß machen kan? Wo sind nun die großen glühenden Augen? Wo ist der ungeheure Rachen, den du vorher zu sehen glaubtest?

Freitag. Es kam mir doch wirklich so vor, als wenn ich sie sähe; ich hätte darauf schwören wollen.

Robinson. Daran zweifle ich nicht, daß es dir so vor kam; aber du hättest wissen sollen, daß die Furchtsamkeit eine Lügnerin ist, die uns allerlei vorgaukelt, was gar nicht da ist. Sieh, *Freitag*, so sind alle die alten Weibermärchen von Gespenstern und ich weiß nicht von was für andern Undingen entstanden! Die Urheber solcher abgeschmakten Histörchen waren furchtsam alte Mütterchen oder ihnen ähnliche Hasenfüße von Männern, die, so wie du, sich einbildeten etwas zu sehen, was nicht da war, und die denn nachher, gerade so wie du, betheuerten, daß sie wirklich so etwas gesehen hätten. Werd' ein Man, *Freitag*; siehe künftig zweimahl zu und verbanne aus deinem Herzen alle weibische Furchtsamkeit.

Freitag gelobte sein Möglichstes zu thun. Der alte Lamabok war unterdeß verschieden und *Robinson* bemühete sich mit *Freitags* Hülfe, ihn aus der Höhle zu werfen, um ihn einzuscharren. Und nun besahen sie mit grösserer Aufmerksamkeit den Ort, wo sie waren, und fanden daß es die geräumigste und angenehmste Grotte oder Höhle sei, von der sie künftig einen sehr vortheilhaften Gebrauch würden machen können. Sie war, wie ausgehauen, ungemein trokken und kühl, und die Wände, die von Kristal zu sein schienen, warfen das Licht der Laterne von allen Seiten her so lebhaft zurük, als wenn es ein Spiegelzimmer gewesen wäre.

Robinson beschloß so gleich, diese angenehme Grotte zu seinem Erquikkungsort bei schwüler Sonnenhize und zugleich zu einem Keller für solche Sachen zu machen, welche die gar zu grosse Wärme nicht ertragen können. Zum Glük war sie nicht über eine Viertelstunde von der Burg entfernt. *Freitag* muste also unverzüglich hinlaufen, um Werkzeuge zu hohlen. Mit diesen fingen sie dan sogleich an, den Eingang zu vergrössern, um nachher eine ordentliche Thür davor zu machen. Und diese Arbeit gewährte ihnen, in der Abwesenheit der beiden andern, eine sehr angenehme Unterhaltung.

Neun und zwanzigster Abend.

Nikolas. Jezt ist mir immer bange, wenn Vater erzählen wil.

Vater. Wovor denn, lieber Nikolas?

Nikolas. Davor, daß die Geschichte bald aus sei.

Gotlieb. Wenn ich in Vaters Stelle wäre, ich wolte sie so lang machen! o so lang, daß sie bis in Ewigkeit fortdauerte.

Vater. Kinder, alle unsere Freuden hier auf Erden müssen einmahl ein Ende nehmen; also auch diese. Ihr werdet daher wohl thun, wenn ihr euch zum voraus darauf gefaßt macht. An *Robinsons* Horizonte zieht sich abermahls ein Ungewitter zusammen, vor dessen Ausgang ich euch nicht stehen kan. Seid also immer auf eurer Hut. –

Schon acht Tage waren verstrichen, und die Abgesandten liessen sich noch immer nicht wieder sehen. Man fing an, darüber bekümmert zu werden. *Freitag* lief des Tages wohl zwanzig mahl nach dem Berge oder an den Strand, und sahe sich die Augen müde, ohne etwas von ihnen entdekken zu können. Eines Morgens aber, da *Robinson* noch zu Hause beschäftigt war, kam er plözlich singend und springend zurük gerant und schrie seinem Herrn schon von Weitem zu: sie kommen! sie kommen! *Robinson*, der über diese angenehme Botschaft nicht weniger erfreut war, ergrif sein Fernglas und eilte damit den Hügel hinauf. Hier sah er wirklich in einer noch ziemlich weiten Entfernung ein ansehnliches Boot auf die Insel zu segeln; aber da er durch sein Fernglas geschaut hatte, schüttelte er den Kopf und sagte: *Freitag, Freitag*, ich sorge, das ist nicht richtig! *Freitag* wurde blaß.

Robinson sahe noch einmahl hin, und ward immer bestürzter. Endlich kont' er an dem, was er zu sehen glaubte, gar nicht mehr zweifeln und theilte daher sein eigenes Erstaunen dem erschroknen *Freitag* mit: *Freitag*, sagt' er, das sind nicht unsere Spanier mit deinem Vater; es ist eine englische Schaluppe, (ein großes Boot) und bewafnete Engländer sind es, die ich darin wahrnehme! *Freitag* zitterte an allen Gliedern. Kom, sagte *Robinson*, und erstieg eiligst eine andere Anhöhe, von welcher die nördliche Küste besser übersehen werden konte.

Kaum waren sie daselbst angekommen, kaum hatten sie ihre Augen nach dem Meere hingerichtet, als beide, wie versteinert, sprachlos stehen blieben. Sie sahen nemlich in einer Entfernung von einer guten deutschen Meile – ein ansehnliches englisches Schif vor Anker liegen. Verwunderung, Furcht und Freude hatten in *Robinsons* Sele wechselsweise die Oberhand; Freude über den Anblick eines Schiffes, welches vielleicht zu seiner Erlösung da war; Verwunderung und Furcht hingegen über die eigentliche Absicht der Ankunft desselben. Vom Sturme kont' es nicht hieher verschlagen sein: denn seit vielen Wochen hatte kein Sturm geweht. Der ordentliche Lauf des Schiffes kont' es auch nicht hieher geführt haben: denn was könte einen englischen Schiffer bewegen nach einer Weltgegend hinzusegeln, in der die Engländer keine Besizungen, und also auch keinen Verkehr hatten. Es entstand also die Besorgniß, daß es *Seeräuber* sein mögten.

Frizchen. Was sind das für Leute?

Vater. Es giebt hin und wieder, besonders ausser Europa, noch einige Menschen, die in ihrer Jugend so schlecht unterrichtet worden sind, daß sie nicht einmahl wissen, was der Diebstahl für ein großes Verbrechen sei. Diese elenden Menschen machen sich daher kein Gewissen daraus, andern Leuten heimlich oder mit Gewalt das Ihrige zu nehmen, und es sich zu zueignen. Geschieht dieses nun zu Lande, so nent man solche Leute *Diebe* oder *Räuber*; geschieht es aber auf dem Meere: so nent man sie *Seeräuber*.

Christel. Aber dies waren ja Engländer?

Vater. Das schienen sie zwar zu sein, aber *Robinson* dachte: wer weiß ob die Bösewichter nicht vielleicht das englische Schif erobert und sich darauf selbst so gekleidet haben, als ob sie Engländer wären. – In den ersten hilflosen Jahren seines einsamen Aufenthalts auf dieser Insel würd' er es für ein Glük gehalten haben, von Seeräubern entdekt und von ihnen als ein Sklav mit fortgeschlept zu werden, um nur wieder unter Menschen zu sein. Jezt aber, da sein Zustand unweit glüklicher war, schauderte ihn vor der Gefahr, einem solchen Gesindel in die Hände zu fallen. Er theilte also *Freitag* seine Besorgniß mit und ging mit ihm ab, um von fern das Vorhaben derer zu beobachten, welche sich in dem Boote näherten.

Sie stellten sich auf eine mit Bäumen und Gebüsch bewachsene Anhöhe, von der sie alles, was vorging, bemerken konten, ohne selbst bemerkt zu werden. Hier sahen sie denn, daß die Schaluppe, in welcher sich eilf Man befanden, etwa eine Viertelmeile von ihnen, an einem flachen Ufer landete. Die Manschaft stieg aus.

Acht von ihnen waren bewafnet, drei hingegen nicht. Diesen leztern, welche gefesselt waren, wurden die Bande abgenommen, sobald sie am Strande waren. An den kläglichen Gebehrden des Einen unter ihnen konte man sehr deutlich sehen, daß er die Bewafneten anflehete, indem er sich in einer bittenden Stellung vor ihnen auf die Knie warf. Die beiden andern huben von Zeit zu Zeit die Hände empor, als wenn sie den Himmel um Hülfe und Errettung anfleheten.

Robinson ward bei diesem Anblikke ganz verwirt und wuste nicht, was er davon denken solte. *Freitag* hingegen näherte sich ihm mit einer triumphirenden Miene und sagte: siehst du, Herr, daß deine Landsleute ihre Gefangenen auch auffressen? Geh, antwortete *Robinson* etwas unwillig; das werden sie nicht! und so fuhr er fort durch sein Fernglas zu sehen. Mit Grausen sah er, daß einige der Bewafneten zu verschiedenen mahlen das Schwerdt gegen den einen Gefangenen aufhoben, der in der flehenden Stellung vor ihnen lag. Endlich bemerkt' er, daß die drei Gefangenen zurükgelassen wurden, indem die Andern sich in den Wald zerstreuten.

Alle drei sezten sich kummervoll an derselben Stelle nieder und schienen ganz in Verzweiflung zu sein. Dies erinnerte *Robinson* an seinen eigenen elenden Zustand an dem Tage, da er auf dieses Eiland geworfen ward, und er beschloß, sich der Unglüklichen, fals sie es verdienen solten, anzunehmen, es koste auch, was es wolle.

Freitag wurde also beordert, so viel Flinten, Pistolen, Säbel und *Munizion* – herbei zu hohlen, als er nur tragen könte.

Lotte. Was ist das Munizion?

Vater. Schießpulver und Kugeln. – *Robinson* selbst fand für nöthig zurük zu bleiben, um zu sehen, was es ferner geben würde. Nachdem alles Nöthige herbei geschaft und die Gewehre geladen waren, bemerkte man mit Vergnügen, daß die herumschweifenden Matrosen, der eine hier der andere dort, sich in den Schatten legten, um die brennende Mittagshize zu verschlafen. *Robinson* wartete noch eine gute Viertelstunde; dan ging er beherzt auf die drei Unglüklichen zu, die noch immer an eben der Stelle saßen. Sie hatten ihm den Rükken zu gekehrt, und fuhren, wie vom Donner gerührt, zusammen, da ihnen *Robinson* plözlich zurief: wer seid ihr?

Sie sprangen auf, als wenn sie fliehen wolten; aber *Robinson* rief ihnen auf Englisch zu: sie solten sich nicht fürchten; er sei zu ihrer Rettung da! "Dan müsten sie vom Himmel herab gesandt sein!" sagte der Eine, indem er ehrerbietig den

Hut abzog und ihn anstaunte. Alle Hülfe komt von Gott, sagte *Robinson*; aber geschwind, guten Leute, sagt mir, worin eure Noth besteht und wie ich euch helfen kan? "Ich bin der Kapitain des Schiffes, antwortete jener; dieser hier war mein Steuerman und der da ein Reisender;" auf seine Gefährten zeigend. "Meine Matrosen haben sich wieder mich empört, um sich meines Schiffes zu bemächtigen. Mich selbst und diese beiden ehrlichen Männer, die ihr Verfahren misbilligten, wolten sie anfänglich ermorden; endlich aber haben sie sich bewegen lassen, uns das Leben zu schenken. Aber die Barmherzigkeit, die sie uns erzeigen, ist fast noch schreklicher, als der Tod. Denn nun haben sie uns auf diese wüste Insel ausgesezt um hier in Mangel und Elend umzukommen."

"Zwei Bedingungen, erwiederte *Robinson*; und ich wil zu Ihrer Rettung Blut und Leben wagen!"

"Welches sind sie, edler Man?" fragte der Schifskapitain.

"Diese, antwortete *Robinson*, daß Sie, so lange Sie auf dieser Insel sind, meinen Willen in allen Stükken nachleben wollen; und dan, daß sie mich und meinen Gefährten nach England zu bringen versprechen, wenn es mir gelingt, Ihnen wieder zu Ihrem Schiffe zu verhelfen."

"Wir, das Schif und alles, was darauf ist, versezte der Schifskapitain, stehn Ihnen ganz zu Gebote."

"Wohl dan, sagte *Robinson*; hier ist für jeden eine Flinte und ein Schwerdt, die ich Ihnen unter der Bedingung überreiche, daß Sie nicht eher Gebrauch davon machen, bis ich es für nöthig halten werde. Ihre Mörder liegen jezt und schlafen und zwar zerstreut; auf! lassen Sie uns versuchen, ob wir sie, ohne Blutvergiessen, in unsere Gewalt kriegen können."

Sie gingen, und *Freitag* muste die Strikke mitnehmen, mit welchen die drei Männer an Händen und Füßen waren gebunden gewesen. Jezt naheten sie sich dem ersten, der auf dem Gesichte lag und so fest schlief, daß sie ihn an Händen und Füßen schon gepakt und ihm ein Schnupftuch in den Mund gestekt hatten, bevor er recht erwacht war. Man band ihm die Hände auf den Rükken, befahl ihm auf derselben Stelle ohne sich zu regen und ohne den mindesten Laut von sich zu geben, liegen zu bleiben; widrigenfals man ihm unverzüglich eine Kugel durch den Kopf schießen würde. Man hatte ihn aber so gelegt, daß er das Gesicht nach der See hingerichtet hatte, und also nicht erfahren konte, wie es um seine Kameraden stünde. Nun wandten sie sich zu dem Zweiten, dem es nicht besser ging. Er wurde eben so gebunden, eben so gelegt und eben so bedroht, als sein Vorgänger. Das Glük, oder vielmehr die götliche Vorsehung, zeigte sich auch hier, als eine Beschüzerin der Unschuld und als eine Rächerin des Unrechts. Schon waren sechs dieser Elenden auf die nemliche Art gebunden; als die beiden lezten plözlich erwachten, aufsprangen und zu den Waffen griffen. "Nichtswürdige, schrie ihnen *Robinson* zu, blikt auf eure Gefährten, seht unsere Ueberlegenheit und strekt augenbliklich das Gewehr! Eine Minute Verzug kostet euch den Kopf!"

"Ach! Gnade! Gnade! Herr Kapitain;" riefen jene zurük, indem sie ihre Gewehre von sich warfen und sich selbst auf die Knie legten. Man band ihnen darauf, so wie den Übrigen, die Hände; und führte alle nach der neuentdekten Höhle ins Gefängniß, mit dem Andeuten, daß der erste, der einen Versuch machen würde, die hölzerne Thür zu erbrechen, von der Schildwache, die man zurüklassen würde, erschossen werden solte. Vorher hatte man allen ihre Messer abgenommen. Nun gingen *Robinson* und *Freitag* nebst ihren neuen Bundesgenossen nach der Schaluppe, zogen sie durch Hülfe einiger Hebebäume völlig auf den Strand und hieben in den Boden derselben ein Loch, damit sie vor der Hand völlig unbrauchbar sein mögte.

Ferdinand. Warum denn das?

Vater. Sie sahen vorher, daß man von dem großen Schiffe ein zweites Boot abschikken werde, wenn das erstere ausbliebe. Sie wolten also verhindern, daß von diesem das erste Boot nicht mitgenommen werden mögte.

Wie gedacht so geschehen. Gegen drei Uhr Nachmittags wurde auf dem Schiffe eine Kanone gelöset, um die am Lande befindlichen Matrosen zurük zu rufen; und da dieses Signal nach einer dreimahligen Wiederhohlung nicht befolgt wurde: so sahe man wirklich ein zweites Boot abstossen und auf die Insel zu segeln. *Robinson* zog sich hierauf mit seinen Gefährten nach der Anhöhe zurük, um von da aus zu sehen, was sie weiter zu thun hätten. Das Boot landete. Man lief nach dem ersten und war nicht wenig erstaunt, es auf dem Strande und noch dazu durchlöchert zu finden. Man sahe umher, und rief die unsichtbaren Kameraden bei Nahmen, aber da war keiner welcher antwortete. Es waren ihrer zehn, alle bewafnet.

Robinson, welcher von dem Kapitain gehört hatte, daß unter den Gefangenen drei ehrliche Bursche wären, die blos aus Furcht vor den Uebrigen in die Rebellion gewilliget hätten, schikte *Freitag* mit dem Steuerman ab, diese so geschwind, als möglich, herbei zu führen. Sie erschienen und der Kapitain, dem *Robinson* unterdeß seine Meinung eröfnet hatte, legte ihnen, nach einigen

Vorwürfen, die Frage vor: ob sie ihm treu sein wolten, wenn er ihnen Verzeihung wiederfahren liesse? "Bis in den Tod!" antworteten sie zitternd, indem sie sich vor ihm auf die Knie warfen. Der Kapitain fuhr fort: ich hab euch sonst immer als gute Bursche gekant; ich wil daher glauben, daß ihr keinen Theil an der Empörung gehabt habt und daß ihr das, was vorgegangen ist, durch desto grössere Treue wieder gut machen werdet. Die drei Matrosen weinten laut vor Freud' und Dankbarkeit, und küßten mit dem lebhaftesten Zeichen der Reue dem Kapitain die Hand. Dan überreichte dieser ihnen ihre Waffen und befahl ihnen, die Befehle ihres gemeinschaftlichen Anführers genau zu befolgen.

Die Manschaft des zweiten Boots hatte unterdeß nicht aufgehört zu rufen und unter durch zu schiessen, in der Hofnung, daß ihre zerstreuten Kameraden sich einfinden würden. Endlich da sie sahen, daß alles vergeblich sei, schienen sie, bei anbrechender Abenddämmerung für sich selbst besorgt zu werden und stiessen auf hundert Schritte vom Lande um sich alda vor Anker zu legen. Nun war zu besorgen, daß sie in kurzer Zeit nach dem Schiffe zurükrudern würden, und daß dieses alsdan die verlornen Kameraden im Stiche lassen und davon segeln mögte; eine Besorgniß, welche den Kapitain und *Robinson* zugleich zittern machte.

Glüklicher Weise kriegte der leztere einen Einfal von dem alle sich viel Gutes versprachen. Er befahl *Freitag*, nebst einem der Matrosen in ein Gebüsch zu laufen, welches von dem Bote ein Paar tausend Schritte entfernt war und von da aus auf das Schreien der Rufenden zu antworten. So bald sie merkten, daß man auf ihre Stimmen horchte, daß man ausstiege, um sie aufzusuchen, solten sie sich almählig tiefer in das Gebüsch begeben, um die Leute aus dem Bote hinter sich her zu lokken und so weit, als möglich, zu entfernen. Dan solten sie selbst auf einem andere Wege eiligst zu ihnen zurük kehren.

Diese wohlersonnene Kriegeslist hatte den erwünschtesten Erfolg. Die Matrosen im Bote hatten kaum eine antwortende Stimme vernommen, als sie eiligst wieder ans Land ruderten, und mit den Flinten in der Hand nach der Gegend hinliefen, von wannen ihnen geantwortet wurde. Zwei liessen sie zur Bewachung des Boots zurük.

Freitag und sein Begleiter machten ihre Sachen treflich, und lokten diejenigen, die ihnen nachgingen, fast eine halbe Meile weit tief in das Gebüsch hinein. Dan kehrten sie mit einer Geschwindigkeit, die ihres Gleichen nicht gehabt hat, zu ihren Anführern zurük. *Robinson* hatte unterdeß dem Kapitain seinen ganzen Plan mitgetheilt, der abermahls darauf hinaus lief, daß sie suchen wolten, sich der ganzen Geselschaft zu bemächtigen, ohne daß ein Tropfen Bluts dabei vergossen würde.

Es war unterdeß fast gänzlich finster geworden. Stil, wie ein Mäuschen, rükte *Robinson* mit seinen Gefährten gegen das Boot an, und waren schon bis auf zwanzig Schritte davon gekommen, ohne daß die darin wachenden beiden Matrosen das geringste merkten. Plözlich sprangen sie alle mit einem entsezlichen Geschrei und mit einem lauten Geklirre ihrer Waffen hervor und droheten Tod und Verderben, wenn ein einziger sich zu rühren wagte. Die beiden Matrosen riefen Pardon! und man sprang hinzu, ihnen die Hände zu binden.

Kaum war dies geschehen: so eilte man auch dieses Boot weit auf den Strand zu bringen. Dan zog man sich mit den beiden Gefangenen in das nahe dabei liegende Gebüsch zurük, um die Ankunft der übrigen zu erwarten. Diese kamen, jedoch nicht alle auf einmahl und äusserst ermüdet von dem langen vergeblichen Herumirren. Ihr Erstaunen, und ihr Wehklagen über die Abwesenheit des Boots war unbeschreiblich. Da ihrer fünf zusammen waren, wurde einer der Begnadigten Matrosen mit der Anfrage an sie abgeschikt: ob sie sogleich gutwillig das Gewehr strekken und sich ergeben wolten? Wo nicht, so hätte der Stadthalter der Insel in einer Entfernung von dreißig Schritten funfzig Man aufmarschiren lassen, um sie alle nieder zu schiessen. Ihr Boot wäre schon genommen, alle ihre Kameraden wären gefangen und sie hätten also blos zwischen Tod und Gefangenschaft zu wählen.

Robinson ließ hierauf alle seine Gefährten ein Geklirre mit den Waffen machen, um der Aussage des Matrosen noch mehr Wahrscheinlichkeit zu geben. "Haben wir Pardon zu hoffen?" fragte endlich Einer, dem der Kapitain ungesehen folgendermaßen zurief: Thomas Schmith, du kenst meine Stimme: leget ihr unverzüglich das Gewehr nieder, so sol euch das Leben geschenkt sein, bis auf *Atkins*. Dieser war nemlich einer der Urheber der Meuterei gewesen.

Alle warfen darauf augenbliklich ihre Flinten nieder und *Atkins* schrie: "ach! um Gottes Barmherzigkeit willen, Herr Kapitain, Pardon! Pardon! Sie sind ja alle eben so schlim gewesen, als ich. O Pardon! Pardon!" Der Kapitain antwortete: alles, was er thun könte, wäre, daß er ein Fürwort beim Stadthalter für ihn einlegte. Was darauf erfolgen würde, müsse er erwarten. Hierauf wurde *Freitag* abgeschikt, der nebst den Matrosen ihnen allen die Hände binden muste. Unterdeß kamen die drei lezten herbei, und da sie sahen und hörten, was geschehen sei, wagten sie eben so wenig sich zu widersezen und liessen sich geduldig binden.

Jezt traten auch der Kapitain und *Robinson*, der für einen Offizier des Stadthalters angesehen wurde, hinzu, und der erstere suchte diejenigen von den Gefangenen aus, die er einer aufrichtigen Reue über ihren Fehltrit fähig hielt. Diese wurden bis vor die Burg geführt, die übrigen nach der Grotte. Unter denen, die schon in der Grotte waren, ließ er gleichfalls noch zwei abholen, denen er eine ähnliche Bereuung ihres Fehltritts zu trauete.

Was er mit diesen anfing, und was noch weiter vorfiel, das, Kinder, behalte ich mir vor, euch morgen zu erzählen.

Dreißigster Abend.

Vater. Nun, Kinder, das Schicksal unsers *Robinsons* ist seiner Entscheidung nahe. In einigen Stunden ist das Loos geworfen; und dan wird es sich zeigen, ob er abermahls ohne Hofnung einer Erlösung auf seiner Insel bleiben, oder ob ihm endlich sein langer heisser Wunsch, einmahl wieder zu seinen Eltern zu kommen, gewähret werden sol?

Es komt nemlich nun darauf an, ob der Schifskapitain durch Hülfe derjenigen Matrosen, die er begnadiget hat, das Schif wieder erobern kan, oder nicht? Ist jenes, so haben die Mühseligkeiten unsers Freundes ein Ende; ist aber dieses, ja so bleibt alles, wie es war, und es ist an keine Erlösung für ihn zu denken.

Der Begnadigten, welche sich jezt vor der Burg versamlet hatten, waren zehn. *Robinson* deutete ihnen im Nahmen des Stadthalters an, daß ihr Verbrechen ihnen unter der Bedingung verziehen werden solte, wenn sie ihren rechtmäßigen Vorgesezten behilflich wären, wieder Besiz von seinem Schiffe zu nehmen. Da nun alle die heiligste Versicherung gaben, daß sie diese Bedingung gern und treulich erfüllen würden: so fügte *Robinson* hinzu, daß sie hierdurch nicht nur ihr eigenes Leben, sondern auch zugleich das Leben ihrer noch gefangenen Kameraden retten könten, die, im Fal, daß das Schif nicht erobert würde, morgen mit Anbruch des Tages samt und sonders gehengt werden solten.

Eben dieses Urtheil wurde auch den Gefangenen kund gethan. Dan führte man beide Partheien, die Gefangenen und die Freigelassenen, zusammen, damit diese durch jene in ihrer Treue bestärkt werden mögten. Unterdeß muste der Schifszimmerman in aller Eile den durchlöcherten Boden des einen Boots ausbessern; und da dieses geschehen war, wurden beide Böte in der größten Geschwindigkeit wieder aufs Wasser gebracht. Darauf ward beschlossen, daß der Schifskapitain das eine, der Steuerman hingegen das andere Boot kommandiren, und daß die Manschaft unter sie vertheilt werden solte. Alle wurden mit Gewehr und Munizion versehen, und, nachdem darauf *Robinson* den Schifskapitain umarmt und ihm Glük zu seiner Unternehmung gewünscht hatte, ging jener unter Segel.

Nikolas. Das wundert mich doch, daß *Robinson* nicht mit ging!

Vater. Es war nicht Furchtsamkeit, sondern vernünftige Ueberlegung, die ihn zurük hielt. Die Gefangenen hätten losbrechen, hätten in seiner Abwesenheit sich der Burg bemächtigen können; und dieser einzige sichere Aufenthalt, der zugleich alle Hülfsmittel zu seiner Glükseeligkeit enthielt, war ihm viel zu wichtig, als daß er ihn so leichtsinnig hätte aufs Spiel sezen können. Der Kapitain hatte ihm daher selbst gerathen, daß er mit seinem *Freitag* zur Beschüzung dieses Orts zurük bleiben möge.

Robinson, dessen ganzes Schiksal jezt entschieden werden solte, konte vor Unruhe und Beängstigung keine bleibende Stäte finden. Bald sezt' er sich in seiner Höhle nieder, bald stieg er wieder auf den Wal, bald kletterte er die Strikleiter hinan, um von dem Gipfel des Hügels hinab durch die stille Nacht hin zu horchen, ob er nicht von dem Schiffe her irgend etwas hören könte. Ohngeachtet er den ganzen Tag über fast nichts gegessen hatte, so war's ihm doch unmöglich, etwas zu geniessen. Seine Unruhe wuchs mit jedem Augenblikke, weil das verabredete Signal – drei Kanonenschüsse – welches ihn von dem glüklichen Ausgange der Unternehmung benachrichtigen solte, noch immer nicht gehört wurde, ohngeachtet es schon Mitternacht war. Er besan sich indeß, daß er Unrecht habe, sich dem Affekte der Furcht und Hofnung so sehr zu überlassen, und er erinnerte sich noch zu rechter Zeit einer Lehre, die er erst vor kurzem seinem *Freitag* gegeben hatte. *In zweifelhaften Fällen*, hatte er zu diesem gesagt, *mache dich immer auf den schlimsten gefaßt*. Komt dieser schlimste Fal nicht; desto besser für dich! Komt er aber wirklich, nun so bist du darauf vorbereitet, und er wird dich nicht durch seine Ueberraschung betäuben.

Diesem Grundsaze zufolge stelte sich *Robinson* den unglüklichen Ausgang der Unternehmung als unbezweifelt vor, und bot seine ganze Standhaftigkeit, sein ganzes Vertrauen auf die götliche Vorsehung auf, um auch diesen Schlag des Schiksals zu ertragen. Schon hatt' er fast alle Hofnung gänzlich aufgegeben, als auf einmahl der ferne Knal einer Kanone wirklich gehört wurde.

Robinson fuhr auf, wie einer, der durch einen plözlichen Schal aus dem Schlummer aufgeschrekt wird. Puf! hört' er den zweiten und abermahls puf! den dritten

Kanonenschuß. Und nun war an der glüklichen Eroberung des Schifs und an seiner bevorstehenden Erlösung gar nicht zu zweifeln.

Im höchsten Taumel der Freude, mehr fliegend, als tretend, huscht' er die Strikleiter hinab; fiel *Freitag*, welcher schlummernd auf einer Grasbank saß, um den Hals, drükte ihn, und benezte, ohne ein Wort hervor bringen zu können, sein Gesicht mit vielen Tränen. "Was ist dir, lieber Herr?" fragte *Freitag*, indem er sich ermunterte, und über die ungestümen Liebkosungen, die ihm widerfuhren, ganz erschrekt war. Aber *Robinson* konte im Uebermaaß seiner Freude weiter nichts hervorbringen, als: *ach, Freitag!*

"Gott sei dem Kopfe meines armen Herrn gnädig!" dachte *Freitag*, weil er auf die Vermuthung gerieth, daß er wahnsinnig geworden sei. "Lege dich schlafen, lieber Herr!" sagt' er zu ihm, und wolte ihm unter die Arme fassen, um ihn in die Höhle zu führen. Aber *Robinson* sahe ihm mit unbeschreiblicher Freundlichkeit ins Gesicht und antwortete: "Schlafen, lieber *Freitag*? Ich, jezt schlafen, in dem Augenblikke, da der Himmel meinen einzigen langen Herzenswunsch erfült hat? Hast du die drei Kanonenschüsse nicht gehört? Weißt du noch nicht, daß das Schif erobert ist?"

Nun gingen *Freitag* die Augen auf. Auch er fing an, sich zu freuen, aber doch nicht so stark und nicht um seinetwegen, sondern um seines guten Herrn willen. Denn der Gedanke, seinen vaterländischen Himmel auf immer verlassen zu müssen, verbitterte ihm das Vergnügen; in *Robinsons* und seines Vaters Geselschaft nach einem Lande zu reisen, aus dem er schon so viele Wunderdinge gesehen hatte, und in dem er noch grössere zu sehn erwartete.

Robinson war vor lauter Entzükken jezt unruhiger, als jemahls. Bald kletterte er den Hügel hinan, warf sich da im Angesicht des sternbesäten Himmels auf seine Knie, um Gott für seine Erlösung zu danken; bald stieg er wieder hinab, umarmte seinen *Freitag*, sprach von nichts, als *Hamburg*, und fing schon an, seine Sachen einzupakken. So verstrich ihm die ganze Nacht, ohne daß es ihm ein einzigesmahl eingefallen wäre, sich zur Ruhe begeben zu wollen.

Mit Anbruch des Tages waren seine Augen unverwandt nach der Gegend hin gerichtet, wo das Schif vor Anker lag, und er erwartete mit Schmerzen den Augenblik der vollkommenen Helle, um das Werkzeug seiner Befreiung, das Schif, mit seinen Augen zu sehen. Dieser Augenblik kam; aber – o Himmel! wie groß war sein Entsezen, da er mit völliger Gewisheit sehen muste, – daß das Schif verschwunden sei! Er that einen lauten Schrei, und sank zu Boden.

Freitag rante herbei, und konte lange nicht erfahren, was seinem Herrn eigentlich angekommen sei. Endlich strekte dieser seine zitternde Hand nach dem Meere hin, und sprach mit schwacher sterbender Stimme: *Sieh hin! Freitag* sahe hin; und nun wust' er, was seinem Herrn fehlte.

(Die junge Geselschaft wuste nicht, wie sie sich bei dieser Stelle nehmen solte. Gern hätte sie sich der Freude über die nun zu hoffende Verlängerung der Geschichte überlassen; aber die Empfindung des Mitleids über des armen *Robinsons* abermahliges Unglük dämpfte diese freudige Aufwallung, und ließ sie nicht zum Ausbruch kommen. Alle beobachteten daher ein tiefes Stilschweigen; und der Vater fuhr fort:)

Unser *Robinson* giebt uns hier ein Beispiel, welches uns lehren kan, wie sehr auch gute, schon gebesserte Menschen auf ihrer Hut sein müssen, daß sie sich nicht von gar zu starken Leidenschaften dahin reissen lassen. Hätte *Robinson* sich nicht so ausschweifend gefreut: so würd' er sich nun auch nicht so ausschweifend betrüben; und hätte die Betrübniß nicht seinen ganzen Verstand so sehr umnebelt gehabt: so würd' er erkant haben, daß er auch diese götliche Schikkung mit geduldiger Unterwerfung sich müsse gefallen lassen, so sehr auch immer seine besten Hofnungen dadurch vereitelt wurden. Besonders würd' er bedacht haben, daß die götliche Vorsehung auch dan noch Mittel zu unserer Rettung weiß, wenn wir selbst kein einziges mehr für möglich halten; und dieser Gedanke würde ihn beruhiget haben. Seht, Kinder, wie viel selbst gute Menschen noch immer an sich zu bessern haben.

Indem nun *Robinson* so trostlos da lag, und *Freitag* ihn zu beruhigen suchte: hörten sie auf einmahl an der andern Seite des Hügels ein Geräusch, welches den Tritten mehrerer Menschen ähnlich war. Sie sprangen auf, blikten hin, und sahen mit freudigem Erstaunen – den Schifskapitain, der mit einigen seiner Leute den Hügel herauf stieg. Ein Sprung, und *Robinson* lag in seinen Armen! Indem er sich umdrehete, hatt' er auf der westlichen Küste das Schif in einer kleinen Bucht vor Anker gesehen, und in demselben Augenblikke war sein Kummer verschwunden. Der bloße Anblik nemlich sagte ihm, daß der Kapitain noch vor Anbruch des Tages die Lage seines Schifs geändert und es auf diejenige Seite der Insel gebracht habe, wo es in einem bequemen Hafen sicher vor Anker liegen konte.

Lange hing *Robinson* in stummer Entzükkung an dem Halse des eben so hoch erfreuten Schifskapitains, bis es endlich zu gegenseitigem Glükwünschungen und Danksagungen kam. Dan erzählte der Kapitain, daß es ihm gelungen sei, sich des Schiffes zu bemächtigen, ohne daß ein einziger Mensch verwundet oder getödtet worden sei, weil man in der Dunkelheit der Nacht ihn selbst nicht bemerkt, und gar kein Bedenken getragen hatte, seine Begleiter aufzunehmen. Die Aergsten unter den Empörern hätten sich nachher zwar zur Wehre stellen wollen. aber ihr Widerstand sei fruchtlos gewesen. Man hätte sie ergriffen und in Fesseln gelegt. Hierauf überließ er sich den Empfindungen der Dankbarkeit gegen seinen Erretter. "Sie sind es, sagt' er, indem eine Träne ihm aus dem Auge quol; Sie sind es, edler Man, dessen Mitleid und Klugheit mich und mein Schif gerettet haben. Dort steht es! es ist das Ihrige; befehlen Sie darüber und über mich selbst, wie es Ihnen gut dünken wird." Dan ließ er einige Erfrischungen herbei tragen, die er aus dem Schiffe mitgebracht hatte, und alle nahmen nun mit frohem Herzen ein wohlschmekkendes Frühstük ein.

Unterdeß erzählte *Robinson* dem Schifskapitain seine wunderbaren Schiksale, und sezte diesen dadurch mehr, als einmahl, in das größte Erstaunen. Dan bat der Kapitain, daß *Robinson* ihm nun vorschreiben mögte, was er für ihn thun solte; und *Robinson* antwortete: "Ich habe ausser dem, was ich gestern zur Bedingung meines Beistandes machte, noch eine dreifache Bitte an Sie. Erstlich ersuche ich Sie, daß Sie so lange hier verziehen mögen, bis meines ehrlichen *Freitags* Vater mit den Spaniern zurückkommen wird; zweytens, daß Sie ausser mir und meinen Hausleuten auch die sämtlichen Spanier aufnehmen und zuerst nach Kadix segeln mögen, um diese daselbst auszusezen. Endlich bitte ich Sie, daß Sie auch den vornehmsten Aufrührern das Leben schenken, und, stat einer andern Strafe, sie auf dieser meiner Insel zurüklassen mögen; weil ich versichert bin, daß dies das beste Mittel sein wird, sie zu bessern."

Der Schifskapitain versicherte, daß alles pünktlich so geschehen solte, wie er es verlangte; ließ die Gefangenen herbei führen; suchte die Aergsten darunter aus, und kündigte ihnen ihr Urtheil an. Diese waren sehr erfreut darüber, weil sie wusten, daß sie nach den Gesezen das Leben verwirkt hatten. Der menschenfreundliche *Robinson* gab ihnen Anweisung, wie sie sich ihren Lebensunterhalt erwerben könten, und versprach, daß er ihnen seinen ganzen Reichthum an Werkzeugen, Hausrath und Vieh zurük lassen wolte. Er schärfte ihnen dabei zu wiederhohlten mahlen Vertrauen auf Gott, Arbeitsamkeit und Eintracht ein, und versicherte, daß diese Tugenden ihnen den Aufenthalt auf dieser Insel ungemein angenehm machen würden.

Indem er noch so sprach, kam *Freitag* ganz ausser Athem mit der frohen Nachricht herbei gerant, daß sein Vater mit den Spaniern ankäme und jezt eben landen werde. Die ganze Geselschaft machte sich also auf, ihnen entgegen zu gehen; aber *Freitag* flog vor allen andern hin, und hieng seinem alten Vater schon längst am Halse, da die Uebrigen herbei kamen.

Robinson erblikte mit Verwunderung, daß unter den Angekommenen auch zwei Frauenspersonen waren; und da er sich bei *Donnerstag* darnach erkundigte, erfuhr er: daß sie die Weiber zweier Spanier wären, die sie sich von den eingebohrnen Wilden genommen hätten. Diese beiden Spanier hatten kaum gehört, daß *Robinson* abreisen, und einige Matrosen auf der Insel zurük lassen würde: als sie sich von ihm die Erlaubniß ausbaten, mit ihren Weibern gleichfalls da zu bleiben, weil sie nach allem, was sie von dieser Insel gehört hätten, sich keinen bessern Aufenthalt wünschen könten.

Robinson hörte diese Bitte gern und erfüllte sie mit Vergnügen. Es war ihm lieb, daß ein Paar Männer zurükblieben, denen ihre Kameraden einstimmig das Zeugniß der Ehrlichkeit gaben; weil er hofte, daß diese die übrigen schlechten Burschen zu einem ordentlichen und friedfertigen Leben würden anhalten können. In dieser Absicht beschloß er, die Andern alle von diesen beiden abhängig zu machen.

Er ließ sie daher alle vor sich kommen, um ihnen seinen Willen kund zu thun. Es waren überhaupt sechs Engländer und die beiden Spanier mit ihren Weibern. *Robinson* redete sie folgendermaassen an:

"Keiner unter euch wird mir hoffentlich das Recht streitig machen, mit meinem Eigenthume – und dies ist die ganze Insel nebst allem, was darauf ist – zu schalten und zu walten, wie es mir gefällt. Ich wünsche aber, daß es euch allen, die ihr hier zurük bleiben werdet, recht wohl gehen möge. Hierzu wird eine ordentliche Einrichtung erfodert, und mir komt es zu, sie zu machen. Ich erkläre demnach, daß diese beiden Spanier künftig meine Stelle vertreten, und an meiner Stat die rechtmäßigen Herrn der Insel sein sollen. Euch andern komt es also zu, ihnen den strengsten Gehorsam zu beweisen. Sie allein sollen meine Burg bewohnen; sie allein sollen alle Gewehre, alle Kriegsmunizion, alle Werkzeuge in Verwahrung haben; aber sie sollen dabei auch verbunden sein, euch andern davon zu leihen, was ihr bedürft, unter der Bedingung, daß ihr euch friedfertig und in jeder Betrachtung ordentlich betraget. Giebt es Gefahren: so solt ihr alle für einen Man stehen; giebt es etwas zu arbeiten, es sei auf dem Felde oder im Garten, so sollen Alle diese Arbeit gemeinschaftlich verrichten und die jedesmahlige Erndte unter sich theilen. Vielleicht habe ich einmahl Gelegenheit, mich nach euch erkundigen zu lassen; vielleicht beschliesse ich selbst einmahl, wieder hieher zurük zu kehren, um den Rest meiner Tage auf dieser mir jezt so lieben Insel zuzubringen. Wehe alsdan dem, der unterdeß diese meine Anordnung umstoßen wird! Er würde ohne Barmherzigkeit in einen kleinen Nachen gesezt, und bei stürmischer Witterung dem grossen Weltmeere Preiß gegeben werden."

Alle bezeugten ihre Zufriedenheit mit dieser Einrichtung und gelobten den strengsten Gehorsam an.

Und nun machte *Robinson* ein Verzeichniß von den wenigen Sachen, die er mitnehmen wolte, und die daher am Bord gebracht werden solten. Sie bestanden 1) aus seiner selbst gemachten Kleidung von Fellen, nebst Sonnenschirm und Larve; 2) aus den von ihm verfertigten Spieß, Bogen und steinernen Beile; 3) aus seinem Pol, dem Pudel, und zweien Lama's; 4) aus allerlei Werkzeuge und Geräthschaft, die er selbst verfertiget hatte, da er noch allein war und endlich 5) aus den Goldkörnern, den Diamanten, und seinem eigenen großen Goldklumpen.

Nachdem dies alles zu Schiffe gebracht, und der Wind sehr günstig war, wurde die Abreise auf den folgenden Morgen festgesezt. *Robinson* und *Freitag* bereiteten darauf eine Mahlzeit zu, um den Schifskapitain und den zurükbleibenden Kolonisten vor ihrer Abreise erst ein kleines Fest zu geben. Das Beste, was sie hatten, wurde dazu hergegeben, und die Speisen waren so schmakhaft zubereitet worden, daß der Kapitain sich nicht genug über *Robinsons* Geschiklichkeit in der Kochkunst wundern konte. Um dem edlen Beispiele seines Wirths zu folgen, und zu der Glükseeligkeit der Zurükbleibenden auch etwas beizutragen, ließ er eine Menge Lebensmittel, Schießpulver, Eisen und Werkzeuge von dem Schiffe hohlen, womit er der Kolonie ein Geschenk machte.

Gegen Abend bat sich *Robinson* die Erlaubniß aus, eine Stunde allein sein zu dürfen, weil er vor seiner Abreise noch einige wichtige Geschäfte abzuthun habe. Jederman verließ ihn; und er stieg den Hügel hinauf, um noch einmahl der ganzen Geschichte seines Aufenthalts auf dieser Insel nachzudenken, und sein volles Herz in kindlicher Dankbarkeit vor Gott zu ergießen. Es fehlt mir an Worten, die frommen dankbaren Empfindungen desselben auszudrükken; aber wer ein Herz, wie das Seinige, hat, der bedarf auch meiner Beschreibung nicht; er wird es in sich selbst lesen können.

Jezt war der Augenblick zur Abreise da. Mit Tränen in den Augen ermahnte *Robinson* die Zurükbleibenden noch einmahl zur *Eintracht*, zur *Arbeitsamkeit* und zur *Frömmigkeit* und empfahl sie darauf mit brüderlichem Herzen dem Schuze des Gottes, der ihn selbst so wunderbar geleitet hatte. Dan sah er sich noch einmahl umher; dankte noch einmahl Gott für seine wunderbare Erhaltung und für seine nunmehrige Erlösung; rief darauf mit halb erstikter Stimme den Zurükbleibenden das lezte Lebewohl! zu und ging von *Freitag* und *Donnerstag* begleitet an Bord.

Einige. O weh! Nun ist 's aus.

Johannes. Wartet doch! Wer weiß denn, ob nicht wieder etwas dazwischen komt!

Vater. Der Wind wehete so frisch und so günstig, daß es ihnen grade so vorkam, als wenn die Insel davon flöge. So lange sie noch gesehen werden konte, stand *Robinson* stum und traurig auf dem Verdekke, die Augen unverrükt auf das geliebte Land gerichtet, welches ein zwölfjähriger Aufenthalt und die mannigfaltigen darauf entstandenen Mühseeligkeiten ihm so werth, als sein eigenes Vaterland, gemacht hatten. Endlich, da auch die lezte Bergspize aus seinen Augen verschwand, blikt' er gen Himmel, sagte sich selbst in Gedanken das Lied: *Nun danket alle Gott!* vor, und verfügte sich mit *Donnerstag* und *Freitag* in die Kajüte des Kapitains, um seinem beklommenen Herzen durch freundschaftliche Gespräche Luft zu machen.

Ihre Fahrt war sehr glüklich. In 24 Tagen erreichten sie *Cadix*, woselbst die mitgenommenen Spanier ausgesezt wurden. *Robinson* selbst ging gleichfalls an Land, um den Kaufman aufzusuchen, dessen Goldkörner er gerettet hatte. Er fand ihn und hatte die Freude zu erfahren, daß dieser rechtschaffene Man durch ihn aus der größten Verlegenheit gerissen werde. Der Verlust des Schiffes hatte nemlich die traurige Folge für ihn gehabt, daß er *Bankerot* machen muste.

Frizchen. Was ist das?

Vater. Wenn jemand mehr schuldig ist, als er bezahlen kan: so wird ihm alles, was er noch etwa hat, genommen, um es unter diejenigen zu vertheilen, denen er schuldig blieb, und das nent man denn Bankerot machen.

Das Tönchen vol Goldkörner war mehr, als hinreichend, des Kaufmans Schulden damit zu bezahlen. Den Ueberrest wolte der dankbare Man seinem Wohlthäter schenken; aber dieser war weit davon entfernt, es anzunehmen, weil er, wie er sagte, durch das Bewustsein, das Unglük eines ehrlichen Mannes abgewandt zu haben, überflüßig belohnt war.

Von da gingen sie wieder unter Segel, um nach England zu schiffen. Aber auf dieser Fahrt ereignete sich ein trauriger Unfal. Der alte *Donnerstag* wurde plözlich krank; alle angewandte Bemühungen, ihm zu helfen, waren vergebens; er starb. Was *Freitag* dabey litte; und wie unmäßig er den Tod eines so geliebten Vaters bejammerte, könt ihr euch vorstellen. Auch die beiden Lama's konten das Seefahren nicht ertragen, und starben.

Unterdeß langte das Schif glüklich zu *Portsmouth*, einem bekanten Hafen in England, an. Hier hofte Robinson, die Offizierswitwe wieder vorzufinden, der er die Diamanten zustellen wolte. Er fand sie; aber in dem aller kläglichsten Zustande. Da sie seit zwei Jahren von ihrem verstorbenen Manne ganz und gar keine Unterstüzung mehr aus Ostindien erhalten hatte, so war sie nach und nach mit ihren Kindern in die allergrößte Armuth versunken. Ihre Leiber waren kaum noch mit einigen alten Lumpen bedekt, und Hunger und Elend hatte das Gesicht der Mutter und ihrer Kinder mit Todtenblässe überzogen. *Robinson* ärndtete hier abermahls die Wollust ein, deren jeder gute Mensch geniesset, wenn die göttliche Vorsehung sich seiner, als eines Werkzeuges, bedient, um dem Elende anderer Menschen ein Ende zu machen. Er übergab die Diamanten und sahe darauf die hinwelkende schon halb verhungerte Familie, wie eine schon halb erstorbene Pflanze nach einem erquikkenden Sommerregen, in wenigen Tagen wieder aufblühen, und einer Glükseeligkeit genießen, auf die sie für dieses Leben schon längst Verzicht gethan hatte.

Da hier grade ein Schif vor Anker lag, welches nach *Hamburg* bestimt war: so verließ er seinen bisherigen Führer, um ihn nicht weiter zu bemühen, und ging, von *Freitag* begleitet, an Bord dieses Hamburgischen Schiffes; welches bald darauf die Anker lichtete.

Auch diese Fahrt ging geschwind und glüklich von statten. Schon hatten sie *Heiligeland* im Gesicht; schon erschien am fernen Horizonte *Robinsons* geliebtes Vaterland, bei dessen Anblick ihm das Herz vor Freude zerspringen wolte; schon erreichten sie die Mündung der Elbe, als plözlich ein vom heftigsten Sturme begleitetes Gewitter ausbrach, wodurch das Schif mit unwiderstehlicher Gewalt gegen die Küste getrieben wurde. Alles, was Geschiklichkeit und Fleiß vermögen, wurde angewandt, um das Schif zu wenden und wieder die hohe See zu erreichen; aber umsonst, ein gewaltiger Windstoß vereitelte alle ihre Bemühungen, riß das Schif dahin und warf es so unsanft auf eine Sandbank daß der Boden desselben zertrümmert wurde.

Das Wasser stürzte in demselben Augenblikke so unerschöpflich hinein, daß an keine Rettung des Schifs zu denken war, und daß die Schifsgesellschaft nur noch eben so viel Zeit hatte, in die Böte zu springen, um, wo möglich, nur ihr eigenes Leben davon zu tragen. So kam *Robinson* mit seinen Gefährten, abermahls als ein armer Schifbrüchiger, endlich zu *Kuxhaven* an, ohne von seinem ganzen Reichthum irgend sonst etwas gerettet zu haben, als seinen treuen Pudel, der ihm nachgesprungen war, und seinen Pol, der ihm eben auf der Schulter saß, da der Schifbruch sich ereignete. Nach einiger Zeit erfuhr er, daß unter denen von dem Wrak des Schiffes geretteten Sachen, nur sein Schirm und seine selbstgemachte Pelzkleidung befindlich wären. Diese erhielt er, gegen Erlegung der Strandrechtskosten, wieder: sein ganzer großer Goldklumpen hingegen war verloren gegangen.

Johannes. O der arme *Robinson*!

Vater. Er ist nun grade wieder so reich, als er damahls war, da er von *Hamburg* abfuhr. Vielleicht, daß die Vorsehung ihn deswegen alles wieder verlieren ließ, weil der Anblik seines Reichthums einen oder den andern leichtsinnigen jungen Menschen vielleicht hätte bewegen können, seinem Beispiele zu folgen, und auch aufs Gerathewohl in die weite Welt zu gehen, um, so wie er, mit gefundenen Schäzen zurük zu kehren. Er für sein Theil beklagte diesen Verlust am wenigsten. Denn da er sich fest vorgenommen hatte, seine künftigen Tage in eben so ununterbrochener Arbeitsamkeit und Mäßigkeit hinzubringen, als er auf seiner Insel zu leben gewohnt gewesen war: so kont' er des Goldes füglich entbehren.

Jezt fuhr er in einem von *Kuxhaven* abgehenden Schiffe nach *Hamburg*. Da man bis gegen Stade über heraufgesegelt war, erblikt' er die Thürme seiner Vaterstadt und muste vor Entzükken weinen. Nur noch vier Stunden so war er da, so lag er schon in den Armen seines theuren geliebten Vaters. Den Tod seiner guten Mutter hatte er schon in Kuxhaven gehört, und seit einigen Tagen auf das schmerzlichste beweint. Jezt flog das Schif von hoher Fluth und gutem Winde getrieben bei *Blankenese* vorbei; jezt bei *Neuenstädten*; nun war er gegen *Altona* über und jezt in dem Hafen bei *Hamburg*. Mit lautklopfendem Herzen sprang er aus dem Schiffe, und hätte er sich nicht vor den Zuschauern geschämt, er wurde auf sein Angesicht gefallen sein, den vaterländischen Boden zu küssen. Er eilte durch die ihn angaffende Menge der Zuschauer und ging ins Baumhaus. Von da schikt' er einen Boten nach seines Vaters Hause, um denselben nach und nach auf seine Erscheinung vorbereiten zu lassen. Erst muste der Abgeschikte ihm melden: es wäre jemand da, der ihm angenehme Nachrichten von seinem Sohne bringen wolte; dan, daß sein Sohn die Rükreise selbst nach *Hamburg* angetreten hätte;

und endlich, daß der Jemand, der ihm diese frohe Nachricht brächte, sein Sohn selbst wäre. Hätte *Robinson* diese Vorsicht nicht gebraucht: so wurde die zu große Freude seinen alten Vater überwältiget und getödtet haben.

Und nun flog *Robinson* selbst durch die ihm noch sehr wohlbekannten Straßen nach seinem väterlichen Hause; und fiel, da er es erreicht hatte, vor nahmenlosen Entzükken ausser sich, seinem vor Freude zitternden Vater in die Arme. *Mein Vater! – mein Sohn!* Dies war alles, was beide hervorbringen konten. Stum, zitternd und athemlos blieb einer an dem andern hängen, bis endlich ein wohlthätiger Strom von Tränen ihrem gepreßten Herzen einige Linderung verschafte.

Freitag gafte unterdeß im stummen Erstaunen alle die unzählbaren Wunderdinge an, die seinen Augen sich darboten. Er konte sich nicht sat sehen, und war den ganzen ersten Tag wie betäubt.

Wie ein Lauffeuer lief indeß das Gerücht von *Robinsons* Zurükkunft und von den seltsamen Schiksalen desselben durch die Stadt. Alle sprachen von nichts, als von *Robinson*; alle wolten ihn sehen; alle wolten die Geschichte seiner Abentheuer aus seinem eigenen Munde hören! Seines Vaters Haus wurde daher bald einem öffentlichen Versamlungsplaze gleich; und da half nichts, *Robinson* muste vom Morgen bis an den Abend erzählen. Bei diesen Erzählungen vergaß er dan nie, den Vätern und Müttern zuzurufen: *Eltern, wenn ihr eure Kinder liebt, so gewöhnt sie ja frühzeitig zu einem frommen, mäßigen und arbeitsamen Leben!* und waren Kinder dabei: so gab er ihnen allemahl die goldne Regel mit: *lieben Kinder seid gehorsam euren Eltern und Vorgesezten; lernt fleißig alles, was ihr zu lernen nur immer Gelegenheit habt; fürchtet Gott, und hütet euch – o hütet euch – vor Müßiggang, aus welchem nichts, als Böses komt!*

Robinsons Vater war ein Makler. Er wünschte, daß sein Sohn sich in diesen Geschäften üben mögte, um nach seinem Tode an seine Stelle treten zu können. Aber *Robinson*, der seit vielen Jahren an das Vergnügen der Handarbeiten gewöhnt war, bat seinen Vater um die Erlaubniß, das Tischler-Handwerk zu lernen; und dieser ließ ihm seinen freien Willen. Er begab sich also nebst *Freitag* bei einem Meister in die Lehre, und ehe noch ein Jahr verging hatten sie ihm alles dergestalt abgelernt, daß sie selbst Meister werden konten.

Beide legten darauf eine gemeinschaftliche Werkstat an; und blieben Lebenslang unzertrenliche Freunde und Gehülfen. Fleiß und Mässigkeit waren ihnen so sehr zur andern Natur geworden, daß es ihnen unmöglich war, auch nur einen halben Tag müßig oder schwelgerisch hinzubringen. Zur Erinnerung an ihr ehemaliges Einsiedler-Leben sezten sie einen Tag in jeder Woche fest, an dem sie ihre vormahlige Lebensart, so gut es gehen wolte, zu erneuern suchten. Eintracht, Nachsicht mit den Fehlern anderer Menschen, Dienstfertigkeit, und Menschenliebe waren ihnen jezt so gewohnte Tugenden geworden, daß sie gar nicht begriffen, wie man ohne dieselben leben konte. Vornehmlich zeichneten sie sich durch eine reine, ungeheuchelte und thätige Frömmigkeit aus. So oft sie den Nahmen Gottes aussprachen, strahlte Freude und Liebe aus ihren Augen; und ein Schauder überfiel sie, wenn sie diesen heiligen Nahmen je zuweilen mit Leichtsin und Gedankenlosigkeit von andern aussprechen hörten. Auch krönte der Seegen des Himmels alles, was sie vornahmen, sichtbarlich. Sie erlebten in Friede, Gesundheit und nüzlicher Geschäftigkeit ein hohes Alter, und die späteste Nachkommenschaft wird das Andenken zweier Männer ehren, die ihren Mitmenschen ein Beispiel gaben, wie man es machen müsse um hier zufrieden, und einst ewig glüklich zu werden.

Hier schwieg der Vater. Die junge Geselschaft blieb noch eine Zeitlang nachdenkend sizen, bis endlich bei allen der feurige Gedanke: *so wil ich es auch machen!* zur festen Entschliessung reifte.